Antonio Schnieder, Tom Sommerlatte (Hrsg.)
Die Zukunft der deutschen Wirtschaft

Die Zukunft der deutschen Wirtschaft

Visionen für 2030

von Antonio Schnieder
und Tom Sommerlatte

Bundesverband Deutscher
Unternehmensberater BDU e.V.

PUBLICIS

Bibliografische Information Der Deutschen Nationalbibliothek

Die Deutsche Nationalbibliothek verzeichnet diese Publikation in der Deutschen Nationalbibliografie; detaillierte bibliografische Daten sind im Internet über http://dnb.d-nb.de abrufbar.

Lektorat: Dr. Gerhard Seitfudem, gerhard.seitfudem@publicis.de

www.publicis.de/books

ISBN 978-3-89578-350-0

Verlag: Publicis Publishing, Erlangen
Herausgegeben in Zusammenarbeit mit dem Bundesverband Deutscher Unternehmensberater BDU e.V.

Printed in Germany

Inhalt

Einführung

Klassische Industrien

Zukunftsbranchen

Consumerbranchen

Geldwirtschaft

Die Sicht unserer Nachbarn

Nachwort

Vitae

Antonio Schnieder, Tom Sommerlatte

Gedanken, Fragen, Fakten

„Wer Visionen hat, sollte zum Arzt gehen“, polterte Helmut Schmidt laut Spiegel 1980 im Bundestagswahlkampf, in dem er sich dank Koalition mit der FDP als Bundeskanzler gegen Franz-Josef Strauß behauptete. Dass die FDP zwei Jahre später die Koalition verließ und Helmut Kohl als Bundeskanzler einer CDU/CSU/FDP-Regierung in den Sattel verhalf, wird beim Zitieren der Schmidt-Aussage meistens unterschlagen. Vielleicht hätte eine Vision zu einer anderen politischen Entwicklung geführt.

Es gibt in der Tat sehr unterschiedliche Meinungen zur Bedeutung von Visionen (allein bei Google findet man mehrere Hunderttausend Einträge zur „Notwendigkeit von Visionen“!).

„Der einzig wahre Realist ist der Visionär“, war die Sicht von Regisseur Federico Fellini.

„Vitalität ist das Resultat einer Vision. Wenn es keine Vision mehr gibt von etwas Großem, Schönem, Wichtigem, dann reduziert sich die Vitalität und der Mensch wird lebensschwächer“, befand der Psychologe Erich Fromm.

Der ehemalige Chef von McKinsey Deutschland gibt zu bedenken, dass „eine überzeugende Vision die Bündelung des Ideenpotenzials und die Freisetzung zielgerichteter Energien bewirken kann“, und Wernher von Braun vertrat die These, dass „alles, von dem sich der Mensch eine Vorstellung machen kann, auch machbar ist“.

Über Visionen kann man nicht reden, ohne Antoine Saint Exupéry zitiert zu haben: „Wenn Du ein Schiff bauen willst, dann trommle nicht Männer zusammen, um Holz zu beschaffen, Aufgaben zu vergeben und die Arbeit einzuteilen, sondern lehre sie die Sehnsucht nach dem weiten, endlosen Meer.“

Warum beginnen wir dieses Buch mit einer solchen Auseinandersetzung zur Bedeutung von Visionen?

Weil in Zeiten des sich abspielenden Paradigmenwechsels in der Weltwirtschaft und Weltkultur, den wir alle erleben, etwas zu fehlen scheint: Wie der Schweizer Theologe und Philosoph Hans Küng, aber auch die große Publizistin Gräfin Marion Dönhoff feststellten, „fehlt allenthalben eine realistische, zukunftsweisende Vision für die heutige Welt“.

Es geht nicht um Fortschrittsideologien und nicht um visionäre Exzesse, wie sie mit apokalyptischen Angstbildern der Zukunft oder aber utopischen Luftschlössern gehandelt werden. Aber wenn wir nicht in der Lage sind, in den sich um uns ereignenden Entwicklungen Muster zu erkennen und darin wirtschaftliche und gesellschaftliche Zusammenhänge zu sehen, die perspektivisch zu einem Spektrum von möglichen Zukunftsbildern führen, dann sind wir auch nicht in der Lage, Strategien zu entwerfen, um auf den Gang der Dinge im Sinne einer längerfristig wünschenswerten Entwicklung einzuwirken.

Grundsätzlich erwarten muss man diese Auseinandersetzung von Führungskräften: „Unternehmenslenker ohne Vision sind wie Grubenarbeiter ohne Lampe, die die Anforderungen nicht erfüllen können, die an sie gestellt werden. Ein gutes Bild, um den Weg, den ein Unternehmen im Laufe der Zeit zurücklegt, zu verdeutlichen, ist eine Landkarte. Als erstes muss man wissen, wo man herkommt, welchen Weg man bereits zurückgelegt hat und wo man sich zum gegenwärtigen Zeitpunkt befindet. Dann kann man ein Ziel haben und auf der Landkarte den oder die möglichen Wege suchen, die zum Ziel zu führen versprechen", so das Bild von Vision Tank. Der Vergleich hinkt allerdings, denn die Zukunft ist keine deutlich erkennbare Landkarte. Das Ziel und der Weg dahin liegen im Nebel der Unberechenbarkeit. Und der Nebel ist in den letzten Jahren zweifellos dichter geworden.

Aber visionäre Unternehmen wie Apple oder Audi florieren über längere Zeiträume, sind leistungsfähiger und erfolgreicher als ihre weniger visionären Konkurrenten und erzielen eine bessere Kapitalrendite. Sie ziehen die besseren Mitarbeiter an, denn Visionen üben eine Anziehungskraft aus, sie faszinieren, weil sie Sinn stiften.

Aber Visionen fallen nicht vom Himmel, sie bedeuten, wenn sie nicht utopische Luftschlösser oder apokalyptische Angstbilder der Zukunft sein sollen, Anstrengung und Durchhaltevermögen.

Den Versuch, realistische, zukunftsweisende Visionen für 2030 zu entwickeln, haben wir, die Herausgeber, der Verlag und viele kompetente Autoren aus Wirtschaft, Wissenschaft und Politik in diesem Buch gewagt. Es soll nicht verschwiegen werden, dass einige (wenige) der angesprochenen Persönlichkeiten es abgelehnt haben, ihre Vision beizusteuern, weil sie entweder angaben, über keine Vision zu verfügen, oder weil sie eine Vision angesichts der Dynamik unseres Umfeldes für unangebracht halten. Einer befürchtete sogar, dass die Vision 2030 reine „Lyrik" werden würde.

Wir wissen auch, dass in den meisten Unternehmen die strategischen Planungshorizonte kürzer geworden sind, manchmal kürzer als die Laufzeiten von F&E-Vorhaben, so konsternierend das erscheinen mag.

Der von uns bewusst gewählte Horizont von 20 Jahren in der Zukunft überschreitet absichtlich fast alles, was an Planungs- und Projektvorhaben in der Wirtschaft läuft. Fast alles, denn Abschreibungszeiten so mancher heutiger Investitionen betragen ohne weiteres 20 Jahre.

Aber gleichzeitig sind 20 Jahre kein unvorstellbarer Zeitrahmen. Denken wir doch einmal 20 Jahre zurück. Die meisten von uns können sich noch sehr genau an die Verhältnisse im Jahr 1990 erinnern. Wäre es damals, also nach der Wiedervereinigung, nach der Etablierung von PCs, Laptops, Mobiltelefongeräten und Internet, eine Überforderung gewesen, eine Vision für das Jahr 2010 zu formulieren, also für die Welt, in der wir heute leben?

Ebenso werden sich viele von uns im Jahr 2030 die Frage stellen, ob es denn 2010 so herausfordernd gewesen wäre, sich die Zustände der dann entstandenen Wirklichkeit auszumalen.

Vielleicht wird daraus sogar der Vorwurf resultieren, negative Entwicklungen nicht vorausgesehen, benannt und rechtzeitig verhindert zu haben, beispielsweise auf den Gebieten Klimaschutz, Energieversorgung und Infrastruktur.

Auch wenn es nicht immer Spaß macht: Betrachten wir dazu einige Zahlen. Sie machen für viele Aspekte deutlich, warum sich die Dinge in eine ganz bestimmte Richtung entwickeln, denn vieles von dem, was bis 2030 Wirklichkeit werden wird, ist heute schon mehr oder weniger deutlich vorprogrammiert.[1]

Die Bevölkerung

Das gilt naturgemäß besonders für die Bevölkerungsentwicklung. Alle Menschen, die 2030 leben werden und dann älter als 20 Jahre sind, leben heute schon. Neue kommen nicht hinzu.

So wissen wir, dass die in Deutschland lebende Bevölkerung, die 1990 noch rund 80 Millionen Menschen betrug und dank Zuwanderung bis heute auf 82 Millionen Menschen anwuchs, im Jahr 2030 nur noch 77 Millionen Menschen betragen wird. Spürbarer als der Bevölkerungsschwund wird aber die veränderte Bevölkerungsstruktur sein:

- Die Zahl der unter 20-Jährigen wird von 17,3 Millionen vor 20 Jahren und 15,6 Millionen heute auf rund 13 Millionen im Jahr 2030 (von 21,7 % auf etwa 16,7 % der Gesamtbevölkerung) zurückgehen.
- Die Zahl der über 60-Jährigen wird von 16,3 Millionen vor 20 Jahren und 21,0 Millionen heute auf 28,5 Millionen (von 20,4 % auf etwa 37 % der Gesamtbevölkerung) ansteigen.

Die 20- bis 60-Jährigen, die 1990 noch 57,3 % der Gesamtbevölkerung darstellten, werden im Jahr 2030 nur noch 46 % ausmachen.

Für diese Vorhersage bedarf es keiner visionären Fähigkeiten, denn das ist mehr oder weniger vorprogrammiert (Variationsmöglichkeiten bietet in begrenztem Maß die Ein- und Auswanderungsstatistik, die im Augenblick aber ein Defizit ausweist – und eine radikale Veränderung der Ab- oder Zuwanderung ist relativ unwahrscheinlich).

Eine Vision erfordert es dagegen, die Auswirkungen einzuschätzen.

Schauen wir uns die Zahl der sozialversicherungspflichtigen Beschäftigten an. Ihre Zahl stieg von 38,6 Millionen im Jahr 1990 auf heute 40,2 Millionen, wobei der Anteil der im Dienstleistungssektor Beschäftigten von 60,0 % im Jahr 1990 auf heute 73,1 % anstieg.

Wie wird es im Jahr 2030 aussehen?

Der Anteil der Beschäftigten an der Gesamtbevölkerung (heute 49,0 %, 1990 waren es 48,4 %) wird bis 2030 wahrscheinlich auf etwa 50 % steigen, aber fast 82 % der Beschäftigten (etwa 32 Millionen) werden im Dienstleistungssektor arbeiten, nur noch 6,7 Millionen in Landwirtschaft, Forst und im produzierenden Gewerbe. Was heißt das für die herstellende Industrie? Hier ist Vision gefragt!

Und dabei spielt die Ausbildung eine besondere Rolle.

Die Zahl der Studenten liegt heute mit rund 2,0 Millionen bei 2,4 % der Gesamtbevölkerung. Bis 2030 müsste die Zahl der Studierenden auf mindestens 3,9 % der Gesamtbevölkerung angestiegen sein (rund 3,0 Millionen), eher auf 5,2 % (rund 4,0 Millionen, eine Verdoppelung gegenüber heute!), um den Anforderungen der sich verändernden Wirtschaftsstrukturen gerecht werden zu können.

Was heißt das für unsere Universitäten und Hochschulen, für unsere Forschung und Entwicklung? Vor allen Dingen: Was heißt das für die Ausbildung nach Fachbereichen?

Während heute 56 % der Studierenden Sprach- und Kulturwissenschaften, Recht, Wirtschafts- und Sozialwissenschaften, Kunst und Kunstwissenschaften und nur 35 % Mathematik, Natur- und Ingenieurwissenschaften (inklusive Informatik) studieren, muss sich das Verhältnis bis 2030 umkehren, wenn Deutschland eine exportfähige Wirtschaft bleiben soll. Das bedeutet mehr als die Verdoppelung der Studierenden in den Fachgebieten Mathematik, Natur- und Ingenieurwissenschaften.

Öffentliche Einnahmen und Ausgaben

Die Finanzierung der wirtschaftlichen und sozialen Entwicklung der letzten 20 Jahre wurde durch einen Anstieg des Steuervolumens von rund 640 Milliarden Euro in 1992 auf 910 Milliarden Euro in 2009 ermöglicht, das entspricht einer Steigerung um fast 50 %. Wie wird es aber bis 2030 weitergehen?

Die Lohnsteuer dürfte angesichts der rückläufigen Beschäftigtenzahl kaum mehr als 2 % Wachstum pro Jahr erbringen. Daher stellt sich die Frage: Können Körperschafts- und Gewerbesteuer, Mehrwertsteuer und andere Bundes- und Landessteuern zukünftig ein stärkeres Wachstum aufweisen als in den letzten 20 Jahren?

Der Blick auf die Entwicklung des Bruttoinlandprodukts (BIP) zeigt das Potenzial auf. Es lag 1991 bei 1.500 Milliarden Euro (auf Euro umgerechnet) und stieg bis 2010 auf 2.550 Milliarden Euro (31 TEuro pro Kopf). Zukunftsschätzungen extrapolieren (ohne rechtfertigende Untermauerung), dass das BIP im Jahr 2030 bei 3.100 Milliarden Euro landen könnte (39 TEuro pro Kopf).

Die öffentlichen Haushalte gaben 1990 585 Milliarden Euro aus und wiesen dabei ein Defizit von 27 Milliarden Euro aus, was den öffentlichen Schuldenstand auf 536 Milliarden Euro ansteigen ließ (das waren 35,7 % des damaligen BIP bzw. 191 % des damaligen jährlichen Steuervolumens).

Im Jahr 2009 verausgabten die öffentlichen Haushalte 1.127 Milliarden Euro und erwirtschafteten dabei ein Defizit von 113 Milliarden Euro, wodurch die öffentlichen Schulden die Schwindel erregende Höhe von 1.515 Milliarden Euro erreichten (72,0 % des BIP bzw. 330 % des Steuervolumens von 2009).

Für 2030 liegen keine Schätzungen, Ahnungen oder Fantasiezahlen der öffentlichen Haushalte vor. Aber man kann getrost sagen, dass es schlecht aussehen würde, wenn sich bis dahin die Einnahmen und Ausgaben der öffentlichen Haushalte nicht weitgehend angenähert haben und die öffentlichen Schulden nicht unter 50 % des BIP gesenkt werden konnten.

Wird das machbar sein?

Wir wagen die Vision, dass es gehen kann, wenn die Leistungs- und die Handelsbilanz sich weiterhin positiv entwikkeln. Hier liegt der Motor des gesamten wirtschaftlichen und sozialen Modells der Bundesrepublik Deutschland.

Eine Horrorvision bestünde darin, dass die Sozialpartner an diesem Motor herumpfuschen, sei es durch überzogene Lohnforderungen und Streiks seitens der Arbeitnehmer, sei es durch Investitionsverweigerung und -verlagerung seitens der Arbeitgeber, Wir sitzen alle auf dem selben Ast. An dem Ast kann man auf vielerlei Weise sägen, herunterfallen würden wir alle.

Wie kann also die Leistungs- und Handelsbilanz weiter im Sinne einer gesunden und erreichbaren Vision entwickelt werden?

Innovationskraft

Die entscheidende Triebfeder wird die Innovationsleistung der Wirtschaft sein.

Nicht alle innovativen Unternehmen sind visionär, aber visionäre Unternehmen verfügen über eine höhere Innovationskraft als nicht-visionäre Unternehmen.

Ein Maß der Innovationsleistung sind die Patentanmeldungen.

Deutschland lag 2003 mit etwa 110.000 Patentanmeldungen und rund 53.000 erteilten Patenten in der Spitzengruppe der Industrieländer (weltweit gab es 2003 mehr als 1.500.000 Patentgesuche und rund 620.000 erteilte Patente. Während die Zahl der deutschen Patentanmeldungen bis 2007 und wahrscheinlich bis heute nahezu konstant blieb, stieg die Zahl der erteilten Patente deutlich an.

Die Herausforderung für die nächsten 20 Jahre besteht darin, weltweit weiterhin zu den führenden Ländern auf dem Patentgebiet zu gehören und dazu auf die Größenordnung von jährlich 85.000 bis 110.000 erteilten Patenten zu kommen. Bei der zuvor aufgezeigten anzustrebenden Zahl von Universitäts- und Hochschulabsolventen der Fachbereiche Mathematik, Natur- und Ingenieurwissenschaften wäre das genannte Ziel von erteilten Patenten pro Jahr durchaus erreichbar. Man kann sich aber vorstellen, welche Innovationskultur dazu in der deutschen Wirtschaft und Gesellschaft entstehen muss. Eine realistische Vision?

Bei den Ausgaben für Forschung und Entwicklung läuft es in die richtige Richtung. 1990 gab die Privatwirtschaft in Deutschland über 32,3 Milliarden Euro für Forschung und Entwicklung aus, die öffentliche Hand 5,5 Milliarden Euro, zusammen waren es 37,8 Milliarden Euro. 2007 waren es zusammen schon 61,5 Milliarden Euro, davon 53 Milliarden durch die Privatwirtschaft und 8,5 Milliarden Euro durch die öffentliche Hand. Bis zum Jahr 2030 müssen es mindestens 120 Milliarden Euro an gesamten jährlichen F&E-Aufwendungen werden, 20 Milliarden davon durch die öffentliche Hand, also an den Universitäten und Hochschulen, in den öffentlichen Forschungseinrichtungen, in öffentlichen Unternehmen und durch F&E-Förderung privatwirtschaftlicher Vorhaben, besonders im Mittelstand.

So greift eins ins andere. Man muss es nur sehen, um Visionen realisierbar zu machen, und entsprechend an allen relevanten Rädern drehen.

Wie wird sich bei all diesen Herausforderungen die Gesellschaft verändern?

Betrachten wir dazu zunächst einmal einige reale Entwicklungen.

Informationstechnik und Kommunikation

Von 1990 bis 2010 spielte sich eine rasante Penetration der IT-Nutzung ab. 1990 gab es schon alles – PC, Laptop, Mobiltelefon und Internet – aber heute haben fast alle alles: 78,2 % der Bürger verfügen über einen PC und/oder Laptop, 86,3 % haben ein Mobiltelefon, 73 % nutzen das Internet, 58,3 % haben eine Digitalkamera. Hier kann die Vision nicht in einer starken weiteren Zunahme der Nutzung bestehen, sondern nur in einem revolutionären Wandel der Systeme, der durch die unaufhaltsam scheinende Leistungssteigerung der IT- und Kommunikationssysteme ermöglicht werden wird. Wie wird dieser Wandel aussehen? Die Autoren der Beiträge im Buch geben ihre Antwort darauf.

Verkehr

Heute gibt es über 44 Millionen Pkw in Deutschland, die auf 12.400 Kilometern Autobahn fahren (1990: 10.700 km), und mehr als 2,6 Millionen Lkw.

Bis 2030 wird sich hier keine größere Steigerung der Zahlen ergeben, wohl aber eine durchgreifende Änderung des Fahrzeugparks und der Steuerung des gesamten Verkehrssystems. Auch dazu finden Sie in diesem Buch entsprechende Beiträge.

Transport, Logistik und Verkehrsinfrastruktur werden eine entscheidende und aller Voraussicht nach limitierende Bedeutung für die wirtschaftliche Entwicklung Deutschlands haben.

Auffälligerweise hat sich die Kilometerlänge der Schienenwege seit 1990 nicht mehr nennenswert erhöht, 2008 waren es 38.000 km, dreimal so viel wie Autobahnkilometer. Aber das Transportvolumen auf der Straße ist viermal so groß wie das auf der Schiene.

Insgesamt stieg das Transportvolumen in Deutschland von 515 Milliarden Tonnenkilometern (tkm) im Jahr 2002 (360 Milliarden tkm auf der Straße, 79 Milliarden tkm auf der Schiene, 59 Milliarden tkm in der Binnenschifffahrt, 2,3 Milliarden tkm in der Luft und 15,5 Milliarden tkm durch Rohrleitungen) bis 2008 auf insgesamt 675 Milliarden tkm (475 Milliarden tkm auf der Straße, 117 Milliarden tkm auf der Schiene, 64 Milliarden tkm in der Binnenschiffahrt, 3,5 Milliarden tkm in der Luft und 15,8 Milliarden tkm durch Rohrleitungen). Bis 2030 werden die Transport- und Logistikanforderungen in einer Weise weiter rasant ansteigen, der der Ausbau der Verkehrsinfrastrukturen nur mit größten Anstrengungen gerecht werden kann. Wie soll die sich – nach aktuellen Prognosen – anbahnende Verdoppelung des Lkw-Verkehrs und des Schienenverkehrs bewältigt werden, wo doch die Planungen und Projektierungen, die heute laufen und deren Realisierung bis 2030 dauern wird, bei weitem nicht ausreichen?

An dieser Stelle hilft auch keine Vision, dazu ist es angesichts der langen Umsetzungszeiten im Infrastrukturbereich zu spät. Hier werden Krisenmanagement und dramatische Innovationen bei den Verkehrsträgern erforderlich werden, wenn Deutschland nicht am Verkehr ersticken will.

Ressourcen

Visionen der Ressourcenvernichtung und des Klimawandels gibt es zuhauf, es sind mahnende Visionen, oft bis hin zu apokalyptischen Angstbildern der Zukunft. Temperaturanstieg infolge des weltweit durch immer weiter wachsenden CO_2-Ausstoß entstandenen Treibhauseffekts, dadurch Zunahme von Extremwetter, Überschwemmungen und Artensterben werden zunehmend ernst genommen und stehen auf der Agenda internationaler Klimaschutz-Konferenzen. Man erinnert sich kaum noch an die Vision eines allgemeinen Waldsterbens durch sauren Regen, die bis 1990 en vogue war und dazu geführt hat, dass die Abgase von Automobilen und Verbrennungsanlagen durch katalytische Filter stickstoff- und schwefelfrei gemacht wurden. Auch bleifreies Benzin für alle Motoren war bis 1990 erst eine Vision. Die Visionen von damals und die damals ergriffenen Gegenmaßnahmen haben bewirkt, dass die damaligen Themen heute in den Hintergrund getreten sind. Die Bedrohung eines durchschnittlichen Temperaturanstiegs auf der Erde um 2 °C erfordert ganz andere Gegenmaßnahmen, die die zuständigen Autoren dieses Buches in ihrer Vision 2030 charakterisieren. Besonders betroffen davon werden der Energiesektor und die Automobilindustrie sein.

So ist der Energiesektor in einem sich beschleunigenden Änderungsprozess begriffen.

Der Energieverbrauch in Deutschland wird sich bis 2030 nicht proportional zum Wirtschaftswachstum steigern, da die Energieeffizienz stark zunehmen wird.

Aber von 1990 bis 2008 hat schon eine deutliche Verschiebung der Energieträger stattgefunden, mit einem Rückgang der Kohle auf jetzt nur noch 43 % und der Kernkraft auf nur noch 22,6 % Anteil an der Summe aller Energieträger, während der Anteil von Gas auf 13 % gestiegen ist und Solarenergie heute 1 %, Biomasse 4,3 % und Windkraft 6,3 % ausmachen – die letzten drei waren 1990 noch vernachlässigbar.

So gibt es heute über 20.000 Windenergie-Mühlen (1990: 800) und Solarzellen-Anlagen, die 1.400 MW Spitzenleistung aufweisen (1990: 16 MW).

Da ist enorme Bewegung entstanden, und Visionen sind hier verständlicherweise besonders virulent. Aber sie sind auch besonders kontrovers, weil sie auf der einen Seite von dem Bestreben motiviert sind, so schnell wie möglich Umweltschäden und Gefahren durch Nutzung erneuerbarer Energiequellen zu reduzieren, und auf der anderen Seite von dem Verantwortungsgefühl, eine verlässliche und ökonomische Energieversorgung zu gewährleisten. Beides „unter einen Hut zu bekommen“, wird eine ideologiefreie Analyse der treibenden Kräfte, der Beharrungskräfte und der noch zu überwindenden technischen Hindernisse erfordern.

Das globale Umfeld

Seit 1998 arbeiten Wissenschaftler im internationalen Millennium-Projekt[2] daran, die großen weltweiten Zukunftsherausforderungen zu benennen und zu beschreiben. Das Millennium-Projekt ist ein weltweit organisierter Think Tank, dessen Ziel darin besteht, durch umfangreiche Befragung von Zukunftsforschern, Wissenschaftlern, Unternehmensplanern und politischen Entscheidungsträgern den Wandel der Welt zu verstehen und Wege zur nachhaltigen Gestaltung der Zukunft aufzuzeigen. Ein jährlicher Report liefert Informationen zu aktuellen globalen Fragen und Trends, die in mittel- bis langfristig vorausschauenden Szenarien aufbereitet werden.

Im letzten Report „State of the Future 2030“[3] werden die wichtigsten Herausforderungen an die Menschheit aufgezeigt. An erster Stelle steht der Klimawandel mit seinen wachsenden Auswirkungen auf politische, wirtschaftliche und ökologische Migration. Weitere globale Herausforderungen sind die Energieversorgung, die zunehmende Urbanisierung, die effiziente Nutzung von Ressourcen und im Zuge der Entwicklung von Megastädten die Sauberkeit der Luft und die Versorgung mit Nahrungsmitteln und sauberem Wasser.

Die Kluft zwischen reichen und armen Ländern wird größer. Die Hälfte der Welt sieht sich der Gefahr gesellschaftlicher Unruhen und Ausschreitungen ausgesetzt. Dort herrschen weiterhin Bevölkerungswachstum und eine sich verschlechternde Pro-Kopf-Versorgung mit Lebensmitteln, Wasser und Energie (so sind rund 3 Milliarden Menschen unzureichend mit Wasser versorgt).

Während Deutschland 1990 noch 1,5 % der Weltbevölkerung von 5,3 Milliarden Menschen stellte, ging der Anteil im Jahr 2010 auf 1,2 % von nunmehr weltweit 6,9 Milliarden Menschen zurück. Bis 2030 wird er auf 0,9 % der dann 8,3 Milliarden Menschen auf der Erde schrumpfen. Das 57 %ige Wachstum der Weltbevölkerung von 1990 bis 2030 spielt sich fast ausschließlich außerhalb der traditionellen Industrieländer ab und führt zu einer radikalen Verlagerung der Märkte.

Schon heute ist die frühere „erste" Welt eine überalterte Welt. Aber auch Chinas Bevölkerung altert als Folge der Ein-Kind-Politik vor fünfzig Jahren dramatisch, doppelt so schnell wie die der USA: 380 Millionen Chinesen sind über 65 Jahre alt.

In den armen Regionen nehmen Hunger und Krankheiten zu. Der daraus resultierende Migrationsdruck auf die reichen Länder führt zu umfassenden Kontroll- und Überwachungssystemen.

Der Bericht hebt auch die zunehmende Bedrohung durch transnationale organisierte Kriminalität hervor. Ihre weltweiten Einnahmen werden auf etwa 9 Billionen US-Dollar geschätzt, das ist doppelt so viel wie sämtliche Militärhaushalte der Welt zusammen. Außerdem kommt es zu einer zunehmenden Verflechtung von Terrorismus und organisierter Kriminalität.

Der globale Strukturwandel mit der Deindustrialisierung der alten Industrieländer und der Verlagerung des weltwirtschaftlichen Schwergewichts nach Asien wird sich weiter fortsetzen und gravierende Auswirkungen für Europa und die USA haben. China und Indien bestimmen immer stärker den Takt der globalisierten Märkte. Europa verliert trotz Steigerung der Investitionen in Bildung und Forschung an Gewicht, denn die USA und die BRIC-Länder (Brasilien, Russland, Indien und China) investieren deutlich mehr in ihr Humankapital. Die indischen Informatiker und chinesischen Ingenieure sind nicht nur an Zahl überlegen, sondern können auch fachlich mit den europäischen Kollegen mithalten.

Während die globale Wirtschaftsdynamik in der Vergangenheit immer von drei geoökonomischen Zentren geprägt gewesen ist – dem „Europäischen Quadrat" mit Deutschland, Frankreich, Großbritannien und Italien, dem „Amerikanischen Dreieck" mit Kanada, Mexiko und den USA und dem „Asiatischen Quadrat" mit China, Indien, Japan und Korea – und das Verhältnis der drei Zentren von 1970 bis etwa 2010 relativ stabil geblieben ist, wird es sich in den nächsten 20 Jahren dramatisch in Richtung des Asiatischen Quadrats verschieben. Nach Kaufkraft bewertet, hat sich das Bruttoinlandprodukt Europas, der USA und Japans dann von 59 % des Welt-Bruttoinlandprodukts von rund 25.000 Milliarden $ im Jahr 1990 auf heute 48 % des Welt-Bruttoinlandprodukts von nunmehr 73.000 Milliarden $ reduziert; es wird dann im Jahr 2030 aller Voraussicht nach nur noch ein Drittel des Welt-Bruttoinlandprodukts von dann über 150.000 Milliarden $ (heutige Währungsrelationen zu Grunde gelegt) darstellen. Das hat enorme Auswirkungen auf die Handelsströme.

Diese Umwälzungen, die zunehmend mit heftigen Krisen verbunden sind, werden im selben Tempo und mit denselben Turbulenzen weitergehen.

Deutschland ist immer enger mit Europa und mit der ganzen Welt vernetzt, davon abhängig und herausgefordert.

Um ihren Platz in diesem globalen Umfeld zu behaupten, muss die deutsche Wirtschaft auch in den nächsten 20 Jahren Waren, Ausrüstungen und immer stärker Dienstleistungen parat haben, die einen Kosten-Nutzen-Vorsprung bieten und mit denen ein hoher Anteil an den Importen der Wachstumsländer sowie an ihrer lokalen Produktion und Dienstleistungsnutzung gehalten werden kann.

So wird die weltweite Automobilproduktion, die von 53 Millionen Einheiten im Jahr 1990 auf 71 Millionen Einheiten im Jahr 2008 gewachsen ist, bis 2030 wahrscheinlich auf mindestens 150 Millionen Einheiten pro Jahr ansteigen, allerdings mit völlig anderen Modellen und Antriebstechniken als heute. Der Bestand an Automobilen (Pkw, Lkw) könnte von heute weltweit 950 Millionen auf über 2 Milliarden im Jahr 2030 anwachsen.

Der Absatz von PCs, Laptops und anderen Computertypen wird von heute weltweit 300 Millionen Geräten pro Jahr auf eher 600 Millionen Geräte in 2030 ansteigen, der von Mobiltelefongeräten und Organizern von heute 1,5 Milliarden Geräten pro Jahr auf eher 3,0 Milliarden Geräte in 2030. Wobei diese Zahlen nicht berücksichtigen, dass der technologische Wandel und die Netzentwicklung dazu führen werden, dass die heutigen Kategorien von Geräten und Nutzungsvorstellungen völlig über den Haufen geworfen werden dürften und sich eine ganz anders geartete IT- und Kommunikationswelt entwickeln wird. Die Zahl der Internet-Nutzer von heute etwa 1,4 Milliarden dürfte bis 2030 spielend die 3-Milliarden-Grenze überschritten haben.

Statistiken sind keine Visionen

Soweit die quantitativen Aspekte, anhand derer der Eindruck entsteht, dass der Sprung von 1990 bis 2010, den wir nahezu hinter uns gebracht haben, uns in die Lage versetzen sollte, auch für die vor uns liegenden 20 Jahre eine realitätsnahe Zukunftsvorstellung zu entwickeln. Zumal viele der quantitativen Veränderungen gar keine Spekulation mehr sind.

Zu einer Vision gehört aber mehr als ein quantitatives Gerüst. Schon dass die verschiedenen Elemente dieses Gerüsts, also beispielsweise die Bevölkerungsentwicklung, die Entwicklung der Infrastrukturen und der darauf zu betreibenden Vehikel und Informations- und Kommunikationsvorgänge, zusammenpassen müssen, dass Finanzen und Technologien gravierende Engpässe zu werden drohen, stellt Anforderungen an die Visionsbildung.

Noch stärker sind die Anforderungen an die gesellschaftlichen, sozialen und kulturellen Aspekte, die in wirklichen und umfassenden Visionen beinhaltet sein müssen, ganz abgesehen von den politischen Konstellationen und Veränderungen, die den Lauf der Dinge in den nächsten 20 Jahren in unvorhersehbarer Weise in Diskontinuitäten stürzen können.

So hatte der 11. September 2001 sicher eine viel größere Auswirkung auf die globale Entwicklung als viele der Innovationen, die vorher und hinterher hervorgebracht wurden. Der Fundamentalismus mit seinen terroristischen Auswüchsen, linke und rechte Ideologien, Internet-Kriminalität, Finanz- und Wirtschaftskrisen globalen Ausmaßes werden, dazu braucht man kein Prophet zu sein, auch die kommenden 20 Jahre überschatten.

Das aber, so meinen Verlag und Herausgeber, sollte uns nicht davon abhalten, die „Normal-Visionen" für die deutsche Wirtschaft (d. h. ohne Weltkatastrophen) niederzuschreiben, um ihre Kompatibilität untereinander und mit unseren Wertvorstellungen überprüfen zu können.

Lassen Sie uns nun einsteigen in die Visionen. Wir beginnen mit den „klassischen Industrien", gehen weiter zu den Zukunftsbranchen und den Consumerbranchen, betrachten dann Geldwirtschaft und Medien, lassen Experten für industrieübergreifende Themen und Rahmenbedingungen zu Wort kommen und vergessen auch nicht die Politik. Den Abschluss bildet die Sicht unserer Nachbarn Frankreich und England, die unsere besondere Situation in Deutschland logisch nachvollziehbar verdeutlicht.

1. Die in diesem Beitrag aufgeführten Zahlen stammen aus öffentlich zugänglichen Quellen, insbesondere aus Daten des Statistischen Bundesamts sowie aus Recherchen von Capgemini Consulting.
2. Das Millenium Project ist ein weltweiter Think Tank in Form einer Non-Government Organization (NGO), der sich der Erkundung globaler Zukünfte verschrieben hat. Durch die Befragung von Einzelpersonen und Umfragen in Konzernen, Universitäten, NGOs, Organisationen der Uno und Regierungen sollen der Wandel der Welt verstanden und Wege zur nachhaltigen Gestaltung der Zukunft aufgezeigt werden. Das Millenium Project veröffentlicht jedes Jahr den State of the Future Report, der Informationen über aktuelle globale Fragen und über gegenwärtige und zukünftige Trends liefert, die in normativen wie explorativen mittel- bis langfristigen Szenarien aufbereitet werden. Zu den Sponsoren gehören die Rockefeller Foundation, die Weltbank, zahlreiche Forschungsinstitute in der ganzen Welt, internationale Konzerne (z. B. Ford Motor Company, General Motors, Hughes Space and Communications, Monsanto Company, Motorola Corporation, Shell International), die UNESCO, die United Nations University (UNU), das Smithonian Institute u. a.
3. C. Glenn, T.J. Gordon, E. Florescu, 2009 State of the Future, ISBN: 978-0-9818941-2-6, 2009

Klassische Industrien

Gerald Gerlach

Miniaturisierung – kein Thema mehr

Fünf Jahre eher als prognostiziert war nun eingetreten, was Fachleute seit mehr als sechs Jahrzehnten diskutiert hatten:

Das Ende des Moore'schen Gesetzes

1965 hatte Gordon Moore, damals CEO des Halbleiterchipherstellers Intel, festgestellt, dass sich die Speicherdichte bei Halbleiterspeichern alle drei Jahre verdoppelt. Lange war gerätselt worden, welche physikalischen Grenzen dazu führen würden, diese Entwicklung zu stoppen. Man hatte vermutet, dass sich etwa 2030 die Strukturgrößen so verringert haben würden, dass die Einzelkomponenten integrierter Schaltungen (ICs) jeweils gerade noch aus einem einzelnen Atom bestünden. Doch nun hatte bereits fünf Jahre früher auch der zweite der beiden verbliebenen Speicherschaltkreishersteller erklärt, dass er die letzte Technologiegeneration nicht einführen würde, da die Investitionen für eine solche neue Chipfabrik nicht mehr finanzierbar seien. Die Entscheidung war nachvollziehbar, weil die Kosten das Bruttoinlandsprodukt Koreas deutlich überstiegen hätten. Außerdem hatte der Übergang von 300 mm großen Siliziumwafern auf 450 mm in den letzten Jahren zu einem ähnlichen Preisverfall im Speichermarkt geführt, wie er schon einmal vor 25 Jahren beim Übergang von 200 mm auf 300 mm große Wafer eingetreten war. Damals hatte der letzte Speicher-IC-Hersteller in Deutschland seine Produktion eingestellt.

Dezentrale Prozesse

In den 10 Jahren seit 2010, als klar geworden war, dass die Herstellung von Speicherschaltkreisen in Deutschland keine Chance mehr hatte, wurde die hiesige Halbleiterindustrie völlig umgebaut. Diese Neuausrichtung war durch zwei unabhängige Entwicklungen angestoßen worden. Zuerst hatte sich gezeigt, dass viele Prozesse am besten dezentral vor Ort zu regeln sind. Lichtschalter zum Beispiel sind seitdem mit Sensoren ausgestattet, die die Beleuchtung ungenutzter Raumbereiche vermeiden. Netzteile für elektronische Geräte besitzen intelligente Regler, die Wirkungsgrade von fast 100 % sichern.

Anfang der 2020er Jahre kam dann ein zweiter Effekt dazu. Aus Klimaschutzgründen wurden Serverfarmen ab einer bestimmten Größe verboten, nachdem der Energieanteil für ihre Kühlung die 50-%-Marke überstiegen hatte. Daten- und Informationsverarbeitung mussten daher immer stärker dezentralisiert werden. Weltweite Forschungsinitiativen führten zu völlig neuen Verfahren der Datenfusion und -kompaktierung mit flexibel anpassbaren Schaltkreisen für unzählige Anwendungen im privaten und im industriellen Bereich.

Mess- und Automatisierungstechnik boomen weiterhin

Diese Entwicklungen, auf die sich auch die deutsche Mikroelektronikindustrie einstellte, hatten einen überaus positiven Einfluss auf die Mess- und Automatisierungsindustrie in Deutschland. Schon früher war klar gewesen, dass die Leistungsfähigkeit der Gebrauchsgegenstände im täglichen Leben, genauso wie die industrieller Produktionsanlagen, nur durch den massiven Einsatz von Sensoren und Regelungs- und Automatisierungslösungen verbessert werden konnte. Es ist heute kaum noch vorstellbar, dass zu Beginn des Jahrtausends ein Automobil gerade einmal ein Dutzend Sensoren enthielt. 10 Jahre später waren es dann schon etwa 50, die für Motormanagement, Fahrstabilisierung und Komfortverbesserungen benötigt wurden. Fahrerassistenzsysteme, das Powermanagement bei Elektro- und Hybridfahrzeugen und erweiterte Sicherheitseinrichtungen haben die Zahl der Sensoren während der nächsten 10 Jahre auf nunmehr über 500 pro Fahrzeug ansteigen lassen. Die Sensoren sind Teil eingebetteter Systeme mit verteilten Regelungsfunktionen.

Die gleiche Entwicklung trat in vielen anderen Bereichen ein, zum Beispiel in der Fertigungsautomatisierung, in der Medizintechnik und in der Gebäudetechnik, wo Sensornetze dafür sorgen, dass alle Funktionen, von Heizung und Klimatisierung über Wasser- und Elektroinstallation bis hin zur Lichtdurchlässigkeit der Fensterscheiben, individuell für jeden Raum, teilweise sogar für separate Raumbereiche geregelt werden können, um die Energieeffizienz von Gebäuden weiter zu verbessern.

Ähnlich dem Moore'schen Gesetz erkannte man, dass die Zahl der weltweit hergestellten Sensoren alle zwei Jahre um den Faktor 3 steigt. Der Anteil der siliziumbasierten Sensoren am gesamten Sensormarkt hat sich dabei in den letzten 20 Jahren von ca. 30 % auf ca. 60 % verdoppelt. Längst spekulieren Fachleute, wie lange dieses „Moore'sche“ Gesetz der Sensorik gültig und durch welche Effekte es begrenzt sein wird. Interessant ist in diesem Zusammenhang, dass der Branchenverband für die deutsche Sensorindustrie erst kürzlich bekannt gegeben hat, dass das jährliche Umsatzwachstum in diesem Bereich seit 1980 nun schon zum fünfzigsten Mal in Folge den 5-%-Wert überschritten hat und in diesem Zeitraum ein durchschnittliches Wachstum von fast 8 % pro Jahr zu verzeichnen war.

Denken in Systemen

Die Mess- und Automatisierungstechnik wird seit einigen Jahren als Flaggschiff der industriellen Produktion in Deutschland angesehen. Noch vor wenigen Jahren hatten Maschinenbau und Automobilindustrie diesen Ruf. Dies änderte sich aber schlagartig, als die Bundesregierung das Jahr 2023 zum „Jahr der Hidden Champions" erklärte und ein umfangreiches Förderprogramm der für Deutschland bedeutsamsten „Hidden Technologies" verabschiedete. Schlagartig wurde der Öffentlichkeit bewusst, dass elektrotechnische und elektronische Komponenten in Maschinen und Automobilen bereits mehr als die Hälfte des Wertes ausmachten und dieser Anteil nach wie vor stetig steigt. Dies bewirkt allerdings auch, dass die Komplexität der Systeme immer weiter zunimmt. Klein- und mittelständische Unternehmen mit ihrer Innovationskraft und Flexibilität haben sich dafür als hervorragend angepasst erwiesen, so dass sich ihr Anteil gegenüber den Großunternehmen im letzten Jahrzehnt erheblich erweitert hat. Ihre Systemkompetenz im Engineering verstärkt immer mehr ihre internationale Marktstellung im Bereich Systemlösungen, wie sie zum Beispiel gerade für Maschinen und den Automobilbau immer wichtiger werden, während die Fertigung von einfachen Systemkomponenten inzwischen nahezu vollständig aus Deutschland verschwunden ist.

Die neue Mikroelektronik

Viele Jahrzehnte lang hatte die Wissenschaft nach Alternativen geforscht, mit denen die Siliziummikroelektronik einmal abgelöst werden könnte. Nun war die Entwicklung entsprechend dem Moore'schen Gesetz zumindest hinsichtlich der Miniaturisierung zum Stehen gekommen, ohne dass eine der in den vergangenen Jahren angekündigten Technologien die in sie gesetzten Hoffnungen hatte erfüllen können. Die Forschung im Bereich der molekularen Elektronik war vor Kurzem ebenso eingestellt worden wie die für Quantenpunktbauelemente und die Spin-Elektronik. Letztendlich unterlagen alle neuen Technologien im Hinblick auf die Bauelemente-Miniaturisierung der gleichen Beschränkung der atomaren Auflösung. Dreidimensionale Selbstassemblierungstechniken, die wenigstens annähernd die Genauigkeit, Zuverlässigkeit und Komplexität von CMOS-Schaltkreisen erreichen, konnten bisher nicht zur Großserientauglichkeit gebracht werden. Nachdem sich dies seit geraumer Zeit mehr und mehr angedeutet hatte, gründeten einige findige Wissenschaftler aus diesen Forschungsbereichen Firmen aus, die mit dem Know-how der neuen Technologien nicht mehr den Ersatz der Silizium-Mikroelektronik anstrebten, sondern ganz auf neue Anwendungsgebiete setzten. Mehrere spektakuläre Entwicklungen haben sich inzwischen weltweit durchgesetzt. Eines der frühesten und bekanntesten Beispiele sind die organischen LED-, die OLED-Beleuchtungen. Heute kann sich keiner mehr vorstellen, dass noch vor wenigen Jahrzehnten Glühlampen den Hauptteil an Beleuchtungsquellen ausmachten. Die OLED-Technologie nutzt geschickt aus, dass Leuchtdioden nicht mehr auf platzbegrenzten Siliziumscheiben abgeschieden werden müssen, sondern sich auch auf großflächigen Substraten und Folien aufbringen lassen. Eingebettete Steuerungen erlauben seit einigen Jahren, Farbe und Helligkeit zu regeln. Leuchtfolien für die Heimbeleuchtung sind gegenwärtig einer der größten Umsatzrenner in den Baumärkten. Inzwischen ist die Technologie weiter entwickelt worden. Es gibt neuerdings Heiztapeten, bei denen großflächig infrarot strahlende Polymerschichten auf thermisch isolierende Kunststofffolien gedruckt werden. Förderprogramme setzen hier auf den Effekt, dass die Heizung von Räumen direkt den Anforderungen angepasst werden kann, so dass keine Zeitverzögerungen wie bei Fußbodenheizungen auftreten und sich auch die Energieeffizienz noch einmal um etwa ein Drittel steigern lässt.

Einen großen Hype hatte vor zwei Jahren die Einführung von i-Print (sprich „Ei-Print") ausgelöst. i-Print ist ein tintenstrahlbasiertes Drucksystem, mit dem sich beliebige elektronische Schaltungen drucken lassen. Konnte man früher nur Apps als kleine Softwareprogramme im Apps-Store herunterladen, kann man nun auch seine Elektronikgeräte hardwaremäßig ständig verbessern und erweitern und somit technisch entsprechend seinen persönlichen Wünschen auf dem höchsten technischen Stand halten. In den zwei Jahren seit Einführung dieser Technologie sind allein in Deutschland bereits 100 Millionen Schaltungen für Geräteerweiterungen heruntergeladen und dann auf den Druckern der Kunden und Anwender ausgedruckt worden.

Gerätebedienung „seniorenleicht"

Vor Kurzem ist eingetreten, was in der Gesellschaft bereits seit mehreren Jahrzehnten diskutiert worden war: Der Anteil der Rentner an der Gesamtbevölkerung hat die 50-%-Marke überschritten. Bedingt durch diese Entwicklung ist die Zahl der Unfälle in privaten Haushalten durch Fehlbedienung elektronischer Haushaltssysteme (durch deren Komplexität spricht niemand mehr von Haushaltsgeräten) drastisch gestiegen. Die Bundesregierung hat unter dem Druck von Bürgerinitiativen und Seniorenverbänden ein umfangreiches Förderprogramm für neue Methoden und Technologien der Bedienung elektronischer und elektrischer Geräte aufgelegt. Unter dem Namen „Mensch-Maschine-Kommunikation" hatte es früher schon wiederholt Initiativen in dieser Richtung gegeben. Der Bewusstseinswandel bei Bevölkerung und bei den Herstellern zeigt sich beispielsweise darin, dass innerhalb der letzten Jahre der Begriff „kinderleicht" fast völlig aus dem Sprachgebrauch verschwunden ist und stattdessen von „seniorenleichter Bedienung" gesprochen wird. Tastaturen sind inzwischen verpönt, Touchpads selten geworden. Bei „Palmpads" werden gedankengesteuerte Befehle über Funktechnologien in Handpotenzialänderungen umgewandelt und so auf die Geräte übertragen. Auch im Displaybereich haben sich große Änderungen ergeben. Das verbreitetste Betriebssystem verzichtet bei der Programmoberfläche immer mehr auf überladene Grafiken und Animationen. Wegen seiner Einfachheit und Klarheit im Bauhaus-Stil wird es seit Neuestem unter dem Namen „Bauhaus-Windows" vertrieben. Aktuelle Systemvergleiche zeigen, dass sich mit diesem Betriebssystem etwa 50 % der Rechenleistung einsparen lassen.

Der Mensch als elektrisches System

Der Beginn des 21. Jahrhunderts war durch einen immensen Fortschritt in der Entwicklung der Biotechnologie und der Zellbiologie charakterisiert. Es war gelungen, das menschliche Genom zu entschlüsseln. Die Biophysik hatte geholfen, die physikalisch-chemischen Prozesse, die in den Zellen ablaufen, zu verstehen und zu beeinflussen. Immer stärker wurde klar, dass sich viele Vorgänge durch Ionenströme und elektrische Potentiale beeinflussen lassen. Viele daraus resultierende Erkenntnisse sind inzwischen in neue Therapiemethoden eingeflossen, die dann in den letzten zehn Jahren zu einem weiteren imposanten Wachstum der Biomedizintechnik geführt haben. Zum Beispiel gibt es nun elektronische Pflaster zur Wundheilung oder Geräte zum schnellen Verheilen von Knochenbrüchen. Völlig neue Anwendungen und Therapien stehen kurz vor der Einführung. Damit verzeichnet die Biomedizintechnik bereits den zweiten Boom in den vergangenen beiden Jahrzehnten, nachdem in den Jahren 2010 bis 2020 durch das Ambient-assisted Living (AAL) schon einmal ein dramatisches Umsatzwachstum stattgefunden hatte. Damals war klar geworden, dass Assistenzsysteme älteren Menschen erlauben, ihr Leben im eigenen Heim aktiv und selbstbewusst zu gestalten. Ausschlaggebend für den Erfolg war letztendlich aber die Tatsache, dass dank gesetzlicher Regelungen solche Assistenzsysteme durch die Kranken- und Pflegekassen unterstützt wurden und sich so eine große Nachfrage nach AAL-Systemen ergab.

Was bringt die Zukunft?

Auch wenn in den ersten drei Jahrzehnten des 21. Jahrhunderts viele neue technische Entwicklungen die Elektrotechnik zu einem der wichtigsten Industriezweige der deutschen Wirtschaft gemacht haben, wird weiter intensiv an der Lösung von Problemen gearbeitet, die der Elektrotechnik eine neue, noch höhere wirtschaftliche und gesellschaftliche Bedeutung zu eröffnen versprechen:

- an Systemen der elektrischen Energiespeicherung mit hoher Speicherkapazität,
- an autarken elektronischen Systemen, die ihre Energie vollständig aus der Umgebung entnehmen können und damit keine eigene Energiequelle brauchen,
- an Systemen zur sicheren Übertragung von Daten, die nur der adressierte Empfänger decodieren kann,
- an neuen Rechnerarchitekturen und Softwarelösungen, die trotz Erreichen der Miniaturisierungsgrenzen in der Mikroelektronik zu höheren Rechnerleistungen führen,
- an flächenhaften Elektromotoren mit geringer Bautiefe und großer Leistung für neue gerätetechnische und mechatronische Anwendungen.

Der Fachkräftemangel bei Ingenieuren und Technikern der Elektrotechnik in Deutschland steht baldigen Lösungen allerdings ziemlich gravierend im Wege.

Volker Bellersheim, Volker Kirchgeorg, Christopher Ulrich

Spitzenposition durch Innovationskraft und Wandlungsfähigkeit

Der Maschinenbau hat sich lange Zeit aufgrund starker Spezialisierung und Fragmentierung im Vergleich zu anderen Industrien durch geringe Strukturveränderungen ausgezeichnet. Megatrends wie Globalisierung, wachsende Bedeutung der BRIC-Märkte und -Wettbewerber sowie Ressourcen- und Energieknappheit haben ab Mitte der 90er Jahre des letzten Jahrhunderts fast alle Branchen massiv verändert. Während sich in vielen B2C-Märkten (Unterhaltungselektronik, Fast Moving Consumer Goods, Automobil) und auch einigen B2B-Märkten (Infrastruktur, Telekommunikation) bereits in der ersten Dekade des 21. Jahrhunderts globale Märkte und Wettbewerber herausgebildet haben, ist der Maschinenbau erst in den letzten 15 Jahren von diesen Trends erfasst worden.

Veränderungen der Markt- und Wettbewerbsstrukturen sowie der Geschäftsmodelle und Organisationsstrukturen der Maschinenbau-Unternehmen waren daher gegenüber anderen Branchen erst mit einem Jahrzehnt Verspätung zu beobachten. Vorbilder waren Konzerne wie der Stahlproduzent Mittal, der Weiße-Ware-Hersteller Haier oder die Telekommunikationsausrüster ZTE und Huawei. Als Vorbild bei der Transformation vom Produkt- zum Lösungsanbieter oder Dienstleister galten lange Zeit IBM und dann die Automobilfirmen, die mit dem Einzug der Elektromobilität ihr Geschäftsmodell vom reinen Hersteller zum Mobilitätsanbieter anpassen mussten.

Diese Trends haben heute auch den Maschinenbau grundlegend verändert. Die führenden Unternehmen aus den Industrieländern, insbesondere aus Deutschland, haben sich aber als wandlungsfähig erwiesen und gehören heute – im Jahr 2030 – nach wie vor zu den Marktführern.

Märkte und Kunden

Die klassische Aufteilung des Weltmarktes in die drei Triade-Märkte Europa, Amerika und Asien hat sich aufgelöst. Wir beobachten – wie in zahlreichen anderen Industrien heute eben auch im Maschinenbau – einen integrierten Weltmarkt mit globalen Produktsegmenten und weltweit tätigen, in allen wesentlichen Regionen mit eigener Wertschöpfung präsenten Wettbewerbern. Das Modell des Exporteurs, der „deutsche" Technik in Industrieländer und Premium-Produkte in den Emerging Markets verkauft, hat sich überholt.

Durch das seit Anfang der 90er Jahre des letzten Jahrhunderts starke Wirtschaftswachstum in den Emerging Markets, von denen sich viele zu Schwellenländern weiterentwickelten, haben sich auch in den Investitionsgüterindustrien die Gewichte massiv verschoben.

Nach dem massiven Anstieg der Industrieproduktion ist insbesondere in China, Indien und Brasilien nach einem gewissen Zeitverzug auch die lokale Maschinenbauproduktion explosionsartig angestiegen. Der Anteil dieser drei Länder am globalen Bruttosozialprodukt liegt nach einem durchschnittlichen jährlichen Wachstum in den letzten 20 Jahren von ca. 8 % heute bei über 40 %, absolut hat sich deren BSP verdoppelt. Westeuropas BSP ist lediglich gute 2 % p.a. gewachsen, sein Anteil ist von über 40 % auf unter 30 % zurückgefallen. Noch dramatischer ist die Wachstumsschere bei der Maschinenbauproduktion auseinandergegangen – hier konnten wir ein Wachstum von durchschnittlich 12 % in China und Indien gegenüber einem Wachstum des deutschen Maschinenbaus von 5 % beobachten. Der Anteil beider Wachstumsländer am weltweiten Umsatz hat sich von knapp 20 % auf fast 60 % erhöht, auch durch die Direktinvestitionen westlicher und japanischer Wettbewerber. Die deutsche Maschinenbauproduktion konnte ihren Weltmarktanteil bei etwa 15 % stabil halten. Die großen Verlierer sind die USA, Japan und die anderen westeuropäischen Länder. Diese Zahlen klingen dramatisch – man sollte aber dabei nicht vergessen, dass der chinesische Maschinenbau in der ersten Dekade zahlreiche Jahre mit Wachstumsraten von sogar knapp 30 % geglänzt und Deutschland bereits im Krisenjahr 2009 als Weltmarktführer abgelöst hatte.

Als Folge dieser Verschiebung hat sich auch der Anteil des sogenannten Low-Cost-Segments am Weltmarkt soweit erhöht, dass er von den westlichen und japanischen Anbietern nach langem Ignorieren aktiv angegangen wurde.

Das Beispiel des Kunststoffspritzgussmaschinenbaus verdeutlicht dies eindrucksvoll. Während das Low-Cost-Segment um das Jahr 2000 von den Stückzahlen her zwar schon einen Anteil von ca. 50 % des Weltmarktes hatte, betrug der Wertanteil dieses Segments noch deutlich unter 10 %. Das Preisniveau lag zumeist deutlich unter 40 % des „westlichen" Niveaus. Heute, 30 Jahre später, hat sich das Preisniveau mit der fortschreitenden Entwicklung der Leistungs- und Qualitätsanforderungen der Abnehmerindustrien in den Emerging Markets auf 50 % bis 60 % erhöht. In Kombination mit den wachstumsbedingten Mengeneffekten hat die Annäherung der Preisniveaus dazu geführt, dass die Emerging Markets heute auch wertmäßig weit über 50 % der Maschinennachfrage auf sich vereinen.

Dabei haben sich Low-Cost-Produkte nicht nur in China und anderen Emerging Markets etabliert, ihr Markt erreichte auch in den Industrieländern eine relevante Größe – ähnlich wie es zum Beispiel mit dem Erfolg der Marke Dacia 15 bis 20 Jahre vorher in der Automobilbranche zu beobachten gewesen war. Doch ist der Begriff Low Cost eigentlich irreführend, da er lediglich die westliche bzw. europäische Perspektive beschreibt. Aus Sicht der Kunden in den Emerging Markets handelt es sich stattdessen um das Middle Segment, in dem Value-for-Money zählt – Produkte leisten genau das, was für die konkreten Anforderungen mindestens benötigt wird. Reduzierte Anforderungen sowie eine weitestgehend lokalisierte Supply-Chain bringen in Summe einen Preisvorteil von ca. 50 %. Aus chinesischer oder indischer Perspektive liegt das „echte" Low-Cost-Segment mit einem Preisindex von etwa ca. 20 % (vs. 100 % für westliche Premiumprodukte) noch deutlich niedriger. Dieses Segment ist jedoch aufgrund der steigenden Standards und Anforderungen kontinuierlich geschrumpft, und langfristig wird es völlig verschwinden.

Die Bedeutung des – je nach Perspektive – Low-Cost- bzw. Middle-Segments stieg auch dadurch, dass die Kunden in den hochentwickelten Industrieländern ihre Maschinenspezifikationen immer stärker auf die tatsächlichen Anforderungen des jeweiligen Anwendungsfalles ausgerichtet haben. Ein Beispiel dazu aus der mechanischen Antriebstechnik: Während von Getriebemotoren in den Bereichen Fördertechnik (zum Beispiel Gepäckförderbänder in Flughäfen) oder Montage- und Handhabungstechnik (zum Beispiel Automobilindustrie) eine sehr hohe Zuverlässigkeit und oft auch hohe Genauigkeit gefordert wird, sind die entsprechenden Anforderungen beispielsweise bei Rührwerken oder Mischern in Lebensmittelmaschinen deutlich geringer. Durch die Globalisierung der Märkte und das Entstehen leistungsfähiger Anbieter aus den Emerging Markets ist es inzwischen auch für westliche Kunden möglich und attraktiv, ihre Maschinen und Komponenten entsprechend der konkreten Anforderungen einzukaufen.

Diese Entwicklungen haben zu einem echten globalen Markt geführt und damit die Wettbewerbsintensität in den meisten Segmenten des Maschinenbaus insgesamt deutlich verstärkt. Dies gilt insbesondere für die letzten 10 bis 15 Jahre, in denen zahlreiche Unternehmen aus den Emerging Markets immer stärker in den Export vorgedrungen sind.

Wir konnten aber auch gegenläufige Entwicklungen beobachten, die zu einer weiteren Fragmentierung geführt und neue Differenzierungspotenziale eröffnet haben.

Die stärkere Anwendungsorientierung hat die Nachfrage nach spezifischen Maschinenkonzepten und insbesondere nach Gesamtlösungen angekurbelt. Kunden verlangen heute eine Lösung für ihre Fertigungsaufgabe, d. h. applikationsspezifische integrierte Verfahrenstechnik, eine weitestgehende Automatisierung und die Verkettung mehrerer Prozessschritte. Einzelne Standardmaschinen, die der Kunde selbst an die Fertigungsaufgabe anpasst, werden immer weniger nachgefragt. Dies hat den Wettbewerbern, die ihr Produkt- und Leistungsspektrum sowie ihre Kompetenzen entsprechend weiterentwickelt haben, die Möglichkeit zur Differenzierung eröffnet.

Auch das Entstehen und das starke Wachstum neuer Kundenbranchen, wie zum Beispiel die zunehmende Bedeutung erneuerbarer Energien, haben neue Segmente geschaffen und die starke Abhängigkeit von der Automobilindustrie als Hauptabnehmerbranche aufgelöst.

Einen vergleichbaren Effekt hat der Einsatz neuer Technologien (zum Beispiel Elektroantriebe statt Verbrennungsmotoren im Automobil) und der damit erforderlichen neuen Fertigungsverfahren gebracht. Auch der verstärkte Einsatz neuer Werkstoffe in neuen Industrien wie Windkraft oder in bestehenden Branchen zur Substitution von Stahl hat die Vielfalt der Fertigungs- und Maschinentechnologien erhöht.

Emerging Champions und Zwang zur Größe

Die globale Wettbewerbslandschaft ist heute ein Spiegelbild der Verschiebungen in den Märkten. Neue Anbieter aus den ehemaligen Emerging Markets haben sich nach dem Aufbau einer starken Position in ihren Heimatmärkten auch auf dem Weltmarkt etabliert. Der brasilianische Elektromotoren-Hersteller WEG hat seine ehemals übermächtigen Konkurrenten Siemens und ABB in einigen Produktsegmenten überholt. Der indische Windkraftanlagenbauer Suzlon hat sich nach der Übernahme von Repower durch weitere Akquisitionen gestärkt und ist zur klaren Nummer 1 auf dem Weltmarkt aufgestiegen. Larsen Toubro und mehrere chinesische Anlagenbauer haben den Infrastrukturboom in ihren Heimatmärkten genutzt und sich als Global Player etabliert. Gerne haben sie die Chance genutzt, Technologie günstig einzukaufen, als europäische Konzerne ihre Anlagenbautöchter aufgrund angeblich mangelnder Profitabilitätspotenziale veräußerten. Wertvolles Know-how zu komplexer Anlagentechnik und Errichterkompetenz wurden damit zu Dumpingpreisen verschoben.

Dabei sind sie die meisten Unternehmen dem gleichen Muster gefolgt. Nach dem Export in andere Emerging Markets, primär in Asien und Afrika, haben sie zuerst Positionen in preissensitiven Märkten (zum Beispiel Türkei, Spanien, Osteuropa) oder Märkten ohne starke lokale Anbieter (zum Beispiel England und teilweise USA) aufgebaut, bevor sie in den Kernmärkten des Maschinenbaus (Deutschland, Frankreich, Italien und Japan) angegriffen haben. Ein ähnliches Muster konnten wir Jahre zuvor bei japanischen, koreanischen und dann auch chinesischen Herstellern in der Automobilindustrie (Hyundai/KIA, BYD, usw.) oder bei Haushaltsgeräten (LG Electronic– ehemals Lucky Goldstar, Haier, usw.) beobachten.

Ein eindrucksvolles Beispiel aus dem klassischen Maschinenbau ist der Aufstieg des chinesischen Baumaschinenherstellers Sani. Im Jahr 2008 hatte dieses 1989 gegründete Unternehmen trotz eines bereits beachtlichen Umsatzes von etwa 3 Mrd. $ lediglich ein Zehntel der Größe der Baumaschinensparte des Weltmarktführers Caterpillar. Während die Baumaschinenhersteller im Krisenjahr 2009 Umsatzrückgänge von durchschnittlich 40 % zu verkraften hatten, wuchs Sani weiter – um 50 % alleine in 2009. Nach einem anhaltend hohen Wachstum von durchschnittlich über 20 % p.a. hat Sani Caterpillar bereits 2020 als Weltmarktführer abgelöst und ist heute mehr als doppelt so groß wie die ehemalige Nr. 1.

In der Ära der Exportweltmeister hatten viele deutsche Weltmarktführer ausschließlich deutsche Entwicklungs- und Produktionsstätten. Bestenfalls hatten sie noch entsprechende Ressourcen in Europa und den USA aufgebaut. Ab Mitte der 90er Jahre kamen dann teilweise erste CKD-Montagewerke in den Emerging Markets hinzu (CKD = Completely Knocked Down ist die Montage vorgefertigter Teile). In diesem Modell konnte man mit einem Umsatzvolumen von 200 bis 500 Mio. € relativ komfortabel agieren. Heute fordert der Markt jedoch lokale Produkte und im B2B-Geschäft auch weitgehend lokalisierte Wertschöpfungsketten. Beides ist bei einem Umsatzvolumen von 500 Mio. € oder weniger nur sehr schwer darstellbar. Es fehlt die kritische Masse – sowohl finanzielle als auch Management-Ressourcen reichen oft nicht aus.

Diesen Zwang zur Größe hat der Maschinenbau (noch) rechtzeitig erkannt. Heute werden die meisten Segmente des Maschinenbaus von Unternehmen mit mehr als 10.000 Mitarbeitern und mindestens 3 Mrd. € Umsatz dominiert. Eine beeindruckende Konsolidierung konnte bei den Werkzeugmaschinen beobachtet werden: Während die Top 5 Players im Jahre 2008 lediglich einen Anteil von etwa 15 % am weltweiten Produktionsvolumen auf sich vereinten, liegt ihr Anteil heute, im Jahr 2030, bei fast 50 %. Ob die Konsolidierung noch weiter voranschreiten kann und wir einen ähnlich hohen Konzentrationsgrad sehen werden wie bei den mechanischen und elektrischen/elektronischen Kernkomponenten (Kugellager, Linearführungen, Speicherprogrammierbare Steuerungen), ist allerdings zweifelhaft. Letztlich sind die Anforderungen der Maschinennutzer doch so unterschiedlich, dass Nischenplayer weiterhin eine wichtige Rolle spielen werden.

Trotz dieser Größe haben die Maschinenbauer ihre mittelständischen Strukturen und Führungsprinzipien erhalten und sind nicht der Versuchung verfallen, „Konzernstrukturen" einzuführen. Viele Unternehmen haben durch Unternehmenskäufe bzw. -zusammenschlüsse ihr Portfolio erweitert und gezielt lokale Einheiten in den Wachstumsmärkten aufgebaut. Insbesondere die neuen Geschäftseinheiten in China, Indien und Brasilien konnten ihr lokales Geschäft und den Export in ausgewählte Märkte weitestgehend eigenständig weiterentwickeln. Die Unternehmenszentralen steuern die eigenständigen Geschäftseinheiten lediglich strategisch, und Synergiepotenziale des globalen Verbunds werden nur sehr selektiv gehoben.

Lösungsgeschäft als Erfolgsmodell

Marktstrukturen, geänderte Kundenanforderungen und auch die Wettbewerbssituation haben die Unternehmen zu einer massiven Veränderung des Produkt- und Leistungsportfolios gezwungen.

Der Kunde kauft heute entweder komplette, auf die Herstellung eines einzelnen Produktes ausgerichtete Anlagen, in denen ein Großteil der erforderlichen Fertigungsverfahren verkettet und integriert ist, oder hochflexible und vollautomatisierte Fertigungszellen für Standardprodukte. Die „nackte" oder bestenfalls teilautomatisierte (Einzel-)Maschine wird kaum noch nachgefragt. Bei der Fertigung von Engineered Products sehen wir nur noch den Einsatz synchroner Fertigungsprozesse, bei der Automatisierung und Einsatz einfacher Prozessschritte exakt auf Qualität und Betriebswirtschaft abgestimmt sind. Als Maschinenbauer muss man heute eine komplette Lösung für den gesamten Fertigungsprozess des Kunden anbieten.

Um dieser Herausforderung gerecht zu werden, haben die Maschinenbauer ihr Portfolio kontinuierlich ausgebaut, um zumindest einen Großteil der für den Kunden relevanten Fertigungsverfahren anbieten zu können. Bei Anlagen für die Solarzellenproduktion haben sich bereits sehr früh Komplettanbieter durchgesetzt, die wesentliche Prozessschritte mit eigenen Maschinen abdecken. Relativ früh haben auch Maschinenbauer für die Getränkeindustrie durch gezielte Portfolioerweiterungen die komplette Prozesskette von der Getränkeherstellung über die Abfüllung bis zur Etikettierung, Verpackung und Palettierung abgedeckt. Am spätesten hat dieser Trend in der klassischen Metallbearbeitung eingesetzt. Entsprechende Strukturen haben sich erst nach einem längeren Konsolidierungsprozess etabliert, d. h. dem Zusammenschluss von Herstellern von zum Beispiel Dreh-, Fräs-, Bohr- und Schleifmaschinen, aber auch Unternehmen der Oberflächen- und Wärmebehandlungstechnik.

Auch die steigende Bedeutung neuer Werkstoffe war ein Treiber für die Erweiterung des Portfolios an Maschinentechnologien. So haben zum Beispiel führende Unternehmen der Metallbearbeitung in neue Technologien zur Herstellung von Windkraftrotorblättern diversifiziert. Dabei haben sie sich nicht nur auf die Oberflächenbearbeitung beschränkt, sondern auch ihre Automatisierungskompetenz genutzt, um zum Beispiel Anlagen zum automatischen Einlegen der Fasermatten in die Flügelformen zu entwickeln. Mit ihrer in der Automobilindustrie gewonnenen Automatisierungskompetenz haben sie sich auch eine führende Position in der Herstellung von Solarzellen erarbeitet.

Neben dem breiteren Spektrum an Fertigungsverfahren bzw. Maschinentypen haben die Maschinenbauer auch ihr Angebot an Automatisierungslösungen erheblich ausgebaut. Ein prägnantes Beispiel dafür sind die vollautomatisierten Fertigungszellen im Kunststoffspritzguss, die mit entsprechender Robotik oder Handhabungstechnik und Fördertechnik ausgestattet sind. Der Kunde kauft nicht mehr die „nackte" Maschine, sondern eine Lösung, die über bedienerfreundliche Software schnell und einfach an die jeweilige Produktionsaufgabe angepasst werden kann. Mit Softwarepaketen und kundenspezifischer Softwareentwicklung, Customizing oder Inbetriebnahme sowie softwarebasierter Optimierung erzielen Maschinenbauer heute fast 50 % ihres Umsatzes.

Neben diesen softwarebasierten Dienstleistungen nehmen weitere Services wie Schulungen, Beratung (Optimierung der Fertigungsprozesse des Kunden hinsichtlich Effizienz, Energie- und Materialverbrauch), Instandhaltungsverträge, Refurbishment/Upgrades, Management des Werkzeugpools und Versorgung mit für die Fertigung benötigten Verbrauchsstoffen eine wichtige Rolle im Angebotsportfolio der Maschinenbauer ein. Der Umsatzanteil der Dienstleistungen liegt heute im Maschinenbau bei über 50 %. Vor zwanzig Jahren wurden durchschnittlich erst gut 20 % erreicht, führende Unternehmen lagen bei 30 bis 40 %.

In mehreren Branchen haben sich neue Geschäftsmodelle durchgesetzt. Der Kunde kauft nicht mehr Maschinen, sondern eine spezifizierte Maschinenleistung bzw. ein spezifiziertes Produktionsergebnis. Was sich relativ früh bereits bei Kompressoren (Lieferung Druckluftmenge mit entsprechender Qualität) oder Dieselgeneratoren durchgesetzt hat, hielt zunehmend auch bei den Fertigungskernprozessen Einzug. Ein Vorreiter war die Firma Balzers, die den Maschinenverkauf durch den Betrieb eines weltweiten Netzwerkes von Beschichtungszentren abgelöst hat. Heute haben auch die Nutzer anderer Technologien realisiert, dass die Zusammenarbeit mit spezialisierten Dienstleistern, bzw. den Dienstleistungssparten der Maschinenhersteller, oft kostengünstiger ist als der Aufbau eigener Fertigungskapazitäten. Beispiele sind die Oberflächen- und Wärmebehandlungstechnik, die 3D-Laserbearbeitung sowie Spezialverfahren des Kunststoffspritzgießens. Die Maschinenhersteller bieten inzwischen voll skalierbare Lösungen bis zum vollständigen Betrieb von In-Plant-Fertigungszentren im Werk des Kunden an.

Erfolg durch Innovationsführerschaft und Wandlungsfähigkeit

Um den veränderten Kundenanforderungen mit passenden Produkten und Leistungen gerecht zu werden, haben die Unternehmen sowohl ihr Kompetenzprofil als auch ihre organisatorische Aufstellung verändert. Das Kunden- und Anwendungs-Know-how hat sich dabei gegenüber dem reinen Technologie-Know-how zum differenzierenden Faktor entwickelt. Beispiel Kunststoffspritzgießen: Früher waren das Konstruktionsprinzip bzw. die Maschinensteifigkeit und die Leistungsfähigkeit des hydraulischen oder elektrischen Antriebs erfolgsentscheidend. Heute unterscheiden sich die Maschinenbauer hinsichtlich dieser Kriterien kaum noch. Spezifisches Anwendungs- und Verfahrens-Know-how wie zum Beispiel bei der Gasinjektion, dem Mehrkomponentenspritzguss oder der Verarbeitung von Spezialmaterialen stellt heute das entscheidende Differenzierungsmerkmal dar.

Infolge dieser Entwicklung haben die meisten Unternehmen heute ihre Organisation konsequent auf Anwendungssegmente bzw. Kundenbranchen ausgerichtet. Die produkt- oder technologieorientierte Organisation mit Produktgeschäftsfeldern auf der ersten Organisationsebene hat sich überholt. Gleichzeitig hat sich Ingenieurkapazität von der Forschung und Entwicklung auf das Applikations-Engineering verlagert. Technologie- und Komponentenentwicklung werden meist von leistungsfähigen Systemlieferanten betrieben, in der Regel in enger und exklusiver Kooperation.

Als übergreifende Kernkompetenz in den Maschinenbausegmenten hat sich die Mechatronik herauskristallisiert. Die Unternehmen haben hier in den letzten beiden Jahrzehnten massiv in den Aufbau qualifizierten Personals investiert. Gleiches gilt für die Softwareentwicklung. In den Entwicklungsabteilungen hat sich der Anteil reiner Konstrukteure auf unter 20 % verringert. Der ehemalige buchstäbliche Graben zwischen den Mechanikern und den Exoten aus der Softwareentwicklung ist verschwunden.

Als weitere Folge des Trends zur Anwendung oder Lösung ist der Stellenwert von technischer Beratung, Vertrieb und Marketing erheblich gestiegen. Heute werden alle wichtigen Entscheidungen von den applikationsorientierten Produktmanagern getroffen oder wesentlich beeinflusst. Die Marktperspektive hat sich gegenüber der Technologieperspektive durchgesetzt – wie zuvor in fast allen anderen Branchen. Der Produktmanager ist quasi als „Unternehmer im Unternehmen" der wichtigste Mitarbeiter. Um dem geänderten Anforderungsprofil gerecht zu werden, haben die Unternehmen deutlich mehr als früher in Personalqualifikation und zum Beispiel Job-Rotation investiert. Auch wurden verstärkt Mitarbeiter mit entsprechender funktionaler Expertise aus anderen Branchen eingestellt – wie zuvor zum Beispiel die Einkaufsexperten aus der Automobilindustrie. Die Maschinenbauer haben erkannt, dass technische oder Branchenexpertise der Mitarbeiter alleine nicht ausreicht, um erfolgreich zu sein. Auch in Vertrieb und Service wurde so Kompetenz aufgebaut und Best-Practice-Know-how aus anderen Branchen gewonnen. Eine weitere Quelle zur Schließung der Personallücke sind heute die Auslandsgesellschaften in den Emerging Markets. Der Anteil der ausländischen Mitarbeiter hat sich in den deutschen Einheiten, insbesondere in den Entwicklungs- und Vertriebsabteilungen, von früher unter 5 % auf heute über 25 % erhöht. Durch das starke Wachstum der Auslandsgesellschaften stammt heute mehr als als die Hälfte der Gesamtbelegschaft nicht mehr aus Deutschland.

Einzelne Geschäftsfelder oder Kompetenzzentren sind heute außerhalb Deutschlands angesiedelt. Als Standort für Softwareentwicklung haben sich neben Indien auch Russland und China etabliert. Fast alle deutschen Maschinenbauer haben heute die Verantwortung für die globale Bearbeitung von Segmenten wie Elektrofahrzeug-Komponenten, Solarzellenproduktion oder das Geschäftsfeld Standardmaschinen in Asien angesiedelt, meistens in China.

Deutscher Maschinenbau – Weltmarktführer auch 2030

Der deutsche Maschinenbau hat seine Führungsposition trotz der Marktverschiebungen in Richtung Asien und dem neuen Wettbewerb aus China, Indien und Brasilien behaupten können. Die Tochtergesellschaften der deutschen Maschinenbauer agieren als weitestgehend eigenständige Einheiten erfolgreich in diesen Ländern und anderen Wachstumsmärkten.

In den etablierten Märkten konnte durch eine konsequente Fokussierung auf Kundennutzen und den Aufbau von Applikations-Know-how sowie anhaltend hohe Innovationsaufwendungen eine klare Differenzierung aufrechterhalten werden. Die deutschen Maschinenbauer haben sich erfolgreich für das Lösungsgeschäft aufgestellt. Ihre Geschäftsmodelle und internen Strukturen sind nicht auf die kostenoptimale Herstellung von Standardmaschinen in großen Stückzahlen ausgerichtet. Bei der kontinuierlichen Senkung von Produkt- und Prozesskosten haben sich die asiatischen Hersteller hier ein klares Alleinstellungsmerkmal herausgearbeitet.

Die unterschiedlichen Stärken zeigen sich besonders deutlich in der noch relativ jungen Photovoltaik-Industrie: Während die deutschen Hersteller in der Solarzellen- und Modulherstellung ihre Vormachtstellung bereits vor gut 15 Jahren an die chinesischen Hersteller verloren haben, sind sie im Anlagen- und Maschinenbau nach wie vor klar führend. Dies gilt auch für die meisten anderen Segmente des Maschinenbaus. Auch wenn sich die regionalen Gewichte in wichtigen Abnehmerindustrien (zum Beispiel Automobilindustrie und Chemieindustrie) dramatisch verschoben haben und neuer lokaler Wettbewerb an Bedeutung gewonnen hat, konnte der deutsche Maschinenbau durch Innovationskraft und Anpassungsfähigkeit seine Spitzenstellung halten.

Jürgen Hubbert

Immer noch die Nummer 1

Als ich 1965 als junger Ingenieur in die damalige Daimler-Benz AG eintrat, hätte ich gelacht bei dem Gedanken, 2030 – mit 90 Jahren – über die Situation der Automobilindustrie zu schreiben.

Heute, 65 Jahre später – davon 40 aktiv und verantwortlich in der Automobilindustrie tätig – lache ich wieder. Aus Freude darüber, dass ich damals die richtige Entscheidung getroffen habe für eine Industrie, die auch 144 Jahre nach der Erfindung des Autos noch so dynamisch, innovativ und attraktiv ist wie in den Tagen von Gottlieb Daimler und Carl Benz.

Und das, obwohl wahrscheinlich kein Produkt in seiner Lebenszeit so oft kritisiert worden ist wie das Auto. Dabei hat kaum ein anderes industrielles Massenprodukt den Alltag der Menschheit mehr verändert als das Automobil. Seit dem Beginn des 20. Jahrhunderts haben weltweit mehr als 2.500 Unternehmen Fahrzeuge produziert. Auch wenn sich die Zahl der unabhängigen Hersteller seither drastisch verringert hat, bleiben die Kernpunkte der Bedeutung des Autos bestehen: die individuelle Mobilität und die Flexibilität in der Arbeits- und Freizeitwelt.

Denn das Auto ist bis heute DAS Transportmittel, das

- Menschen sowie kleine und große Lasten
- in kurzer Zeit über große Entfernungen
- bei größtmöglicher Flexibilität für die handelnden Personen

bewegen kann. Damit stärkt und erhält es die Leistungsfähigkeit und Produktivität unserer arbeitsteiligen Gesellschaft.

Markt und Kunden

Heute, 2030, bevölkern 8,2 Milliarden Menschen unseren Globus. Fast 60 % von ihnen leben in China, Indien, Japan und den übrigen Ländern Asiens. Der Anteil Europas ist mit 740 Millionen Menschen auf 9 % zurückgegangen. In Deutschland lebt mit 78,5 Millionen knapp 1 % der Weltbevölkerung.

In der Folge des weltweiten Bevölkerungswachstums und der wirtschaftlichen Entwicklung, insbesondere der BRIC-Staaten, hat sich das Marktvolumen für die sogenannten Light-Vehicles auf 100 Millionen je Jahr erhöht – eine Verdoppelung, gemessen am Rückgang 2009/2010 auf damals rund 50 Millionen Fahrzeuge im Jahr.

Der Welt-Fahrzeugbestand hat sich dadurch von rund 800 Millionen auf 1,5 Milliarden Fahrzeuge ebenfalls fast verdoppelt. Auch in Deutschland ist der Bestand auf rund 45 Millionen Pkw angestiegen, trotz einer um fast 3,5 Millionen niedrigeren Bevölkerungszahl.

Das Wachstum konzentriert sich vor allem auf die Teile der Welt, in denen mit beginnendem Wohlstand auch der Mobilitätsbedarf gestiegen ist. Hat sich in Deutschland die Fahrzeugdichte mit 565 Pkw je 1.000 Einwohner (vergleichbar mit USA und Japan) nur unwesentlich verändert, ist die Zunahme in anderen Ländern signifikant:

Lag noch vor 20 Jahren die Motorisierung in China und Indien bei 10 bzw. 8 Fahrzeugen je 1.000 Einwohner, hat sie sich heute auf 21 bzw. 12 Pkw erhöht. Das ist immer noch wenig, weil restriktive Eingriffe der Regierungen aufgrund von Ressourcenknappheit und fehlender Verkehrsinfrastruktur ein stärkeres Wachstum verhindert haben. Trotzdem haben die absoluten Zahlen zum Aufbau neuer Produktionskapazitäten geführt, an denen allerdings die Länder der Triade (NAFTA, EU und die klassischen Industriestaaten Ostasiens) und besonders der Produktionsstandort Deutschland nur unterproportional partizipiert haben.

Die weltweite Produktion deutscher Hersteller hat sich allerdings von 5 Millionen Fahrzeuge (2010) über 6 bis 7 Millionen (2020) auf knapp 9 Millionen Fahrzeuge im Jahr 2030 erhöht.

Gründe für diese Entwicklung sind insbesondere die Konzepte und die wirtschaftlichen Rahmenbedingungen für die Produktion von Ultra Low Cost Cars (ULCC), deren Siegeszug mit der Vorstellung des TATA NANO 2008 begann und die heute mit über 15 Millionen Fahrzeugen/Jahr 15 % des Marktvolumens abdecken.

So, wie ein steigender Anteil dieser Fahrzeuge dank verbesserter Technik auch für Menschen in der Triade interessant wird, profitiert die etablierte Industrie vom gestiegenen Wohlstand in den Wachstumsmärkten. Das gilt auch für die deutschen Premiumhersteller, die ihre Ausnahmestellung im Produktportfolio behauptet haben und damit partiell am weltweiten Zuwachs teilnehmen.

Allerdings haben sich die Kaufgründe stark verändert. Die „Total Cost of Ownership" beeinflussen nach aktuellen Umfragen die Kaufentscheidung in der Triade jetzt zu 60 %, in den Wachstumsmärkten sogar zu mehr als 75 %. „Emotionalität", d. h. Leistung, Komfort, Sicherheit und Modellangebot, ist auf 30 % bzw. 20 % zurückgegangen, und das Auto als Statussymbol und Imagefaktor entscheidet nur noch zu 10 % bzw. unter 5 % beim Kauf.

Als eine logische Konsequenz dieser Marktanforderungen waren die Segmente neu zu definieren. So wird insbesondere „Premium" heute nicht mehr mit Größe, Leistung und Spitzentechnik beschrieben, sondern mit intelligenter, zukunftsweisender Technik, individuell angepasstem Kundennutzen, Nachhaltigkeit im Produkt und in der Unternehmenskultur sowie in umfassender Betreuungsqualität und erlebbaren Markenwerten.

Verkehr

Das Wachstum des Welthandelsvolumens und der Weltbevölkerung haben auch zu einer gestiegenen Verkehrsnachfrage geführt. Und zwar sowohl für den Personen-, als auch für den Güterverkehr. Und das nicht nur in den ehemaligen Schwellenländern, sondern auch in den „alten" Industriestaaten.

Viel zu spät hat die Politik – insbesondere in Deutschland – diesen Bedarf erkannt und auch dann wegen der lang andauernden Überschuldung der Haushalte erst zögerlich darauf reagiert. Das führte zwischen 2010 und 2020 zu dramatischen Effizienz- und Ertragsverlusten durch Staus und Unfälle. Erst unter dem Druck eklatanter Wettbewerbsnachteile wurden schrittweise neue Finanzierungsmodelle entwickelt, wie Benutzungsgebühren für Pkw zur Finanzierung und Internalisierung externer Kosten im Straßenverkehr.

Als Ersatz für die Kfz-Steuer wurde die Pkw-Maut zunehmend von den Nutzern akzeptiert, zumal die Zweckbindung der Einnahmen zu einem zügigen Ausbau des Straßennetzes als Teil einer integrierten Verkehrsinfrastruktur führte.

Inzwischen sind in den Märkten der Industriestaaten nahezu alle Fahrzeuge mit elektronischen Kommunikationssystemen ausgestattet. Damit steht dem dynamischen, situationsangepassten Betrieb der kompletten Verkehrsinfrastruktur und seiner Optimierung nichts mehr im Wege. Die Kommunikation zwischen Fahrzeugen sowie zwischen Fahrzeug und Infrastruktur ermöglicht eine Vielzahl von Anwendungen zur besseren Nutzung der Kapazitäten, zur Vernetzung mit anderen Verkehrsträgern und zur Erhöhung der Verkehrssicherheit durch Gefahrenwarnung und Unfallvermeidung.

Verkehrsabhängige Geschwindigkeitsvorgaben sind an die Stelle genereller Tempolimits getreten. Dank den von Deutschland ausgehenden Innovationen zur aktiven und passiven Sicherheit nähern wir uns schrittweise dem Ziel eines unfallfreien Verkehrs.

Allerdings fehlen nach wie vor die Infrastrukturmittel, um zumindest auf Teilstrecken „automatischen Verkehr" zu ermöglichen. Die Technik dafür hat die Autoindustrie schon vor Jahren entwickelt und erprobt.

Modelle und Technik

Mit der Präsentation des Bionic-Car (auch „Kofferfisch“ genannt) hat die Daimler AG vor über 20 Jahren nahezu unbeachtet ein Auto vorgestellt, das in vielfacher Hinsicht Vorbild geworden ist für heutige Fahrzeuggenerationen. Sein Konzept basierte auf dem konsequenten Rückgriff auf die Bionik – d. h. auf der Anwendung von Bauprinzipien der Natur zur Lösung technischer Probleme.

Dazu gehören zum Beispiel:

- niedrige Cw-Werte bei ungewohnt kastigen Aufbauformen, die wegen der längeren Verweilzeit im Verkehr mehr Raum und mehr Komfort bieten,
- Metall- und Kunststoffstrukturen mit hoher Festigkeit bei niedrigem Gewicht,
- Haifischhaut bzw. Lotuseffekt bei Oberflächenbeschichtungen zum Abweisen von Schmutz.

3 Fahrzeuggenerationen nach dem Bionic-Car sind diese Elemente heute in vielen Serienfahrzeugen zu finden.

Daneben werden Autos zunehmend sensitiv – d. h. sie lernen ihre Umgebung wahrzunehmen und zu interpretieren. Kameras entsprechen dabei den Augen, Ultraschall- und Radarsensoren dem Tastsinn. Durch die Vernetzung intern und mit der Umgebung können zahlreiche Funktionen bis hin zum autonomen Fahren und Bremsen ermöglicht werden. Elektrische Pedale reduzieren das Verletzungsrisiko und verbessern die Raumausnutzung.

Auch die Instrumentierung der Fahrzeuge ist heute individuell gestaltet und wegen des zunehmenden Durchschnittsalters der Bevölkerung gut lesbar und leicht adaptierbar ausgelegt. Ziel ist es, nur die im jeweiligen Augenblick benötigte bzw. entscheidende Information zur Verfügung zu stellen, die gerade Aufmerksamkeit erfordert.

Diese Entwicklung gilt auch heute noch bevorzugt für die etablierten Segmente der Luxus-, Ober-, Mittel- und Kompaktklassen, bei denen die viertürige Limousine und die Kombimodelle überwiegen. Ihr Marktanteil ist allerdings weiter rückläufig zu Gunsten der Multi-Purpose-Vans, die dank ihrer Praktikabilität, aber vor allem wegen der angehobenen Sitz- und Sichtposition von dem gestiegenen Anteil weiblicher Käufer profitieren.

Neben den schon erwähnten Ultra Low Cost Cars für die sich weiter entwickelnde Mobilität in den Regionen Asien und Afrika hat sich – bedingt durch Reglementierung und Fahrverbote – in den Megacities das Segment der City-Cars entwickelt, für das der „smart“ als Urvater gelten kann.

Wie in allen Segmenten, zeigt sich auch dort die Fortsetzung des Trends der Differenzierung zwischen „exklusiv/hochwertig“ und „billig“, der Anfang dieses Jahrhunderts begann und sich seitdem in allen Kategorien des Konsums verstärkt hat. „Squeeze the middle“ gilt auch für den Automobilmarkt.

Interessant ist daneben eine Entwicklung, die – beginnend in Japan in den letzten Jahren – langfristig erhebliche Veränderungen bewirken kann: Insbesondere junge Menschen und damit potenzielle Erstkäufer verzichten in Großstädten auf den Besitz eines Autos und nutzen ein Mix aus Transportangeboten je nach Bedarf und aktueller Situation. Es wird interessant sein zu beobachten, ob sich dieser Trend stabilisiert, insbesondere auch vor dem Hintergrund alternativer Antriebskonzepte.

Antriebe

Von den Pkw-Neuzulassungen des Jahres 2030 werden 88 % von Benzin- und Dieselmotoren angetrieben, davon knapp 50 % kombiniert mit einer Hybridfunktion. 2 % der Neuzulassungen sind mit Erd- oder Flüssiggas betriebene Fahrzeuge und 10 % sind reine Elektromobile.

Wer das vor 2010 vorausgesagt hätte, wäre wütend beschimpft worden, weil Politik, Medien und Hersteller damals den Eindruck vermittelten, die Umstellung auf die e-Mobilität stünde unmittelbar bevor. Inzwischen hat aber die Realität Einzug gehalten – die Realität einer nach wie vor problematischen Technik, die dem Kunden kein seinen gewohnten Komfort- und Kostenvorstellungen entsprechendes Produkt anbietet. Die von der Batterietechnik abhängige Reichweite, die durch hohe Betriebsspannung beeinträchtigte Sicherheit, die Anforderungen der Klimatisierung, die begrenzte Lebensdauer und hohe Kosten verhindern ebenso die schnellere Verbreitung wie die unzureichende integrierte Betrachtung von Energieerzeugung und Verbrauch.

Das ist umso bedauerlicher, als sich die Gründe für eine dringende Verbrauchsreduzierung fossiler Kraftstoffe im Verkehr deutlich verstärkt haben. Waren es 2010 vor allem die CO_2-Emissionen, die die technische Entwicklung getrieben haben, spielen heute Verfügbarkeit und Preis der Kraftstoffe eine mindestens so gewichtige Rolle.

Bei Rohölpreisen von bis zu 200 $ je Barrel (159 Liter) hat schon vor Jahren ein Verteilungskampf um die allmählich auslaufenden bzw. nur mit hohem Aufwand und Risiko zu fördernden Reserven eingesetzt. Um soziale Konflikte in großem Ausmaß zu vermeiden, haben viele Regierungen die Kraftstoffpreise bei durchschnittlich 2,50 €/l eingefroren bzw. über eine variable Steuerpolitik subventioniert.

Zwar ist der Durchschnittsverbrauch der Flotten im Vergleich zu 2005 um rund 40% zurückgegangen, verbrauchsreduzierende Maßnahmen bleiben aber angesichts des Mengenwachstums und wegen der von Mobilität abhängigen Funktionsfähigkeit unserer Gesellschaft weiterhin von existentieller Bedeutung. Im Bereich der Verbrennungskraftmaschinen sind dazu in den letzten zwei Motorgenerationen zahlreiche technische Innovationen eingeflossen: Hochaufladung und Direkteinspritzung, variable Ventilsteuerung, variable Verdichtung bei variablem Luft-Kraftstoff-Verhältnis, reduzierte Reibungsverluste u. a. mehr.

Erste Motoren nach dem Diesotto-Prinzip, d. h. selbstzündende Ottomotoren, laufen im Kundenbetrieb. Die größten Effekte resultieren aber aus dem Downsizing, das sich in kommenden Motorgenerationen fortsetzen wird:

- 2-Liter-4-Zylinder-Motoren beschleunigen Oberklassemodelle heute wie früher hochvolumige 6- und 8-Zylinder.
- 1-Liter-3-Zylinder-Motoren leisten mehr als 100 kW bei 200 Nm und sind Standard in Mittel- und Kompaktklasse mit Ausgangsverbräuchen von unter 5 Liter/100 km. Die zunehmende Hybridisierung bringt je nach Ausgestaltung weitere Einsparungen, so dass eine Vielzahl vollwertiger 3-Liter-Autos im Markt angeboten wird.

An dieser Stelle muss man kritisch anmerken, dass die Herstellung von biogenen Kraftstoffen der 2. Generation vor 20 Jahren politisch diskriminiert wurde, durch den Slogan „Fahren oder Essen". Von dieser Fehleinschätzung hat sich die zuständige Industrie erst nach Jahren erholt, weshalb der Anteil der aus Reststoffen gewonnenen Biokraftstoffe derzeit unter 10% des Gesamtverbrauchs liegt.

Gleichzeitig hat sich die Euphorie für die e-Mobilität merklich abgekühlt. Die Probleme, leistungsfähige Lithium-Ionen-Batterien zu entwickeln und zu bauen, haben sich als schwerwiegender erwiesen, als zunächst angenommen. Dabei spielt auch die Rohstoffverfügbarkeit eine Rolle, da zum Beispiel Lithium nur in wenigen Ländern gefördert wird, oder wie bei Neodym – einem Werkstoff für den Bau leistungsfähiger Elektromotoren – Kapazitäten erst aufgebaut werden mussten und müssen, um den steigenden Bedarf zu decken.

Deshalb arbeiten Forschungsinstitute seit Jahren an Alternativentwicklungen, von denen die Redox-Flow-Batterie gute Chancen hat.

Nach wie vor sind die Kosten der Batterien mit rund 300 €/kWh hoch und limitieren den Einsatz in Großserie. Letztlich haben die Kosten auch dazu geführt, dass Konzepte wie zum Beispiel von Shai Agassi, der ein Netz von Batterie-Tauschstationen aufbauen wollte, um so die Reichweite und den Kundennutzen von e-Fahrzeugen zu steigern, auch aufgrund der horrenden Kapitalbindung für das Batterielager gescheitert sind.

Der Ansatz eines e-Fahrzeugs mit einem kleinen leistungsfähigen Verbrennungsmotor als Range-Extender und zur On-Board-Versorgung von Klima- und Komforteinrichtungen wird sich weiter durchsetzen, er erlaubt allerdings kein durchgehend emissionsfreies Fahren.

Schwierig gestaltet sich auch heute noch der Einsatz der Brennstoffzelle im Auto. Während die Industrie seit Jahrzehnten viel Geld in die Kundenfähigkeit dieser Technologie steckt und in Großversuchen und im Flotteneinsatz die Funktionsfähigkeit nachgewiesen hat, fehlt es nach wie vor am politischen Willen (und den Mitteln?), die infrastrukturellen Voraussetzungen für eine Wasserstoffwelt zu schaffen. Das ist umso bedauerlicher, als Wasser und Sonne die beiden einzigen Energiequellen sind, die in unbegrenzter Menge zur Verfügung stehen.

Am Ende all dieser Überlegungen entscheidet der Kunde. Für ihn ist – wie wir vorher gesehen haben – die Total Cost of Ownership von entscheidender Bedeutung. Und die spricht heute eindeutig für den Plug-in-Hybrid mit Verbrennungsmotor. Die konventionelle Antriebstechnik wird uns also noch Jahrzehnte begleiten.

Komponenten und Zulieferer

Zur Reduzierung von Emissionen und Verbrauch tragen viele Faktoren bei. Neben den Antriebsaggregaten sind das in erster Linie Gewicht, Aerodynamik und Rollwiderstand.

Beim Fahrzeuggewicht, das wegen gestiegener Komfortansprüche und Sicherheitsforderungen sowie dem Größenwachstum der Menschen in den vergangenen Jahrzehnten kontinuierlich angestiegen ist, haben die Ingenieure verstärkt durch einen intelligenten Werkstoff-Mix gegengesteuert. Hochfeste Tailored Blanks, maßgeschneiderte Blechplatinen, sind Stand der Technik. Daneben gewinnen alternative Materialien an Bedeutung. Neue Alu-Silizium-Legierungen bieten höhere Beulsteifigkeit und erleichtern so die Bearbeitung von Alu-Außenhautteilen. Leicht und gefahrlos zu bearbeitende Magnesiumlegierungen haben jetzt auch in die Fahrzeugstruktur Eingang gefunden. Sogenannte TWIP-Stähle, eine Legierung aus Eisen, Silizium, Aluminium und Mangan, sind in Erprobung. Sie könnten 30 % Gewichtseinsparung bringen, wenn sich die Laborergebnisse in der Realität bestätigen.

Mit Kohlefaserwerkstoffen ist bis heute eine Großserienfertigung von Außenhaut und Strukturteilen nicht gelungen. Hier können in Zukunft sogenannte NFK – spritzbare Naturfaserkunststoffe – die Lücke schließen, wenn es gelingt, die Schlagzähigkeit weiter zu steigern.

Diese Beispiele zeigen, wie die etablierten Lieferanten unter dem Druck innovativer Fahrzeugkonzepte und des Wettbewerbs durch intensive Zusammenarbeit mit der Forschung neue Chancen generieren. Die hohen Anforderungen haben allerdings zu einer deutlichen Reduzierung der Anzahl unabhängiger Lieferanten von rd. 6.000 um die Jahrhundertwende auf heute etwas über 2.000 und zur weiteren Stärkung der Großen der Branchen geführt, da diese leichter die erforderlichen Mittel für Forschung und Entwicklung aufbringen können.

Damit agieren Hersteller und Zulieferer heute mehr denn je auf Augenhöhe, was allerdings den Verteilungskampf um Arbeit verschärft. War vor Jahrzehnten das Outsourcing ein bewährtes Mittel zur kurzfristigen Steigerung von Effizienz und Profitabilität, führen die Rationalisierungsfortschritte, insbesondere bei Produktnachfolgern, bei konstanten oder sogar rückläufigen Stückzahlen zu erheblichen Beschäftigungsproblemen an den traditionellen Standorten. Entsprechend groß ist der Druck der Belegschaftsvertretungen, Insourcing zu betreiben, um die Beschäftigung zu sichern.

Die OEMs nutzen deshalb neue Technologien, um Arbeit für die eigenen Werke zu schaffen. So werden in Motorwerken auch Elektromotoren und Batterien produziert. In den Montagewerken gibt es große Bereiche, in denen auf flexiblen Bändern spezifische Kundenwünsche zur Individualisierung ausgeführt werden.

Immer noch ist in Deutschland jeder achte Arbeitsplatz direkt oder indirekt vom Auto abhängig, dennoch hat die Zahl der in der Kernindustrie in Deutschland beschäftigen Menschen kontinuierlich auf rund 650.000 abgenommen.

Hersteller und Strukturen

Bis zum Jahr 2000 haben wir eine stetige Abnahme der Zahl unabhängiger Hersteller in den entwickelten Märkten erlebt. Zuletzt schwankte sie – je nach gelungenem oder geplatztem Merger – zwischen 12 und 15. Heute teilen sich je nach Definition wieder rund 20 unabhängige OEMs den Markt, wobei sich die Steigerung allein durch die neuen Märkte ergibt, in denen sich viele kleine Produzenten freiwillig oder auf Druck der Regierungen zu leistungsfähigen, zum Teil global operierenden Unternehmen zusammengeschlossen haben.

Beschränkte sich deren Geschäftsmodell zunächst auf die Bedienung der nationalen Märkte, treten sie heute zunehmend weltweit als Wettbewerber auf. Dabei hat ihnen geholfen, dass mit dem Kauf unrentabler Marken in der Regel eine Vertriebsorganisation erworben werden konnte, die mit vergleichsweise geringen Mitteln für neue Produkte und neue Marken ausgebaut werden kann.

Diese Entwicklung hat den Wettbewerb auf den Märkten der Welt deutlich verschärft. Gleichzeitig zwingen die immensen Aufwendungen für die Weiterentwicklung der Technik zu intensiver Zusammenarbeit.

Das auch deshalb, weil alternative Konzepte und ihre Nutzung zunehmend neue Partner ins Spiel gebracht haben:

- Anbieter von Mobilität ohne eigene Produkte
- Zulieferer für elektrische und elektronische Komponenten, deren Wert am Gesamtfahrzeug inzwischen 40 % überschritten hat
- e-Netzwerk-Anbieter
- Energieerzeuger
- Info- und IT-Anbieter für Verkehrsmanagementsysteme
- Anbieter für Zahlungssysteme.

Hinzu kommt für die meisten der etablierten Hersteller eine Entwicklung, die ihre traditionellen Prinzipien und Arbeitsabläufe in Frage stellt. Galt früher, dass technischer Fortschritt bezüglich Leistung, Sicherheit und Komfort von oben, d. h. von den Premiumprodukten, in untere Fahrzeugsegmente penetriert und sich dabei über die Economies of Scale verbilligt, mussten OEMs, die am Wachstum und insbesondere am steigenden Segment der ULCC teilnehmen wollten, die Erkenntnisse aus diesem „Clean Sheet Design" verstehen lernen und von unten nach oben in ihre traditionellen Segmente transferieren. Das hat bei vielen Unternehmen zu erheblichen Friktionen geführt, insbesondere in den Entwicklungsabteilungen.

Diese Bewusstseinsänderung hat sich noch nicht überall durchgesetzt. Sie wird neben der Frage der Nachhaltigkeit über die Zahl der weiterhin erfolgreichen, unabhängigen OEMs in den kommenden Jahren entscheiden.

Gelungene Anpassung an neue Rahmenbedingungen

Das Auto ist auch 2030 unangefochten die Nummer 1 unter den Mobilitätsträgern. Daran hat die zunehmende Urbanisierung der Welt nichts geändert. Allerdings muss sich die Entwicklung der Automobilindustrie mehr denn je an neuen Rahmenbedingungen orientieren:

- Es gibt aus Marktsicht völlig neue Kundenkreise mit anderen Kaufmotiven.
- Dadurch ergeben sich neue Fahrzeugsegmente, die wesentliche Wachstumsträger sind.

- Der Zwang zur Verbrauchsreduzierung erhöht den Druck auf den Einsatz alternativer Antriebskonzepte.
- Autos werden intelligenter und leichter durch kommunikative Vernetzung und neue Werkstoffe.
- Produktion verlagert sich in die relevanten Märkte und ist hochautomatisiert und flexibel.
- Entwicklungsteams werden projektabhängig zusammengestellt und kooperieren mit Zulieferern und Wettbewerbern.

In 6 Jahren wird das Auto 150! Die ersten Vorbereitungen für das Jubiläum werden mit dem Ziel diskutiert, die ganze Breite der technischen Entwicklung in diesen anderthalb Jahrhunderten, aber auch die erfolgreiche Anpassung der Industrie an die sich wandelnden Rahmenbedingungen deutlich werden zu lassen.

Ich würde dieses Jubiläum gerne erleben!

Henning Wallentowitz

Vom Statussymbol zum Gebrauchsgegenstand

In der „ZEIT" vom 30. Dezember 2009 wurden als Requisiten des Jahrzehnts neben dem *Coffee to go* und dem *iPhone* die sogenannten SUVs wie der *Porsche Cayenne* genannt. Die SUVs sind nach dem 11. Sept. 2001 Mode geworden. Die Besitzer dieser Fahrzeuge wollten mit ihrer eigenen sicheren „Burg" herumfahren. Begonnen hatte diese Entwicklung in den USA, sie wurde dann aber gern von der gesamten Triade und auch von China und Korea übernommen. So trieben den Porsche Cayenne Motoren von 500 PS Leistung an, er war über zweieinhalb Tonnen schwer und sein Verbrauch war nur mit Mühe unter 20 Liter auf 100 Kilometer zu bringen.

Mit den gegen Ende des ersten Jahrzehnts dieses Jahrhunderts intensivierten Diskussionen um den Klimawandel und die Ressourcenschonung wurden verschiedene Lösungswege beschritten. Einer davon war die Hybridisierung, zum Beispiel des oben erwähnten Porsche Cayenne. Das erbrachte Verbrauchsreduzierungen von 4 % bis 37 %, je nach Fahrzyklus. Andere Firmen haben ihre großen Fahrzeuge ähnlichen „Abmagerungskuren" unterzogen. Die Verbräuche wurden damit zwar nicht wirklich gering, die soziale Akzeptanz ließ sich jedoch steigern. Die nächste Stufe, diese soziale Akzeptanz zu steigern, war das Angebot von Elektrofahrzeugen ab 2012. Nachdem in den USA der Tesla (eine mit mehr als 7000 Handy-Akkus elektrifizierte Lotus Elise) so sehr für Aufsehen gesorgt hatte, dass sich die Daimler AG an der Firma beteiligte, entstanden zwei Elektrifizierungsrichtungen: Zum einen wurden Hochleistungsautos elektrifiziert, wie der e-tron von Audi oder die SLS-Baureihe von Mercedes AMG, zum anderen wurden kleine Autos zu Elektrofahrzeugen umgebaut oder speziell dafür entwickelt.

Die Erfolge in London zu Beginn des Jahrhunderts, wo durch das Erheben einer City-Maut eine ganze Flotte von mautfreien Elektroautos entstanden war, hat zum Beispiel die Daimler AG dazu veranlasst, ab 2012 elektrifizierte Smart- und A-Klasse-Fahrzeuge an Privatkunden zu verkaufen. Das wurde möglich, weil sich Daimler gemeinsam mit dem Industriekonzern Evonics um die Entwicklung und Herstellung von Lithium-Ionen-Batterien gekümmert hatte und diese in einer eigenen Fabrik fertigte. Vor dem Verkauf an jedermann hatte es ab 2011 einen Großversuch in Berlin gegeben, bei dem 1.000 Elektro-Smart per Leasing betrieben wurden. Die Kosten waren durch diese Leasinggebühren nicht gedeckt, aber die Öffentliche Hand hat erhebliche Mittel in diese Entwicklung investiert und so diese Erprobungen überhaupt erst möglich gemacht. Um 2010 herum gab es einen ausgesprochenen Hype zu Elektrofahrzeugen. Die Bundesregierung hatte das Thema mit der Formulierung eines „Nationalen Entwicklungsplans“ auf eine Ebene gehoben, der alle Fahrzeughersteller allein aus Imagegründen folgen mussten. Außerdem gab es beträchtliche Fördermittel sowohl zur Entwicklung der Fahrzeuge, als auch für die Batterieentwicklung und die gesamte Systementwicklung. Schon aus dieser öffentlichen Betrachtung heraus haben die Kunden, auch ohne eigene Erfahrungen, gemeint, dass das Elektrofahrzeug eine zukunftsträchtige Lösung sei. Die Batterieprobleme und die damit verbundenen neuen Rohstofffragen wurden weitgehend zurückgestellt. Es sollte sich später zeigen, dass die Entwickler von allen Problemen eingeholt wurden, die sie zuvor vernachlässigt hatten.

Der Nachteil der begrenzten Reichweite der Elektrofahrzeuge wurde erst einmal „wegdiskutiert“ und es wurde auf die zahlreichen Ladestationen verwiesen, die die Energieunternehmen errichten ließen. Es wurden Vergleiche mit dem Mobilfunk angestellt, bei denen der Kunde nur für die Leistung bezahlt, nicht aber für die Hardware. Die Wettbewerbsrechnungen wurden sehr häufig mit steuerbefreitem Strom durchgeführt, der gegen Benzin mit Mineralölsteuern verglichen wurde. So betrachtet, führte am Elektrofahrzeug gar kein Weg vorbei.

Als die Gesellschaft noch immer nicht überzeugt war, wurde eine Rechnung aufgemacht, nach der die Millionen von Fahrzeugbatterien als Zwischenspeicher für Strom verwendet werden konnten, der durch Windkraft oder durch Solarenergie erzeugt werden würde. Damit sollten sich mehrere Kraftwerke in Deutschland einsparen lassen.

Die erste Million Elektrofahrzeuge, die aus dem „Nationalen Entwicklungsplan" herauskommen sollte, waren nach diesen Abschätzungen geeignet, alle Pumpspeicherwerke in Deutschland zu ersetzen. Die wahren Kosten haben später dafür gesorgt, dass nach anderen, mehr konventionellen Alternativen gesucht werden musste. Das Elektrofahrzeug hatte den ihm vorausgesagten „Durchbruch" nicht schaffen können.

Andere Unternehmen haben eher auf Hybridvarianten gesetzt, zum Beispiel hat Opel den Ampera auf den Markt gebracht. Die ersten 50 Kilometer konnte dieses Auto rein elektrisch fahren, dann war die Batterie leer und es wurde durch einen kleinen Verbrennungsmotor Strom erzeugt, der zum Antrieb des Elektromotors verwendet wurde. Die Batterie wurde nur an der Steckdose wieder aufgeladen, da das ökologisch günstiger war als das Laden der Batterie durch den Verbrennungsmotor. Da schon zu Beginn des Jahrhunderts die meisten täglichen Fahrstrecken kürzer waren als 50 Kilometer, war dieses Konzept nicht unsinnig. Durch die Verwendung eines Verbrennungsmotors waren auch längere Strecken möglich, zum Beispiel die Fahrt in den Urlaub.

Damals begann infolge dieser nahezu zwanghaft geforderten alternativen Antriebe auch die Entwicklung neuer Getriebe. Bei den Hybridfahrzeugen konnten die Leistungen über den elektrischen Zweig beeinflusst werden. Damit ergaben sich weitgehende Elektrifizierungen der Antriebsstränge. Bisher mechanisch ausgerichtete Unternehmen, wie etwa die ZF Friedrichshafen AG, investierten intensiv in Elektronikentwicklungen, ja sie übernahmen sogar Elektronikfirmen. Aus dem Zusammenwirken einer guten Mechanik mit einer innovativen Elektronik wurden damals Antriebsstränge entwickelt, von denen wir noch heute profitieren, auch und vor allem bei Autos mit Verbrennungsmotoren.

Ein anderer Trend zu Beginn des Jahrhunderts trieb die Fahrzeugentwicklung ebenfalls erst in eine falsche Richtung, ehe sie sich wieder auf ihre „technischen Tugenden" besinnen konnte. Dieses Vorurteil wurde unter „Leichtbau" zusammengefasst. Gelobt wurde der, der ein kleines Auto oder eines aus Leichtbaumaterialien wie Aluminium oder Kunststoffen baute. Die Einsparungen an Kraftstoff aus Gewichtsverminderungen sind jedoch gering, vor allem wenn die Hybridisierung so weit getrieben wird, dass beim Bremsen die Batterien wieder aufgeladen werden können. In der Verbindung von Leichtbaudiskussionen und der Auslobung von sogenannten „Abwrackprämien" wurden die Käufer dazu verleitet, kleine Autos zu kaufen, die damals aber nur mit Verbrennungsmotoren ausgestattet waren. Bei den kleinen Fahrzeugen lieferte diese Prämie einen erheblichen Beitrag zum Kaufpreis. Die Verbrennungsmotoren in den kleinen Fahrzeugen waren bereits dem „Downsizing" unterworfen worden. Dadurch hatten die Fahrzeuge geringere Verbräuche, nicht aber durch das geringe Gewicht. Große Autos waren eine ganze Weile „verfemt", ja sie wurden sogar von Gegnern auf den Straßen angezündet oder beschädigt. Der geringere Nutzen der kleinen Fahrzeuge hat in der Folgezeit zu einer erneuten Hinwendung zu Mittelklassefahrzeugen und zu SUVs geführt.

Glücklicherweise erzeugt eine Wettbewerbsentwicklung stets eine Gegenreaktion. Die Entwickler von Verbrennungsmotoren, die zu Beginn des Jahrhunderts bereits als aussterbende Gilde angesehen wurden, da der Elektromotor überall Einzug halten sollte, haben noch einmal nachgedacht. Das „Downsizen" konnte ja auch für größere Fahrzeuge verwendet werden. Wenn dann noch ein großer Motor in zwei kleine aufgeteilt wurde, also aus einem Achtzylinder-Motor zwei Vierzylinder gemacht wurden, die jeder allein, bei Bedarf aber auch gemeinsam betrieben werden konnten, dann waren auch mit den größeren Fahrzeugen sehr geringe Verbräuche zu erreichen. Einige der Motorenentwickler schlagen derzeit bereits vor, diese Aufteilung noch differenzierter zu machen, denn auch mit einem Zweizylinder-Motor lassen sich bereits ausreichende Leistungen für die Stadtfahrt erzeugen. Bei Steigerung der Leistungsanforderungen wird ein weiterer Zweizylinder zugeschaltet, dann noch einer und im Notfall könnte sogar ein viertes Motorensegment arbeiten. Durch die elektronischen Regelungen ist es kein Problem, eine gleichmäßige Auslastung dieser Motoren zu erreichen. Einige Fahrzeughersteller planen, diese Motorensegmente auf die Vorder- und Hinterachse aufzuteilen. Dadurch wird gleichzeitig ein Allradantrieb realisiert. Dieser wird bedarfsgerecht achsweise oder sogar radweise geregelt. Das bedeutet, bei Kurvenfahrt werden die Antriebskräfte am Fahrzeug durch die verschiedenen Motormodule so verteilt, dass sich die größtmögliche Fahrstabilität ergibt. Was das ESP-System für das Bremsen bedeutet, erzeugen dann die Modulmotoren beim Antreiben.

Als Kraftstoffe werden heute vor allem Erdgas, das noch in großen Mengen verfügbar ist und das über eine ausreichende Verteilerstruktur verfügt, und Biogase verwendet. Diese Biogase kommen aus der Landwirtschaft, denn die Landwirte haben sich auch weiterentwickelt und sie verstehen sich immer mehr als „Energiewirte". Mit Pflanzen, die nicht zur Nahrungsmittelproduktion dienen, werden die Rohstoffe für die Biogasanlagen erzeugt. Das ist ein so lukratives Geschäft, dass für diese Pflanzen sogar Ackerland verwendet wird, das eigentlich für den Gemüsebau geeigneter wäre.

Außer der Gaserzeugung ist inzwischen auch die Erzeugung von flüssigen Kraftstoffen weiterentwickelt worden. Ein großer Schritt hat sich durch eine Lockerung der Vorschriften zur Gentechnik ergeben. Dadurch war eine Beeinflussung zum Beispiel der Rapssorten hin zu einer größeren Ergiebigkeit von Rapsölen möglich. Das bedeutet, die Antriebsstränge strukturieren sich heute ähnlich wie vor 30 Jahren in Benzinmotoren, Dieselmotoren und Hybridantriebe. Die Elektrokomponenten bei den Hybridantrieben dienen vor allem dem Management der Elektroenergie für die Nebenaggregate. Kein Auto von heute hat eine hydraulische Servolenkung oder einen verbrennungsmotorisch angetriebenen Klimakompressor. Das wird alles elektrisch betrieben. Dadurch sind die Komforteigenschaften der Autos insgesamt deutlich gesteigert worden. Automatisches Ein- und Ausparken stellt überhaupt kein Problem mehr dar. Da diese Entwicklung sich von den kleinen Fahrzeugen zu den großen hin bewegt hat, sind auch stets größere Produktionsstückzahlen vorhanden gewesen, d. h. die Kosten konnten damit beherrscht werden. Ein weiterer Vorteil der Verwendung flüssiger Kraftstoffe ist die Beibehaltung der Infrastruktur für die Versorgung mit Kraftstoffen. In geringerem Umfang wird seit einigen Jahren versucht, die Wasserstofftankstellen doch noch zu industrialisieren, die zu Beginn des Jahrhunderts bereits entwickelt wurden, als der Brennstoffzellen-Hype über das Land zog. Es wird aber noch eine Weile dauern, bis die Brennstoffzellen einen nennenswerten Anteil an den Fahrzeugantrieben haben werden. Dieser Zeitpunkt ist heute noch nicht abzusehen.

Eine Entwicklung, die alle Fahrzeugklassen umfasst, kann auch für die Sicherheitssysteme festgestellt werden. Das bis 2020 fertig gewordene Galileo-Satellitensystem hat zu einer „Revolution“ in der Fahrzeugüberwachung geführt. Jedes Auto weiß heute, wo es sich befindet und wohin es in den nächsten Sekunden fahren wird. Über die aus der Rechnertechnik bereits lange bekannte WLAN-Übertragung „sprechen“ die Autos miteinander und erkennen damit, wann es zu Kollisionen kommen kann. Nachdem die Wiener Konvention zum Straßenverkehr von 1968 vor fünf Jahren den aktuellen technischen Möglichkeiten angepasst worden ist, ist es rechtlich zulässig, dass die Fahrzeuge kollisionsvermeidende Maßnahmen selber einleiten. Die Einführung dieser Technologien in allen Fahrzeugklassen führt aktuell dazu, dass es vor allem Unfälle mit alten Autos gibt, die diese Ausstattung noch nicht installiert haben. Es wird geschätzt, dass dieses Problem in sieben Jahren ausgestanden sein wird. Die Einführung dieser Rundum-Sicherheitsüberwachung hat zudem dazu geführt, dass die Wettbewerbsfähigkeit mit ausländischen Fahrzeugen ausgeglichener ist, denn der Aufwand für diese elektronischen Geräte belastet alle Fahrzeuge etwa gleich. Es ist kein Wettbewerbsmerkmal mehr, solch ein System installiert zu haben. Dem Ziel „Vision Zero“, Straßen so sicher zu gestalten, dass keine Verkehrstoten und Schwerverletzten mehr auftreten, das die EU schon 2012 erreicht haben wollte, kommt der Verkehr inzwischen schon recht nahe.

Ein Problem stellen noch die Fußgängerunfälle dar, da die Fußgänger nur vereinzelt von den Fahrzeugen mit Frontkameras erkannt werden. Um diese Situation zu verbessern, wird derzeit diskutiert, ob jeder Fußgänger einen Transponder tragen sollte, damit die Fahrzeuge diese Transponder identifizieren und damit die Bewegungsrichtung und die Position der Fußgänger erkennen können. Die generelle Einführung solcher Hilfsmittel würde die derzeit diskutierte zweite Stufe zur Vermeidung von Fußgängerverletzungen überflüssig machen. Bisher wird nur darauf geachtet, dass der Fußgänger beim Anstoß an ein Fahrzeug nicht lebensgefährlich verletzt wird. Nicht beachtet wird der Sekundäraufprall auf die Strasse. Entweder muss der angefahrene Fußgänger am Fahrzeug gehalten werden, zum Beispiel durch einen ihn einschließenden Airbag, durch ein Netz oder durch Klebstoff, oder der Anprall wird generell durch eine automatisierte Fahrzeugreaktion verhindert. Das wäre mit einer generellen Nutzung der Transponder realisierbar.

Die oben bereits angesprochene soziale Akzeptanz der Autos hat sich auch durch veränderte Nutzungsgewohnheiten verbessert. Während es früher vor allem Privatfahrzeuge gegeben hat (im Schwäbischen auch als „mein heilix Blechle" bezeichnet), haben der Mangel an Parkplätzen und die generell gestiegenen Kosten (City-Maut) dazu geführt, dass es mehr „Bedarfsautos" gibt. Begonnen wurde mit den elektrifizierten Kleinwagen, wie z. B. dem Smart. Sie können, wie zu Beginn des Jahrhunderts bereits bei Fahrrädern üblich, an „jeder Ecke" von einem Leihunternehmen übernommen werden. Für Geschäftsreisende ist die Leihstelle in der Nähe des Bahnhofs, für Privatleute möglichst an einer Ecke ihres Wohnviertels. Mit einer Chipkarte und einem Handy kann das jeweilige Kleinauto gemietet werden. Abstellen kann man es ebenfalls an jeder Ecke, an der entsprechende Parkplätze vorgehalten werden. Für einen Ausgleich bei Ballungen von Fahrzeugen an einem Ort sorgen Mitarbeiter der Leihunternehmen, die mehrere Fahrzeuge an ein Zugfahrzeug ankuppeln können und diese Fahrzeuge dann erneut an Nachfragestellen verteilen, wo sie dann vorgehalten werden. Zukünftig wird das Abstellen überall möglich sein, da sich die Fahrzeuge dann selbständig melden und „eingesammelt" werden können.

Nach der Einführung dieser kleinen Fahrzeuge, die natürlich nur der Personenbeförderung dienen, hat sich auch ein Zweig herausgebildet, der größere Fahrzeuge anbietet. Jetzt kann sich der Kunde das für seine Anwendung passende Fahrzeug mieten, notfalls fährt er mit einem kleinen Auto von „seiner Ecke" zu einem Platz, der ihm über das Handy bekannt gegeben wird, auf dem das gewünschte Fahrzeug steht. Im Falle eines

„Missgeschicks", d. h. auch eines kleinen Unfalls, erkennt eine im Fahrzeug integrierte Elektronik dieses Problem und meldet das Fahrzeug automatisch zur Reparatur an.

In diesem System gibt es kaum noch persönliche Bindungen zwischen dem Fahrer des Fahrzeugs und dem Fahrzeug selber. Der Zweck bestimmt die Fahrzeugart und die Nutzung. Es ist kein Prestigegewinn mehr, ein großes oder ein kleines Fahrzeug zu haben. Jedermann kann es sich an der Ecke für seine Zwecke mieten. Selbst zur Vorfahrt beim Theater stehen entsprechende Fahrzeuge bereit, die unter Anwendung eines Planungssystems termingerecht zu Hause vorfahren. An einem automatischen Betrieb, also der Bereitstellung ohne Fahrer, wird derzeit noch gearbeitet. Hierzu werden noch immer Vorarbeiten der amerikanischen DARPA aus den Jahren 2007 und 2008 und der Fahrzeugindustrie aus den Folgejahren ausgewertet.

Unsere heutigen Autos sind alle auf einem hohen Sicherheitsstandard, der Unfälle weitgehend vermeidet. Da alle Autos den gleichen Geschwindigkeitsbegrenzungen unterworfen sind, die über Galileo auch global kontrolliert (und notfalls abgeregelt) werden, ist aus dem Statussymbol der Vergangenheit ein rationales Mobilitätsprodukt geworden. Um den Service oder das Auffüllen von Kraftstoff oder Strom kümmert sich das Auto selber, ähnlich wie unsere Eltern es mit der Einführung automatisch arbeitender Staubsauger in ihren Wohnungen erlebt haben.

Natürlich gibt es auch noch heute Autos als Statussymbole, nur sind das dann solche, die vor allem ein besonderes Design haben oder die aus Material- und Ausstattungsgründen sehr teuer sind. Das ist aber eine andere Welt, die mit Mobilität nahezu nichts mehr zu tun hat.

Die Entwicklungen und Systemveränderungen während der letzten zwanzig Jahre sind in etwa dem Fortschritt vergleichbar, den die Autos zu Beginn der Motorisierung erlebt haben: Das Auto und die damit verknüpfte Mobilität wurden neu erfunden.

Andreas Renschler

Der Lkw 2.0 – Wandel für Wachstum

Für das Jahr 2030 scheint mir eigentlich nur eine Prognose ziemlich gewiss: Ich werde dann im Ruhestand sein. Allein deshalb ist das Risiko vertretbar, so weit in die Zukunft zu schauen. Denn als Rentner bin ich wahrscheinlich deutlich gelassener, falls es dann doch anders kommt als heute erwartet. Aber mit ein bisschen Optimismus stehen die Chancen nicht schlecht, dass die Zukunft der deutschen Lkw-Branche aussieht wie folgt:

Das Lkw-Geschäft hat sich in den letzten drei Jahrzehnten stärker verändert als im gesamten 20. Jahrhundert. Seit Gottlieb Daimler 1896 den ersten Lastkraftwagen gebaut hat, gab es in der Branche drei mehr oder weniger stabile Grundfesten:

- Lkw werden ausschließlich mit fossilen Kraftstoffen angetrieben.
- Lkw werden vor allem in Europa, Nordamerika und Japan abgesetzt.
- Und Lkw-Hersteller verdienen in erster Linie mit dem Verkauf von Fahrzeugen.

Diese Grundfesten sind aber im ersten Drittel des 21. Jahrhunderts ins Wanken geraten.

Der Verbrennungsmotor ist zwar 2030 noch immer eine gängige Antriebsform – insbesondere im unteren Preissegment. Aber das Antriebsmonopol des Dieselmotors beim Lkw ist passé.

Die Emissionsvorgaben und die CO_2-Gesetzgebung für Pkw und Nutzfahrzeuge in allen wesentlichen Märkten haben den Druck auf die Fahrzeughersteller permanent erhöht. Im Gegenzug hat die Industrie revolutionäre Lösungen hervorgebracht: Viele Pkw und Busse fahren in den Städten bereits lokal emissionsfrei – entweder mit Biodiesel, einer Batterie oder mit der Brennstoffzelle.

Die Nutzfahrzeugindustrie hat diesen Trend fortgesetzt, denn in den Jahren 2000 bis 2030 wurden alle konventionellen Möglichkeiten zur Senkung von Verbrauch, Kohlendioxid-Ausstoß und Schadstoff-Emissionen ausgereizt. Effizienzsteigerungen durch optimierte Verbrennungsmotoren und ein aerodynamisches Fahrzeug-Design sind im Jahr 2030 weitgehend ausgeschöpft. Die von allen Herstellern verwendeten Partikelfilter haben dazu geführt, dass die Feinstaub-Emissionen aus dem Straßenverkehr kaum noch messbar sind. Trotz anfänglicher Skepsis hat sich auch der effiziente „EuroCombi" – eine Zugkombination mit 25,5 Metern Länge und maximal 60 Tonnen Gesamtgewicht – durchgesetzt. Damit wurde die Transporteffizienz zusätzlich optimiert. In Verbindung mit einer intelligent gesteuerten und damit flüssigeren Verkehrsführung ist bei Schwer-Lkw in Westeuropa insgesamt ein Durchschnittsverbrauch von 25 Litern Diesel/100 km erreicht. Das entspricht einer Verbrauchsreduktion von circa 30 % im Vergleich zu den Durchschnittswerten des Jahres 2010.

Weitere Reduktionen bei Verbrauch und Emissionen durch optimierte Motorentechnik oder Abgasnachbehandlung wären technologisch extrem aufwändig und damit wirtschaftlich nicht mehr sinnvoll. Für zusätzliche Verbesserungen blieben deshalb ab 2020 also nur noch zwei Lösungen: Synthetische Kraftstoffe und der Einstieg in die Elektromobilität im Nutzfahrzeug.

Der frühere saudi-arabische Ölminister Scheich Zaki Yamani hatte bereits zu Beginn des 21. Jahrhunderts gesagt: „Die Steinzeit ging nicht deshalb zu Ende, weil es keine Steine mehr gab. Und das Ölzeitalter wird zu Ende gehen, lange bevor es kein Öl mehr gibt." Der Scheich hatte Recht: Diesel und Benzin sind zwar auch 2030 noch verfügbar – allerdings zu einem sehr hohen Preis. Erwartungsgemäß hat die zunehmende individuelle Mobilität in Asien alle Verbrauchs-Einsparungen in den etablierten Märkten EU, USA und Japan überkompensiert. Der Bedarf an Rohöl ist gewachsen; das Angebot konnte nicht an die Nachfrage angepasst werden, dadurch wurden fossile Kraftstoffe nochmals deutlich teurer. Zudem machte die Einführung eines Handels mit CO_2-Zertifikaten im Straßenverkehr den Einsatz von Alternativen zu Diesel und Benzin für Speditionen attraktiv.

Der zentrale Treiber für emissionsfreie Nutzfahrzeuge war allerdings die Urbanisierung: Die Stadtbevölkerung ist seit dem Jahr 2008 bis heute von weltweit 3,3 Milliarden Menschen auf 5 Milliarden gestiegen. Die meisten Innenstädte in den entwickelten Ländern wurden allerdings für herkömmliche Fahrzeuge mit Dieselmotor gesperrt. Diese Restriktion hat dazu geführt, dass Versorgungskonzepte vieler Supermärkte und Warenzentren neu überdacht wurden: An den Stadtgrenzen wurden effiziente Verteilzentren eingerichtet, um die Güter aus den Fernverkehrsfahrzeugen in emissionsfreie und geräuscharme Nutzfahrzeuge umzuladen und bis zu ihrem Zielort in der Stadt zu transportieren.

Anders als noch zu Beginn des 21. Jahrhunderts von vielen erwartet, war der Wandel zur postfossilen Mobilität aber auch der Startschuss für eine neue Gründerzeit. Neben den japanischen Herstellern profitiert jetzt gerade die deutsche Lkw-Industrie von ihrem über Jahrzehnte erarbeiteten Vorsprung bei synthetischen Kraftstoffen, der Hybridtechnologie und der Brennstoffzelle.

Biodiesel konnte bei Lkw aus deutscher Produktion schon seit den 80er Jahren des letzten Jahrhunderts eingesetzt werden. Aber erst mit dem Siegeszug von Biodiesel der zweiten Generation – dem sogenannten Biomass to Liquid (BtL) – haben sich synthetische Kraftstoffe durchgesetzt. Diese Kraftstoffe aus Stroh oder Holzabfällen haben die Abhängigkeit von fossilen Brennstoffen im 21. Jahrhundert deutlich verringert. Zudem geht ihre Herstellung nicht zulasten der Nahrungsmittelproduktion und sie haben eine überzeugende Umweltbilanz: BtL verbrennt weitgehend CO_2-neutral.

Hybrid-Lkw und Hybrid-Transporter sind 2030 insbesondere im Verteilerverkehr in Städten längst etabliert. Damit sind zusätzliche Einsparpotenziale von über 20 % an Kraftstoff und CO_2-Emission Standard. Der emissionsarme Hybridantrieb hat aber auch im Fernverkehr Einzug gehalten.

Als einzige langstreckentaugliche Antriebsform für den emissionsfreien Überlandverkehr bei Schwer-Lkw und Sattelzugmaschinen hat sich allerdings die Brennstoffzelle durchgesetzt. Durch den Einsatz neuer Materialien arbeiten aktuelle Brennstoffzellen des Jahres 2030 mit extrem wenig Platin, welches früher in größeren Mengen erforderlich war. Dementsprechend haben sich die Kosten der Brennstoffzellen-Technologie massiv reduziert. Mit der breiten Einführung von Brennstoffzellen-Bussen und -Pkw ab dem Jahr 2015 wurde in Europa, Nordamerika und Asien schrittweise auch eine Wasserstoff-Infrastruktur aufgebaut. Damit ist die Elektromobilität für Speditionen in ökologischer wie in ökonomischer Hinsicht eine echte Alternative zum Verbrennungsmotor geworden.

Der zweite Paradigmenwechsel der Lkw-Industrie hatte sich bereits gegen Ende des 20. Jahrhunderts abgezeichnet, aber bis zum Jahr 2030 nochmals deutlich beschleunigt: China und Indien sind heute das Zentrum der Lkw-Industrie.

Die globalen Rezessionen der Jahre 2009 und 2017 sind längst Geschichte, und vor allem zwei Staaten, die man früher „Emerging Markets" nannte, haben in den letzten 20 Jahren ihre Stellung kontinuierlich ausgebaut: China und Indien sind endgültig zum Motor der Weltwirtschaft geworden. Nachdem die Doha-Runde der WTO 2012 zu einer Einigung gekommen war, fielen Schritt für Schritt auch die protektionistischen Hürden und das Welthandelsvolumen erhöhte sich signifikant. Mehr Handel bedeutete wiederum mehr Transport, weshalb das Lkw-Geschäft von diesem Aufschwung massiv profitiert hat. Gerade in Indien – dem mittlerweile bevölkerungsreichsten Land der Welt – ist die Lkw-Nachfrage durch den anhaltenden Bauboom für Großprojekte wie das Infrastrukturnetzwerk „Golden Quadrilateral" weiter rapide gestiegen.

Aber auch in Europa sind 2030 mehr Lkw unterwegs als noch 30 Jahre zuvor. Gegenüber dem Jahr 2000 ist der Güterverkehr in Europa um circa 70 % gewachsen. Sowohl Straße als auch Schiene sind trotz weiterem Ausbau weiterhin an der Kapazitätsgrenze. Deutschland ist zwar schon seit 2010 kein Exportweltmeister mehr – diesen Wettkampf machen China und Indien seitdem unter sich aus. Dennoch ist das Güterverkehrsaufkommen auch hierzulande durch den Aufschwung des Welthandels seit 2010 um weitere 25 % gestiegen. Der Anteil des Straßengüterverkehrs hat sich dabei in den letzten 20 Jahren weiter erhöht: Lkw schultern über 80 % der gesamten Gütertransporte in Deutschland, weil sie in puncto Flexibilität nach wie vor die beste Transportlösung sind.

Mit den Fortschritten im Bereich Kraftstoffeffizienz, dem vermehrten Einsatz von Hybridantrieben und dem Einsatz der Brennstoffzellentechnologie ist aber auch die Umweltbilanz des Lkw im Binnenverkehr im Vergleich zu Bahn oder Flugzeug mehr als wettbewerbsfähig geworden.

Produziert werden die im Jahr 2030 auf deutschen Straßen fahrenden Lkw noch immer überwiegend in Europa – genau wie Lkw für den indischen und chinesischen Markt in erster Linie „Made in India" oder „Made in China" sind. Das Lkw-Geschäft ist trotz der schrittweisen Harmonisierung von Emissionsnormen ein regionales Geschäft geblieben. Den Welt-Lkw gibt es auch 2030 nicht. Beispielsweise erwarten die Kunden in Deutschland Hightech-Produkte, die in erster Linie die strengen Effizienz-Vorgaben der EU erfüllen. Und bei den dafür nötigen Technologien haben europäische Hersteller einen klaren Vorsprung. Durch dieses Know-how bleibt der Produktionsstandort Deutschland auch im internationalen Vergleich wettbewerbsfähig. Wenngleich der Kostendruck durch Hersteller aus Asien und Afrika deutlich gestiegen ist.

Gerade im Lkw-Geschäft hat sich gezeigt, dass die Globalisierung keine Einbahnstraße ist: In boomenden Schwellenländern wie zum Beispiel Angola sind nicht nur neue Märkte entstanden, sondern auch neue Wettbewerber. In einem harten Verdrängungswettbewerb hat sich die Konsolidierung der Branche fortgesetzt. Weltweit gibt es nur noch eine Handvoll unabhängiger Hersteller, die das Geschäft bestimmen. Kleinere Marken ohne Synergieeffekte wurden mehr und mehr eingestellt oder sind Teil eines der wenigen globalen Hersteller geworden.

Ein seit dem Jahr 2010 vielfach bewährtes Prinzip ist die Kooperation von Herstellern aus der Triade mit Partnerunternehmen aus den ehemaligen „Emerging Markets". Bei diesen „Ost-West-Joint-Ventures" bringen die Partner ihr jeweiliges Markt- und Technologie-Know-how ein und erschließen markenübergreifend gemeinsam die erforderlichen Skaleneffekte bei der Entwicklung und Produktion von Chassis, Achsen, Kabine oder auch Motoren.

In diesem Sinne war bis 2030 auch eine Konsolidierung der Zulieferer hin zu global agierenden Systemlieferanten zu beobachten.

Das Grundgesetz der Lkw-Industrie hat allerdings auch 2030 noch Bestand: Die „Total Cost of Ownership" ist für die Kunden das entscheidende Kaufkriterium. Allerdings ist die Effizienz eines Lkw im Jahre 2030 nicht mehr nur eine Frage von Verbrauch und Langlebigkeit. Genauso wichtig ist die Effizienzsteigerung durch maßgeschneiderte Dienstleistungen.

Eine zentrale Ursache dafür ist die Professionalisierung der Lkw-Kunden. Zu Beginn des 21. Jahrhunderts waren noch viele mittelständische Speditionen mit relativ kleinen Fuhrparks unterwegs. In manchen Märkten wie den USA waren bis dato sogar noch die sogenannten „Owner Operator" üblich – also unabhängige Fahrer, die mit nur einem eigenen Lkw arbeiteten. Spätestens seit 2020 wird das Speditionsgewerbe aber vor allem von Großflotten mit deutlich mehr als 50 Fahrzeugen dominiert, darunter überwiegend Sattelzugmaschinen.

Diese professionellen Kunden erwarten heute mehr denn je auch einen professionellen Service, um ihre großen Flotten möglichst effizient zu steuern. Deshalb sind die Lkw-Hersteller mehr und mehr zu Lkw-Service-Providern geworden. So wie seit Jahrzehnten niemand mehr ein Smartphone ohne Servicevertrag kauft, so zählt jetzt auch im Nutzfahrzeuggeschäft mehr und mehr das Geschäft entlang der gesamten Wertschöpfungskette und nicht nur die „Hardware“. Von jedem Euro Umsatz in der Lkw-Branche werden 2030 mehr als 50 Cent mit Dienstleistungen erwirtschaftet. 2010 war es nur halb soviel. Lkw werden 2030 zum Beispiel nur noch in Ausnahmefällen bar bezahlt. Das Gros der Kunden nutzt Finanzierungslösungen der Hersteller.

Neben dem Kauf hat sich auch das Full-Service Leasing durchgesetzt – mit „Rundum-Sorglos-Paketen“ inklusive Wartung und Reparaturen.

Das größte Wachstumsgeschäft bei Lkw-Dienstleistungen ist aber zweifellos der Einsatz von Telematikdiensten. In Deutschland verfügt jeder neue Lkw über einen Onlinezugang, und in Kombination mit der europäischen Satellitennavigation „Galileo“ ergeben sich daraus völlig neue Möglichkeiten zur Kommunikation von Lkw zu Lkw. So ist es heute Standard, dass sich die Lkw selbstständig über Gefahren auf der Strecke informieren – zum Beispiel über ein Stau-Ende hinter einer Spitzkehre oder über Glatteis auf einer Brücke.

Durch den Einsatz von webbasierten Telematik-Diensten ergeben sich viele weitere Möglichkeiten zur effizienten Tourenplanung und Disposition – zum Beispiel Stau-Umfahrung, Fahrzeugverfolgung, Überwachung von Verschleißteilen, Diebstahlsicherung, Ladungskontrolle oder die Steuerung von Reparatur und Ruhephasen. Damit spart eine Spedition mit 1.000 Diesel-Lkw im Vergleich zum Jahr 2010 mehrere tausend Tonnen CO_2 und mehrere Millionen Euro Kraftstoffkosten.

In Summe ist der Ausblick auf die deutsche Lkw-Industrie des Jahres 2030 also durchaus zuversichtlich: Wir werden in vielen Gebieten einen tiefgreifenden Wandel erleben. Aber es ist ein Wandel in Richtung Wachstum – mit neuen Technologien, neuen Märkten und neuen Geschäftsmodellen. Das ist keine naive Utopie, sondern machbare Perspektive. Wenn Hersteller, Kunden und Politik weiterhin an einem Strang ziehen, dann bleibt die Lkw-Industrie also auch 2030, was sie schon heute ist: Ein Motor der deutschen Wirtschaft.

Schade eigentlich, dass ich 2030 schon in Rente sein werde.

Dr. Bernd Malmström

Straßentransport und Schienengüterverkehr – Konkurrenten und Partner

Die Verkehrs- und Transportwelt heute, beim Jahreswechsel 2030 in ein neues Jahrzehnt, zu beschreiben, ist ein spannendes Thema. Das war es übrigens auch schon in den vergangenen Jahrzehnten immer wieder, ist doch diese Branche neben der Automobilindustrie zweitgrößter Wirtschaftssektor, und hat sich immer wieder rasant verändert. Dabei muss man schon genau hinsehen, wenn man diese Veränderungen wahrnehmen will. Auf den ersten Blick erscheint die heutige Welt nicht so gravierend anders als die Zeit vor 10 oder 20 Jahren. Auch heute fahren wie früher noch Lkw, Loks ziehen Züge, und größere und kleinere Schiffe überqueren immer noch das Meer. Aber eben doch sehr viel anders als früher, im Detail und bei den einzelnen Prozessen haben Quantensprünge stattgefunden.

Durch die dynamische Entwicklung der Wirtschaft in China – trotz einer kleinen Delle in den Jahren 2008 bis 2011 – und in den letzten 10 Jahren auch zunehmend in Indien hat die Globalisierung in der Transport- und Logistikwelt zugenommen. China ist heute noch mehr Exportnation geworden, als das früher erwartet worden ist, und macht den europäischen Märkten schwer zu schaffen, ist aber gleichzeitig auch zunehmend Importland geworden. Der Wettbewerbsdruck hat in Europa dementsprechend zugenommen und mehr und mehr hat sich die deutsche Industrie auf ihre extrem eng definierten Kernfunktionen und -kompetenzen zurückgezogen und damit die Tendenz zu einer arbeitsteiligen Welt verstärkt.

Ein Beispiel hierfür: Was noch vor 20 Jahren undenkbar schien, die Automobilunternehmen haben ihre Kernfunktionen neu definieren müssen und die Produktion ihrer Autos, die früher unverzichtbarer Bestandteil ihrer Marke und des Images war, vollständig an Dritte vergeben und sich davon getrennt. Heute gibt es drei große Anbieter von Produktionskapazitäten, die für alle Automarken die Produktion übernehmen. Gleiches gilt für die Produktion von Motoren, die markenunabhängig an unterschiedlichen Standorten in Europa von speziell hierauf ausgerichteten Unternehmen gebaut werden.

Die Konsequenz aus dieser Entwicklung waren mehr zu transportierende Güter. Die schon Anfang des Jahrtausends erstellten Prognosen für ein starkes Wachstum im nationalen und besonders im internationalen Verkehr sind in den letzten 15 Jahren durch die Realität überholt worden.

Das führte dann ab 2015 zu schwer zu beherrschenden Verkehrssituationen auf Straßen und Schiene. Und das nicht nur auf den traditionellen Engpässen über die Alpen oder im Vor- und Nachlauf bei den großen Häfen, sondern überall. Es zeigte sich, dass die einzelnen europäischen Länder jedes für sich nicht in der Lage waren, die Probleme zu lösen, es zum Teil auch nicht konnten, weil internationale Probleme grenzüberschreitende Lösungsansätze benötigen.

Also hatte sich damals die EU nach viel Zögern und Kompetenzgerangel entschieden, einzuschreiten. Erst halbherzig, dann aber wegen der zunehmenden Verwerfungen für die produzierende Industrie mit dem erforderlichen Nachdruck und Gestaltungswillen.

Heute gibt es als Konsequenz daraus keine nationalen Verkehrsministerien mehr; sie hatten zum Schluss keine eigene Rolle mehr und konnten keine Lösungsbeiträge leisten. Alle transport- und verkehrlichen Kompetenzen sind nun seit gut 10 Jahren bei der EU angesiedelt. Zentralisiert konnten Regelungen und Reglementierungen eingeführt werden, die den Güterverkehr in Europa neu gestaltet haben.

So sehr Marktwirtschaftler damals bei der Einführung den Finger gehoben hatten, das sei ein Rückschritt in die verkehrliche Steinzeit, sie sei eine Kardinalsünde, die man nicht begehen dürfe, so war sie damals notwendig und richtig und sie hat die verladende Wirtschaft vor gravierenden und essentiellen Nachteilen bewahrt; Europa ist dadurch im Wettbewerb mit den anderen großen Märkten in Asien stärker geworden.

Die Reglementierungen hatten natürlich schwer wiegende Auswirkungen auf die einzelnen Transport- und Logistikanbieter. Geregelt wurden nicht nur Themen wie die Zulassung des 60-Tonnen-Lkw mit seinen acht Achsen, um die Straßenschäden in Grenzen zu halten. Tiefer gingen Verordnungen, nach denen bestimmte Güter und Behälter nur mit definierten Verkehrsträgern bewegt werden dürfen und durch die den Verkehrsträgern feste Modal-Splits und Mengen zugeordnet wurden. Da diese Ziele und Vorgaben nicht immer mit marktwirtschaftlichen Möglichkeiten und Notwendigkeiten zu erreichen waren, hat man sich klar zu Subventionen oder Belastungen einzelner Verkehrsträger bekannt und damit nachhaltig auf die Wirtschaftlichkeit und Ertragskraft der einzelnen Transportunternehmen Einfluss genommen.

Klares Ziel der Transport- und Verkehrspolitik war es, die Verkehrsströme zu steuern und zu kontrollieren. Und das war weit mehr, als man sich je hat vorstellen können, was Politiker tun sollten. Heute ist das akzeptiert, es funktioniert und der Rahmen für alle Beteiligten ist klar abgesteckt. Inzwischen gibt es schon wieder erste Stimmen, die nach dieser wohl notwendigen Phase fordern, es mal wieder mit weniger öffentlichen Regeln und Vorgaben zu versuchen und das Transportwesen mehr und mehr in die privatwirtschaftliche Freiheit zu entlassen.

Auch ökologisch hat sich die Welt in den letzten Jahrzehnten verändert. Ungläubiges Staunen käme auf, würde man in den Städten auch nur ein nicht elektrisch betriebenes Fahrzeug sehen. Sie sind übrigens im Hinblick auf Größe und Motorisierung genormt, nur die Ausstattung mit Leder oder Stereoanlagen ist – um sich von den Nachbarn abzugrenzen – weiter optional.

Die großen Lkw fahren allerdings nach wie vor noch mit Verbrennungsmotoren, die Batterieindustrie hat hier immer noch keine vernünftigen Konzepte vorgelegt. Allerdings gilt inzwischen die E-10-Norm, schadstoffarm, aber eben doch mit CO_2-Ausstoß. Sie dürfen nicht mehr in die Städte, die Verbotsgrenze ist weit gesteckt, so dass es notwendig war, alle Verteilzentren, Terminals und Knotenpunkte nach außen zu verlagern und von dort mit kleinen E-Lastwagen in die Städte hinein zu „feedern".

Seit jeher hat der Lkw die Hauptlast des Transportzuwachses getragen. Das ist auch so geblieben. Er hat seine Effizienz allerdings stark steigern können. Einmal durch die neuen 60-Tonner, die deutlich mehr Ladung ermöglichen, zum anderen aber durch sensationell verbesserte IT-Software für die Disposition, die heute zentral – allerdings privatwirtschaftlich – betrieben wird und länder- und unternehmensübergreifend wirkt.

Ein weiterer Punkt hilft dem Lkw-Verkehr: nämlich der Umstand, dass der Individualverkehr mit Pkw auf den großen Straßen und Autobahnen drastisch zurückgegangen ist. Verantwortlich hierfür sind die guten Angebote der Bahnen und Fluglinien mit ihren pünktlichen und regelmäßigen Shuttle-Verkehren. Hinzu kommt, dass die kleinen, normierten Stadt-Elektroautos für lange Überlandreisen nicht gut geeignet sind, so dass immer mehr Menschen andere Verkehrsmittel nutzen und das Angebot der Bahn- und Flugreiseunternehmen annehmen, mit dem Ticket ein E-Auto zu bestellen, um vor Ort beweglich zu sein. Für den Lkw bedeutet das, dass er sehr viel mehr Platz auf den Straßen hat, um die zunehmenden Mengen abzufahren.

Als sich in der Lkw-Welt in den 90er Jahren der Relationsspediteur zum Netzbetreiber wandeln musste, blieben mit Schenker und Danzas/DHL nur zwei Anbieter übrig, die den Ansprüchen an ein gut funktionierendes Netz mit hoher Zuverlässigkeit, Pünktlichkeit und wettbewerbsfähigen Preisen gerecht werden konnten. Bis heute sind es nicht mehr geworden. Einige haben es zwischen den Jahren 2010 und 2020 versucht, aber letztendlich war die Eintrittsschwelle zu hoch und der Neuaufbau zu teuer. Einige große Logistik- und Transportunternehmen haben ihre vergeblichen Versuche teuer bezahlen müssen.

Auch die oben beschriebenen Verteilerstellen und Feederfunktionen in die Städte hinein werden heute von den wenigen großen Lkw-Netzbetreibern selbst gesteuert und kontrolliert. Sie setzen hierfür zunehmend Subunternehmer ein, behalten aber die Systemkontrolle.

Die internationalen Verkehre zwischen den ausländischen Knotenpunkten werden in der Regel durch mittelständische Lkw-Unternehmen gefahren. So bleibt in dieser Branche der Mittelstand erhalten, er musste sich aber in die IT-Systeme und, zum Beispiel bei der Qualität, in die Standards einfügen.

Die größte Herausforderung für die Transportbranche war in den Jahren 2015 bis 2020 die Bewältigung und Neuregelung des Kombinierten Verkehrs (Straßenvorlauf vom Versender – Hauptlauf mit der Bahn – Straßennachlauf zum Empfänger), kurz KV, der Schnittstelle und gleichzeitig dem Zusammenwirken von Schiene und Straße. Es war immer klar, dass der Lkw allein die Zuwachsverkehre nicht bewältigen konnte und nicht in der Lage war, noch zusätzlich Mengen von der Bahn zu übernehmen, die diese nicht mehr fahren wollte oder konnte. Ohne die Bahn als Güterverkehrsmittel ging es also nicht, mit ihr aber auch nicht so richtig. Der Güterverkehr nahm damals zu, er wuchs und wuchs. Der Lkw übernahm seinen Anteil, die Bahnen in Europa hatten aber für die Verlader kein wettbewerbsfähiges Angebot parat. Für die Bahnen war das besonders dramatisch, weil der KV der einzige Bereich war, in dem ihr Geschäft wachsen konnte. Die anderen traditionellen Bahngüter wie Kohle, Erze oder Mineralöl waren klar rückläufig. Das komplexe System Bahn war zu teuer im Vergleich zu einem ungebrochenen Lkw-Verkehr und war zudem noch viel zu langsam. Daher waren damals die KV-Verkehre aller europäischen Bahnen verlustreich, keine verdiente eine angemessene Rendite. Das war besonders schmerzlich, weil alle anderen Beteiligten an diesem KV-System, zum Beispiel die Lkw-Betreiber, vernünftig verdienten. Der KV war aber die einzig verbliebene realistische Alternative, die Mengenzuwächse im Transportaufkommen zu bewältigen. Da die Bahnen in Europa – anfänglich sogar noch gestoppt von einem großen Kartellverfahren in 2016 – keine Ideen und Vorstellungen mehr hatten, das System ohne Verluste mit Zukunftschancen zu betreiben, hatten sie 2017 angekündigt, den KV europaweit einzustellen.

Das war das letzte Notsignal, das dann die EU – wie oben dargelegt – auf den Plan rief, um ein Verkehrschaos in Europa abzuwenden. Allen Beteiligten war klar, dass der Lkw niemals die Bahn ersetzen konnte. Es musste eine Lösung gefunden werden, das KV-System zukunftsfähig zu machen.

Zunächst wurde entschieden, eine einzige gemeinsame europäische KV-Bahn zu gründen, in die alle nationalen und internationalen KV-Verkehre eingebracht wurden. Darunter fielen auch die Container-Transporte von und in die großen europäischen Häfen und die lang laufenden Ganzzüge, wie z. B. die Mineralölzüge, die nicht rangiert werden mussten. Daneben wurde zur Absicherung der Bahnverkehre und zur Verkehrssteuerung entschieden, dass bestimmte Güter wie z. B. Container, Chemieprodukte, Mineralöl und Massengüter nicht mehr vom Lkw transportiert werden dürfen. Und die Aufteilung zwischen Bahn und Binnenschiff bei diesen Produkten wurde ebenfalls festgeschrieben.

Damit konnte eine internationale Güterbahn geschaffen werden, die eine Mengen- und Güterabsicherung hat und an der sich die einzelnen nationalen Bahngesellschaften entsprechend ihren eingebrachten Verkehren beteiligen. Sie betreibt in Europa verteilt kleinere und größere Terminals, die wichtiger Bestandteil des Geschäfts und Eckpunkte der Verkehre sind. Die Gesellschaft vertreibt ihre Produkte selbst und hat damit sukzessive die Operateure ersetzt, die früher für die Bahnen das Geschäft auf Kundenseite gemanagt hatten. Die Gesellschaft besitzt eigenes Equipment wie Loks und Waggons und ist im Vergleich zu den anderen Bahngesellschaften besonders kostengünstig aufgestellt.

Mit der Produktzuordnung brauchte die KV-Bahn preislich nicht mehr gegen den einstigen Wettbewerber Lkw anzutreten und konnte so ihre wirtschaftlichen Ziele sicherstellen. Damit diese „Monopolgesellschaft“ von den Kunden keine überhöhten Preise verlangt, verständigte man sich damals auf feste Tarife. Diese reduzierten sich allerdings alle zwei Jahre um 3 %, um einen Optimierungsdruck aufrecht zu erhalten.

Bei den Produkten, die weiterhin per Lkw transportiert werden dürfen, hat sich die EU bereit gefunden, diese Verkehre für die Bahnen zu subventionieren, um wettbewerbsfähige Angebote an die Verlader zu ermöglichen.

Die KV-Gesellschaft fährt nicht alles selbst. Sie hat die Auflage, 25 % des von ihr akquirierten Ladungsvolumens an andere, kleinere Bahnanbieter zu wettbewerbsfähigen Preisen weiterzugeben, um die mittelständische Eisenbahnstruktur zu erhalten.

Die ersten 5 Jahre war diese KV-Bahn öffentlich-rechtlich, dann wurde sie privatisiert. Sie ist auch heute noch ein komplexes Gebilde, mit „leider, aber notwendigerweise“ regulierten Transporten. Sie ist inzwischen das Rückgrat des europäischen Güterverkehrs, begrenzt nur durch die Netzkapazitäten, die ständig ausgebaut werden. Es gibt aber immer noch Engpässe, weil die mageren Finanzkassen der Länder und der EU zum eigentlich erforderlichen Ausbau nicht ausreichen. Der vor über 20 Jahren begonnene Schuldenaufbau der öffentlichen Hände begrenzt heute noch die Entwicklung des Systems Schiene.

Immer wieder wird gefordert, doch endlich die Regulierungen und Subventionierungen des KV-Verkehrs abzuschaffen und ihn vollständig zu privatisieren. Einen solchen Schritt bereits heute, im Jahr 2030, zu vollziehen, dafür fehlt den Betreibern allerdings noch der Mut. Die Erinnerung an die chaotischen Zeiten vor 10 bis 13 Jahren ist noch nicht verloren gegangen.

Daneben betreiben die einzelnen nationalen Bahnen weiterhin jeweils eigenständig ihre sogenannten Wagenladungsverkehre. Das sind in Deutschland alle innerdeutschen Verkehre von und zu den Gleisanschlüssen. Durch Konzentration auf wirtschaftliche Verkehre und eine internationale Anbindung können die einzelnen Bahnbetreiber, die alle schon vor vielen Jahren privatisiert wurden, hiermit eine angemessene Rendite erzielen. Das wird dadurch erleichtert, dass es seit 7 Jahren keine Rangierbahnhöfe alter Ausprägung mehr gibt. Waggons werden heute nicht mehr rangiert, d. h. Güterzüge werden nicht mehr über abschüssige Abrollrampen zusammengestellt. Diese eigentlich schon vor über 20 Jahren anachronistisch anmutenden Verfahren aus dem vorletzten (!) Jahrhundert sind abgeschafft worden. Es gibt schon seit längerem nur noch normierte Güterwagen, auf die Container oder Behälter gehoben werden. Es wird also beim Zusammenstellen von Zügen nicht mehr der Wagen selbst, sondern nur noch die Ladung in normierten Behältern bewegt, die dann auf jeden Wagentyp passen.

Einen Rangierbahnhof gibt es übrigens doch noch. In der Nähe von Bochum ist er als Museum ausgebaut, damit unsere Kinder die Möglichkeit haben, die Bahntechnik von gestern und vorgestern zu besichtigen.

Im kombinierten Verkehr ist also die Rollenverteilung zwischen Lkw und Schiene klar geregelt. Der Lkw tritt hier nicht mehr als Wettbewerber auf, das ist ihm seit vielen Jahren verwehrt. Er ist aber in diesem Segment ein Partner mit großer Bedeutung in den Vor- und Nachläufen. In den anderen bahnaffinen Geschäften, z. B. beim Stahl, bei Maschinen oder fertigen Autos, bleibt er aber als starker Wettbewerber erhalten, mit sogar deutlichen Vorteilen auf Strecken unter 150 km.

Dies alles kann natürlich nur ein Auszug aus einem Blick auf unsere Transportwelt 2030 sein. Das Gesamtthema ist einfach zu groß, um alle Facetten zu berühren. Aber die Auswahl auf Lkw und Schiene zeigt schon, wie sich diese Branche gewandelt hat und wie anders die Anforderungen an diese Verkehrsträger sind, um die Marktveränderungen aufzunehmen. Als Verfasser heute und auch als Mitgestalter in dieser Transportwelt gäbe ich ohne Zögern einen Jahresbonus, um einen Beitrag zu gleichem Thema für 2050 lesen zu können.

Karl-Gerhard Seifert

Ein Rückblick im Zorn

Im Jahr 2030 gebe ich auf und verkaufe mein Unternehmen an einen chinesischen Feinchemikalien-Hersteller. Das Unternehmen war entstanden aus der Zerschlagung der Hoechst AG im Jahr 2001. Es hatte die große Finanz- und Bankenkrise 2009 überlebt und sich die nächsten zehn Jahre als Hersteller von Spezialchemikalien einen guten Ruf erworben. Die folgenden zehn Jahre bis 2029 waren ein einziger Kampf gegen die Übermacht der chinesischen und indischen Konkurrenten, die in dieser Zeit viele andere Chemieunternehmen aufgekauft haben und allmählich über anspruchsvolle Technologien verfügen und globale Verkaufs- und Marketing-Strukturen entwickelt haben. Im Jahr 2030 beschäftigt die chemische Industrie in Deutschland nur noch ca. 300.000 Mitarbeiter. Der größte Teil der noch in Deutschland ansässigen Chemieunternehmen gehört ausländischen Investoren. Investitions- und Personalentscheidungen werden im Ausland getroffen. Die deutsche Chemieindustrie ist fremdbestimmt. Wie ist es dazu gekommen?

Als ich nach dem Chemiestudium 1973 meine berufliche Laufbahn bei der Hoechst AG begann, prägten drei große Konzerne die chemische Industrie in Deutschland. Sie beschäftigten circa 500.000 Mitarbeiter weltweit, davon 200.000 in Deutschland. Es gab 800 chemische Unternehmen, die alle im Verband der chemischen Industrie (VCI) vertreten waren.

Die drei großen Chemiekonzerne betrieben wichtige Forschungszentren in Deutschland, und viele Studienabgänger in den Bereichen Chemie, Ingenieurwesen und Verfahrenstechnik wurden von diesen Firmen eingestellt. Sie waren hoch innovativ und entwickelten neue Produkte und Verfahren. Diese Konzerne waren aktiv auf dem Gebiet der Basischemie. Sie produzierten alle anorganischen Produkte, die notwendig sind, um alle weiteren Folgestufen zu produzieren. Sie waren aktiv im Bereich der Landwirtschaft. Sie produzierten Düngemittel und entwickelten moderne Pflanzenschutzmittel. Alle drei waren mehr oder weniger aktiv im Bereich der pharmazeutischen Industrie. Sie entwickelten moderne Arzneimittel und die notwendigen Vorprodukte, aber auch biologische Produkte wie Impfstoffe, Blutprodukte und auch Diagnostika. Sie stellten Kunststoffe und Fasern her. Sie waren neben der Stahlindustrie die größten Zulieferer für die deutsche Automobilindustrie. Im Bereich der industriellen Chemie deckten sie alle Produkte ab, die man für das tägliche Leben braucht: Lebensmittelzusatzstoffe, Waschmittelrohstoffe, Textilfarben, Pigmente, Lacke, Kunstharze und vieles mehr. Aufgrund ihrer technologischen Führerschaft wurden Druckplatten hergestellt, Tonbänder, Chemikalien zur Herstellung von Siliziumchips. Ohne diese modernen Elektronikchemikalien gäbe es keine Elektronikindustrie, und spezielle Produkte haben die Miniaturisierung der Elektronikkomponenten ermöglicht. Ohne diese Produkte gäbe es keine PC oder Mobiltelefone. Sie hatten Tochtergesellschaften, in denen moderne Werkstoffe entwickelt und produziert wurden wie Keramik und Silizium für vielfältige Anwendungen in Bereich der Chipindustrie, wie auch in der Solar-Anwendung.

Die drei großen Konzerne waren Nachfolgegesellschaften der IG Farben Industrie, die von den Alliierten nach dem Krieg zerschlagen worden war. Sie mussten Anfang der fünfziger Jahre neue Auslandsstrukturen aufbauen für Vertrieb, Marketing und Produktion. 1973 gab es für diese drei großen Konzerne nur in den USA ebenbürtige Konkurrenten.

Die Stärke der deutschen chemischen Industrie war ihre große Innovationsfähigkeit. Die Basis dafür waren große technologische Zentren, sogenannte Zentrallabors oder Hauptlabors, in denen alle Themen bearbeitet werden konnten. Dort konnten neue Produkte entwickelt und neue Verfahren ausgearbeitet werden. Dabei spielte es keine Rolle, in welche Anwenderindustrie diese Produkte gingen. Neue Produkte konnten dann aufgrund der globalen Präsenz sehr schnell in die Märkte eingeführt werden. Die vorhandene Breite von Produktionen mit verschiedenen Technologien ermöglichte eine schnelle Herstellung noch so komplizierter Produkte.

Dabei gab es natürlich auch Misserfolge, wenn man sich überschätzte oder in Arbeitsgebiete vorstieß, in denen man keine Expertise hatte. So waren Ausflüge in die Gebiete Kopiergeräte, Tonbänder oder Kosmetika nicht erfolgreich und mussten teilweise eingestellt werden, nachdem erhebliche Verluste erwirtschaftet worden waren.

In diesen Jahren wurde der Begriff *Verbundwirtschaft* geprägt. Damit hatte die BASF sich vor den Bemühungen der Investmentbanker und des Private Equity geschützt, das Unternehmen auseinanderzunehmen. Der immanente Wert der Verbundwirtschaft allein am Standort Ludwigshafen der BASF lag bei 1 Mrd. €. Deshalb war eine Aufteilung der gewachsenen Strukturen in keinem Fall wirtschaftlich sinnvoll.

Ein anderer Begriff, *Quersubvention,* wurde benutzt, um Druck auf die Chemie-Konglomerate auszuüben. Jede Geschäftseinheit sollte von nun an ein positives Ergebnis erwirtschaften, andernfalls sollte sie abgestoßen oder eingestellt werden. Die Verfechter dieser Strategien hatten nicht bedacht, dass es in vielen Fällen technische und logistische Zusammenhänge gab und dass auch in den Märkten durch Vermarktung möglichst vieler Produkte Synergien geschaffen wurden. In vielen Fällen dominierten in den Vorständen und Geschäftsführungen nun Manager, die zwar Betriebswirtschaft beherrschten und Bilanzen lesen konnten, jedoch von Technologie, Forschung und Innovation wenig verstanden.

Die von ihnen vorangetriebene Aufsplitterung hatte in den meisten Fällen zur Folge, dass kleine Einheiten nicht überleben konnten oder letztlich wiederum an andere Konglomerate verkauft oder gelegentlich von Wettbewerbern gezielt erworben wurden, die damit ihre Stellung stärken konnten. In den Neunziger Jahren des letzten Jahrhunderts erlebte dieser Prozess seinen Höhepunkt. Im Verlauf dieser Entwicklung entstanden durchaus große Pharmakonzerne in Europa wie Novartis oder Sanofi-Aventis oder starke globale Agro-Konzerne wie Syngenta, oder Agro-Teilkonzerne wie Bayer CropScience und BASF Agro. Diese Strategie ging zu Lasten der klassischen Chemie, denn die Chemieaktivitäten der Großkonzerne wurden bis auf eine Ausnahme zersplittert und bildeten nun eigenständige, teilweise mittelständige Chemieunternehmen. Diese konnten am Weltmarkt nur überleben, indem sie ihre Kostenstrukturen drastisch vereinfachten. In den meisten Fällen wurde dann bei Forschung und Entwicklung gespart. Dies ging schnell und die Auswirkungen brauchten in den meisten Fällen vom durchführenden Management nicht verantwortet zu werden. Die Innovationsfähigkeit war bereits innerhalb weniger Jahre drastisch eingeschränkt. Der technologische Vorteil, den diese Unternehmen noch aus ihren ursprünglichen Konzernen übernommen hatten, war nach einer Dekade verloren gegangen. Bis dahin hatten sie einen Vorsprung vor ihren indischen und chinesischen Wettbewerbern, der jedoch rapide schwand, und ab 2015 waren diese Unternehmen dem asiatischen Wettbewerb unbarmherzig ausgesetzt. Die neuen Pharma- und Agro-Konzerne hatten in diesem Prozess teilweise ihre chemische und verfahrenstechnische Kompetenz verloren. Sie waren nun abhängig von den neuen Spezialchemie-Unternehmen und asiatischen Chemieproduzenten.

Die Konzentration auf das sogenannte Core Business gefiel der Börse und bescherte einigen handelnden Managern beträchtlichen Reichtum, allerdings auf Kosten der Arbeitnehmer und des Steuerzahlers. Das Aufteilen der großen Chemieunternehmen hatte zur Folge, dass nun Teile von deutschen Unternehmen von Investoren oder Wettbewerbern übernommen wurden, da sie von ihrem Management fein filetiert zubereitet worden waren. Aufgrund der technologischen Führerschaft hatten besonders ausländische Investoren großes Interesse an diesen Aktivitäten. Natürlich blieben viele Arbeitsplätze in Deutschland erhalten, aber die deutsche chemische Industrie wurde zunehmend fremdbestimmt. Auch die deutsche Mitbestimmung bot dagegen keinen Schutz, da die deutschen Chemieaktivitäten in diesen Fällen Töchter von ausländischen Konzernen wurden und diese Unternehmen dementsprechend als relativ unselbstständige Gesellschaften geführt wurden. Entscheidungen über Budgets, Investitionen und Gewinnverwendung waren in das Ausland verlagert.

Die Entwicklung in den einzelnen Arbeitsgebieten ging verschieden schnell und erstreckte sich über einen Zeitraum von 20 bis 30 Jahren.

Anfang der 1970er Jahre wurde erkennbar, dass die Produktion von *Massenkunststoffen* in Deutschland langfristig nicht profitabel war. In den arabischen Ländern entstanden große petrochemische Anlagen, in denen Polyethylen, Polypropylen und Polyvinylchlorid hergestellt werden konnten. Die Vorprodukte wie Ethylen und Propylen wurden in Crackern vor Ort erzeugt und direkt in die entsprechenden Polymere umgewandelt. Günstige Energiekosten in diesen Ländern ermöglichten den Aufbau von kostengünstigen Produktionen für Chlor, aus denen dann Polyvinylchlorid hergestellt werden konnte. Die verwendeten Technologien lieferten deutsche Firmen. Die deutsche Kunststoffindustrie reagierte auf diese Entwicklung, indem sie sich dann dank ihrer Innovationskraft auf *High-Performance-Polymere* konzentrierte und die Produktion von Standardkunststoffen einstellte. Die Monomere für die High-Performance-Polymere waren hochentwickelte komplizierte Moleküle, die auf der Grundlage der vorhandenen Technologien entwickelt wurden. Sie sicherten der deutschen Kunststoffindustrie für diese Produkte noch einen Wettbewerbsvorsprung von circa 20 Jahren.

Die großen deutschen Polymerhersteller bildeten konsequenterweise für ihre Aktivitäten in den Standardkunststoffen Joint Ventures, um Synergie-Effekte und Kosteneinsparungen zu realisieren. Damit konnten sie noch einige Jahre den arabischen und asiatischen Wettbewerbern trotzen. Im Jahr 2010 wurde der ehemals große Polymerhersteller, die Basell, von einem indischen Wettbewerber übernommen, nachdem er insolvent geworden war. Die Anlagen in Deutschland wurden noch für ein paar Jahre weiter betrieben und dann stillgelegt.

Die Monomere, Bausteine für die High-Performance-Polymere, wurden nicht mehr weiter entwickelt, da die Hersteller chemische und technische Kompetenz verloren hatten und schließlich in den 20er Jahren dieses Jahrhunderts ebenfalls an arabische und asiatische Wettbewerber veräußert wurden.

Eine ähnliche Entwicklung nahmen die *Chemiefasern*. In Deutschland wurde Perlon erfunden und das Geschäft mit Polyesterfasern unter dem Namen Trevira ausgebaut. Das 5-Milliarden-Euro-Geschäft mit Polyesterfasern wurde von Hoechst an ausländische Konkurrenten nach USA, Mexiko und Indonesien veräußert. In Asien waren in der Zwischenzeit bedeutende Polyesterfaserkapazitäten aufgebaut worden. Die wachsende Bevölkerung in Indien und China brauchte große Mengen an Polyesterfasern, um ihren Bedarf zu decken. Dem Wettbewerbsdruck aus Asien begegnete man damit, mit gezielten Innovationen den Polyesterfasern neue Eigenschaften zu verleihen, damit möglichst lange noch an den hiesigen

Standorten produziert werden konnte. Die Eigenschaften der Fasern konnten gezielt verändert werden, weil mit dem chemisch-technischen Know-how der Konzerne neue Anwendungen gefunden werden konnten. Es wurden spezielle Fasern entwickelt für besondere Anwendungen, wie schwerentflammbare Fasern, wofür spezielle Flammschutzmittel in den wissenschaftlichen Laboratorien erfunden wurden, Fasern für den Hygienebereich, die im Hospitalbereich eingesetzt werden, um Bakterien abzutöten, und anderes mehr. Die ausländische Konkurrenz brauchte viele Jahre, um diese Technologie zu entwickeln und ihre Anlagen umzurüsten. Trevira konnte zwar von einem privaten Investor nochmals nach Deutschland zurück erworben werden, wurde dann jedoch nach fünf Jahren 2003 an einen großen indischen Polyesterfaserhersteller veräußert. Dieser ließ das Unternehmen 2009 in die Insolvenz gehen. Alle Versuche, das Geschäft zu stabilisieren, misslangen jedoch und die ehemals großen Faserwerke in Bobingen und Guben sind inzwischen stillgelegt.

Die Produktion von *Düngemitteln* hatte nach 1980 keine Überlebenschancen mehr in Deutschland, bis auf die Anlagen der BASF, die später in die Kali+Salz Aktiengesellschaft eingebracht wurden. Aufgrund der günstigen Rohstoffpreise entstanden moderne Düngemittelanlagen am Persischen Golf, die konkurrenzlos insbesondere Harnstoff produzieren konnten. Die russische Düngemittel-Industrie restrukturierte sich ab dem Jahre 2000, indem sie veraltete unwirtschaftliche Anlagen stilllegte und sich dafür in die Kali+Salz Aktiengesellschaft einkaufte. Nach einer anfänglichen Minderheitsbeteiligung übernahm ein russischer Konzern später die Mehrheit an der Kali+Salz Aktiengesellschaft.

Die größte Strukturveränderung fand auf dem Gebiet der *Spezial- und Feinchemie* statt. Die Spezialchemie bildete über 150 Jahre die Grundlage für die deutsche Farbstoffindustrie, Agro- und Pharmaindustrie, für Pigmente und Additive, Tenside und Hilfsmittel, Bauchemikalien und vieles mehr. Die Spezialchemie, insbesondere die organische Spezialchemie, ist eine komplizierte Isomeren-Chemie, weil bei vielen chemischen Reaktionen Isomere anfallen, für die immer wieder neue Produkte und Anwendungen gesucht werden mussten. In den klassischen Chemiewerken wie Leverkusen, Höchst, Griesheim und anderen wurden Tausende verschiedener Produkte hergestellt. Da es sich bei vielen Produkten und Reaktionen um komplizierte, teilweise gefährliche Prozesse handelte, wurden sie von Umweltschützern besonders argwöhnisch beobachtet. Chemieunfälle trugen dazu bei, dass diese Werke von der Öffentlichkeit kritisiert wurden, dass Genehmigungsverfahren langwierig wurden und erhöhte Sicherheitsanforderungen gestellt wurden. Strikte Umweltschutzauflagen verteuerten die Produktion an den deutschen Standorten. Darüber hinaus wollten sich Unternehmensleitungen von dieser Art Chemie so schnell wie möglich trennen: Sie entwarfen die Vision der „weichen Chemie" oder der „stadtgängigen Chemie", Begriffe, die natürlich sehr weit von der Chemie entfernt sind, wie sie im Lehrbuch steht. Dies führte dazu, dass diese Produktionen noch rascher nach China und Indien abwanderten. Dort wurden anfänglich Anlagen gebaut, die bei weitem nicht den europäischen Sicherheitsstandards entsprachen, und der Umweltschutz wurde sehr vernachlässigt. Nachdem die asiatischen Wettbewerber entsprechend billiger produzieren konnten, wurde ein Teil der deutschen Anlagen stillgelegt. Als Alternative zur Stilllegung wurden auch einzelne Betriebe oder Werksteile an Private-Equity-Investoren verkauft oder an die Börse gebracht. In den meisten Fällen hatten die Private-Equity-Investoren nicht die Kompetenz, diese Firmen erfolgreich weiterzuführen, sondern sie suchten immer nach dem schnellen Wiederverkauf. Damit entstand in Deutschland ein Flickenteppich von vielen kleinen Unternehmen, die langfristig nicht überlebensfähig waren. Allein im ehemaligen Werk Höchst der Hoechst AG entstanden so über 80 Unternehmen, mit einer eigenen Verwaltung, eigenem Betriebsrat, eigenem Vertrieb usw. Damit wurden Produktströme auseinander gerissen, was letztlich dazu führte, dass ganze Werke stillgelegt werden mussten. Diese Art von Chemie war nur in dem Verbund überlebensfähig, aus dem sie in Jahrzehnten entstanden war. Alte Chemiewerke, in denen seit über 100 Jahren Chemie betrieben wurde und Grund und Boden kontaminiert waren, müssen seit dieser Zeit umwelttechnisch besonders behandelt werden. Eine Altlasten-Entsorgung ist in vielen Fällen für die Eigentümer finanziell nicht verkraftbar. Eine Nutzung dieser Gelände ist nicht mehr möglich.

Nachdem die asiatischen Wettbewerber mit ihren billigeren Produktionen die Weltmärkte erobert hatten, verlagerten sie ihre Anlagen in moderne Fabriken und Industrieparks, die dann auch unter hohen Sicherheits- und Umweltschutzauflagen produzieren konnten. Die neuen chinesischen Fabriken waren von Beginn an auf einzelne Produkte spezialisiert. Sie entwickelten eine sinnvolle Arbeitsteilung in ihren großen Chemieparks. Der Verbund fand nun nicht mehr in einem Werk statt, sondern es bildete sich ein System von Zulieferbetrieben in den verschiedenen Regionen Chinas.

Neben dem globalen Wettbewerb führten auch falsche Managemententscheidungen zu dem Niedergang der deutschen Spezialchemie. Zu Beginn des neuen Jahrtausends erwarben europäische Spezialkonzerne vorwiegend britische Chemiekonzerne, um ihre Basis zu verbreitern. Sie erwarben für viel Geld marode Fabriken, die dann in den Folgejahren mit höheren Beträgen stillgelegt werden mussten. Das dazu aufgewandte Geld fehlte dann für neue Investitionen, und Forschung und Entwicklung mussten drastisch eingeschränkt werden. Mancher Konzern brauchte Jahre, um sich von diesen Managementfehlern zu erholen.

Beispielsweise wurde die deutsche Textilfarbstoffindustrie in einem Joint Venture namens DyStar gebündelt und an einen Private-Equity-Investor verkauft, der über keinerlei chemische Erfahrung verfügte. Konsequenterweise ging dieses Unternehmen 2009 in die Insolvenz und wurde von einem asiatischen Investor übernommen. Die deutschen Anlagen wurden sukzessive stillgelegt, was wiederum zu Problemen in den Werken der ehemals deutschen Mutter-Unternehmen führte.

Die Pigmentindustrie, wichtiger Lieferant für Autolacke und Druckfarben, wanderte größtenteils nach Asien. Die entstehenden Lücken in den großen deutschen Chemiestandorten konnten nicht mit anderen Produktionen gefüllt werden, so dass in den damals gebildeten Chemieparks die industrielle Produktion allmählich zurückging. Es gab keine neuen Investitionen in neue Produkte und Technologien, da seit Jahren auf diesem Arbeitsgebiet nicht mehr geforscht worden war.

Nur die BASF hatte rechtzeitig den Wert der Spezialchemie erkannt, die weniger konjunkturanfällig ist als Commodities. So stärkte die BASF ihre Stellung in der Feinchemie, indem sie 2009 die Ciba Specialty Chemicals akquirierte.

Die deutsche *Pharmaindustrie* hatte ab 2020 ihre Bedeutung verloren. Durch eine falsche Strategie hatte das Management von Hoechst das Pharmageschäft ins Abseits geführt und konnte bereits 2002 von dem französischen Konkurrenten Sanofi und Rhône-Poulenc übernommen werden. Unter dem Einfluss der französischen Regierung wurde die Pharmaindustrie in Frankreich zusammengeführt und bei diesem Prozess auch der viel größere deutsche Wettbewerber Hoechst übernommen. Die Schweizer Pharmaindustrie erreichte durch die Verschmelzung von Ciba und Sandoz zu Novartis wieder Weltniveau. Böhringer Mannheim wurde von Roche erworben.

Die deutsche Pharmaindustrie erkannte damals nicht die Zeichen der Zeit. Eine Fusion von Bayer und Hoechst hätte einen Pharmariesen entstehen lassen können, der praktisch alle Gebiete abgedeckt hätte. Egoprobleme der Vorstände haben dies verhindert. Die deutsche Politik war nicht so vorausschauend wie die französischen Politiker. Sie hielt sich vornehm zurück und laborierte lieber jahrelang am Gesundheitssystem, wobei immer die Pharmaindustrie der Sündenbock für die ausufernden Kosten war.

Durch die Übernahme von Schering hatte Bayer 2005 wieder die kritische Größe im Pharmageschäft erreicht und konnte die nächsten Jahre noch eine bedeutende Rolle spielen. Der Pharmamarkt mit innovativen Originalpräparaten wurde nach wie vor von großen amerikanischen Pharma-

Unternehmen dominiert. Die staatlichen Eingriffe der deutschen Gesundheitspolitik ermöglichten es den deutschen Pharma-Unternehmen nicht, mit neuen innovativen Präparaten Preise zu erzielen, die eine teure Pharmaforschung ermöglichten. Die deutschen Pharmahersteller konnten nur auf dem amerikanischen Markt eine entsprechende Marge erzielen. Aber auch hier wurden die Genehmigungsverfahren immer komplizierter. Entwicklungs- und Zulassungskosten waren unverhältnismäßig hoch. Die finanzstarken amerikanischen Pharmakonzerne erwarben im Laufe der Jahre einige deutsche Arzneimittelhersteller. Ein Familienunternehmen, das viel in Forschung und Entwicklung investiert hatte und nicht unter dem Druck der quartalsmäßigen Berichterstattung stand, konnte seine Selbstständigkeit behaupten.

Die deutsche Pharmaindustrie litt auch viele Jahre unter der feindlichen Einstellung zur Gentechnik. Während in den USA viele kleine Gen- und Biotec-Unternehmen neue Wirkstoffe fanden, wurde in Deutschland diese Entwicklung erschwert. Dies führte dazu, dass sich deutsche Unternehmen stärker im Ausland engagieren mussten und die Gentechnik in Deutschland nicht den Beitrag bringen konnte, den eine moderne Pharma-Forschung braucht. Auch Managementfehler haben dazu beigetragen: Die Behringwerke in Marburg, einst ein bedeutendes Gentechnikzentrum in Deutschland, wurden schon in den neunziger Jahren aufgeteilt und an ausländische Wettbewerber verkauft. Impfstoffe produzierten nun ausländische Unternehmen für Deutschland und die Welt.

Die deutsche *Pflanzenschutzmittelindustrie* wurde ebenfalls gehindert, auf dem Gebiet der grünen Gentechnik zu forschen und neue Produkte zu entwickeln. Sie war aus der klassischen organischen Chemie entstanden, und viele Jahre wurde die Bedeutung der Gentechnik für den modernen Pflanzenschutz unterschätzt. Nachdem ein großer amerikanischer Wettbewerber in der Kombination Pflanzenschutzmittel und Saatgut sehr erfolgreich war, begann dann ein Umdenken. Leider wurden in Deutschland Freilandversuche mit gentechnisch veränderten Pflanzen entweder verboten oder die Felder von Gegnern verwüstet. Ein großer deutscher Pflanzenschutzmittelkonzern erwarb 2009 eine Gentechnikfirma in den USA und konnte dann sehr erfolgreich seinen Biotech-Bereich und damit sein Saatgutgeschäft ausbauen. Schwierige Zulassungsverfahren in Deutschland machten es aber unmöglich, einen modernen Pflanzenschutz zu entwickeln, der immer in Kombination mit Saatgut steht. Die chinesische Regierung hatte diesen Trend frühzeitig erkannt und investierte bedeutende Summen in die grüne Gentechnik. Da Ernährung ein wichtiges Thema in China ist, war klar, dass man nur mit Hilfe der Gentechnik Erträge steigern kann. 2010 begann die Globalisierung der chinesischen Pflanzenschutzmittelindustrie. Die Sinochem versuchte 2009 den global agierenden Generikahersteller Nufarm zu erwerben. China wollte zum größten Pflanzenschutzmittelhersteller aufsteigen, und ab 2015 verordneten staatliche Stellen eine intensive Kooperation der staatlichen Gentechnikzentren mit der chinesischen Pflanzenschutzmittelindustrie. Daraus entstanden finanzstarke Agro-Konzerne, die sowohl moderne Pflanzenschutzmittel produzieren konnten, als auch einen Teil des globalen Saatgutmarktes beherrschten. Über die Börse erwarben sie dann in den folgenden Jahren Beteiligungen an den großen europäischen und amerikanischen Pflanzenschutzmittel-Unternehmen. Ihr Ziel war die vollständige Übernahme.

1996 hatte die deutsche chemische Industrie in Deutschland ca. 440.000 Menschen beschäftigt. 2008 waren es nur noch 360.000, und 20 Jahre später, 2028, nur noch 300.000. 2005 löste China Deutschland als drittgrößten Chemieproduzent ab. Der Chemieumsatz in Deutschland betrug 2005 153 Mrd. € und blieb über die Jahre konstant. Die deutschen Töchter ausländischer Chemiekonzerne erzielten 2005 davon einen Umsatz von knapp 50 Mrd. € und beschäftigten 134.000 Mitarbeiter. 2028 war dieser Umsatz auf über 100 Mrd. € gestiegen, und die ausländischen Chemiekonzerne beschäftigten in Deutschland über 200.000 Mitarbeiter. Der Export von chemischen Erzeugnissen nahm deutlich ab; die Welt wird nun von chinesischen und indischen Konzernen beliefert. Während die Exporte aus Deutschland noch 2005 den Wert der Importe um mehr als 31 Mrd. € übertrafen, wurden 2028 in Deutschland mehr chemische Produkte importiert als exportiert. Deutschland hat seine Stellung als bedeutender Chemieproduzent verloren.

Wolfgang Plischke

Eine Frage der Rahmenbedingungen

Der folgende Beitrag weicht vom Konzept dieses Buches ab. Er steht nicht nur für die Meinung eines Verfassers, sondern einer ganzen Branche. Er betrachtet die Entwicklung auch nicht aus Sicht des Jahres 2030, sondern ausgehend vom Jahr 2010. Doch er erfüllt ein Hauptziel dieses Buches: deutlich zu machen, wie stark unsere künftige Entwicklung abhängig ist von heute getroffenen – oder nicht getroffenen – Entscheidungen. [Kommentar der Herausgeber]

Für die Zukunftsfähigkeit der forschenden Pharma-Unternehmen am Standort Deutschland wird viel davon abhängen, wie sich die politischen Rahmenbedingungen in den nächsten Jahren entwickeln.

Rund 90.000 Mitarbeiter arbeiten zurzeit in Deutschland in den Unternehmen der Branche. Ein Fünftel davon ist in Forschung und Entwicklung tätig. Mit einer Investitionsquote von über 13 % ist sie eine der forschungsintensivsten Branchen überhaupt. Dies zeigt, wie sehr die Unternehmen in die Zukunftsfähigkeit der deutschen Volkswirtschaft investieren!

Unsere Standortstärken sind die hervorragend ausgebildeten Mitarbeiter, exzellente wissenschaftliche Forschungseinrichtungen und eine sehr gute Infrastruktur.

Wir haben in den letzten Jahren im Schnitt jährlich über 30 neue Präparate mit neuen Wirkstoffen zur Zulassung gebracht. Etliche davon stammen aus deutschen Labors oder wurden in Deutschland mitentwickelt. Für viele Krankheiten, die früher nicht behandelbar waren, gibt es heute erstmals Therapieoptionen. Viele weitere Krankheiten sind mit neuen Medikamenten besser behandelbar als früher, und viele Patienten, die früher beim Ausbruch einer Krankheit nur noch kurze Zeit zu leben hatten, können heute bei besserer Lebensqualität länger überleben.

Doch könnte Deutschland noch besser dastehen, wenn es Standortnachteile für innovative, forschungsintensive Branchen im globalen Wettbewerb konsequenter beseitigen würde. Ein Beitrag dazu wäre die Einführung einer steuerlichen Forschungsförderung, die es bereits in 21 von 30 OECD-Staaten gibt.

Wenn wir in Zukunft im Konzert der Innovationsstandorte eine bedeutende Rolle spielen wollen, muss hier genauso gehandelt werden wie bei der Beseitigung weiterer Hürden für die forschenden Pharma-Unternehmen, etwa den zahlreichen, sich zum Teil widersprechenden Regulierungen im Arzneimittelmarkt. Auch kurzsichtige Kostendämpfungsmaßnahmen, die die Ertragslage für die Unternehmen im deutschen Markt verschlechtern, dienen nicht dazu, bei Investitionsentscheidungen das Vertrauen in den Standort zu stärken!

So sind verlässliche Prognosen über die Situation der Pharmaindustrie in Deutschland im Jahr 2030 schwer zu erstellen. Die Hauptfrage dabei ist, ob die Politik sich zu tiefgreifenden, nachhaltig wirkenden Reformen entschließt oder die Kostendämpfungsmaßnahmen der letzten Jahrzehnte fortsetzt.

Die aktuellen finanziellen Probleme der Gesetzlichen Krankenversicherung sind erst die Spitze des Eisbergs. Die demografische Entwicklung ist unumkehrbar: Immer weniger Junge stehen immer mehr Älteren gegenüber, die höhere Gesundheitsausgaben verursachen. Die bisherige Finanzierung der Gesundheitsversorgung in Deutschland ist nicht zukunftsfähig.

Ebenso wenig Zukunft hat der bisherige Weg der Ausgabensteuerung. Immer neue Regulierungen, starre Leistungskataloge, wenig Wahlmöglichkeiten für die Versicherten verhindern, dass sich in Deutschland ein gesunder, fairer und transparenter Wettbewerb um die bestmögliche Qualität im Gesundheitswesen entwickeln kann.

Dabei ist Qualität der Schlüssel für die Zukunftsfähigkeit der Gesundheitsversorgung und der Gesundheitswirtschaft.

Die forschenden Pharma-Unternehmen stehen für diesen Qualitätswettbewerb. Und sie sind – wie viele weitere Akteure der Gesundheitswirtschaft – bereit, sich diesem Wettbewerb zu stellen. Die Frage ist aber, ob die Politik diese Bereitschaft aufgreift und einen Wettbewerbsrahmen schafft, der Anstrengung und Erfolg der Leistungsanbieter belohnt. Sehen wir also, wie es sein könnte:

Szenario 1: Die Politik bekennt sich zu Wettbewerb.

2030: Die Gesundheitswirtschaft in Deutschland hat durch wettbewerbliche Reformen einen weiteren Innovationsschub erhalten. In den wichtigen Industriebereichen Medizintechnik und Pharma hat Deutschland seine Position im internationalen Wettbewerb nicht nur halten, sondern sogar leicht ausbauen können. Für die forschenden Pharma-Unternehmen spielt Deutschland als Leitmarkt für Europa nach wie vor eine wichtige Rolle. Neue Medikamente werden wieder verstärkt in deutschen Labors entwickelt, da die global aufgestellten großen Unternehmen wichtige Forschungsinvestitionen an ihre deutschen Standorte vergeben. Dazu beigetragen hat die Einführung der steuerlichen Forschungsförderung, die einen wichtigen Standortnachteil beseitigte. Die exzellenten universitären und außeruniversitären Forschungseinrichtungen, die Talente aus der ganzen Welt anziehen, sorgen für ausreichend wissenschaftlichen Nachwuchs. Pharmafirmen und kleinere Biotechnologie-Unternehmen haben gemeinsam Deutschland zu Europas wichtigstem Standort für rote Biotechnologie gemacht. Die bahnbrechenden Innovationen der Branche sorgen weltweit für medizinischen Fortschritt.

Den größten Umsatz weltweit bringen auf neuen Wirkprinzipien basierende Medikamente gegen verschiedene Krebsarten, gegen die Alzheimer-Demenz, Schlaganfall und andere Herz-Kreislauferkrankungen sowie schwere Infektionen. Hinzu kommen Impfungen gegen Krankheiten, die teilweise 2010 in Industrieländern noch gar nicht bekannt waren und danach jahrelang als weder vermeidbar noch behandelbar galten. Eine transparente Kosten-Nutzen-Bewertung, die die gesellschaftliche Perspektive mit einbezog, hat dafür gesorgt, dass bei vielen neuen Medikamenten nachgewiesen werden konnte, dass sie der Gesellschaft Geld sparen und ihr Preis somit gerechtfertigt war.

Der Anteil Deutschlands an den global gehandelten erfolgreichen Medikamenten ist respektabel. Denn hierzulande hatte man sich schon Anfang des 21. Jahrhunderts stark auf die Krankheiten der älter werdenden Gesellschaft konzentriert, und das trägt Früchte. Etliche der neuesten Medikamente wurden nicht nur hier erfunden, sondern werden auch hier produziert, weil die Unternehmen die extrem anspruchsvollen Produktionsanlagen möglichst in räumlicher Nähe der Prozessentwickler bauen, die Teil des Entwicklungsteams für das betreffende Medikament waren. Deutschland bietet damit Exportschlager von hoher Wertschöpfung.

Zu den Innovationsführern im globalen Markt zählen seit einigen Jahren besonders Unternehmen, die verstärkt in Deutschland forschen. Hier hat sich bezahlt gemacht, dass die Pharmaunternehmen auf Synergien mit der Diagnostik- und Medizintechnik-Industrie gesetzt haben, die zu besonders sicheren und in ihrer Eignung für bestimmte Patientengruppen gut charakterisierten Medikamenten geführt haben. Dadurch ist die Akzeptanz der neuen Präparate bei Ärzten und Patienten sehr hoch und Medikamente „Invented in Germany“ gelten als Gold-Standard in der internationalen Gesundheitsversorgung. Auch die Generikaindustrie floriert: Sie hat es geschafft, sich im internationalen Wettbewerb zu behaupten und hält dank modernster Produktionsanlagen und technischem Knowhow ihre Stellung.

Dabei ist die Pharma-Branche in Deutschland nach wie vor ausgewogen in kleine, mittlere und große Unternehmen aufgeteilt, die in fairem Wettbewerb um die besten Lösungen für die Patienten und somit Marktanteile ringen. Einige Merger haben neue Branchenriesen entstehen lassen. Auf der anderen Seite haben sich durch Ausgründungen aus Konzernen und Neugründungen aus dem akademischen Feld neue Spieler im Markt etabliert. Die Gesetzliche Krankenversicherung ist dabei ein dynamischer Verhandlungspartner.

Besonders der Ansatz der forschenden Pharma-Unternehmen, die Wirksamkeit und Kosteneffizienz ihrer Medikamente im Versorgungsalltag unter Beweis zu stellen, hat sich dabei als entscheidender Schlüssel erwiesen. In direkten Verhandlungen mit den Kassen konnte die Versorgung der Patienten optimiert werden. Der schnellere Zugang bei fairen Erstattungskonditionen hatte daraufhin für eine neue Kultur des Miteinanders von Kassen und Herstellern geführt, der letztlich auch Patienten und Ärzten zugute kam – und der Zukunftsbrache Pharma in Deutschland neue Reputation einbrachte.

Szenario 2: Die Politik setzt auf kleinteilige Kostendämpfungsreformen

Die Gesundheitswirtschaft leidet an den Reformen im 2-Jahres-Takt, die viel zu lang allein auf Kostendämpfung und weitere Regulierung gesetzt haben.

Im Arzneimittelmarkt sind die gleichen Medikamente wie in Szenario 1 die wichtigen Umsatzbringer der Branche. Doch ist Deutschland in den letzten beiden Jahrzehnten zurückgefallen: Die unsicheren Rahmenbedingungen durch die Politik, die nachfolgenden permanenten neuen Reformen zur (erfolglosen) Konsolidierung der Finanzen der GKV sowie die innovationsfeindlichen Regulierungen haben die Entscheider der global agierenden Pharma-Unternehmen vor neuen Investitionen in Forschungs- und Produktionsanlagen in Deutschland zurückschrecken lassen. Die Abwanderung junger deutscher Hochschulabsolventen in Länder mit besseren Forschungsbedingungen macht es auch schwierig, für deutsche industrielle Forschungsabteilungen Nachwuchswissenschaftler zu rekrutieren. Während alle anderen OECD-Staaten mit steuerlicher Forschungsförderung wichtige Forschungsinvestitionen in ihr Land holen konnten, gingen deutsche Standorte leer aus, weil man in der Politik die Bedeutung dieser Maßnahme als Bekenntnis zur Innovationsförderung ignorierte. Auch die Biotechnologie in Deutschland, einstmals weltweit die Nummer 2, hat sich Länder mit besseren Wachstumsbedingungen gesucht und operiert nun großenteils außerhalb Deutschlands.

Aus deutschen Labors kommen demzufolge kaum noch Innovationen, die international für eine Verbesserung der Gesundheitsversorgung und national für eine Verbesserung der Exportquoten sorgen. Die USA, Japan und neue Mitspieler in der Forschungslandschaft wie China, Singapur und Indien profitieren dagegen.

Dies hat Auswirkungen auf die Beschäftigungssituation: Waren im Jahr 2010 noch etwa 90.000 Menschen in Deutschland in der forschenden Pharmaindustrie beschäftigt, so ist deren Zahl bis 2030 rapide gesunken. Auch die Generikaindustrie hat ihre Produktionsstandorte verlagert, da die Arbeitskosten im Ausland in den letzten Jahren weniger stark gestiegen sind wie bei uns. Ein Hauptgrund für die immer teurer werdenden Kosten der Arbeit war die Weigerung der Politik, die Arbeits- von den Gesundheitskosten zu entkoppeln. Immer höhere Krankenkassenbeiträge haben für immer neue Rekordstände bei den Lohnnebenkosten gesorgt, ohne dass die Ausgaben wegen der demografischen Entwicklung in den Griff zu bekommen waren.

Die Politik war darüber hinaus gezwungen, immer mehr Leistungen der gesetzlichen Krankenversicherung zu streichen. Das Wort „Priorisierung" hatte um 2020 die öffentliche Debatte um die Gesundheitsversorgung bestimmt, in der Deutschland einstmals führend war. Die Diskussion ist mittlerweile der Resignation gewichen. Heute ist das deutsche Gesundheitssystem weit hinter den Standard von Ländern, die vor Jahren auf wettbewerbliche Reformen gesetzt haben, zurückgefallen.

Schluss

Beide Szenarien sind realistisch: Doktert man weiter an einem nicht zukunftsfähigen System herum und verhindert durch ineffektive Kostendämpfung zu Lasten leistungsstarker Branchen, dass Deutschland im globalen Innovationswettbewerb den Anschluss hält, oder entscheidet man sich für eine Stärkung einer der wichtigen innovativen Branchen im Zukunftsmarkt der Gesundheitswirtschaft, indem man sie von unnötigen Fesseln befreit, Standortnachteile konsequent abbaut und auf Qualitätswettbewerb setzt?

Christoph Wollny

Kopenhagen 450

6:50 Uhr, das warme Licht der LED-Lampe weckt mich, ich stehe auf und gehe in die Küche. Der Kaffee und ein warmes Brot sind fertig. An so einem kalten, windigen Tag ist das besonders gemütlich. Beim Frühstück sehe ich neben den Morgennachrichten die Statusmeldungen unseres Hauscomputers von letzter Nacht eingeblendet: 1) Das Auto hat wieder eine Reichweite von 350 km; 2) Die Wärmespeicher des Hauses sind zu 85 % wieder aufgeladen; 3) Die Wäsche ist gewaschen und getrocknet. Der Windstrom war so günstig wie selten – ich habe die Autobatterie ohne konventionellen Strom aus Gaskraftwerken aufgeladen.

Auf meinem Weg zur Arbeit stelle ich beim Vorbeifahren an einer Tankstelle zufrieden fest, dass sich die Investition in ein Elektrofahrzeug gelohnt hat. Ich kann wegen meiner weißen Umweltplakette mit null CO_2-Emissionen problemlos in der Innenstadt fahren und der Liter Diesel kostet heute 9,80 € – inklusive 7,10 € Kopenhagen III-Abgabe.

Weniger als 450 Teile in einer Million ...

In Kopenhagen fing alles an – dort wurde 2009 versucht, verbindliche Maßnahmen für eine Begrenzung der Erderwärmung auf plus zwei Grad bis 2030 festzuschreiben. Hierfür mussten die CO_2-Emissionen soweit reduziert werden, dass eine CO_2-Konzentration von 450 ppm (parts per million) CO_2 in der Atmosphäre nicht überschritten wird – man nannte es „Szenario 450".

Der politische Prozess, der erforderlich war, um weltweit klare und verlässliche Rahmenbedingungen zu schaffen, hat sehr lange gedauert – erst 2015 wurden verbindliche Werte von den G35-Staaten inklusive China und den USA akzeptiert.

Bis heute ist die Weltbevölkerung auf 8,2 Milliarden angewachsen. Obwohl gegenüber 2010 1,6 Milliarden mehr Menschen Strom verbrauchen, wurde der CO_2-Ausstoß zur Energieerzeugung um 2 Gigatonnen pro Jahr verringert. Damit verursacht die Energieerzeugung nur noch 32 % des gesamten CO_2-Ausstoßes – Studien von vor zwanzig Jahren waren von 44 % ausgegangen. Das Delta aus dieser Entwicklung entspricht einer Vermeidung von etwa 10 Gigatonnen Emissionen pro Jahr.

Deutschland akzeptierte als Vorreiter die Emissionswerte frühzeitig. Bis 2015 war der Standort Deutschland damit einem Nachteil ausgesetzt, weil die Energiekosten gegenüber anderen Industrienationen und Schwellenländern zu hoch waren.

Letztlich haben die Ziele der Energiepolitik, nämlich Wirtschaftlichkeit, Umweltverträglichkeit und Versorgungssicherheit, die Wettbewerbsfähigkeit der deutschen Wirtschaft nachhaltig erhöht. Wir verfügen heute über eine der effizientesten Kraftwerksflotten weltweit. Die Trennung von Erzeugung und Netzbetrieb hat dazu geführt, dass wir über ein intelligentes, bedarfsgesteuertes Netzmanagement verfügen. Finanziert wurde der Aufbau aus dem Erlös der nicht mehr benötigten Emissionszertifikate. Die Versorgungssicherheit im Energieträgermix und die Umweltverträglichkeit erhöhten sich wesentlich.

Die weltweiten Bemühungen zum Klimaschutz und die deutsche Energiepolitik führten für die Branche zu weit reichenden Veränderungen auf drei wesentlichen Gebieten:

- Höherer Anteil erneuerbarer Energien
- Einführung bedarfsgesteuerter Netze
- Effizienzsteigerung der fossilen Kraftwerke.

Die installierte Kraftwerksleistung basiert heute zu 54 % auf fossilen, zu 32 % auf erneuerbaren und zu 14 % auf nuklearen Energieträgern.

Erneuerbare Energien

Die weltweite Stromerzeugung ist auf ca. 35 TWh angestiegen. 32 % entfallen auf die erneuerbaren Energien – Wasser 15 %, Wind 9 %, Sonne 5 % und andere 3 %. Dabei hat sich die installierte Kapazität der Windkraft verzehnfacht. Heute haben wir Einzelanlagen mit mehr als 10 MW Leistung weit vor den Küsten auf schwimmenden Plattformen installiert. Zusammengefasst zu Windparks, liefern sie 500 MW Leistung und mehr. Unsere skandinavischen Nachbarn sind heute in der Lage, ihre rückläufigen Öl- und Gaseinnahmen mit Strom aus Windenergie zu kompensieren.

Auch die Sonnenenergie hat ihren Anteil an der Energieerzeugung vervielfacht, insbesondere in klimatisch geeigneten Gebieten, wie zum Beispiel Nordafrika.

Das brachte neue Herausforderungen mit sich. Angebot und Nachfrage nach Strom sind nicht ausgeglichen – weder im Tagesverlauf, noch bei schwierigen Witterungsverhältnissen. Windparks wurden abgeschaltet oder stellten den Strom zeitweise kostenlos zur Verfügung – es häuften sich die Tage (zum Beispiel an Weihnachtsfeiertagen), an denen Abnehmer für den Stromverbrauch bezahlt wurden. Mit zunehmender Kapazität der erneuerbaren Energien traten diese Perioden gehäuft auf.

Es hat bis 2020 gedauert, bis vermehrt Ausgleichs- und Speicherkapazitäten installiert wurden. Pumpspeicherwerke erlebten einen regelrechten Boom, insbesondere in Form von Staudammerweiterungen. Eine andere Lösung zum Ausgleich der Schwankungen wird durch thermische Speicherkraftwerke gewährleistet. In stillgelegten Bergwerken wird die Energie in Wärmeträgern gespeichert und in Spitzenzeiten zur Verfügung gestellt – eine Technik, die sich bei Solarkraftwerken längst etabliert hat; hier wird die tagsüber gespeicherte Wärmeleistung nachts einem kontinuierlichen Dampfkreislauf zugeführt. Durch diese neuen Technologien konnte, gemessen in MW, das Verhältnis von erneuerbaren Energien zu fossilen Reservekapazitäten von 1:1 auf ein Verhältnis von 1:0,6 gebracht werden.

Mit dem gestiegenen Anteil der erneuerbaren Energien mussten sich auch die Energienetze bezüglich Transportkapazität und Steuerung neu ausrichten.

Bedarfsgesteuerte Netze

Intelligente Netze oder „Smart Grids" übernehmen heute die Aufgabe, Belastungsschwankungen zu erkennen und zu steuern. Das kann durch das flexible und schnelle Aktivieren von zusätzlichen Kapazitäten oder durch das Steuern der verbrauchenden Einheiten geschehen.

Auf der Verbraucherseite hat sich in den letzten zwanzig Jahren eine dramatische Entwicklung ergeben. Von einem spontanen Verbraucher, der jeden Monat anonym seine Stromrechnung bezahlt, hin zu einem optimierenden Verbraucher, der seinen Energiekonsum und das Energienetz seiner Wohnung bedarfsgerecht steuert.

Egal, ob wir über einen Kühlschrank, eine Klimaanlage mit Kältespeicher, einen Wäschekombinierer oder eine Autobatterie reden, alle Geräte sind über das WebHome 2.0 mit dem Hauscomputer verbunden. Der Hauscomputer ist mit der intelligenten Zähl- und Steuereinheit des Elektrizitätslieferanten verbunden. Der Energiebrowser „GreenHead" gibt dem Benutzer alle Gestaltungsmöglichkeiten zum optimalen Energieeinsatz im Haushalt – er steuert unter anderem die Schaltzeiten, Temperaturbereiche und Ladezustände der Verbraucher so, dass sie der Gerätekonfiguration entsprechend den gewünschten Komfort leisten und kostenoptimal funktionieren.

Zum Beispiel wird der Wäschekombi nachts zur günstigsten Windstromzeit aktiviert. Falls die Temperaturvorgabe es anzeigt, wird der Kältespeicher der Klimaanlage für den nächsten Tag vorgekühlt. Damit ist gewährleistet, dass jeder seinen gewünschten Komfort zu einem günstigen Preis erhält, und der Energielieferant kann seine Stromeinkäufe im Tageszyklus optimal auslasten und zu günstigsten Konditionen Stromkontingente einkaufen.

Heute ist das alles eine Selbstverständlichkeit, aber die neuen Geschäftsmodelle des Netzmanagements mussten zwei Schwierigkeiten meistern:

1. Es gab eine Prozessflut von Verbraucherschutzverbänden und Datenschützern bezüglich einer gesicherten Privatsphäre; bis zu den letzten Prozessen im Jahr 2020 ist diese Flut schließlich langsam abgeebbt. Das GreenHead IV Gesetz hat seit seinem Inkrafttreten für Rechtssicherheit gesorgt, und Sicherheitslücken zur Gewährleistung der Privatsphäre im Datennetz wurden geschlossen.

2. Immer noch ärgerlich ist die Monopolstellung der GreenHead AG. Neben gelegentlichen Programmierfehlern sind die monatlichen Lizenzgebühren für die Software hoch. Derzeit gibt es immer noch keine wirkliche Alternative, da die Kommunikation zwischen den Geräten und dem Hauscomputer im Greentooth-Standard läuft und alle internationalen Hersteller an diese Steuerungslogik gebunden sind.

Auf der Erzeugerseite sind alle Kraftwerkskapazitäten im Netz mit einer zentralen Steuerung verbunden. Der Netzbetreiber steuert, gemäß den Parametern der Anlagenhersteller, die Kraftwerkskapazitäten. Strom ist eine börsenmäßig gehandelte Ware – der Netzbetreiber kauft und schaltet die Kraftwerkskapazitäten optimal für den aktuellen Strombedarf.

Durch die Kombination der Kraftwerkssteuerung mit der Steuerung des Verbrauchs in Echtzeit wird ein kostenoptimaler und stabiler Netzbetrieb gewährleistet. Das Netzmanagement ist für alle großen Kontinentalnetze einheitlich nach dem T9000 Standard definiert.

Um den Anforderungen des Netzes gerecht zu werden, steuert man heute die Grundlastkapazitäten gemäß ihrer Effizienzstufe (nach Wirkungsgrad und Emissionen) und ihrer Startzeit und Flexibilität – die Standardspezifikationen der Kraftwerke sind heute völlig andere als noch vor 20 Jahren.

Fossile Kraftwerke

54 % der Kraftwerksleistung basieren immer noch auf fossilen Energieträgern, gemeint sind hier aber nicht mehr die ineffizienten Fossilien des frühen Jahrhunderts.

Für Kraftwerke ist der Wirkungsgrad eine wichtige Messgröße. Er gibt an, wieviel chemische Energie in elektrische umgewandelt wird. Ein höherer Wirkungsgrad erzeugt bei gleichem Brennstoffverbrauch mehr elektrische Energie.

Darüber hinaus bestimmt die chemische Zusammensetzung des Brennstoffes die Menge an CO_2-Emissionen. Verglichen mit Erdgas, setzt die Verbrennung von Kohle erheblich mehr CO_2 frei.

2010 waren noch veraltete Kohle-/Dampfkraftwerke im Betrieb, die weniger als 25 % Wirkungsgrad erreichten. Ein solches Kraftwerk mit 1000 MW verursachte pro Jahr 8,8 Millionen Tonnen CO_2-Emissionen. Bei diesen Kraftwerken verpuffte der Hauptanteil der Energie ungenutzt. Mit dem Stand der Technik erzielte man 2010 einen Wirkungsgrad von nur 45 %.

Zur Verdeutlichung: Ein Kohlekraftwerk mit 1000 MW und 45 % Wirkungsgrad verursacht pro Jahr nur 4,9 Millionen Tonnen CO_2-Emissionen, mit dem heutigen Stand der Technik werden daher 4,0 Millionen Tonnen CO_2-Emissionen pro Jahr gegenüber der alten Technik vermieden.

Mittels der 700-Grad-Technologie hat man inzwischen den Wirkungsgrad auf über 50 % gesteigert. Für die höheren Temperaturen und Druckverhältnisse mussten neue Werkstoffe, neue Designlösungen und Fertigungsverfahren entwickelt werden. Die hochtemperaturfesten Werkstoffe wurden 2010 patentiert, und bei der Entwicklung der Fertigungsverfahren sind zahlreiche Patente für die Turbinen- und Kessellieferanten entstanden. Heute kann man davon ausgehen, dass ein Kohlekraftwerk mit weniger als 50 % Wirkungsgrad auch in „Kohleländern" wie China praktisch keine Erfolgsaussichten auf eine Genehmigung hat.

Gasturbinenkraftwerke stellen heute den Hauptanteil der fossilen Energieerzeugung. Ihr Wirkungsgrad beträgt derzeit 65 % in einer Gas- und Dampf-Konfiguration (GuD). Hier wird das Abgas der Gasturbine zur Dampferzeugung in einem Dampfkreislauf genutzt. Durch die Verbrennung von Erdgas entsteht prozessbedingt weniger als die Hälfte der CO_2-

Emissionen als bei einem Dampfkraftwerk – hinzu kommt der bessere Wirkungsgrad gegenüber einem Kohlekraftwerk.

2010 hatte das erste Kraftwerk einer neuen Typenreihe den kommerziellen Betrieb aufgenommen – damals waren die Leistungsdaten noch 60 % Wirkungsgrad, 40 Minuten Startzeit und 600 MW Leistung.

Zur Verdeutlichung: Ein Gaskraftwerk mit 1000 MW und 66 % Wirkungsgrad verursacht pro Jahr 2,0 Millionen Tonnen CO_2-Emissionen, gegenüber einem veralteten Kohlekraftwerk mit 25 % Wirkungsgrad werden damit 6,8 Millionen Tonnen CO_2 pro Jahr vermieden.

Der Trend zu schnelleren Startzeiten, d. h. zu einem flexibleren Betrieb der Kraftwerksanlagen, hat dazu geführt, dass die stationären Gasturbinen mit Konstruktionsprinzipien aus Luftfahrtanwendungen weiterentwickelt wurden. Vereinfacht kann man das so beschreiben, dass zwei Turbinen in einem Gehäuse auf getrennten Wellen operieren. Die eine Turbine macht dabei bei hohen Drehzahlen die chemischen Energien unterschiedlichster Brennstoffe handhabbar, die zweite übernimmt diese Energie und wandelt sie in die Drehbewegung eines Generators um.

Die stark gestiegene Besteuerung des CO_2-Ausstoßes führte zum Einsatz stark wasserstoffhaltiger Brenngase, die auf der Basis katalytischer Umwandlung von Kohle produziert werden und unverdünnt in Gasturbinen verwendet werden können. Dies führte in kleineren Baugrößen zum Einsatz von keramischen Werkstoffen, die den Vibrationsanforderungen standhalten. 67 % Wirkungsgrad bei einem GuD-Kratwerk und Startzeiten von fünf Minuten bis Volllast sind heute die Standardspezifikation der Energieerzeuger. Die Entwicklung der keramischen Anwendungen hat zum Entstehen einer neuen Exportbranche geführt. Der Maschinenbau ist heute in der Lage, größere Keramikbauteile mit einer Toleranz von einem tausendstel Millimeter zu bearbeiten. Die enge Zusammenarbeit zwischen Entwicklung, Lieferant und der Fertigung waren hier ausschlaggebend für den Erfolg.

Durch den Innovationsabstand, den wir uns bis 2015 erarbeitet hatten, haben wir die Kapazitätskrise von 2015 bis 2017 gemeistert. Sie war durch die massiven chinesischen und indischen Überkapazitäten entstanden. Insbesondere bei Dampfkraftwerken führte dies zu einer drastischen Marktbereinigung.

Weniger als 450 parts per million …
… haben den Standort Deutschland gesichert.

21:00 Uhr, und ich fahre nach einem langen Arbeitstag nach Hause, im Radio höre ich in den Nachrichten, dass dieser Sommer wieder einen Kälterekord gebrochen hat. Das ist nun schon der achte in Folge – Wissenschaftler erklären dieses Phänomen mit stark reduzierter Sonnenaktivität. Schön, dass der Wärmespeicher meiner Wohnung mit günstiger Energie aufgeladen ist.

Deutschland konnte als führender Hersteller von erneuerbaren Energieanlagen durch Volumeneffekte wettbewerbsfähige Kosten dieser Anlagen erreichen. Damit wurde der Strom aus erneuerbaren Energien konkurrenzfähig.

Die Systemintegration der Stromverbrauchs- und Kraftwerkssteuerung mittels moderner Kommunikationstechnik hat eine Lösung hervorgebracht, die heute weltweiter Standard beim Netzmanagement ist.

Die CO_2-Reduzierung verhalf den fossilen Kraftwerken zu einem drastisch geringeren Brennstoffverbrauch und gewährleistet so die Nachhaltigkeit bei der Nutzung der Ressourcen.

Wir haben die unglaublichen Chancen aus den Klimagipfeln seit Kopenhagen nachhaltig genutzt, weil sich die Industrie auf die wettbewerbsfähige Erzeugung und Verteilung von elektrischer Leistung fokussiert hat. Diese Strategie war nicht durch politisch motivierte Subventionen beeinflusst, sondern nur eine längerfristige unternehmerische Perspektive.

So war es möglich, die Produktionskapazitäten wesentlicher Schlüsseltechnologien am Industriestandort Deutschland zu sichern – und damit auch die Grundlagen für die Innovationskraft unserer Wirtschaft.

Ralf Christian

Aufbruch in ein neues Energiezeitalter

Wir schreiben das Jahr 2030. Die deutsche Energiewirtschaft hat sich in den letzten 20 Jahren, seit 2010, tiefgreifend verändert. Beginnen wir mit einem Rückblick auf das Jahr 2020. Dem Jahr, für das sich Europa und insbesondere Deutschland verbindliche Ziele gesetzt hatten, zum einen für den Einsatz erneuerbarer Energien und zum anderen für die Reduktion von Treibhausgas-Emissionen.

Der Winter 2019/2020 war wieder einmal besonders feucht. Die Böden hatten sich satt mit Wasser vollgesogen. Das Schmelz- und Regenwasser konnte nicht mehr versickern und lief im Frühjahr 2020 ungebremst in die Flüsse. Nichts hielt die Fluten auf, viele Wohnviertel wurden zum wiederholten Male zu Überschwemmungsgebieten. In diesem Jahr überschritt der volkswirtschaftliche Gesamtschaden aus Klimakatastrophen die Milliardengrenze noch früher als in den Jahren zuvor. Schon die Winterstürme hatten zahlreiche Gebäude und die Infrastruktur stark in Mitleidenschaft gezogen.

Die kumulierten weltweiten Emissionen der letzten 50 bis 60 Jahre hatten Klimaveränderungen herbeigeführt, die kontinuierlich steigende Folgekosten verursachten. Auch Deutschland war immer öfter betroffen.

Das Umdenken hatte spät, aber am Ende vielleicht nicht zu spät eingesetzt. Da nach wissenschaftlichem Erkenntnisstand CO_2 im Wesentlichen für die Erderwärmung verantwortlich ist, legte das am 16. Februar 2005 in Kraft getretene Kyoto-Abkommen erstmals völkerrechtlich verbindliche Zielwerte für den Ausstoß von Treibhausgasen in den Industrieländern fest. Viele Zweifler gab es zu Anfang, aber auch viele internationale Rückschläge. Der Umbau zu einem nachhaltigen Energiesystem schritt jedoch weltweit deutlich schneller voran als anfangs angenommen. Neben den Zeichnerländern des Kyoto-Protokolls engagierten sich später auch andere Emittenten wie China und USA immer stärker mit aktiven Klimaschutzprogrammen.

Europa verabschiedete 2008 mit dem Klimaschutzpaket „20-20-20" eigene ehrgeizige Ziele. Deutschland konnte diese Ziele 2020 nicht nur erfüllen, sondern weit übertreffen. CO_2-freie Wind- und Sonnenenergie, Biomasse und Kraft-Wärme-Kopplung deckten inzwischen über 30 % des deutschen Stromverbrauchs. Dabei hatten die umfangreichen Investitionen in erneuerbare Energien und die dadurch stetig steigenden installierten Kapazitäten aus Windkraftanlagen zunächst zu erheblichen Herausforderungen geführt – insbesondere in den Stromnetzen.

Immer wieder mussten Windparks zeitweise vom Netz genommen werden. Die kaum beeinflussbare Stromeinspeisung aus Windkraftanlagen mit Leistungsschwankungen im zweistelligen Gigawatt-Bereich führte die in den 1960er und 70er Jahren gebauten Stromnetze immer häufiger an ihre Leistungsgrenzen. Diese alten Netze waren optimiert für mittelgroße und große Kraftwerke, die nahe der Verbrauchszentren in das Netz einspeisten. Stromspeichermedien gab es noch nicht, dafür Kohlelager und Gasvorräte. Damit ließ sich die Energieerzeugung an den Bedarf der Verbraucher anpassen. Ein Stromnetz lieferte nur dann verlässlich Strom, wenn sich Erzeugung und Nachfrage zu jeder Zeit die Waage hielten. Eine Überproduktion oder ein zu hoher Verbrauch führten in kürzester Zeit zum Versorgungsausfall, zu sogenannten Blackouts. Die Einspeisung von erneuerbaren Energien in größerem Umfang stellte das Netzmanagement vor gewaltige Probleme.

Zum einen waren Wind und Sonne als Energieträger weder planbar, noch wie Kohle bevorratbar. Die mangelnde Speicherfähigkeit von Strom aus erneuerbaren Energien ließ sich nur mit dem gezielten Einsatz von schnell startenden Gasturbinenkraftwerken ausgleichen, die in Flautezeiten mit hoher Effizienz Lücken schließen mussten.

Zum anderen erfolgte schon damals die Erzeugung weitab der Verbraucherzentren. Windstrom wurde – wie heute auch – vor allem im Norden der Republik, in Off- und Onshore-Windparks vor der Ost- und Nordseeküste erzeugt, aber an Rhein, Ruhr oder im Süden gebraucht. Das Erzeugungsprofil der erneuerbaren Energien passte nur sehr selten zur Verbrauchsstruktur in Deutschland. Ein umfangreicher Umbau der Energiewirtschaft und der Netze musste eingeleitet werden.

Rückenwind für den Ausbau und die Optimierung der Netze bekamen die Energieversorger schließlich auch von Regierungsseite mit Initiativen zur Technologieförderung oder dem Erneuerbare-Energien-Gesetz. Modernste Energiemanagementsysteme, Netzstabilisierungs- und Netzautomatisierungslösungen zur intelligenteren Stromübertragung und -verteilung verbreiteten sich zügig im Markt und trieben die flächendeckende Etablierung eines effizienten und zuverlässigen „Smart Grids" schneller als gedacht voran.

Die Optimierung und der physische Ausbau der Netze begannen. Damit ging eine Internationalisierung der Netze einher, was einen weitläufigen Import und Export von Strom über die Landesgrenzen hinweg ermöglichte. Der deutlich erleichterte europäische Stromhandel trug dazu bei, Schwankungen in einzelnen Regionen kostengünstig auszugleichen.

Ein wichtiger Schritt war auch der Umbau der Netze hin zum aktiven Management der Verbrauchsseite. Gab es zu einer bestimmten Tageszeit wenig Strom aus erneuerbaren Energien, so wurde der Verbrauch über flexible Stromtarife und moderne Kommunikationstechnik verringert und auf einen günstigeren Zeitpunkt verschoben. Beispielsweise wurden große Kühlhäuser bei guter Windlage verstärkt gekühlt. Damit ergab sich ein thermischer Speicher. Bei schlechter Windlage konnte dann für viele Stunden auf die Kühlung und damit auf Stromverbrauch verzichtet werden.

Zudem wuchs die Zahl unterschiedlicher Stromspeicher, auch in Privathaushalten. Vom netzgesteuerten Kühlschrank, der Klimaanlage, der Wärmepumpe oder dem Warmwasserspeicher bis hin zum zeitgesteuerten Aufladen der im Jahr 2020 immer häufiger verwendeten Elektrofahrzeuge. Die dazu notwendige intelligente Gebäudetechnik wurde mit intelligenter Netztechnik verbunden. Rund um diese Verbrauchssteuerung entstanden neue Geschäftsmodelle mit neuen Arbeitsplätzen in kundennahen Dienstleistungen.

Nur unter Ausnutzung aller Möglichkeiten und Konzepte konnte die hohe Zuverlässigkeit der Stromnetze erhalten werden. Während in vielen Ländern der Strom in einzelnen Netzbereichen zeitweise komplett abgeschaltet werden musste, hatte Deutschland trotz der hohen Kapazitäten aus erneuerbaren Energien auch weiterhin höchste Zuverlässigkeitswerte.

Mit der Fertigstellung neuer Stromtrassen quer durch Deutschland, die elektrische Energie der norddeutschen Windkraftanlagen verlustarm und streckenweise unterirdisch in die südlichen Lastzentren transportierten, hatte man eine zusätzliche Referenz für die Realisierung eines noch viel ehrgeizigeren Projekts geschaffen: der großtechnischen Erzeugung von erneuerbaren Energien weit im Süden bis hin zu Nordafrika. Solaranlagen können dort weit effizienter als in Deutschland betrieben werden. Damit sich die Investitionen lohnen, muss der Strom allerdings ohne nennenswerte Verluste zurückfließen. Die Stromübertragung über Distanzen von 2000 km und mehr wurde 2010 in China und Indien auf Basis von Gleichstromtechnik erfolgreich in Betrieb genommen. Mit Leistungen von über 5000 MW konnte schon damals über eine einzige Leitung die Energie von bis zu fünf Großkraftwerken mit Verlusten unter 8 % übertragen werden. Die verwendete Spannung betrug 800.000 Volt.

Trotz des enormen Auftriebes der erneuerbaren Energien war Deutschland 2020 von einer komplett CO_2-neutralen Stromerzeugung noch weit entfernt. Der massive Energiebedarf machte den Einsatz fossiler Energieträger weiterhin unverzichtbar – sie stellten nach wie vor den größten Teil der Energieversorgung.

Doch auch hier sorgten innovative Entwicklungen für Fortschritte: Brückentechnologien auf Basis modernster Kraftwerkstechnik ermöglichten eine effizientere Nutzung von Brennstoffen wie Erdgas und Kohle und schonten damit Ressourcen. Im Jahr 2010 erreichte ein neues Steinkohlekraftwerk einen Wirkungsgrad von 47 %, während der Durchschnitt aller Kohlekraftwerke in Deutschland fast zehn Prozentpunkte darunter lag. Das hohe Alter des deutschen Kraftwerksparks konnte durch einen Investitionsschub in den vergangenen zehn Jahren deutlich gesenkt werden – und damit verringerten sich auch die CO_2-Emissionen. Bei älteren Anlagen erhöhten die Kraftwerksbetreiber den Wirkungsgrad durch Nachrüstung mit leistungssteigernden Verbesserungen.

Darüber hinaus waren im Jahr 2020 die ersten kommerziellen Kraftwerke mit CO_2-Abtrennung und Speicherung am Netz, die eine umweltfreundlichere Stromgewinnung in kohlereichen Gebieten gewährleisteten.

Strom war bis zum Jahr 2020 zum allgegenwärtigen Energieträger geworden, die meisten Anwendungen funktionierten elektrisch. Die Ölheizung im Privathaus – ausgedient – ersetzt durch umweltfreundliche Wärmepumpen in gut isolierten Gebäuden. Das diesel- oder benzinbetriebene Automobil – in der Defensive – bedrängt durch zunehmend wettbewerbsfähigere Elektrofahrzeuge, die ihren Energiebedarf zu über 90% aus erneuerbaren Energien deckten.

Hybrid- und Elektrobusse sorgten für einen sauberen öffentlichen Nahverkehr. Elektrische Fahrzeuge für Straßenreinigung, Müllentsorgung, Post- oder Taxidienste waren auf dem Vormarsch und sorgten für eine geringere Luft- und Lärmbelastung in Städten. Die damit verfügbaren Energiespeicher ermöglichten einen weiter steigenden Anteil erneuerbarer Energien.

Selbst die Häfen etablierten flächendeckend Effizienzstandards, das Brummen der Dieselmotoren verstummte. Elektrische Landanschlüsse ermöglichten den Schiffen während ihrer Liegezeit im Hafen eine wirtschaftliche und umweltfreundliche Stromversorgung aus erneuerbaren Energien. Viele Tonnen CO_2 wurden so pro Schiff und Tag vermieden.

Zehn Jahre zuvor, im Jahr 2010: Vor dem Hintergrund des gescheiterten Klimagipfels von Kopenhagen setzte sich Deutschland das Ziel, Vorbild für eine sichere, klimafreundliche und bezahlbare Energieversorgung zu sein. Der Minimalkonsens von Cop15 – ein Zwei-Grad-Limit für die maximale Erwärmung ohne bindende Pflichten – hatte weltweit für tiefe Enttäuschung gesorgt. „Der Schritt hätte größer sein können", titelten die Zeitungen und nannten das Ergebnis eine „Ohrfeige für das Weltklima".

Noch im Jahr 2007 wurden vom gesamten deutschen Primärenergieverbrauch nur 1,6% aus Wasser- und Windkraft gespeist. Der klimaproblematische Primärenergieverbrauch aus Braun- und Steinkohle, Mineralöl sowie Erdgas machte noch über 82% aus. Der Kernenergieanteil lag bei 11%. Der Saldo des Stromaußenhandels betrug nur 0,1% und der WWF publizierte seine „Dirty Thirty": die Liste der größten 30 klimaverschmutzenden Kohlekraftwerke Europas. Unter den Top 10 rangierten sechs Kohlekraftwerke in Deutschland.

Diese Zahlen hatten sich bis 2010 nur leicht zugunsten von Wind- und Solarkraft verschoben. Trotz eines immensen Zubaus an Wind- und Photovoltaik-Kapazitäten nahm der tatsächliche prozentuale Anteil an der Stromversorgung nur geringfügig zu. Der durchschnittliche Nutzungsgrad bei Windkraftanlagen an Land lag bei unter 30%, bedingt durch viele windstille Tage. Bei dezentralen Photovoltaikanlagen, zumeist staatlich gefördert auf Gebäudedächern installiert, war der effektive Beitrag zur Stromversorgung in unseren vergleichsweise sonnenarmen Breitengraden noch geringer. Dennoch wurde der Ausbau von Wind- und Photovoltaik-Anlagen in Deutschland mit Entschiedenheit fortgesetzt. Das führte zu Spitzenkapazitäten, die in den Jahren nach 2010 zu einer immer kritischeren Situation für die Stromnetze und Stromqualität führten.

Die Internationale Energie Agentur (IAE) veröffentlichte Ende 2009 das sogenannte Referenzszenario, das die Entwicklung des Energieverbrauchs prognostizierte. Es ließ einen weiteren Anstieg des Primärenergieverbrauchs um 40 % bis 2030 erwarten. Insbesondere China, Indien oder Brasilien zeichneten für diesen Anstieg verantwortlich, hieß es. Fossile Brennstoffe, allen voran Kohle, würden 2030 mit 77 % noch immer den Löwenanteil des Verbrauchszuwachses abdecken. Die Welt sei zu diesem Zeitpunkt also noch nicht in der Lage, Klimagasemissionen effektiv zu verringern.

Mehr noch: Der weltweite CO_2-Ausstoß steige sogar weiter von 28,8 Gigatonnen in 2007 auf 40,2 Gigatonnen in 2030. Der weltweite Stromverbrauch erhöhe sich gar um 76 %. Die IAE postulierte damals: „Ohne politisches Umdenken wird die Durchschnittstemperatur weltweit unweigerlich um bis zu 6 Grad Celsius ansteigen – mit verheerenden Folgen für unser Klima."

Was sich zu dieser Zeit in den Köpfen rund um den Globus festsetzte, war die Erkenntnis, dass ein nicht nachhaltiges Energiesystem zwar kurzfristiges Wachstum fördern kann, aber nicht zukunftsfähig ist. Durch Innovationen und engagierte Förderung entstand ein globales Technologiewettrennen um die Märkte der Zukunft. Zur Bewältigung der Wirtschaftskrise wurden weltweit Konjunkturprogramme im Volumen von rund zwei Billionen Euro aufgelegt. Rund ein Drittel der Summe entfiel auf Infrastrukturinvestitionen, dabei insbesondere auf grüne Technologien, viele davon im Energiesektor. Eine globale technologische Revolution wurde in Gang gesetzt. Für Deutschland ging es nicht mehr nur um das Erreichen der Klimaziele, sondern auch um den Erhalt von Arbeitsplätzen, der eigenen Wirtschaftskraft und um eine nachhaltige Wettbewerbsfähigkeit.

Heute, im Jahr 2030, zwanzig Jahre nach Kopenhagen, nach der Finanzkrise und den mutigen Klima- und Konjunkturprogrammen, zahlen sich die Investitionen von damals zunehmend aus. Obwohl der steigende Lebensstandard von über acht Milliarden Menschen den Hunger nach Energie auf ein nie gekanntes Maß getrieben hat, konnte durch die beschleunigten Investitionen in die Energiewirtschaft eine enorme Effizienzsteigerung erreicht werden. Elektrische Energie ist dabei zum allgegenwärtigen, universellen und intelligenten Energieträger geworden. Gespeist von Windkraft im Norden, Sonnenenergie im Süden und dem Ausbau von Wasserkraft, insbesondere in Lateinamerika und Asien, stammen heute über 30 % der Weltenergieerzeugung aus erneuerbaren Energien. Das Versorgungsrisiko, aber auch die Angst vor der Macht ausländischer Rohstoffanbieter, hat die Energiepolitik aller Industriestaaten in den vergangen Jahren nachhaltig verändert – hin zu deutlich gesteigerter Effizienz und umweltfreundlichem Strom aus nachhaltigen, landeseigenen Quellen.

Deutschland hat durch gezielte Innovationsförderung seinen Spitzenplatz in der Energietechnik erhalten können. Die deutsche Energieversorgung ist effizient, sicher und zuverlässig bei einem besonders hohen Anteil von Wind- und Solarstrom. Deutschland ist damit im Jahr 2030 ein Vorbild für viele andere Länder.

Für die in Deutschland effizienteste regenerative Energie, die Windkraft, hat man die unvermeidlichen Erzeugungsschwankungen im Griff: Zum einen über den Bedarfsausgleich im neuen europäischen „Supergrid", einem kontinentalen Netz an Hochspannungsgleichstromtrassen, zu dem auch das „Nordsee-Verbundnetz" mit seinen angehängten 50 Gigawatt Windstrom zählt. Zum anderen über intelligente Verbrauchssteuerung in Millionen von Gebäuden, verknüpft mit intelligenten Stromnetzen und Energiespeichern aller Art, wie thermischen Speichern, Pumpspeichern, Druckluftspeichern oder dem wachsenden deutschen Elektro-Fuhrpark.

Dank eines flächendeckenden Ausbaus der Netze mit intelligenten und kommunikationsfähigen Stromzählern wird es Nachfragern, aber auch Anbietern ermöglicht, über tageszeitflexible Stromtarife, sogenannte „Time-of-Use-Tarife", kurzfristig aktiv auf Schwankungen zu reagieren. Der Verbraucher hat sich vom reinen Stromkonsumenten zum zeitweisen Stromproduzenten gewandelt: Er kann nicht nur die im Akku seines Elektroautos gespeicherte Energie ins Netz rückspeisen, sondern auch Strom von der hauseigenen Solaranlage oder Kraft-Wärme-Anlage über den freien Strommarkt handeln.

Eine Vielzahl neuer Serviceleistungen und damit neuer Marktteilnehmer sind in der Energiewirtschaft entstanden. Die Energiewirtschaft, nun als nachhaltiges System konzipiert, hat einen deutlich gesteigerten Anteil an der bundesdeutschen Wirtschaftskraft und der Gesamtbeschäftigung. Das 2010 noch wenig positive Image in der Bevölkerung, insbesondere in der jungen Generation, hat sich gewandelt. Energietechnik-Ingenieure stehen im Jahr 2030 hoch im Kurs. Die Abhängigkeit einer modernen und wohlhabenden Gesellschaft von einer klimaneutralen, nachhaltigen und sicheren Stromversorgung steht im Zentrum des Interesses der Bevölkerung. Und die Deutschen sind stolz! Stolz auf ihre führende Technologie und Rolle auf diesem Gebiet in der Welt.

Die deutsche Energiewirtschaft hat sich seit der Elektrifizierung der Gesellschaft im 19. Jahrhundert grundlegend gewandelt. Von einem einstmals klar geregelten Stromfluss aus dem Kraftwerk zum Verbraucher hin zu einem vernetzten System aus umweltfreundlichen Kraftwerken und Millionen Klein- und Kleinsterzeugungseinheiten, die durch intelligente Energiemanagementsysteme miteinander verbunden sind. Das Ziel ist klar: Die Auswirkungen des Klimawandels so zu begrenzen, dass die Natur nachhaltig geschont wird und die wirtschaftliche Leistungsfähigkeit des

Landes erhalten bleibt. Pionierleistungen wurden erbracht, visionäre Projekte konnten realisiert werden. Das neue Stromzeitalter hat im Jahr 2030 längst begonnen. Das 21. Jahrhundert ist das Jahrhundert des nachhaltigen und universellen elektrischen Stroms.

Gerhard Knies

DESERTEC & ein zu strategischem Denken neigender Verteidigungsminister

Wir befinden uns im Jahr 2030. Die Struktur der Energieversorgung hat sich in den letzten Jahren drastisch geändert. Was ist passiert?

Der Albtraum

Was in den letzen 20 Jahren geschah, ergab sich ziemlich direkt aus dem Postulat der „wirtschaftlichen Vernunft", nach der diejenigen Investitionen die besten sind, die dem Investor die schnellste Vermehrung des eingesetzten Geldes bringen. Also war es besser, Atomkraftwerke weiter laufen zu lassen, auch wenn die Entsorgung des radioaktiven Mülls noch nicht gelöst war und somit deren Kosten externalisiert werden konnten. Also war es besser, neue Kohlekraftwerke auf Kiel zu legen, in der Version „CCS-ready", auch wenn „Carbon Capture and Sequestration", die Möglichkeit der Langzeitspeicherung von CO_2, noch nicht verfügbar war. Und genauso war es besser, schwierige Offshore-Ölreserven und schmutzige Teersände zu erschließen und zu nutzen, trotz großer Umweltschäden und Risiken. Schließlich haben wir Ingenieure und Erfindergeist für die ungelösten Probleme und wehrlose kommende Generationen zur Re-Internalisierung der Kosten verbleibender Langzeitschäden.

Warum sollten wir also auf greifbare wirtschaftliche Vorteile verzichten, solange nicht bewiesen war, dass die Beherrschung langfristiger Risiken unmöglich ist? Wir konnten von diesen Hypotheken auf die Zukunft jetzt profitieren, und diese Wertschöpfung sollte ausreichen, eventuelle Schäden zu finanzieren, wenn sie denn überhaupt einträten. Schließlich machen Regierungen auch Schulden, um deren Begleichung sie sich nicht mehr kümmern müssen.

Mit dieser unbesorgten, positiven Grundeinstellung machten sich die politischen und wirtschaftlichen Entscheidungsträger um 2010 auf den Weg in eine Fortsetzung der fossil-nuklearen Energiewirtschaft. Man errichtete neue Kernkraftwerke, und zwar die sichersten, die es jemals gab. Besonders in Deutschland wurden neue Kohlekraftwerke gebaut – natürlich die effizientesten der Welt. Die daraus eventuell resultierende mögliche Enteisung des Polarmeeres versprach auch Vorteile, eröffnete sie doch die Aussicht auf Zugang zu den vermuteten riesigen neuen Ölreserven unter dem Boden des Polarmeeres: Öl für mehrere Jahrzehnte, dank Klimawandel. Auch die Eisbären mussten nicht wirklich aussterben: In künstlichen Eiskammern wurde eine Art Arche Noah für diese Gattung angelegt. Deutschland und Europa übernahmen die globale Technologie-Führerschaft in Offshore-Öl, sauberer Kohle und sicherem Atom und schafften sich damit eine starke wirtschaftliche Position auf dem rapide wachsenden Weltmarkt für diese Technologien. Immer mehr Länder setzten auf zukünftig sauber werdende Kohlekraftwerke sowie auf die Kernenergie, die neben Elektrizität auch Prestige und Respekt auf den politischen Bühnen lieferte.

Das Entwicklungsmodell „wirtschaftliche Vernunft" lief gut an und fand zunehmend Unterstützer. Die Mehrheitsverhältnisse in nationalen Parlamenten und in der EU veränderten sich entsprechend. Der Meeresspiegelanstieg verlief langsam genug, denn eine Erhöhung der Deiche um einen Meter gab den europäischen Küstenstaaten erst einmal Luft für mehr als ein Jahrhundert. Die Gletscher in den Alpen zogen sich zunehmend zurück, aber doch so langsam, dass es kein Problem war, die zusätzlich frei werdenden Flächen zu nutzen, zum Beispiel im Tourismusgeschäft.

Doch dann, im Jahre 2021, geschah etwas, das keiner vorhergesehen hatte: Nach einem besonders schneereichen Winter, der bis in Flachländer meterhohe Schneelagen brachte und mit ungewöhnlich intensiven Regenfällen endete, nahmen Loire, Seine, Po, Donau, Rhein, Main, Neckar, Elbe, Oder und Weichsel ungewöhnlich hohe Hochwasserstände an, mehr als einen Meter höher als alles bisher dagewesene. Das Hochwasser richtete verheerende Schäden an, halb Europa meldete Land unter. Städte, Industrieanlagen, Landwirtschaften und Straßen wurden in nur wenigen Tagen und Nächten ruiniert. Da Kraftwerke vorwiegend an Flüssen standen, fielen Stromversorgungen weiträumig aus. Was in Kühlschränken und Kühlhäusern lagerte, taute auf und verdarb. Zerstörte Brückenübergänge, überflutete Straßentunnel und unterspülte Bahntrassen legten die Versorgung aus weniger betroffenen Regionen weitgehend lahm. Die Hilfssysteme, wie medizinische Versorgung und technisches Hilfswerk, waren von der Gleichzeitigkeit so vieler Schäden völlig überfordert. Selbst die Bundeswehr war machtlos. Es war ein K.o. für die zivile Versorgungsinfrastruktur, ein K.o.-Schlag gegen die Bevölkerung weiter Regionen.

Jetzt stand plötzlich der Ruf nach raschem Ausstieg aus der Verbrennung fossiler Brennstoffe auf der politischen Tagesordnung. Doch bei genauerer Untersuchung der Atmosphäre stellte sich heraus, dass das inzwischen begonnene Auftauen der Permafrostböden soviel Methan freisetzte, dass weiteres CO_2 aus der Verbrennung fossiler Brennstoffe für die Fortsetzung des Klimawandels nicht mehr benötigt wurde. Wir – also die ganze Menschheit – hatten einen Umkipppunkt erreicht. Wenn der Luftballon geplatzt ist, hilft es eben nicht, das weitere Aufblasen einzustellen.

Und dann geschah im Jahr 2022 etwas Unerwünschtes: Durch den verbreiteten Ausbau der Kernenergie waren inzwischen weitere Länder in Nordafrika und dem Mittlerem Osten dem Beispiel des Iran gefolgt und hatten, unterstützt von einem Angebotswettlauf seitens verschiedener Industrieländer, Kernkraftwerke und eigene Fertigungen für Brennelemente aufgebaut. Israel wurde immer nervöser. Durch die gesteigerte Abhängigkeit von Öl und Gas war auch die Schutzmacht USA auf Gedeih und Verderb auf Öllieferungen aus der Region angewiesen. Sie lieferte sogar Kerntechnik gegen Öl. Als dann in einem arabischen Land, nach einer demokratisch erfolgten Wahl, die Herrschaft an die Hamas fiel, entschloss sich Israel zu einem Präventivschlag gegen dessen vermutete nukleare Waffenkompetenz. Damit geriet das Pulverfass außer Kontrolle. Die Verteidigungsminister aus der EU und der Weltsicherheitsrat flogen nach New York zu Sondersitzungen.

Wie gegen Ende des ersten Jahrzehnts im Finanzsektor, führte die Verdrängung der Risiken aus dem Energiesektor zu Instabilitäten der sozialen, politischen und ökologischen Gefüge, mit verheerenden Konsequenzen für die Menschheit. Eine beklemmende Entwicklung!

... so hätte es kommen können, wäre da nicht der besagte Verteidigungsminister mit Neigung zu strategischem Denken gewesen ...

Wie es also wirklich lief

Im Frühjahr 2011 trat die DESERTEC Foundation mit dem Weißbuch „DESERTEC Global – sauberer Strom aus Wüsten für eine Welt mit 10 Milliarden Menschen" an die Öffentlichkeit. In diesem Buch wurde ein technisch und logistisch gangbarer Weg aufgezeigt, wie eine Weltbevölkerung von 10 Milliarden Menschen mit mengenmäßig gut ausreichender, unerschöpflicher und ohne problematische Nebenprodukte erzeugter Elektrizität versorgt werden kann, wenn man die Sonnenpotenziale der Wüsten erschließt. Es beschrieb zudem, wie schnell man diesen Weg gehen muss, so dass die noch zulässige Menge CO_2 in der Atmosphäre nicht überzogen wird, also bevor die Veränderung des Klimas unbeherrschbar wird. Die künftige Energieversorgung für Deutschland musste so angelegt sein, dass sie in ein solches globales Muster passte, und dass sie umgekehrt entscheidende Impulse für eine weltweit nachhaltige Entwicklung gab.

Nach dem Konzept aus dem Weißbuch kann die Energieversorgung um 2050 für eine Welt mit 10 Milliarden Menschen tatsächlich hinreichend durch saubere Elektrizität geleistet werden, da man fast alle Energiedienstleistungen mit Elektrizität erzielen kann. Auf der Erde werden dann jährlich etwa 90 Petawattstunden (PWh) Elektrizität gebraucht, davon 50 PWh zur Bedienung der klassischen Elektrizitätsbedarfe, 10 PWh für Mobilität und weitere 30 PWh zur elektrischen Bedienung von Wärmedienstleistungen. Zur Produktion dieser 90 Petawattstunden – das sind übrigens 90.000 Terawattstunden – wären alternativ etwa 8.000 Kernkraftwerke wie aus den 1970er Jahren mit 1,3 Gigawatt Leistung erforderlich, wenn sie das ganze Jahr über ohne Unterbrechung am Netz wären.

Ein schneller Übergang

Wir brauchten einen schnellen Ausstieg aus CO_2-Emissionen, wenn die globale Mitteltemperatur um nicht mehr als 2 °C gegenüber dem vorindustriellen Wert ansteigen sollte. Nach Schätzungen aus dem Jahre 2010 sollte dieser Zeitpunkt erreicht sein, wenn noch weitere 720 Gigatonnen CO_2 in die Atmosphäre gelangt waren. Bei den damaligen Emissionen von weltweit 30 Gigatonnen im Jahr blieben dann noch 24 Jahre „volles Rohr", bei gleich bleibender Intensität. Eine kritisch kurze Zeit, es galt also die höchste Alarmstufe.

Hier kam das Konzept DESERTEC ins Spiel, wegen der folgenden Vorteile:

- Die Wüsten sind so groß, dass dort jede erforderliche Menge an sauberer Energie gewonnen werden kann: auf etwa 1 % aller Wüstenflächen der Weltbedarf.
- Alle erforderliche Technologien waren bereits vorhanden und unter Wüstenbedingungen bewährt.
- In 8 sogenannten DESERTEC-Regionen könnten über 90 % der erwarteten Weltbevölkerung durch Fernleitungen mit Elektrizität aus genügend nahen Wüsten beliefert werden.
- DESERTEC ermöglichte die Bildung von Klimaallianzen von Sonnengürtel- und Technologieländern.

So konnte Klimaschutz kontrollierbar und in viel effizienterer Weise als in nationalen Anstrengungen realisiert werden. Zudem ließ er sich in idealer Weise mit Entwicklungspolitik und der Wiederherstellung von globaler Klima- und Entwicklungsgerechtigkeit verbinden.

Fossile Restlaufzeiten und Clean-Development-DESERTEC-Allianzen

Zunehmend fand das Prinzip Anerkennung, dass jeder Mensch von jetzt an das gleiche Recht auf Emissionen haben soll. Das globale Restbudget für CO_2-Emissionen konnte so in einfacher Weise auf die einzelnen Länder der Erde aufgeteilt werden. Da für alle Länder die jährlichen Emissionen bekannt waren, konnte man für jedes Land die nationalen *fossilen Restlaufzeiten* für das 2-°C-Ziel ermitteln. Mit den Emissionen von 2008 ergaben sich so für Deutschland 9 Jahre, für die gesamte EU 11, für Japan, Russland, die USA und Indien 10, 8, 5 und 87 Jahre. Keines der Länder in den hochindustrialisierten Regionen Nordamerika, Europa und Japan konnte damals diesen Übergang noch zeitgerecht im nationalen Rahmen schaffen. Statt nun das Ziel „nicht mehr als 2 °C" aufzugeben, wofür von verschiedenen Seiten Druck gemacht wurde, bot DESERTEC einen Ausweg: Deutschland, wie auch die anderen Industrieländer, konnten sich aus dem Bereich der Entwicklungsländer ein oder mehrere Partnerländer mit noch überdurchschnittlich langen fossilen Restlaufzeiten heraussuchen, aber mit besonders günstigen Bedingungen zur schnellen Nutzung von Energie aus Wüsten – zum Beispiel Marokko, Tunesien, Ägypten, Jordanien, Indien und China –, um mit ihnen eine DESERTEC-Klimaallianz zu bilden. Deutschland hatte damit die Möglichkeit, den bei einem schnellen, aber noch sozialverträglichen innerdeutschen Übergang zu sauberen Energien produzierten nationalen CO_2-Überschuss über Technologie- und Finanztransfer in Partnerländern zu vermeiden. Das Technologieland konnte dank solcher Allianzen Wüstenpotenziale in anderen Ländern direkt für seine nationale Emissionsminderung nutzen. Mit entsprechenden Sonnenland-Partnern konnten so Deutschland und weitere Industrieländer, unabhängig von ihrer geographischen Lage und ihren internen Potenzialen für erneuerbare Energien, nationale 2-°C-konforme CO_2-Ausstiegspläne aufstellen.

Diese Clean Development DESERTEC Alliances (CDDA) hatten große Ähnlichkeit zu dem damals bereits etablierten Clean Development Mechanism (CDM), der sich aber auf einzelne Projekte und auf privatwirtschaftliche Akteure bezog und nicht auf Länderallianzen. Die DESERTEC-Allianzen würden sofortige große Investitionen aus den Technologieländern in Sonnengürtelländern, die Zusammenarbeit von Unternehmen beider Seiten, Technologietransfer und die Entwicklung einer Solarindustrie in den weniger entwickelten Sonnenregionen ermöglichen.

Deutschland übernahm eine historische Führungsrolle

Auf der Grundlage solcher Überlegungen entschloss sich die deutsche Regierung im Sommer 2011, die Planungen für eine saubere Energieversorgung mittels internationaler Kooperationen zu beginnen. Das Interesse der deutschen Regierung war schon geweckt worden durch die Dii, die privatwirtschaftliche DESERTEC Industry Initiative, die angetreten war, die Kooperation von Europa mit Mittlerem Osten und Nordafrika (EU-MENA) zur Nutzung der Energie der Wüsten vorzubereiten. Die ägyptische, tunesische und marokkanische Regierung zeigten ganz besonderes Interesse, Verhandlungen über die Bildung einer Klimaallianz aufzunehmen. Für Ägypten sprachen vor allem die Größe des Landes und die Größe des Bedarfs, für Tunesien und Marokko das schon relativ weit entwickelte industrielle Potenzial sowie die Brückenlage zwischen Europa und Afrika. In ersten Fachgesprächen in den Botschaften dieser Länder zeigte sich schnell, dass solche Allianzen nicht nur zu einem schnelleren und kostengünstigeren Klimaschutz führen würden. Die Vision *„Technologiestaat und Wüstenstaat bauen gemeinsam eine Solarindustrie auf und verwandeln die Wüste in eine unermessliche und immerwährende Quelle für saubere Energie"* beflügelte Ingenieure und viele Menschen. Da war er, der berühmte „Ruck": Nun war Schluss mit den lähmenden Ängsten vor dem Ende von Öl, Kohle und Gas oder vor unendlich anwachsenden Bergen oder Gruben mit radioaktivem Müll und Waffenmaterial. Es war auch Schluss mit Ängsten vor Abhängigkeiten von den wenigen Ländern, die die großen Anteile an den globalen fossilen Energiereserven besaßen. In diesen wiederum schwand die Furcht vor gewaltsamen Invasionen für den Zugang zu ihren Rohstoffen. Diese neuen Perspektiven erzeugten Aufbruchstimmung und Zuversicht für die Zukunft, wirkten wie „hallowach" auf die Gesellschaft und setzten neue Kräfte frei – in den afrikanischen Ländern mehr noch als in Deutschland.

Der deutsche Supercoup

Der zu strategischem Denken neigende deutsche Verteidigungsminister erkannte schnell das Potenzial dieser Kooperation für die deutsche Energiesicherheit, für die Entwicklung der Zivilgesellschaft in den nordafrikanischen Ländern, für die Entwicklung gutnachbarlicher Beziehungen zwischen den beteiligten Ländern und für die zwischen Europa und Afrika generell. Deshalb erklärte er den Aufbau eines Übertragungsnetzes von Marokko, Tunesien und Ägypten nach Deutschland zu einer Angelegenheit der nationalen Energiesicherheit und stellte dafür Mittel aus dem Verteidigungsetat zur Verfügung: Energie-Verbundnetze statt Fregatten zur Abwehr von Flüchtlingen.

Die Verwendung des Verteidigungsetats für Energieverbundnetze blieb innenpolitisch nicht ohne Widerstand. Insbesondere konkurrierende Energieindustrien, allen voran die Kohle- und die Atomlobby, versuchten, dieses mit Klagen zu verhindern. Die Rüstungsindustrie rief nach dem Verfassungsgericht, ebenso einige Gewerkschaften aus der Metallbranche. Als aber einige Stacheldrahtbauer und andere Unternehmen entdeckten, wie sie ihre Fabriken auf den Bau von Hochspannungsleitungen und Solarkollektoren umstellen konnten, gab es in der Rüstungsindustrie kein Halten mehr. Alle wollten Lieferanten bei der Rettung der Welt werden.

Ein genialer Schachzug

Dabei stellte sich die Umwidmung von Rüstungsgeldern zur Finanzierung von Waffen für die Erzwingung des Zugangs zu begrenzten Ressourcen auf die direkte Finanzierung zusätzlicher Energiequellen als ein Schachzug mit unerwarteten Wirkungen heraus: Das deutsche Ansehen in Afrika wuchs in einem unglaublichen Maße; Italien, Frankreich und auch Spanien begannen uns nachzueifern, und auch die Südsahara-Region wollte an DESERTEC-EUMENA (Europe, Middle East, North Africa) angeschlossen werden. Die Nutzung der Wüsten für die Energie- und Klimasicherheit wurde ein weltweites Thema und entwickelte sich zu einem Bombengeschäft. DESERTEC und strategische Sicherheitspolitik verwandelten das Energieproblem vom Sprengsatz zum Kristallisationspunkt für globale Kooperation.

Schon 2015 wurde die erste HGÜ-(Hochspannungs-Gleichstrom-Übertragungs-)Leitung von Marokko nach Spanien fertig, 2016 die von Tunesien nach Italien. Da die Benutzung der Leitungen fast kostenfrei war, war Solarstrom über diese Leitungen in Italien und auch in Spanien in Spitzen- und in Mittellastzeiten konkurrenzfähig mit Strom aus lokalen fossilen Kraftwerken, selbst wenn man deren externe Kosten durch Klimaschäden außer Acht ließ. Schon im Jahre 2020 waren 8 Leitungen für je 2 Gigawatt fertig.

Die steigende Nachfrage wiederum beflügelte die solare Kollektorindustrie, mit der Folge schnellerer Kostensenkungen sowohl für solarthermische als auch für photovoltaische Kollektoren. Als auch der Bau der Leitungen bis nach Deutschland zu einer Angelegenheit nationaler Sicherheit gemacht wurde, wuchs der Markt für Solarstrom aus der Sahara noch weiter an.

Not macht erfinderisch

Das führte zu einem Engpass bei der Kollektorproduktion. Doch die dahinsiechende Automobilindustrie entdeckte Kollektorbau als Rettungsanker. Absorberrohre und schwenkbare Spiegel von einigen Metern Länge auf einer Art Tragekarosserie kommen einer Autokarosserie schon ziemlich nahe. Die für DESERTEC erforderlichen Produktionskapazitäten beliefen sich auf etwa 30 % des Pkw-Karosseriebaus. Automobilunternehmen konnten das leicht organisieren und weitgehend in Nordafrika realisieren.

Schwieriger war die massenhafte Aufstellung von Kollektorfeldern in den Wüstenregionen. Dafür mussten Arbeitskräfte ausgebildet bzw. angelernt, vor allen Dingen aber dort versorgt werden. Auch hier konnte man auf Erfahrungen und Personal aus dem militärischen Bereich zurückgreifen: Die Armeen der nordafrikanischen Länder, bisher für den Kriegsfall vorgehalten, ermöglichten die Versorgung von DESERTEC-Baustellen mit Nahrung und Unterkünften beinahe kostenlos. So geschah es, dass in der Sahara in nur etwa zwei Jahrzehnten einige hundert Quadratkilometer Wüste zu Energiequellen wurden.

In Deutschland wurde seit 2015 und in Europa seit 2019 kein neues Kohle- oder Kernkraftwerk mehr in Auftrag gegeben. Jetzt, im Jahre 2030, landen in Deutschland 10 Gigawatt HGÜ-Leitungen an. Die Verlegung der Seekabel wurde von deutschen Marineeinheiten logistisch unterstützt. Daraufhin meldeten sich zunehmend Freiwillige für die Marine. Die Bauzeit betrug etwa zehn Jahre, bei Kosten von etwa einer Milliarde Euro je Jahr. Das waren 3 % des gegenwärtigen Militäretats und etwa 20 % der Ausgaben für neue Waffensysteme. Dafür erhielten wir eine der besten Waffen gegen den Klimawandel und eine verlässliche Energiesicherheit. Der Wehretat konnte gesenkt werden. Zurzeit bekommen wir 65 TWh im Jahr, also 13 % des deutschen Stromverbrauchs, aus Nordafrika. Somit ist genügend gesicherte Leistung im Netz, um den Aufbau der heimischen, aber fluktuierenden sauberen Stromquellen, wie Wind und Photovoltaik, ebenfalls beschleunigen zu können. Damit ist Deutschland sehr gut auf der 2-°C-Spur. Der Mehrverbrauch von ca. 20 % für die wachsende Elektromobilität konnte locker bedient werden.

Bis 2030 wurden im EUMENA-Bereich insgesamt ca. 1000 Solarkraftwerke mit einer Leistung von im Mittel 200 MW errichtet, davon allein im letzten Jahr 200. Da die reine Bauzeit auf ein halbes Jahr verkürzt werden konnte, liefen etwa 50 Kraftwerksbaustellen parallel. Weltweit waren es um die 500 Baustellen. Kohle und Kernkraft konnten auslaufen.

Unsere Allianzpartner Marokko, Tunesien und Ägypten wurden in den Jahren 2026, 2027 und 2028 mit großen Feierlichkeiten als erste Mitglieder in die von der UNO gegründete Nachhaltigkeitsliga aufgenommen, weil in diesen Ländern von da an mehr Strom aus erneuerbaren Energien als aus fossilen Quellen erzeugt wurde. Das war ein umso erstaunlicherer Erfolg, als der Stromverbrauch in diesen Ländern wegen des unerwarteten Wirtschaftswachstums stark anstieg. Das Bevölkerungswachstum flachte aber mit wachsendem Wohlstand schneller ab als erwartet.

Das alles kam ohne besondere Klimmzüge zustande. Den entscheidenden Schachzug hatte der damalige, zu strategischem Denken neigende Verteidigungsminister gemacht. Er wurde mit dem Friedensnobelpreis ausgezeichnet, denn er hatte rechtzeitig klar erkannt, dass Energiesicherheit und Klimasicherheit die eigentlichen Sicherheitsparadigmen des 21. Jahrhunderts sein würden.

Jörg Adolf

Harte Fakten und Szenarien

Das Energieunternehmen Shell befasst sich seit Jahrzehnten mit der Zukunftsforschung im Energiebereich. Der folgende Beitrag gibt Einblicke in die Zukunftsforschung bei Shell, sowie dazu, ob und wie realistische zukunftsweisenden Visionen für die Energiewirtschaft von morgen entwickelt bzw. umgesetzt werden könnten. Ergänzt wird der Beitrag durch einige einschlägige Hinweise zu weiterführender Literatur.

Öl, Energie – vor allem fossile Energie – und Rohstoffe waren lange Zeit reichlich verfügbar und billig. Das Interesse an Energiewirtschaft, einer sogenannten klassischen Industrie, war folglich gering. Das galt auch für internationale Energieunternehmen wie Shell. Doch die Zeiten haben sich geändert. Energie und Rohstoffe sind knapp geworden und inzwischen heiß begehrt. Energie ist ein weltweites Topthema. Energie ist Zukunft, aber nicht alle Energieträger werden gleichermaßen positiv beurteilt werden.

Welche Zukunft haben traditionelle Energieunternehmen wie Shell?

Zunächst einmal ist Shell, 1906 gegründet, mit über 100 Jahren ein sehr altes – und damit erfolgreiches – Unternehmen! Die meisten großen Unternehmen erreichen nur eine Lebensspanne von etwa 40 bis 50 Jahren; der gesamte Unternehmensdurchschnitt scheidet noch viel früher aus dem aktiven Erwerbsleben wieder aus.[1] Langfristig zukunftsfähig ist nur eine lebende Organisation (Living Company), die in Zeiten des Wandels ständig an ihrem Kompetenzprofil und an ihrer Geschäftsidee arbeitet.

Shell beschäftigt sich schon lange mit der Energieversorgung von morgen, insbesondere aber mit der Frage: Was kommt nach dem Öl? Um sein Geschäft breiter aufzustellen, hat Shell in den vergangenen vier Jahrzehnten in verschiedene Energie- und Rohstoffbereiche diversifiziert, aber auch wieder auf einzelne Bereiche fokussiert. Wichtigstes Ergebnis bis heute ist ein zweites wirtschaftliches Standbein im Erdgasbereich. Mittelfristiges Ziel ist es, neben Öl und Gas ein drittes materielles Standbein im alternativen Energiebereich zu schaffen.

Viele Stakeholder fordern auch von Energieunternehmen wie Shell einen deutlich schnelleren Ausbau neuer Energien. Gerne wird jedoch vergessen, dass bisher kaum eine alternative Energie kommerziell wettbewerbsfähig ist und fast alle Alternativen noch stark auf staatliche Unterstützung angewiesen sind. Niemand vermag zu sagen, welche der unterstützten Energietechnologien eine „Disruptive Technology" sein wird. Für Elektromobilität nimmt man dies beispielsweise schon seit Mitte der 1990er Jahre an; bislang hat sie jedoch keinen Durchbruch erreicht.[2]

Zudem werden sowohl die zeitliche als auch die quantitative Dimension der weltweiten Energieversorgung oftmals unterschätzt. Selbst ein großes Unternehmen wie Shell hat nur einen Anteil von rund 2 % an der globalen Öl- und Gasproduktion. Ein Unternehmen allein kann die Markt- und Rahmenbedingungen der großen globalen Energiemärkte kaum beeinflussen.

Die Vision, eine nachhaltige globale Energieversorgung zu verwirklichen, ist folglich eine große Herausforderung. Auch internationale Energieunternehmen wollen und werden hier eine wichtige Rolle spielen. Harte energiewirtschaftliche Fakten ändern können sie jedoch nicht.

Visionen, Prognosen und Szenarien

Visionen besitzen in der Regel normativen Charakter; sie geben somit ein „Soll" vor und spiegeln nicht selten ideale Wunschvorstellungen wider. So kann zum Beispiel im Bereich Sicherheit „Goal Zero!" (also keine Unfälle, keine Verletzten sowie insbesondere keine Todesfälle), in der Energie- und Klimapolitik die CO_2-freie, klimagerechte Energiewirtschaft eine Zukunftsvision sein. Visionen können die Orientierung wirtschaftlichen, politischen und gesellschaftlichen Handelns unterstützen und als Leitbild dienen. Zur analytischen – wohl gemerkt: analytischen – Betrachtung von Zukunftsentwicklungen eignen sich Visionen jedoch prinzipiell nicht. Im Gegenteil, sie können zu unrealistischen Vorstellungen oder gar Selbsttäuschung verleiten – zu Illusionen. Auch Visionen sollten daher plausibel, möglich, zumindest aber näherungsweise erreichbar sein; nur dann können sie letztendlich zukunftsweisend sein.

Zur Zukunftsforschung wird eine Vielzahl von Instrumenten eingesetzt. Zu den wichtigsten dieser Instrumente zählen Prognosen und Szenarien.[3] Prognosen dienen dem Ziel, Vorhersagen für die Zukunft zu machen. Moderne, wissenschaftliche Prognose-Verfahren entwickeln aus Daten der Vergangenheit Modelle, die vergangene Entwicklungen gut erklären, und wenden diese dann auf die Zukunft an. Prognostiker unterstellen dabei, dass Strukturbeziehungen zwischen Erklärungsvariablen stabil sind und dass es „eine" Zukunftsentwicklung gibt, der es sich möglichst gut anzunähern gilt. Prognosen entfalten unter Business-as-Usual-Bedingungen ihre größte Leistungsfähigkeit – weniger dagegen in Zeiten des Umbruchs.

Tatsächlich ist Zukunft jedoch inhärent ungewiss. Es kann zu Strukturbrüchen oder unvorhergesehenen Ereignissen kommen. Auf lange Sicht können bereits kleine Änderungen in einzelnen Parametern große Wirkung entfalten. Szenario-Technik geht daher davon aus, dass es eine nicht reduzierbare Ungewissheit gibt. Szenarien verfolgen einen breiteren Ansatz als Prognosen. Sie wollen wesentliche strukturelle Unsicherheiten, wichtige Stellschrauben und Weichenstellungen aufzeigen. Ihr Ziel ist es, das Verständnis künftiger Entwicklungen und damit Entscheidungsgrundlagen und Zukunftsstrategien zu verbessern, nicht aber die Zukunft möglichst exakt vorherzusagen.

Shell nutzt Szenarien bereits seit Jahrzehnten . Dabei erstellt und veröffentlicht Shell unterschiedliche Szenario-Formate: Zum einen die *Shell Global Scenarios*, die mögliche wirtschaftliche, politische, soziale und demografische Randbedingungen für die weitere Entwicklung der globalen Energieversorgung skizzieren. Mit der langfristigen Zukunft des globalen Energiesystems hingegen befassen sich die *Shell Long-term Energy Scenarios* in den beiden bis 2050 reichenden Szenarien „Scramble" und „Blueprints". Aber auch andere wichtige Institutionen und Organisationen befassen sich mit der Zukunft der globalen Energieversorgung – so zum Beispiel die Internationale Energieagentur in ihrem jährlich erscheinenden World Energy Outlook oder zuletzt auch Greenpeace mit Weltenergieszenarien.[4]

Welche Energiezukunft? – Die Gestaltung von Szenarien

Es gibt nicht das „eine" globale Energiesystem von morgen. Die Entwicklung der globalen Energieversorgung wird von einer Vielzahl von Faktoren beeinflusst. Zwischen vergangenen, heutigen und zukünftigen Ereignissen existieren jedoch kausale Beziehungen. Für eine strukturierte Gestaltung globaler Energieszenarien empfiehlt sich daher folgende Vorgehensweise:

Im ersten Schritt der Szenario-Bildung geht es darum, die wichtigsten vorbestimmten Einflussfaktoren zu identifizieren und deren Wirkung auf Szenario-Variablen abzuschätzen. Vorbestimmte Einflussgrößen sind weitgehend unabhängig von weiteren zwischenzeitlichen Ereignissen und damit Szenario-unspezifisch. Sie können vollständig exogene Faktoren sein oder längerfristige Entwicklungsdynamiken, die eine deutlich geringere Varianz aufweisen als Szenario-spezifische Variablen.

In einem zweiten Schritt werden dann variable Szenarien-Annahmen getroffen und zu Szenarien zusammengestellt. Die Anordnung der Szenarien-Annahmen sollte dabei so erfolgen, dass in sich plausible Entwicklungspfade entstehen. Dazu werden in der Regel zwei oder mehr alternative Zukunftsentwürfe betrachtet. Die „Kunst der langen Sicht" besteht darin, die wichtigsten Weichenstellungen und Treiber künftiger Entwicklungen herauszudestillieren.[5] Von besonderem Interesse sind hierbei Faktoren und unerwartete Entwicklungen (Wild Cards), die zu Trendbrüchen führen können. Wichtigste Aufgabe von Szenarien ist es dann, mögliche Folgen und notwendige Anforderungen alternativer Zukünfte zu explorieren, um so Zukunftsentscheidungen robuster zu machen.

Betrachtet man Energiesysteme, ist schließlich zu berücksichtigen, dass Wandel an bestimmte technisch-ökonomische Voraussetzungen gebunden ist und viel Zeit und Kapital benötigt. So laufen Kraftwerke in der Regel 50 Jahre und mehr. Ein beschleunigter Wandel im Energiesystem wäre nur über vorzeitige Abschreibung und höheren Kapitaleinsatz möglich. Zur Marktdurchdringung neuer Energieträger im 20. Jahrhundert liegen überdies historische Erfahrungen vor. Danach vergehen in der Regel drei Jahrzehnte, bis neue Energietechnologien einen Marktanteil von einem Prozent überschreiten.[6] So sehr eine Energierevolution auch gewünscht sein mag, realistisch und plausibel ist demnach eher eine evolutionäre Entwicklung des globalen Energiesystems.

Langfristige Entwicklungsdynamiken

Zu den wichtigsten fundamentalen Rahmendaten für die globale Energiewirtschaft gehört zunächst die künftige Bevölkerungsentwicklung. Nach den jüngsten UN-Bevölkerungsvorausberechnungen wird die Erdbevölkerung im Jahr 2030 bei etwa 8,3 Mrd. und im Jahr 2050 bei über 9 Mrd. Menschen liegen. Mehr Menschen benötigen mehr Ressourcen und auch mehr Energie. Noch heute leben mehr als eine Milliarde Menschen ohne Zugang zu Elektrizität. Um die Grundbedürfnisse einer wachsenden Erdbevölkerung zu befriedigen, wird auch künftig wirtschaftliche Entwicklung notwendig sein. Auch wenn die Energieintensität vielerorts rückläufig ist, geht höheres wirtschaftliches Wachstum mit höherem Energiekonsum einher. Die globale Energienachfrage wird weiter zunehmen – bis zur Jahrhundertmitte könnte sie sich gegenüber heute gar verdoppeln.

Von fundamentaler Bedeutung für die künftige Energieversorgung ist das Angebot von Energieressourcen, sowohl fossiler als auch erneuerbarer Energieträger. Die stati(sti)sche Reichweite von Öl, Gas, Kohle – also die

Reichweite technisch und wirtschaftlich förderbarer Reserven bei heutigem Verbrauch – liegt gegenwärtig bei über 40, über 60 bzw. weit über 100 Jahren. Konventionelle Öl- und Gasvorkommen werden Schwierigkeiten haben, mit dem erwarteten Nachfragewachstum Schritt zu halten. Gerade die Zukunft des globalen Leitenergieträgers Erdöl wird in diesem Zusammenhang immer wieder kritisch diskutiert. Gleichwohl gehen selbst stark alternativ ausgerichtete globale Energieszenarien davon aus, dass der Energieträger Öl auch zur Jahrhundertmitte noch einen wesentlichen Anteil zum globalen Primärenergiemix beitragen wird. Fossile Energieträger insgesamt sind für das laufende Jahrhundert reichlich verfügbar. Und je höher die Energiepreise sind, desto wirtschaftlich attraktiver werden auch kohlenstoffhaltigere Energieträger, insbesondere Kohle.

Bei der Verbrennung fossiler Energie entsteht das Treibhausgas Kohlendioxid. Energiebedingte CO_2-Emissionen tragen zu über drei Fünfteln zu den von Menschen verursachten Treibhausgasemissionen bei. Halten die gegenwärtigen globalen Trends beim Energieverbrauch weiter an, steigen die CO_2-Emissionen bis 2030 auf über 40 Gigatonnen pro Jahr, damit steigt die CO_2-Konzentration in der Atmosphäre – und mit ihr wachsen die Risiken eines ungebremsten Klimawandels. Der Klimawandel ist jedoch „ ... the greatest example of market failure we have ever seen."[7] Von daher kommt den Regierungen und der Klimapolitik eine entscheidende Rolle für die globale Energieversorgung zu.

„Blueprints" – auf dem Weg zu nachhaltiger Energieversorgung

Szenario-Technik denkt in multiplen Zukünften. Im Folgenden sollen jedoch nur die wichtigsten Elemente und Voraussetzungen für ein Szenario – für Blueprints – aus Shells aktuellen Energieszenarien bis 2050 skizziert werden. Blueprints ist kein klassisches Trendszenario. Blueprints bedeutet Trendbruch mit der Vergangenheit sowie geplante und beschleunigte Entwicklung hin zu einer nachhaltigeren, CO_2-ärmeren Energieversorgung.

Machen wir nun einen großen imaginären Zeitsprung in das Jahr 2050 und blicken von dort aus zurück auf das Jahr 2030:

Angetrieben vor allem von den Schwellenländern war die Weltwirtschaft nach der Großen Rezession 2008/09 auf Wachstumskurs zurückgeschwenkt. In der Folge legte der weltweite Energieverbrauch stetig weiter zu. Bis 2030 wuchs die Nachfrage nach allen Energieträgern weiter, und zwar um rund ein Drittel. Erneuerbare Energien konnten ihren absoluten Beitrag zur globalen Primärenergieversorgung in nur zwanzig Jahren verdoppeln, Wind und Solar sogar vervielfachen. Riesige Windräder und Solarparks bestimmen seitdem das Landschaftsbild weiter Regionen. Doch auch das Angebot fossiler Energieträger nahm weiter zu. Erdöl erreichte um 2030 seinen Produktionshöhepunkt – bei weniger als 100 Millionen Barrel pro Tag. Der Anteil der erneuerbaren Energien am globalen Primärenergiemix stieg von einem Fünftel auf ein Viertel in 2030.

Bei den Verbrauchern schritt die Elektrifizierung von Wirtschaft und Haushalten immer weiter voran – bei steigendem Stromverbrauch. Der Anstieg des Energieverbrauchs im motorisierten Straßenverkehr konnte durch effiziente Verbrennungsmotoren und Hybridantriebe stark gedämpft werden. Nachhaltige Biokraftstoffe haben sich zu einer wichtigen Ergänzung im globalen Kraftstoffmix entwickelt. Elektromobilität und Wasserstofftechnologie kämpfen um die Führungsrolle als „Disruptive Technology" im Mobilitätsbereich.

Mit steigendem weltweiten Energieverbrauch nahmen auch die energiebedingten CO_2-Emissionen weiter zu. Sie erreichten bereits im Jahre 2020 30 Gigatonnen. Die klimawissenschaftlichen Erkenntnisse über die globale Erderwärmung wurden mit dem fünften und sechsten Sachstandsbericht des Weltklimarates weiter erhärtet. Immer größere witterungsbedingte Umweltkatastrophen machten die möglichen Folgen eines ungebremsten Klimawandels in den frühen 2010er Jahren sichtbar. Zivilgesellschaft, Klima- und Verbraucherinitiativen erhöhten den Entscheidungsdruck; Wirtschaft und Unternehmen erkannten in der Klimaökonomie neue Marktchancen; bald schon wurde eine kritische Masse an Befürwortern einer strikteren Klimapolitik erreicht.

Das 2012 ausgelaufene Kyoto-Protokoll I wurde im Jahre 2015 durch ein neues Protokoll Kyoto II ersetzt. Dabei verständigten sich die Regierungen auf eine maximale Erderwärmung sowie aufs erste noch unverbindliche, nationale Emissionsbudgets. Herzstück der globalen Klimapolitik war der Ausbau eines weltweiten Emissionshandelssystems und damit die systematische Einpreisung von CO_2. Durch Cap and Trade, das Festsetzen von Emissionsobergrenzen und den Handel mit Emissionensrechten, wurden finanzielle Mittel und Anreize geschaffen – für Klimainvestitionen wie die geologische CO_2-Einspeicherung (Carbon Capture Storage, CCS) und für eine breite Beteiligung der Schwellen- und Entwicklungsländer am Klimaschutz. Allein in den Jahren 2010 bis 2030 sind mehr als 100 Billionen US-Dollar (in Preisen von 2050) in die globale Energieversorgung investiert worden. In der Hoffnung auf Wild Cards investierten die Regierungen immer mehr Geld in die Technologieförderung.

Auf der 30. Vertragsstaatenkonferenz im Jahre 2025 wurde die Vision einer kohlenstoffgerechten Energie- und Klimaökonomie (Carbon Equity) von der UN-Vollversammlung verabschiedet; bis zum Jahre 2075 sollen alle Menschen bei Geburt nur noch das gleiche Emissionsbudget pro Kopf zugewiesen bekommen. Alle Lebensbereiche wurden nach potenziellen Treibhausgasquellen gescannt und mit Effizienzstandards reguliert. Energie- und Klimatechnologien machten in diesen Jahren große Fortschritte, gleichzeitig wirkte sich das neue Leitbild vom klimaneutralen Bürger immer stärker auf das Alltagsleben aus.

CO_2-freies und klimagerechtes Energiesystem

Die Vision einer CO_2-neutralen und klimagerechten Weltenergieversorgung ist zukunftsweisend. Alle relevanten Energieszenarien zeigen jedoch, dass sie sich erst in der zweiten Hälfte des 21. Jahrhunderts verwirklichen lassen wird. Auch wenn sich das globale Energiesystem in den nächsten 20 Jahren noch nicht grundlegend verändert haben dürfte, so müssen doch bis zum Jahre 2030 alle wichtigen Weichen gestellt und vor allem Rahmenbedingungen für ein nachhaltiges Energiesystem geschaffen worden sein.

1. Vgl. Arie de Geus, The Living Company, Boston/Massachusetts 1997, S. 1-12.
2. Vgl. Clayton M. Christensen, The Innovator's Dilemma, New York 1997, S. 235-256.
3. Zu Szenario-Technik und -Konzepten vgl. Shell International, Scenarios: An Explorer's Guide, London 2003; sowie Kees van der Heijden, Scenarios. The Art of Strategic Conversation, West Sussex 2005, 2nd Edition, Kap. 6 bis 8.
4. Vgl. Shell International, Shell Global Scenarios to 2025, London 2005; Shell International, Shell Long-term Energy Scenarios to 2050, The Hague 2008; International Energy Agency, World Energy Outlook, Paris 2009; Greenpeace/EREC, Energy [R]Evolution. A Sustainable World Energy Outlook, Amsterdam 2010.
5. Vgl. Peter Schwartz, The Art of the Long View. Planning for the Future in an Uncertain World, New York 1996.
6. Vgl. Shell International, Energy Needs, Choices and Possibilities. Scenarios to 2050, London 2050, S. 12-14.
7. Vgl. Nicholas Stern, The Economics of Climate Change. The Stern Review, Cambridge 2007, S. 1.

Carl-Albrecht Bartmer

Renaissance durch Innovation und Verantwortung

Schandong, China, am 17. August 2030:

Ein Sommertag im Jahr 2030, es ist 10.00 Uhr morgens, die Luft beginnt bereits zu flimmern, ein Weizenfeld leuchtet golden in der Sonne. Eine Flotte von Mähdreschern erscheint in der Szenerie. Kräftige, mit Wasserstoff betriebene Motoren erlauben jedem Mähdrescher neuester Bauart, täglich 800 Tonnen Weizen zu ernten; also die Menge, die ausreicht, 11.111 Menschen ein ganzes Jahr lang zu ernähren. Die klimatisierten Fahrerkabinen sind kaum vom Cockpit eines Hubschraubers zu unterscheiden. Das Lenkrad ist zwar geblieben, aber der Fahrer nutzt es nur im

Straßenverkehr. Die Bewegung auf dem Feld wird durch Satelliten präzise gesteuert. Seine gesammelte Aufmerksamkeit gilt den Bordinstrumenten. Sie informieren ihn über aktuelle Betriebszustände. Komplexe Rechenprogramme geben Einstellungsvorschläge für die Aggregate, die der Fahrer nur vereinzelt aufgrund seiner Erfahrung übersteuert. Die gesammelten Daten werden zeitgleich auf den Rechner eines Feldmanagers übertragen, der im 15 km entfernten Büro irgendwo in der chinesischen Weite nicht nur die Arbeit dieser einen Ernteflotte überwacht. Er vollzieht die Schritte aller Fahrer nach und gewinnt Daten für eine bis auf den Quadratmeter jedes Feldes aufgelöste Auswertung der Erträge. Jede Erntepartie wird zum Zweck der Rückverfolgbarkeit mit einem elektronischen Code versehen, der die Ware bis zum Endverbraucher begleitet. Parallel werden weitere Daten laufend übertragen, die telemetrisch durch sensible Sensoren Vibrationen und Krümmungen wichtiger Antriebsaggregate messen, um aus minimalen Veränderungen Rückschlüsse auf Verschleiß und mögliche sich abzeichnende Defekte zu ziehen. Da die Erntezeit sehr kostbar ist, weil immer wieder drohende Niederschläge die Ernte mindern könnten, will man möglichst den Ausfall dieser Maschinen am Tage vermeiden. Deshalb haben die Hersteller von Landtechnik Auswertungsknoten geschaffen, die diese Maschinendaten in Echtzeit analysieren und dem Feldmanager unmittelbar Vorschläge für den Ersatz von Bauteilen unterbreiten. Notwendige Ersatzteile werden sofort auf den Weg geschickt und noch in der Nacht eingebaut. In nur 10 Erntestunden haben 5 Mähdrescher eine Erntemenge von 4.000 Tonnen geborgen und somit den Grundstein für die Ernährung von vielen tausend Menschen legen können. Der Mähdrescherkolonne folgen seit einigen Stunden mehrere Traktoren. Sie ziehen Bodenbearbeitungsgeräte und kommen, erst bei genauerem Hinsehen ist es zu erkennen, alle ohne Fahrer aus. Satellitengesteuert fahren diese Maschinen ununterbrochen Spur an Spur, allein überwacht von einem mobilen Operationsstand, in dem zur Feineinstellung und als Sicherheitsauflage ein Experte die Arbeit von mehreren Maschinen kontrolliert.

Soweit eine Feldszene, wie sie sich auf einem Feld in Schandong im Osten Chinas am 17. August 2030 ereignet. Eine Ernteszene übrigens, die mit geringen Unterschieden, bestimmt durch Boden und Klima, genauso im brasilianischen Mato Grosso, in den Weiten Krasnodars in Russland oder der Magdeburger Börde zu erleben ist. Technischer Fortschritt in der Landwirtschaft hat alle Landesgrenzen überschritten und seine Produkte greifen reibungslos ineinander.

Eine wachsende Welt braucht technischen Fortschritt

In den vergangenen 20 Jahren ist die Weltbevölkerung so dynamisch gewachsen wie niemals in der Geschichte zuvor, und wie wohl auch in Zukunft nicht mehr: 200.000 Menschen mehr pro Tag, 80 Millionen mehr im Jahr, in nur 12 Jahren eine weitere Milliarde mehr Menschen auf dem Globus.

Allein der Kalorienbedarf dieser im Vergleich zur Jahrtausendwende zusätzlichen 2 Milliarden Menschen erhöht den Bedarf an Getreide um 43 %. Menschen leben heute zu fast zwei Dritteln in den Metropolen dieser Welt, kaufen ihre Lebensmittel in Supermärkten ein, weil die klassische Versorgung aus den Hausgärten der Vergangenheit nicht mehr möglich ist. Sie wohnen und arbeiten nicht nur unter zunehmend global ähnlichen Bedingungen, sondern haben sich auch in ihren Konsummustern angeglichen. Vermehrt verzehren sie Produkte tierischen Ursprungs, seien es Geflügel-, Schweine-, Rindfleisch oder Eier und Milchprodukte. Diese Folgen der Urbanisierung haben erheblichen Einfluss auf die zur Ernährung benötigte Biomasse, weil die Verarbeitung zur Haltbarmachung von Lebensmitteln den Bedarf an Pflanzen für die Ernährung erhöht und zugleich der vermehrte Konsum von tierischen Lebensmitteln mit entsprechenden Konversionsverlusten im Nährwert verbunden ist.

Das hat natürlich auch Konsequenzen auf Umfang und Art der Haltung von Nutztieren.

Leistungsorientierte Haltung, tiergerechte Lebensbedingungen

Die globale Tierhaltung hat in Größe, Leistung und insbesondere Nachhaltigkeit und Artgerechtheit der Haltungssysteme erhebliche Veränderungen erfahren. Weit verbreitet ist die Erkenntnis, dass Nutztiere nur dann zu höchsten Leistungen bereit sind, wenn sie sich nicht nur vollständiger Gesundheit, sondern auch komfortabler Lebensbedingungen erfreuen können. Dies hat unmittelbar Konsequenzen auf die Haltungsform, die Fütterung und das Klima im Stall. An den wesentlichen Standorten der Tierhaltung findet man nur durch das natürliche Klima leicht variierte, ansonsten weitgehend standardisierte Stallbau- und Haltungsformen. Elektronik ist in diesen Ställen zur Selbstverständlichkeit geworden. Kontinuierliche Temperaturmessung des Einzeltieres, die Aufzeichnung seines Bewegungsverhaltens als Indikator seines Wohlbefindens, sensorgesteuerte Einzeltierfütterung, Luft- und Temperatursteuerung, kontinuierliche Qualitätsanalyse der tierischen Erzeugnisse, all dies sind nur einige Elemente, die zeigen, wie komplexe Analyse- und Steuerungsprogramme ein effizientes und zugleich auf die Bedürfnisse des Tieres ausgerichtetes Herdenmanagement ermöglichen. Die Leistungsparameter einzelner Ställe sind mit Expertennetzwerken verbunden und helfen dem Landwirt kurzfristig, standortübergreifend neue Erkenntnisse zu gewinnen und sie auf der Basis wissenschaftlicher Beratungsempfehlungen in seinem Stall umzusetzen. Konsequenterweise hat diese Entwicklung dazu geführt, dass tierärztliche „Notfalleingriffe" oder medikamentöse Prophylaxe deutlich reduziert werden konnte.

Wissen um die nachhaltige Nutzung der Reststoffe aus der Tierhaltung ist überregional verfügbar. Die Gewinnung von Biogas aus tierischen Exkrementen wurde zu einer weltweiten Erfolgsgeschichte. Leistungsfähige Tierproduzenten finden sich nicht nur in den klassischen Veredelungszentren, sondern vermehrt in engen Kooperationen mit Ackerbaubetrieben in pflanzenbaulichen Gunstregionen, in denen beide Betriebssysteme Nutzen voneinander ziehen: geringe Viehdichte auf der Fläche sowie niedrige Transportkosten für Futtermittel auf der einen Seite und die preiswerte Verfügbarkeit von Pflanzennährstoffen aus dem produzierten Mist in geschlossenen Kreisläufen auf der anderen. Gab es vor 20 Jahren noch heftige ethische Auseinandersetzungen bezüglich der Größe von Tierbeständen, ist diese Diskussion heute einer weitaus rationaleren Einschätzung gewichen. Das Verständnis ist gewachsen, dass Größe und Tiergerechtheit der Haltung grundsätzlich nichts miteinander zu tun haben. Es wird vermehrt akzeptiert, dass gerade größere Ställe Investitionen in Technologien für mehr Nachhaltigkeit und weniger Ressourcenverzehr ermöglichen. Die Verbesserung der genetischen Grundlagen der Nutztierrassen spielt hierbei eine große Rolle. Deshalb ist auch hier weltweit Fortschritt durch molekular unterstützte Zuchtmethoden eingezogen. In Verbindung mit den althergebrachten Züchtungsverfahren sorgen diese Methoden für Zuchtfortschritt als Grundlage für eine ausgewogene Ernährung der über 8 Milliarden Menschen, die heute die Erde bewohnen.

Innovation aus Verantwortung

Heute herrscht weitgehend gesellschaftlicher Konsens, dass diese technischen Entwicklungen in der Landwirtschaft, sowohl im Pflanzenbau als auch in der Tierhaltung, nicht Ergebnis von Fortschrittsfetischismus und schon gar kein Selbstzweck gewesen sind. Vermutete man vor zwei Jahrzehnten noch hinter vielen Entwicklungen Gewinnmaximierungsstrategien einiger weniger global agierender Unternehmen, so sieht die Mehrheit heute im technischen Fortschritt der Agrar- und Ernährungswirtschaft eine essentielle Voraussetzung für ein friedliches Miteinander von 8 Milliarden Menschen.

Diese größere Aufgeschlossenheit für moderne Produktionsformen in der Landwirtschaft war auch eine Reaktion auf die Erkenntnis, dass zusätzliche Flächen für die Agrarproduktion nur schwer zu gewinnen waren, weil sie häufig unter Umwelt- und Naturschutzaspekten hohe Kosten verursachten. Vielmehr mussten wir lernen, dass viele ehemals besonders fruchtbare oder auch künstlich bewässerte Standorte beispielsweise im Süden der USA und im Mittleren Osten durch zunehmenden Mangel an

Grund- und Oberflächenwasser für eine hochproduktive Form der Landnutzung nur noch eingeschränkt zur Verfügung stehen. Fühlbare klimatische Veränderungen (Temperaturanstieg um 0,4 °C seit 2010) und Wetterextreme (Hitzewellen, Trockenheiten und heftige Niederschlagsereignisse bzw. Stürme) haben die natürliche Ertragsfähigkeit ehemaliger Gunststandorte verschlechtert. Fruchtbares Acker- und Grünland ist ein knapper Faktor und deshalb auch die Produkte, die darauf erzeugt werden. In der Konsequenz sind die Preise für Agrarprodukte deutlich gestiegen und haben in einer zweiten „Grünen Revolution" nicht nur eine Renaissance der Agrarwirtschaft, sondern zusätzlich umfangreiche technische Neuerungen ausgelöst. Die Knappheit an Agrarprodukten hat sich drastisch auf den Preis wichtiger Produktionsfaktoren ausgewirkt. Futtermittel und Düngemittel sind genauso teurer geworden wie Energie, ganz besonders gestiegen sind aber die Preise von Grund und Boden für die landwirtschaftliche Produktion.

Nutzflächen sind kostbar

Es hat großer Anstrengungen bedurft, den siedlungsbedingten Landverzehr durch die Ausbreitung der Menschen, der sich gerade in den fruchtbarsten Regionen um die historischen Stadtgründungen konzentriert hatte, durch intelligente Flächennutzung zu minimieren. Erst der gestiegene Lebensmittelbedarf hat zu einer neuen Gewichtung der Relevanz von fruchtbarer Ackerfläche im Vergleich zu Industrie- und Wohnflächen, auch Flächen für den Naturschutz geführt. Die konsequente Nutzung von Innenstadtlagen, der Einsatz neuer effizienter Transporttechnologien und der Schutz der kostbaren landwirtschaftlichen Nutzfläche ist in fast allen Staaten der Erde heute eine Selbstverständlichkeit. Die Sicherung und Verbesserung der Fruchtbarkeit dieser Flächen zählt zu den obersten Zielen der Weltgemeinschaft. Allgemeiner Konsens herrscht, neben den Zielen ausreichender Ernährung gleichgewichtig Naturschutzbelange zu berücksichtigen. Knappe Wasserressourcen werden intelligent genutzt und die Biodiversität wird konsequent bewahrt. Biotope für den Erhalt gerade bedrohter Arten liegen nach Möglichkeit nicht in agrarischen Gunstregionen, sondern in weniger fruchtbaren Landschaften, in denen der Verzicht auf eine intensive agrarische Nutzung mit einem „kleineren Preis" nicht produzierter Lebensmittel verbunden ist.

Die hohen ökonomischen und ökologischen Kosten der Urbanisierung haben in den letzten Jahren zu einer Gegenbewegung und Wiederbelebung der ländlichen Räume geführt, die sich vor gerade 20 Jahren in allen Orten der Welt zunehmend zu Gunsten wachsender Metropolen entleert hatten. Durch moderne Telekommunikation und Infrastruktur sind periphere Regionen hochwirtschaftlich geworden. Zusätzlich getrieben von einer Sehnsucht nach einer entschleunigten, freien, naturverbundenen Lebensweise, die die Teilhabe an der Schönheit der Natur in den Jahreszeiten ermöglicht, leben heute immer mehr Menschen in kleinstädtischen Strukturen. Dienstleistungsangebote des ländlichen Raumes, von der Gastronomie über Urlaubsangebote auf Bauernhöfen bis zu umfänglichen naturnahen Freizeitangeboten, sind wichtige Antriebskräfte. Hier hat sich neben den hocheffizienten Hightech-Unternehmen ein ganz neues Einzelunternehmertum gebildet.

Biotechnologie – mehr als akzeptiert

Im Unterschied zu der Diskussion um die Jahrtausendwende ist das Verständnis der Bevölkerung gewachsen, dass eine Landbewirtschaftung und die Tierhaltung heute nicht mehr einer idealisierten bäuerlichen Idylle des 19. und 20. Jahrhunderts entsprechen kann. Die globale Ernährungsfrage, auch die Herausforderungen einer weitgehend klimaneutralen stofflichen und energetischen Alternative zu fossilen Rohstoffen, haben eine fundamentale Aufgeschlossenheit gegenüber modernen pflanzenbaulichen und tierhaltenden Verfahren ausgelöst.

Die züchterische Nutzung von biotechnologischen Instrumenten erfährt hohe Wertschätzung bei den Konsumenten. Mehrnutzen durch beispielsweise gesündere Zusammensetzung der Fettsäuremuster im Rapsöl, die Herz-Kreislauf-Erkrankungen deutlich reduzieren konnte, überzeugt den heimischen Verbraucher so sehr wie die Weiterentwicklung von Golden-Rice-Sorten, die gerade in Indien eines der schlimmsten Augenleiden, das auf den Mangel an Vitamin A zurückzuführen war, als überwunden bezeichnen lässt. Die dramatischen Erkenntnisfortschritte im mikrobiologischen Bereich haben die Züchtung enorm beschleunigt und erstaunliche Fortschritte in der Ertragsfähigkeit und Toleranz der Sorten gegenüber Trockenheit, Hitze, aber auch Kälte ausgelöst. Somit konnten bei allen wichtigen Kulturpflanzen Ertragsfortschritte von durchschnittlich über einem Prozent pro Jahr erreicht werden. Weil neue Sorten robuster gegen abiotischen Stress (Trockenheit, Hitze, Kälte, Salzkonzentration) sind, konnten zusätzliche Anbaugebiete erschlossen werden. Gerade die natürliche Gesunderhaltung von Pflanzen, die noch vor 20 Jahren fast nur durch chemische Pflanzenschutzmittel erreicht werden konnte, ist mittels genetischer Variation durch neue Resistenzen deutlich verbessert worden.

Interessant ist übrigens die Entwicklung der Unternehmen, die mit den Instrumenten der Biotechnologie Züchtung betreiben. Vor 20 Jahren prognostizierte man eine weitgehende Konzentration auf wenige multinationale Konzerne. Das Gegenteil ist der Fall. Weil biotechnologische Erkenntnisse die Herstellung von neuen gentechnischen Kombinationen

(Traits) als Basis neuer Pflanzeneigenschaften deutlich erleichtert haben, gibt es inzwischen einen gut gefüllten Markt solcher handelbarer Traits, deren Preis merklich gefallen ist. Entsprechend überschaubar ist die Marktposition der früheren „Saatgutmultis". Stattdessen haben die kleinen und mittelständischen Saatzüchter an Gewicht gewonnen, weil sie in ihren Zuchtgärten über die genetische Vielfalt verfügen, auf die dann die neuen Traits aufgesetzt werden können.

Nutznießer Ökoanbau

Den größten Nutzen aus dieser Technologie zieht übrigens heute sein damaliger stärkster Gegner, der ökologische Landbau. Gerade ökologische Produktionsformen, die chemische Substanzen und Dünger als Betriebsmittel weitgehend ausschließen und deshalb niedrigere Erträge in Kauf nehmen, ziehen den größten Nutzen aus züchterischen Weiterentwicklungen. Bei inzwischen allseits bewusster Flächenknappheit musste auch der ökologische Landbau Ertragsfortschritte realisieren. Durch gentechnisch entwickelte bessere Resistenzen gegen Schädlinge und Krankheiten, durch höhere Wuchsfreudigkeit und somit Wettbewerbskraft gegen Unkräuter, und insbesondere durch die den Leguminosen abgeschaute Fähigkeit, Luftstickstoff durch symbiontische Bakterien der Pflanze als Dünger verfügbar zu machen, hat man die Ertragsfähigkeit des Ökoanbaus deutlich gesteigert.

Vitale ländliche Räume

Aber nun zurück zum Tagesgeschäft des 17. August 2030. Wie im fernen China, so wird auch in Deutschland gerade die Ernte eingebracht. Auch hier sind bis zum Abend mit fast identischer Technik 4.000 Tonnen Getreide gedroschen worden. Die hier deutlich kleineren Betriebe nutzen zum Beispiel beim Landtechnikeinsatz überbetriebliche Zusammenarbeit und können so ebenfalls die Skaleneffekte neuer technologischer Möglichkeiten realisieren. Befürchtungen, dass diese Hightech-Maschinen nur noch durch ausgeräumte Agrarlandschaften rollen, die sich quasi dem Diktat dieser technischen Entwicklungen bis zur Unkenntlichkeit unterworfen haben, steht eine nach wie vor vielfältige und heute viel vitalere Kulturlandschaft entgegen. Gerade der Ertragsfortschritt auf der Einzelfläche hat erst den Freiraum geschaffen, andere Landschaftselemente zur Strukturierung, auch und insbesondere als Lebensraum für vielfältige Arten und zur Freude und Erbauung der Gesellschaft, zu erhalten bzw. neu zu entwickeln. Die Gestaltung dieser ländlichen Räume ist in den Händen dort lebender Menschen sehr gut aufgehoben. Statt öffentlicher Strukturprogramme für den ländlichen Raum bestimmt heute die unternehmerische Kreativität und Eigenverantwortung der in den ländlichen Räumen lebenden Menschen deren Vitalität. Gerade deshalb hat sich trotz voranschreitenden Strukturwandels in der reinen Landwirtschaft eine große Vielfalt von Betriebstypen und -größen erhalten. Landwirte gründen ihre Existenz auf vielfältige Dienstleistungen für die dort lebende nicht-landwirtschaftliche Bevölkerung und auch auf die regenerative Energie- und Biorohstoffproduktion; in den letzten Jahren hat der Ersatz der petrochemischen durch biogene Industrierohstoffe in der Fahrzeugtechnik, Bauwirtschaft und Chemie ein neues, bedeutendes Tätigkeitsfeld für die Landwirtschaft eröffnet.

Betriebe mit hoher Kompetenz und Rentabilität

Die Landwirtschaft hat eine bedeutende Professionalisierung erfahren. Unternehmerische und fachliche Kompetenzen bestimmen an Hoch- und Fachhochschulen die Qualifikation des Führungsnachwuchses, technologische Qualifikation von der Elektronik bis zur IT diejenige der landwirtschaftlichen Facharbeiter. Ein Arbeitsplatz in der Landwirtschaft ist sehr attraktiv. Die Kapitalintensität ist im landwirtschaftlichen Betrieb verbreitet höher als in vielen industriellen Fertigungsprozessen. Das führt einzelne Unternehmen an die Grenze eigener Finanzierungsmöglichkeiten. Zusammenarbeit mit Dienstleistern wie Lohnunternehmen, Kooperationen horizontal mit anderen landwirtschaftlichen Betrieben oder vertikal in den bis zum Verbraucher reichenden Wertschöpfungsketten führen zur Spezialisierung und so auch im Einzelbetrieb zur Nutzbarkeit von Skaleneffekten moderner Techniken. Nichtlandwirtschaftliches Kapital hat in den letzten Jahren verstärkt Anlagemöglichkeiten im hochrentablen landwirtschaftlichen Sektor gefunden. Die Kapitalanlagen reichen von Finanzierungsmodellen bis hin zu von Fonds direkt betriebenen Großunternehmen. Hier sind nicht alle Blütenträume gereift. Die Vorstellung, auch landwirtschaftliche Produktionsprozesse industriell strukturieren zu können, ist häufig an der natürlichen, räumlichen und klimatischen Vielfalt und Inhomogenität gescheitert.

Mission Statement

Landwirtschaft 2030 steht für eine in ihrer Geschichte einmalige wissenschaftliche und technologische Herausforderung. Sie zu meistern verlangt Wissen, gewonnen aus neuen, international vernetzten Clustern von angewandter und grundlagenorientierter Forschung. Sie zu gestalten fordert das Können eines freien und verantwortungsvollen Unternehmertums im Agrarsektor. Selbstbewusst und nicht mehr getragen von einem umfänglichen öffentlichen Transfersystem, schaffen Landwirte globalen

Nutzen durch wertvolle Lebensmittel und biogene energetische und stoffliche Alternativen. Sie nutzen dazu verantwortungsvoll und nachhaltig wichtige Ressourcen des Planeten und erfreuen sich wirtschaftlicher Rahmenbedingungen, die ihnen nicht nur öffentliche Akzeptanz, sondern auch hervorragende Perspektiven für ihre Unternehmen der Agrar- und Ernährungswirtschaft verheißen.

Zukunftsbranchen

Marion A. Weissenberger-Eibl, Sebastian Ziegaus

Umweltschutz adieu!

Wer hätte das gedacht? Den „grünen" Umweltschutz gibt es nicht mehr – und das, obwohl vor 20 Jahren so viele Hoffnungen in neue Umwelttechnologien gesetzt worden waren. Saurer Regen, FCKW und knapper werdende Rohstoffe hatten nach und nach ein Bewusstsein dafür geschaffen, dass die Grundlagen des Wirtschaftens und des Lebens in der globalisierten Welt auf ein neues Fundament gestellt werden mussten. Jedoch war es wie so oft ein weiter Weg von der ersten Einsicht bis zur tatkräftigen Umsetzung. Viele der angestrebten Ziele und Projekte drohten angesichts des Mangels an Ehrgeiz und visionärer Vorausschau der verantwortlichen Akteure in Wirtschaft und Politik zu scheitern. Als dann aber immer klarer wurde, dass Herausforderungen auch große Chancen bedeuten, kam eine Entwicklung ins Rollen, die auch die größten Optimisten überraschte. Das Label „umweltfreundlich" machte eine bemerkenswerte Karriere: vom Jutebeutel-Chic bis hin zur Selbstverständlichkeit der LOHAS.

Wenig später löste der Begriff des Klimaschutzes das Wort „Umweltschutz" ab. Umwelttechnologien sind aber nicht verschwunden, sondern durchdringen heute alle Aspekte unseres Lebens und sind dabei beinahe unsichtbar geworden. Mit ihrer Hilfe ist es gelungen, die globalen Probleme ohne die befürchteten negativen wirtschaftlichen Auswirkungen in Angriff zu nehmen, wobei wir noch lange nicht am Ziel sind und noch einen langen Weg dahin haben, eine wirklich nachhaltige Lebensweise zu verwirklichen. Worin liegen nun unsere Möglichkeiten, um die daraus resultierenden Chancen für den Wirtschaftsstandort Deutschland zu nutzen? Und was waren die richtigen Entscheidungen in den vergangenen Jahren, von denen wir heute profitieren?

Flexible Wasserversorgungssysteme

Bereits am Anfang des neuen Jahrtausends wurde klar, dass unsere bestehenden Wasserinfrastrukturen für die Anforderungen der Zukunft nicht gerüstet sind. Sie waren unter Annahmen einer größer werdenden Bevölkerung und eines steigenden Wasserverbrauchs konzipiert worden – mit dem Ziel, mehrere Jahrzehnte zu überdauern. Damit war die Möglichkeit genommen, sie an die veränderten Gegebenheiten anzupassen. Der demografische Wandel und der sinkende Wasserverbrauch durch neue Technologien führten dazu, dass die völlig überdimensionierten Infrastrukturen unter den geänderten Rahmenbedingungen zusätzliche Kosten verursachten. Die Anpassung dieser unflexiblen Systeme wäre eine konservative und teure Möglichkeit gewesen. Nicht viel günstiger, dafür aber innovativer und profitabler war die Idee, einen radikalen Systemwechsel einzuläuten. Weg von der traditionellen Kanalisation hin zu flexiblen und dezentralen Infrastrukturen, die an wechselnde Anforderungen angepasst werden können. In Neubaugebieten sind diese Systeme mittlerweile gesetzlich vorgeschrieben, und nach und nach werden veraltete Netze durch neue Systeme ersetzt. In ihnen wird das lokal anfallende Regenwasser zu brauchbarem Nutzwasser aufbereitet und so der Bedarf an Frischwasser gesenkt. Die Reinigung des Abwassers erfolgt nicht mehr in großen zentralen Klärwerken, sondern vor Ort in Hightech-Kleinkläranlagen. Die biologischen Bestandteile des Abwassers werden direkt vor Ort zur Energiegewinnung genutzt. Dort, wo diese Systeme schon bestehen, gibt es keine Mülltonnen mehr für Bioabfälle – denn diese werden direkt mit dem Abwasser entsorgt.

Dezentrale flexible Abwassersysteme sind nicht nur eine Antwort auf die Herausforderungen bei uns und in anderen Industrienationen. Aufgrund ihrer Flexibilität können sie an die unterschiedlichsten Umgebungen angepasst werden – in den Ländern der Subsahara ebenso wie in tropischen Gebieten. Die Wasserwirtschaft hat dies erkannt, und mit der Unterstützung des Staates bei der Implementierung neuer Systeme in Deutschland wurden die Voraussetzungen geschaffen, auch auf dem Weltmarkt erfolgreich zu sein. Deutschland ist heute führender Anbieter flexibler Wasserversorgungssysteme und transferiert dieses Know-how in alle Welt. Was man vor zwanzig Jahren schon ahnte, ist heute Gewissheit: Wasser ist die strategische Ressource des 21. Jahrhunderts, und dank des technologischen Vorsprungs reüssieren deutsche Unternehmen weltweit. Sie leisten so nicht nur einen Beitrag zur Wasserversorgung der Weltbevölkerung, sondern gleichzeitig auch zur Sicherung des Friedens.

Eine neue urbane Ressource ist Abwasser, das uns neben Wärme und Energie auch lebensnotwendige Rohstoffe liefert, darunter Phosphor. Nach dem Peak Oil müssen wir uns nämlich nun auf den nächsten Peak einstellen – den Peak Phosphor. Die zurückgehende Produktion von Phosphor wird uns vor ein neues globales Problem stellen. Die Ernährung der Weltbevölkerung ist abhängig von einer leistungsfähigen Landwirtschaft, deren Voraussetzung mineralische Dünger auf Phosphorbasis sind. Mineralisch kommt Phosphor in Deutschland nicht vor, dafür aber in nicht unerheblichen Mengen in häuslichen Abwässern. Auch wenn es sich vielleicht erst mal ungewöhnlich anhört – zukünftig könnte Phosphor aus dem Urin im Abwasser zurückgewonnen werden. Diese technologischen Entwicklungen könnten uns unabhängiger von Rohstofflieferanten machen.

Rohstoffe für Umwelttechnologien

Die Frage nach der Verfügbarkeit von Rohstoffen hat uns schon vor mehr als zwanzig Jahren in den Diskussionen über die Energieversorgung bewegt. Durch den technologischen Fortschritt hat sich allerdings die Problematik verlagert. Neue Technologien zur Energiegewinnung oder für eine umweltfreundliche Mobilität haben plötzlich nach ganz anderen Rohstoffen als früher verlangt. Weltweite Probleme sollten mit innovativen Technologien gelöst werden. Dabei wurde aber oft die Sicht auf das ganze System vergessen. Zum Beispiel sind leistungsfähige Batterien oder Solarzellen auf Lithium angewiesen. Der steigende Bedarf dieser Technologien, um beispielsweise den CO_2-Ausstoß durch die Nutzung von Solarenergie zu reduzieren, hat einen erhöhten Bedarf an neuen Rohstoffen zur Folge. Aus diesem Grund ist es wichtig, die Auswirkungen und Folgen technischer Neuerungen im gesamten Kontext zu betrachten. Lithium ist in der Tat in ausreichendem Maße vorhanden, aber es muss auch abgebaut werden. Die frühzeitige Abschätzung des Lithiumbedarfs und der wirtschaftlich abbaubaren Reserven zeigt uns frühzeitig, wieviel Ressourcen uns zur Verfügung stehen, und ermöglicht es uns, rechtzeitig ein effektives Recyclingsystem zu etablieren und dadurch die natürlichen Vorkommen zu schonen. Glücklicherweise haben einige vorausschauende Köpfe in Wissenschaft und Politik diese Problematik erkannt und eine entsprechende Technologievorausschau und -folgenabschätzung initiiert. Auf der Grundlage dieser Ergebnisse konnten die Bergbaukapazitäten rechtzeitig erhöht werden. Jedoch lassen sich nicht alle Rohstoffe ersetzen; ein Beispiel ist das für Hochleistungsmagneten notwendige Neodym. Diese Magnete wurden und werden vor allem für Elektromotoren und damit für den Umstieg auf die umweltfreundliche Elektromobilität genutzt. Der Verbrauch an Neodym wird mit dem Anstieg der Zahl von Elektromobilen weiter steigen. Der Technologiewechsel bei den Fahrzeugen wird den Bedarf an Rohstoffen für diesen bedeutenden Teil der Umweltindustrie erheblich verlagern. So erhöhte die gestiegene Produktion von Lithium-Ionen-Batterien auch den Bedarf an Kobalt. Aber da wir auch dies rechtzeitig erkannt haben, konnten alternative Strategien entwickelt werden, beispielsweise durch die Entwicklung kobaltfreier Batteriesysteme. Die Fortschritte der Werkstoffwissenschaften haben es in einigen Fällen ermöglicht, Ersatz für dringend benötigte Rohstoffe zu erproben, die wir für die neuen umweltschonenden Technologien brauchen.

Abfall – Wertstoff – Rohstoff: Recycling als Ressourcenquelle

Wir haben auch gelernt, dass wichtige Vorkommen für seltene Rohstoffe nicht mehr nur unter der Erde liegen, sondern auch in unserer unmittelbaren Umgebung. Aus Recycling wurde damals langsam „Urban Mining“, und aus der Zweitverwertung von Abfällen eine primäre Quelle zur Deckung unserer Rohstoffbedarfe.

Recycling-Technologien waren zunächst einfache Sortierverfahren. Im Zuge der Zunahme der Komplexität der Produkte und der verwendeten Werkstoffe wurde das Sortieren und Trennen von Wertstoffen selbst zu einer Hochtechnologiebranche. Zwar waren beispielsweise die Sortiertechnologien Anfang des 21. Jahrhunderts schon weit vorangeschritten, aber durch die neuen Herausforderungen konnten weitere Entwicklungspotenziale realisiert werden. Da Abfallmengen in Zusammenhang mit der wirtschaftlichen Entwicklung stehen, rückten damals vor allem die Schwellenländer ins Zentrum des Interesses. Die dort entstehenden lukrativen Märkte konnten durch den technologischen Vorsprung der deutschen Industrie erschlossen werden. Die Entwicklung wurde zunächst von politischen Rahmenbedingungen getrieben, wie Recyclingquoten oder Vorgaben zur Verminderung beziehungsweise Beseitigung von gesundheits- oder umweltgefährdenden Stoffen aus dem Materialstrom. Ein wichtiger Motor von Innovationen in diesem Zusammenhang war das duale System, das eine Vielzahl an technischen Innovationen ausgelöst hat. Auch wenn Sekundärrohstoffe durch die Erhöhung der Kosten für Primärrohstoffe und Energie verstärkt konkurrenzfähig wurden und so der Markt als Innovationstreiber wichtiger wurde, waren die politischen Vorgaben in den vergangenen Jahren weiterhin wichtig für die technische Weiterentwicklung. Besonders Investitionen in Forschung und Entwicklung lieferten dabei einen substanziellen Beitrag und zogen positive staatliche Regulierungsmaßnahmen nach sich.

Voraussetzung für diese positive Entwicklung war jedoch ein konsequentes Umdenken, das „Abfälle" in ein positives Licht rückte. Während das Recycling von Haushaltsabfällen schon früher anerkannt war, hat sich bei einem anderen Produkt dieses Denken nur ganz allmählich eingestellt. Die Rede ist vom „Klimakiller" Kohlendioxid. Die politischen Strategien zielten früher einzig und allein auf die Vermeidung oder Einlagerung dieses Treibhausgases ab. Dieses Konzept bleibt auch weiterhin gültig. Kohlendioxid ist aber nicht nur ein Schadstoff, sondern ebenso ein Rohstoff: Pflanzen benötigen Kohlendioxid zur Durchführung der Photosynthese – ohne Kohlendioxid kein Pflanzenwachstum. Es lag also nahe, das bei der Energiegewinnung aus fossilen Energieträgern abgeschiedene Kohlendioxid für die Züchtung von Bakterien zu nutzen, aus denen im nächsten Schritt Energie gewonnen werden kann. Dieser Prozess diente nicht nur dazu, fossile Energieträger wieder „salonfähig" zu machen, wie manche Kritiker sagen würden. Nein, dahinter verbirgt sich ein ganz entschiedenes Umdenken: Wirtschaftliche und technologische Prozesse wurden nicht länger als Einbahnstraßen angesehen. Wer nachhaltig wirtschaften möchte, muss von vornherein in Systemen, Prozessen und Kreisläufen denken, um die Wirkung der einzelnen Technologien gesamtheitlich zu betrachten.

Do more with less: Sparen, recyceln und systemisch denken

Die Verwendung von Kohlendioxid für die Bakterienzüchtung ist nur ein Beispiel dafür, wie wir heute unsere Ressourcen viel effizienter nutzen. Die Erhöhung der Ressourceneffizienz war und ist weiterhin eine der zentralen Herausforderungen. Das liegt daran, dass radikale Innovationen die globalen Probleme nicht alleine lösen könnten und auch nicht kurzfristig verfügbar sind. Deshalb ist ein wichtiges Ziel des Umweltschutzes die Erhöhung der Energie- und Rohstoffeffizienz, was wiederum zur Wirtschaftlichkeit der Industrieproduktion beiträgt. Dabei geht es nicht immer nur um technologische Innovationen, vielmehr kann der Energieverbrauch von Unternehmen durch intelligente Prozesse, wie zum Beispiel in „Lernenden Netzwerken", gesenkt werden. In solchen Projekten tauschen sich Firmen über ihre Einsparpotenziale aus und vereinbaren gemeinsame Ziele. Vor etwas mehr als zwanzig Jahren war dies nicht mehr als eine Idee. Heute hat sie sich in Deutschland etabliert, es hat sich sogar ein regelrechter Wettbewerb unter den teilnehmenden Betrieben entwickelt, wer die größten Energieeinsparungen erzielt.

Der Begriff der Umwelttechnologien verschwindet – aber nicht, weil es sie nicht mehr gibt, sondern weil sie immer mehr in andere Technologiebereiche eingehen. Umweltverträglichkeit ist heute Voraussetzung für fast alle Technologien. Dabei zeigt sich jedoch auch ihre Ambivalenz. Ein gutes Beispiel dafür sind die Informationstechnologien: Einerseits wurde ihr immer weiter reichender Einsatz selbst aufgrund des Energie- und Rohstoffbedarfs eine Herausforderung zur Senkung von Verbrauch und Emissionen, andererseits leisten Informationstechnologien einen wesentlichen Beitrag zur Erhöhung der Energieeffizienz und damit zum Ziel, die Wirtschaft nachhaltiger zu gestalten: Intelligente Verkehrs- und Logistiksysteme optimieren den Transportsektor, intelligente Stromnetze steuern den Verbrauch und die Speicherung von elektrischer Energie. Es sind diese Wechselwirkungen zwischen politischen Zielen, technologischen Herausforderungen und ihrer gesellschaftlichen und organisatorischen Einbettung, die Innovationen schon immer ausgemacht haben. Erfreulicherweise ist das Bewusstsein dafür in den vergangenen Jahrzehnten kontinuierlich gewachsen.

Was die Zukunft bringt

Wir sind auf einem guten Weg, aber es ist noch viel zu tun. Noch ist es uns nicht gelungen, das Wirtschaftswachstum vollständig vom Ressourcenverbrauch zu entkoppeln. Und die Konkurrenz aus den anderen Staaten ist groß. Es war richtig, Geld in Forschung und zur Förderung von Innovation zu investieren, denn diese Investitionen zahlen sich auf doppelte Weise aus. Sie reduzieren nicht nur die Klimafolgekosten, sondern sichern gleichzeitig Wertschöpfung und Arbeitsplätze. Wie vor 20 Jahren ist es heute, im Jahr 2030, genauso wichtig, treibende Kräfte und Rahmenbedingungen für innovative Technologien zu analysieren und in Zukunftsszenarien einzubeziehen, damit strategische Entscheidungen auf Basis umfassender Analysen und mit Hilfe wissenschaftlich etablierter Methoden der Technologievorausschau nachhaltig getroffen werden können. Das Schaffen erfolgreicher Rahmenbedingungen als Nährboden für Innovationen ist auf diesem Weg genauso wichtig wie ihr frühzeitiges Erkennen und Fördern. Dies setzt voraus, dass wir alle Perspektiven in unsere Lösungsansätze einbeziehen. Komplexe Sachverhalte wie der Schutz des Weltklimas lassen sich nicht nur durch einzelne Technologien lösen, sondern müssen gesamtheitlich betrachtet werden.

Ulrich Schriek, Marc Reinhardt, Thomas Theuringer, Ralf Emmerich

Was ein Großvater seinem Enkel heute erzählt

Samstag, 3. August 2030. Es ist ein schöner, warmer Sommerabend, den Opa Kevin und sein 15-jähriger Enkel Tom gemeinsam beim Abendessen verbringen wollen. Opa packt den Einkauf aus der Tasche und holt Tomaten aus dem Korb, die schon etwas fleckig und weich anmuten.

„Was ist das denn, Opa?", fragt Tom. „Warum kaufst du nicht wie Mama die Genops-Tomaten, die so schön rot und prall sind und nicht so schnell matschig werden?"

„Weil ich die nicht so gern mag", entgegnet Opa. „Weißt du, als ich so alt war wie du jetzt, da gab es keine „gentechnisch optimierten" Tomaten. Außerdem habe ich genügend Geld, um mir die teureren ‚genfreien' Tomaten zu leisten." Tom ist irritiert: „In der Schule hat man uns gesagt, dass gentechnisch veränderte Nahrungsmittel besser sind. So bleiben sie länger haltbar, sie sind weniger anfällig für Schädlinge und sie sind auch gesünder. Mittlerweile enthalten 90 % der Lebensmittel gentechnisch optimierte Inhaltsstoffe. Warum also bist du da so altmodisch?" Der Opa seufzt. „Komm mal her, mein lieber Enkel“, und er beginnt seine Geschichte zu erzählen.

„Anfang des Jahrtausends – deine Mutter war noch klein – da gingen die Meinungen über gentechnisch modifizierte Pflanzen als Inhaltsstoffe von Lebensmitteln recht stark auseinander. Eine breite Diskussion wurde um die Vor- und Nachteile dieser Technologie geführt, und auch ich war ihr gegenüber damals kritisch eingestellt.“

Ein Geräusch unterbricht seine Erzählung. Tom hat den Kühlschrank geöffnet, um die Würstchen zu holen. Dabei ertönte ein Warnsignal vom Kühlschrank, gefolgt von einer elektronischen Stimme: *„Ihr Hühnerfleisch ist verdorben – starke Verunreinigung mit Salmonellen nachgewiesen. Bitte entsorgen.“*

Tom ist konfus: „Aber mit dem Food-Tester im Kühlschrank setzt du doch auch Biotech ein.“

„Genau darum geht es – das ist ein sehr gutes Beispiel für die unterschiedlichen Meinungen zu Technologien.“ Jetzt ist Opa in seinem Element: „Gerade weil meine natürlichen Lebensmittel leichter verderben, lasse ich sie testen. Hieran sieht man ja, wie sehr die Biotechnologie unser Leben erleichtert hat.“ Opa beißt in die Tomate, überlegt kurz und fährt fort. „Nimm doch nur meinen neuen, im Labor gezüchteten Hüftknochen. Wie du weißt, habe ich Arthrose, und da hat man mir mit Hilfe einer Biomatrix eine neue Hüfte gezüchtet.“ Zeige- und Mittelfinger seiner emporgereckten Hände machen dabei kurze Auf- und Abwärtsbewegungen.

Tom wird neugierig. „Wie funktioniert so etwas denn eigentlich, was wurde da gemacht?“

„Nun, man hat meine rechte und die linke Hüfte mit einem CT-Gerät gescannt, die linke Seite auf die rechte gespiegelt und die Überlagerung war dann die Vorlage für eine Gussform der neuen Hüfte. Dann hat man mir Stammzellen entnommen, sie vermehrt, mit einer Biomatrix vermischt und in die Form gegossen. Die Stammzellen haben sich in einem Bioreaktor zu Knochenzellen differenziert, die dann die Biomatrix ersetzten und so mein neues Hüftgelenk bildeten. „Und weißt du was? Gestern habe ich endlich die Nachricht bekommen, dass die Hüfte ausgewachsen ist und mir bald eingesetzt werden kann.“

„Toll“, sagt Tom, „das hört sich aber ganz schön aufwändig und teuer an.“

„Stimmt, da steckt ganz schön viel Arbeit drin“, sagt Opa, „ohne eine enorme Automatisierung und Miniaturisierung der Herstellprozesse wäre so etwas nicht möglich gewesen. Aber hier gab es zum Glück in den letzten 25 Jahren enorme Fortschritte. Trotzdem muss ich immer noch etwas dazu zahlen. Eine Vollkaskomedizin wie früher gibt es leider nicht mehr.

Dass wir überhaupt noch bezahlbare Gesundheitssysteme haben, verdanken wir übrigens zu großen Teilen der Biotechnologie."

„Wie das denn?"

„Nur ein Beispiel: Kannst du dich noch erinnern, als ich Krebs hatte?"

„Klar, das war vor 2 Jahren."

„Genau, damals wurde ich darauf getestet, welches Medikament ich in welcher Dosierung nehmen musste, damit es einen maximalen Nutzen erzielt."

„Ja, stimmt, ich erinnere mich. Wir nannten es die ‚Opa-Kevin-Pille'", sagt Tom.

Opa lacht. „Meine persönliche Pille war es natürlich nicht, aber aufgrund meines genetischen Profils konnten die Ärzte vorhersagen, ob ich zu denjenigen Personen gehörte, bei denen sich der Einsatz dieses teuren Medikaments lohnen würde, oder zu denen, bei denen es wirkungslos geblieben wäre." Opa nimmt noch einen Bissen. „Und mehr noch: Weil geringe Nebenwirkungen zu erwarten waren, konnte man bei mir die Dosierung erhöhen – ein Grund dafür, warum ich den Krebs bisher besiegt habe."

Opa erzählt weiter. „Ein anderes Beispiel ist Alzheimer. Gestern habe ich im I-Paper gelesen, dass man mit biotechnologischen Medikamenten die Plaque-Bildung verhindern und das Absterben der Nervenzellen verzögern kann. Die Krankheit ist zwar noch nicht heilbar, aber sie kann so lange hinausgezögert werden, dass man eher an etwas anderem stirbt als an Alzheimer."

„Aber warum sterben dann immer noch Menschen an solchen Krankheiten?", fragt Tom erstaunt.

„Weil die Dinge manchmal komplizierter sind, als man denkt – gerade, was Krankheiten angeht. Vieles von dem, was man vor 20 Jahren erhofft hat, ist nicht eingetreten – und wird vielleicht auch so schnell nicht eintreten. Das Gleiche gilt übrigens im Positiven für viele der Befürchtungen, die damals herrschten."

„Was meinst du damit?"

„Nun, damals wurden viele Diskussionen über Nutzen und Ethik der Biotechnologie geführt. Nach dem Hype um die Jahrtausendwende trat eine gewisse Ernüchterung ein – einmal, weil viele merkten, dass die Fortschritte doch Jahrzehnte brauchten, um sich durchzusetzen, und nur wenige schnelles Geld mit Biotechnologie verdienen konnten. Und man benötigte Zeit, um die Diskussion zum Datenschutz zu führen – hier war die Politik damals recht zerstritten, und bei den Bundestagswahlen 2017 und 2021 wurde dieser Prunkt ein zentrales Wahlkampfthema."

„Das verstehe ich nicht“, sagt Tom. „Warum Datenschutz der Genprofile?“ Er zieht seine Gesundheitskarte aus der Tasche und zeigt sie seinem Opa. „Hier ist doch mein gesamtes Genom gespeichert. Nur dadurch wissen doch meine Mutter, alle meine Ärzte, Lehrer und Trainer, auf was ich achten muss. Ich bin richtig froh darüber, dass diese Daten erfasst worden sind, weil bei mir doch eine Diabetes Typ I festgestellt worden ist und ich jetzt weiß, was ich essen darf. Damit kann ich sogar ins Perso-MacBurger gehen und bekomme dort meinen personalisierten Burger, der dazu noch ganz auf meinen Stoffwechsel zugeschnitten ist.“

„Man hatte damals einfach Angst, dass die Daten von Anderen falsch genutzt werden könnten“, erklärt der Großvater. „Es hat lange gebraucht, bis sich die Erkenntnis durchgesetzt hat, dass ein Mensch mehr ist als die Summe seiner Gene und dass er sich neben seinen Erbanlagen auch durch seine Erziehung und Erfahrungen auszeichnet. Diese Erkenntnis ist Grundlage dafür, dass wir die Chancen und Risiken besser bewertet und entsprechende Regeln geschaffen haben. Ohne die Zustimmung deiner Mutter darf kein Arzt, Trainer oder Lehrer deine Genkarte sehen. Apropos, wo ist deine Mutter eigentlich heute Abend wieder hin?“

„Die hat von ihrer Partnerschaftsvermittlung wieder einen möglichen passenden Partner vermittelt bekommen.“ Tom klingt genervt: „Die suchen doch geeignete Kandidaten für sie mithilfe irgendeines Molekulartests.“

„Das liegt an den Genen, die das Immunsystem kontrollieren und unter anderem die Gewebeverträglichkeit beeinflussen“, erklärt ihm sein Großvater. „Frauen fühlen sich zu Männern mit einem bestimmten MHC-Komplex hingezogen. Der entscheidet im wahrsten Sinne des Wortes, ob man sich gegenseitig gut riechen kann. Mithilfe von Gentests kann man eine Übereinstimmung zuverlässig nachweisen. Eine Garantie dafür, dass es funkt, ist das natürlich nicht. Hast du den Neuen schon kennen gelernt?“

„Noch nicht. Aber wahrscheinlich läuft es wie beim letzten Mal. Da konnte ich den Typ nicht leiden und habe ihn deshalb weggemobbt.“

Opa lacht. „Ja, Gentests sind eben nicht alles, was eine Beziehung ausmacht. Sie können aber inzwischen in vielen Lebensbereichen Entscheidungen erleichtern und in zahlreichen Industrien Prozessabläufe verbessern.“

Tom stutzt, und der Großvater gibt sich gelassen, bereit, dem Nachwuchs die Dinge zu erklären.

„Das ist auch der Grund, warum in letzter Zeit so viele neue Jobs und Firmen entstanden sind. Nimm zum Beispiel die chemische Industrie. In den letzten Jahren sind viele Produktionsprozesse, die früher mehrere aufwändige Synthesestufen erforderten und große Mengen umweltschädlicher Lösungsmittelabfälle erzeugten, durch Fermentation ersetzt worden. Abfälle werden heute durch geeignete Filter und Abbauprozesse weitgehend wieder recycelt. Die integrierten Bioraffinerien leisten einen enormen Beitrag dazu, dass große Teile der chemischen Stoffe und Kraftstoffe umweltfreundlich und klimaneutral produziert werden. Der Fortschritt ist wirklich enorm: 2004 lag zum Beispiel der Anteil der industriellen Biotechnologie an der Produktion von Feinchemikalien bei etwa 20 % und bei 3 % bei Basischemie. Mittlerweile sind es 75 % bei Feinchemikalien, 30 % bei Basischemie bzw. den Zwischenprodukten und 20 % bei den Kraftstoffen. Bei der Basischemie wollte man eigentlich schon weiter sein, aber es stellte sich heraus, dass die organischen Stoffe so komplex und heterogen waren, dass sie noch nicht so breit eingesetzt werden konnten wie erwartet. Soweit ich mich erinnern kann, gab es damals auch das Problem, geeignete Enzyme zu finden. Inzwischen hat man geeignete Enzyme entwickelt und die Produktionsprozesse optimiert. Die an diesen Prozessen beteiligten Unternehmen haben mehr Arbeitsplätze geschaffen als jede andere Industrie."

„Das mit der geringeren Umweltschädlichkeit mittels Biotech habe ich schon mal gehört", bestätigt Tom. „Deshalb haben wir ja die ‚Bioenergy-Tonne'. Da werfen wir nach dem Essen einfach unsere Lebensmittelabfälle rein. Morgen kommt dann der Bio-Müllmann und holt die Tonne ab, bringt sie zum Gemeindefermenter, wo sie aus den Resten wieder Energie erzeugen, die sie dann ins dezentrale Energienetz einspeisen."

„Hier hat die Biotechnologie die Energiewirtschaft verändert", sagt Opa. „Wo wir früher riesige, zentralisierte Kohle- oder Erdgaskraftwerke hatten, wird nun viel Wert auf erneuerbare Energien gelegt. Ganze Großunternehmen, die früher Gasturbinen bauten, haben heute große Biotech-Abteilungen, die Fermenter produzieren. 2010 beruhte nur ein Bruchteil der Energieerzeugung auf Biomasse – mittlerweile liegt der Anteil, glaube ich, bei rund einem Viertel."

„Was mir aber nicht so gefällt", meint Tom, „ist, dass die Bioenergy-Tonne immer so riecht – man sollte endlich mal was erfinden, dass sie nicht so stinkt."

Opa lacht. „Daran arbeitet man doch schon längst. Gentechnisch veränderte Bakterien können den Abfall bald sehr schnell abbauen und – wer weiß – vielleicht produzieren sie dabei noch irgendwelche wohlriechende Duftstoffe. Überraschen würde es mich nicht. Aber jetzt lass' uns endlich essen."

Jürgen Valentin

Ein Leben in der verborgenen Welt

personal.live-blog / 30. aug 2030 - 7:12 am - start entry:

Ich rasiere mich und sehe die Welt. Ein rauschender Fluss aus Bildern und Worten nimmt ein Viertel meines Badezimmerspiegels ein. Städte, Landschaften, Menschen, Katastrophen, Sportergebnisse und Wirtschaftsdaten formen sich auf der hauchdünnen Folie neben der Reflexion meines mit Rasierschaum bedeckten Gesichts. Eine leise, freundliche Stimme, die sich mit dem Rauschen des Wasserhahns mischt, kommentiert den Bilderstrom meines morgendlichen Feeds. Spiegelnews. Ich wische den Schaum ab und zeige mir die Zähne. Nicht schlecht. Zumindest für mein schon etwas fortgeschrittenes Alter. Der neue vorne links ist gut eingewachsen, die nano-optimierte Struktur der Implantatoberfläche hat den künstlichen Schneidezahn schnell zu einem Teil meines Körpers gemacht. Das war leider nötig, schließlich können die Mikropartikel in der Zahnpasta nicht jedes Loch stopfen. So ist das, wenn man älter wird.

Ich muss an den Vortrag denken, den ich gestern im Institut für Nanosystemtechnik gehalten habe. Viele der jungen Studenten können sich gar nicht recht vorstellen, wie das war, als die Technologien noch nicht auf der atomaren Ebene angekommen waren.

Mit einem Fingertippen auf den Spiegel beende ich den Newsfeed, die Nanofolie wird inaktiv. Für einen Moment halte ich inne und blicke mir nachdenklich in die Augen, sehe die Fältchen und die grauen Haare. Heute ist mein 65. Geburtstag. Nicht nur ich habe mich verändert.

(einen Tag vorher) aka.net - nano-forum / Ref. J. Valentin / 29. aug 2030 - 8:03 pm - audiofile 12 of 14:

» ... Sie sehen also, die meisten haben diese Entwicklungen nicht kommen sehen. Sie müssen sich klarmachen: Was wir heute kaum mehr wahrnehmen, dafür gab es früher sogar ein eigenes Wort: ›Nanotechnologie‹ ... (amüsiertes Gemurmel im Publikum). Sie schmunzeln, das kann ich verstehen, so haben wir früher auch einmal gelächelt, über ›EDV-basierte Lösungen‹ ..., aber das nur für die Älteren unter uns. Von uns Alten gibt es ja immer mehr, das ist gut für meine Witze (Gelächter). Nein, zurück zum Thema. Nicht nur, dass Ihnen, meine lieben Zuhörer, der Sammelbegriff der ›Nanotechnologien‹ heute seltsam erscheint, die Öffentlichkeit und viele Unternehmen sprachen damals sogar von einer ›Nanotechnologie-Branche‹. Diese Branche war freilich eine bloße Konstruktion aus Förderpolitik und Aktienmarketing. Die Menschen haben erst langsam verstanden, worin die eigentliche Natur einer Basis- und Querschnittstechnologie besteht. Mit dem Nachlassen der Nanoeuphorie der Anfangsjahre verschwanden die Marketingbegriffe dann ja auch langsam. Sie verschwanden in gleichem Maße, wie die neuen atomaren und molekularen Möglichkeiten mit immer mehr Produkten und Industriezweigen verschmolzen. Heute redet niemand mehr von einer einheitlichen ›Nanobranche‹, zu unterschiedlich und weit reichend sind die Einsatzgebiete. Die öffentliche Wahrnehmung dieser Technologien ist in die Einzelbereiche zerfallen. Und das ist auch ein Glück für viele Unternehmen, denn die traurige Panne mit Feinpartikeln bei Ungeborenen vor einigen Jahren ... Sie erinnern sich vielleicht, wie die Presse es zu einem ›Nanobyl‹ machte ... dieser Unfall schädigte in keiner Weise den Ruf der Nanosystemtechnik oder der Oberflächenspezialisten. Im Jahre 2010 wäre das vielleicht anders gewesen. Immerhin haben wir ja mittlerweile die nötigen Richtlinien und Gesetze.

Eine zweite Fehleinschätzung der Vergangenheit war ... «

personal.live-blog / mobile wristcomp / 30. aug 2030 - 10:30 am - start entry:

Es ist warm, aber nicht zu heiß, sehr angenehm für eine Joggingrunde durch den Park. Meine Schritte sind leicht, die Pulssensoren, die in meine Laufjacke eingewebt sind, zeigen den optimalen Wert. Ein Wunderwerk der Nanosystemtechnik. Nicht nur, dass der Mikrocomputer meinen Puls misst und mich darauf hinweist, wenn ich zu schnell bin. Immer wenn die Nanosensoren Hautkontakt haben, analysieren sie die Moleküle in meinem Schweiß und vergleichen sie mit meinen Referenzwerten. Jede Laufrunde ist ein kleiner täglicher Gesundheitscheck.

Heute, wie vor 20 Jahren, treffe ich viele Läufer, Skater, Gyrowheeler und Powerslider im Park, doch heute sind die meisten über 60 Jahre alt, viele sogar über 70, und mein Nachbar, der joggt mit 90 noch regelmäßig. Nirgendwo sehe ich die Überalterung der Gesellschaft deutlicher. Na ja, ich gehöre ja selbst dazu und muss sagen, wenn man es sich leisten kann, dann ist es heute angenehmer, älter zu sein. Verlängerung der »Healthspan«, fit durch Hightech-Medizin; Sport und Seniorenprodukte sind zu Hightech-Massenmärkten geworden. Intelligente Funktionskleidung, ultraleichte, verschleißfreie Sportgeräte, mobile Gesundheitsmonitoringsysteme, Nano-Bio-Enhancement. Das Leben der rüstigen Rentner ist fein verwoben mit einer verborgenen Welt molekularer Manipulation und nanotechnischer Produkte.

Dort drüben gleitet mein Nachbar auf seinen neuen carbonPinwheels über den Waldweg. Er hat zwei künstliche Hüftgelenke aus pseudo-organischem Kunststoff. Das karbonverwandte Material wird von Bakterien aufgebaut. Zurzeit ist das noch ziemlich teuer. Oder die Frau hinten auf der Wiese, die gerade Power-Tai-Chi macht. Sie ist 63 und hatte vor drei Jahren

Krebs. Die Tumore in ihrem Kopf wurden mithilfe von supermagnetischen Nanopartikeln gezielt durch Erhitzung beseitigt, eine Routine-OP. Auch in meinem Blut schwimmen gerade molekülgroße Wirkstofftransportsysteme, die den komplexen Impfstoff gegen die gefährliche Labormaus-Grippe sowie einige Energiepräparate in meinem Körper verteilen.

Der Laufweg führt mich aus dem Park und entlang der Reihenhäuser unserer Siedlung nach Hause. Die Fassaden sind in kräftigen Farben gestrichen, auch bei meinem Haus leuchtet mir ein schönes Bordeauxrot entgegen. Die Lightcoll-Anstriche versorgen die Bewohner mit Strom. Hocheffiziente Farbstoff-Solarzellen, das Ende jeder Stromrechnung.

Während ich vor der Haustür verschnaufe und die Muskeln dehne, bemerke ich das Vibrieren meines Health-Monitors. Die kleine Markerfolie ist orange, mein Elektrodoc runzelt mahnend die Stirn. Ich weiß, denke ich seufzend, eigentlich soll man keinen Sport machen, während man gerade geimpft wird ...

(einen Tag vorher) aka.net - nano-forum / Ref. J. Valentin / 29. aug 2030 - 8:06 pm - audiofile 13 of 14:

» ... eine zweite Fehleinschätzung der Vergangenheit war die ›Laborblindheit‹, ein Phänomen, das häufig im Zuge neuer Technologien auftritt. Am Anfang werden Produktfantasien und Marktversprechen hauptsächlich von Ingenieuren und Aktienhändlern getrieben. Aber sie wissen ja, wenn solche Prognosen immer stimmen würden, dann hätten wir Raketenrucksäcke und ein Grundstück auf dem Mond *(Gelächter)*. Irgendwann übernimmt die wahre Macht das Ruder: der Verbraucher. Nicht die theoretischen Möglichkeiten entscheiden über die Wirklichkeiten, auch nicht die besseren Lösungen. Ein Produkt, das die Leute nicht interessiert, sie emotional nicht bindet, kann so gut und innovativ sein, wie es will. Nichts geht ohne den Massenmarkt. Und wer hätte damals kommen sehen, dass die größte Innovationsnachfrage ausgerechnet bei Seniorenprodukten liegen würde, dass die Steigerung der ›Gesundheitsspanne‹ zu einem Schlüsselbegriff für Produkte und Dienstleistungen wird? Medizin und Biotechnologie waren letztlich die größten Profiteure der neuen nanotechnologischen Möglichkeiten. Und die Insolvenzen und Umwälzungen Mitte der 20er waren nur der Beginn des neuen Wirtschaftszyklus: der zunehmenden Verschmelzung von Technischem und Biologischem. Hier bedingen die sogenannten ›Nanotechnologien‹ tatsächlich die größten Veränderungen, hier wurden die wahren Türen zur Zukunft aufgestoßen. Aber auch wir können heute noch nicht sagen, wohin ... «

personal.live-blog / 30. aug 2030 - 14:24 pm - start entry:

Den Nachmittag verbringe ich damit, einige meiner Artikel und Vorträge durchzusehen. Ein Verlag möchte einige Fachartikel von mir in einem E-

Book-Reader veröffentlichen. Natürlich musste ich erst meinen Computer suchen, denn seit die Heimgeräte nur noch so groß sind wie ein Reisewecker, verlege ich das Teil ständig. Die meisten Menschen besitzen sowieso keinen tragbaren Computer mehr, doch ich bin etwas altmodisch. Nanoinformatik und Quantenspeicher haben den Computer als Gegenstand verschwinden lassen. Wir sehen nur noch unsere Tastaturfolie und den winzigen Bildschirmprojektor. Der Rest verbirgt sich in Tischplatten und Wandverkleidungen. Die Miniaturisierung der Privatcomputer ist praktisch zum Stillstand gekommen. Noch kleiner macht schlicht keinen Sinn, und die heutigen Speicherkapazitäten von 150 Gigabyte pro Quadratzentimeter reichen nun wirklich für alle denkbaren Alltagsanwendungen. Es gibt keine persönlichen Heimcomputer mehr, es gibt das Überall-Haussystem. Und es ist interessant zu beobachten, wie das Wort »Computer« aus dem Alltagsgebrauch verschwindet, weil die Technologie längst mit unserer Umgebung verschmolzen ist.

Eine Nachricht meiner Tochter Jana flimmert über die Tischplatte: ›Hallo Papa, mache mich jetzt auf den Weg. Freue mich schon auf deine Geburtstagsfeier.‹ Sie studiert Sport und Sportrecht im letzten Semester und arbeitet an einer Abschlussarbeit über die Gesetzgebung zu Nanodoping. Ich schalte den Computer aus und gehe hinunter in die Küche. Es gibt noch einiges vorzubereiten, bevor die Gäste kommen.

spiegelnews - the continuous worldstream / 29. aug 2030 – 16:03 pm / 15 min. update:

» … spitzt sich die Lage in dem zentralafrikanischen Land weiter zu. Nach ersten Zusammenstößen vergangene Woche wurden heute mehrere Industrieanlagen durch miniaturisierte ›Defensivdrohnen‹ zerstört. Der EU-Außenminister Abdülkadir Yildirim bemüht sich intensiv um Vermittlung zwischen den zahlreichen Konfliktparteien, bisher ohne Erfolg. Bei den auch als ›Mineralkriege‹ bezeichneten Auseinandersetzungen geht es vorrangig um die Vorkommen seltener Rohstoffe für die weltweite Hightech-Produktion. Der gestrige Angriff richtete sich gegen eine Förder- und Verarbeitungsanlage von Tantal, einem zur Produktion von Nanoelektroniksystemen benötigten Metall. Brisant ist die Rolle einer amerikanischen Unternehmensberatung, der pentagonnahen Firma SourceWatch. Nach Angaben von AFP setzte SourceWatch erstmals die umstrittenen mimetischen Körperrüstungen ein, die über die Fähigkeit der molekularen Autostrukturierung verfügen und den Träger nahezu unverwundbar und unaufspürbar machen. Das amerikanische Verteidigungsministerium bestreitet die Vorwürfe. Der chinesische Außenminister und Afrika-Wirtschaftsbeauftragte Liu Yong legte scharfen Protest bei den Vereinten Nationen ein und verurteilte das ›rücksichtslose Vorgehen gegen die Zivilbevölkerung eines befreundeten afrikanischen Staates‹.

Experten rechnen mit einer Zunahme der weltweiten Rohstoffkriege. Die Lagerstätten vieler für die Hightech-Produktion benötigter seltener Metalle sind nahezu erschöpft. Der Preisanstieg von Ringhandys, Armbandcomputern und Feststoff-Energiezellen auch in Deutschland wird von der Industrie mit dieser Verknappung in Zusammenhang gebracht. In der Blogosphäre spricht man bereits von den ›PDA-Wars‹.

Zum Sport: Der amtierende Fußballweltmeister USA schlug gestern ... «

personal.live-blog / 30. aug 2030 - 18:43 pm - start entry:

Meine Tochter war die erste, die mir persönlich gratulierte. Sie war früher gekommen, um mir bei den Vorbereitungen für die Feier zu helfen. Wie immer kam sie mit einem CommunityCar. Das Car-Sharing verdrängt zunehmend den eigenen Wagen. Natürlich fährt sie Elektro, Verbrennungsmotoren sind verpönt und nur noch für Umweltrowdys. Spätestens seit 2020 stehen durch die Fortschritte der nanotechnologischen Materialforschung und Energietechnik extrem leistungsfähige Wechselbatterien und Solarlacke zur Verfügung. Es gibt eigentlich keinen Grund mehr, die allerletzten Überreste von Urzeitwäldern zu verheizen. Das ist Techno-Mittelalter.

Natürlich trägt Jana wieder einen dieser Overalls aus PiNKskin – Schichtgewebe mit einer ähnlichen Funktionsweise wie die Nanospiegelfolie in meinem Bad. Die Oberfläche der Kleidung stellt Filmsequenzen oder abstrakte Bildfolgen dar, die von speziellen Internetseiten direkt in den Overall gestreamt werden. Etwas zu schrill für meinen Geschmack. Als Geschenk überreicht sie mir eine Armbanduhr mit einem liquiden Ziffernball aus Ferrofluiden. Die farbigen Flüssigkeiten werden durch magnetische Impulse zu Zahlen und abstrakten Figuren geformt. Nanokunst. Ein wirklich schickes und nicht ganz preiswertes Geschenk. Aber 65 Jahre sind schon etwas Besonderes, sagt sie und lacht, der Beginn der zweiten Lebenshälfte. Na ja, wer weiß?

Die Feier ist vorbereitet, das Essen ist fertig und die Weinflaschen sind geöffnet. Und irgendwo darin, weit unten in der Welt der Atome und Moleküle arbeitet es für uns, ohne dass wir es merken.

Die Gäste können kommen.

(einen Tag vorher) aka.net - nano-forum / Ref. J. Valentin / 29. aug 2030 - 8:10 pm - audiofile 14 of 14:

» ... noch nicht sagen, wohin uns diese Entwicklungen führen werden. Lassen Sie mich kurz zusammenfassen. Heute, im Jahre 2030, sind jene technischen Möglichkeiten, die früher unter dem vereinfachenden Schlagwort der ›Nanotechnologien‹ zusammengefasst wurden, längst zu einem Standard in Produkten und Herstellungsprozessen geworden. Alltägliche Dinge wie Smartpaper, Wechselzellen für Elektroautos, biokompatible Implantate, Farbstoff-Solarzellen, organische Halbleiter, Wirkstoffboten und Nanosensoren ... all dies wäre – und das ist den meisten Menschen nicht bewusst – ohne den Aufbruch in die atomare Gestaltungsdimension nicht möglich gewesen.

Seit etwa fünf Jahren stehen wir nun an der Schwelle zu wirklich tief greifenden Umbrüchen. Der Weg in die verborgene Welt führte uns in den letzten 20 Jahren in Bereiche, in denen sich die Grenzen zwischen Biologie, Physik, Informationstechnologie und Kognitionswissenschaften aufheben. Vor allem die Biologie wird – und dies ist heute mehr als deutlich – die Leitwissenschaft des 21. Jahrhunderts. Die nanotechnologischen Möglichkeiten geben dieser ›Biologisierung‹ die Werkzeuge in die Hand, um tief und nachhaltig in unser aller Leben einzugreifen. Am Ende des dritten Jahrzehnts stellt sich uns deshalb auch die grundlegende Frage nach der Zukunft der Natur des Menschen.

Ich möchte meinen Vortrag deshalb mit einem Zitat des antiken Philosophen Platon beenden:

›Der Entdecker einer Kunst ist nicht notwendigerweise am besten geeignet, um das Gute oder das Schlechte zu beurteilen, das aus denen entsteht, die diese ausüben.‹ «

End of file.

Meinrad Lugan

Technik, die dem Menschen nutzt

Deutschland blickt heute auf ein bewegtes Jahrzehnt zurück, über das es – zum Glück – überwiegend Positives zu berichten gibt. Besonders gilt dies für die Branche der Medizintechnik, die ich hier vertrete.

Medizintechnik ist kein Selbstzweck, sie dient einem übergeordneten Ziel: Menschen zu helfen. Kurativ oder präventiv, rehabilitativ oder palliativ. Sie verbessert und beschleunigt die Genesung der Patienten und erleichtert Anwendern – Ärzten, Pflegern, Schwestern, Sanitätern und den vielen anderen Beschäftigten im Gesundheitswesen – ihre Arbeit.

Deshalb stellen wir auch in diesem Beitrag Menschen in den Mittelpunkt. Doch lassen Sie uns zunächst einen kurzen Blick aus der Vogelperspektive riskieren: Wie wird sich das deutsche Gesundheitssystem entwickeln?

Und welche Faktoren bestimmen künftig darüber, ob eine Krankengeschichte gut ausgeht oder nicht?

Gesünder leben in Cyber Germany

Zehn Jahre, nachdem die Bundesregierung das Krankenhausprozesstechnologieinnovationseinführungsundumsetzungsbeschleunigungsgesetz (KHPTIEUBG) verabschiedet hat, verfügt das Land heute über eines der modernsten und leistungsfähigsten Gesundheitssysteme der Welt. Einige Zahlen und Fakten:

Die Säuglingssterblichkeit erreicht einen neuen historischen Tiefstand. Die Notfallversorgung ist selbst im ländlichen Raum so perfekt organisiert, dass binnen zehn Minuten Hilfe zur Stelle ist. Und im Falle eines Falles gibt es ja das iPhone-App „AutoDiagnosis". In Kombination mit einer optional erhältlichen Multi-Sensorik gestattet es die Selbstdiagnose und Überprüfung der Vitalfunktionen inklusive eines ersten Ratschlags vom System.

Aus dem gnadenlosen Effizienz-Wettbewerb der Krankenhäuser untereinander sind 1.000 Häuser übrig geblieben. Die durchschnittliche Verweildauer beträgt 1,5 Tage. Denn das gesamte Patientenbetreuungsmanagement ist auf Effizienz getrimmt. Bereits die Aufnahme ist eine Sache von wenigen Sekunden. Daten scannen, eine digitale Unterschrift für die Abrechnung mit der Bundeszentralkrankenkasse, und schon kann sich der angemeldete Patient zur ersten Voruntersuchung begeben.

Jeder Deutsche ab 18 Jahren hat einen implantierten Chip mit RFID-Funktionalität. Auf ihm sind sämtliche Informationen über die Krankengeschichte gespeichert. Jegliche Mehrfacherfassung und unnötige Untersuchung mit möglichem Strahlenrisiko (Röntgen) und vermeidbaren Kosten gehören damit der Vergangenheit an. Sicherungskopien der Patientendaten lagern zentral auf einem Server; für optimalen Datenschutz sorgt eine 2.048-Bit-Verschlüsselung.

Bei den Untersuchungen unterstützt den Arzt eine 3-Minuten-Vollblutanalyse sowie ein leistungsfähiges Expertensystem mit Therapievorschlägen – so bleibt dem Doktor ausreichend Zeit für das persönliche Gespräch.

Für reibungslose Übergaben und den Informationsfluss zwischen Ärzten, Pflegepersonal und Patienten ist die digitale Informationsvernetzung zwingend. Denn der Frauenanteil in den Medizinberufen liegt aktuell bei 87 % und häufig teilen sich zwei oder drei Frauen eine Stelle. Solche Modelle sind im Interesse einer gesunden Work-Life-Balance von der Gesellschaft weitgehend akzeptiert.

Mit der Digitalisierung einher geht die Verschiebung der verschiedenen Arbeitsfelder im Hospital. So übernimmt das Pflegepersonal heute stärker therapeutische Aufgaben.

Und durch die erhebliche Verkürzung der Liegedauer hat sich die Pflege von der Klinik hin zur Anschlussheilbehandlung verlagert.

Die statistische Lebenserwartung hat in den beiden vergangenen Dekaden weiter zugenommen: bei Männern von rund 75 auf 80 Jahre, bei Frauen von 81 auf 85 Jahre. Die Gründe sind vielfältig: Viele Menschen tun mehr für ihre Gesundheit, sie ernähren sich vernünftiger, treiben wohldosiert Sport. Große Fortschritte gibt es in der Medizin: AIDS, verschiedene Krebs-Typen und Herzerkrankungen sind inzwischen heilbar oder haben ihren Schrecken verloren.

Technik von Menschen für Menschen – sieben Beispiele

Ein bedeutender Treiber des medizinischen Fortschritts ist die Medizintechnik. Mit neuen Verfahren und intelligentem Engineering hat die Branche ihre Rolle als einer der wichtigsten Wachstumsmotoren der Wirtschaft weiter ausgebaut. Welchen Nutzen moderne Medizintechnik den Menschen heute bietet, zeigt die Geschichte der sieben Zeitzeugen exemplarisch.

*Ulrich Fortmann, *1958, NPH-Patient ...*

... überlegt einen Moment, dann macht er den entscheidenden Zug. Schachmatt. Jedes zweite Wochenende bekommt Ulrich Besuch von seinem Enkel; dann spielen sie immer gern eine Partie. Fortmann leidet unter einem sogenannten Normaldruck-Hydrocephalus (NPH), auf deutsch Altershirndruck. Der Liquor-(Hirnwasser)-Druck steigt, drückt aufs Gehirn und kann verschiedene Beschwerden auslösen. Ein Leiden, das häufig unentdeckt bleibt oder mit anderen Krankheiten wie Alzheimer oder Parkinson verwechselt wird.

Die ersten Symptome bemerkte der Patient vor ein paar Jahren. Er vergaß Namen, hatte Gleichgewichtsstörungen und verlor mitunter die Orientierung; seine Frau bescheinigte ihm außerdem zunehmend aggressives Verhalten. Mit einer Lumbalpunktion (Ablassen von Hirnwasser) fand sein Arzt die Ursache dieser Beschwerden heraus und riet zu einer Operation. Dabei wurde ihm ein Liquorshunt eingebaut. Dieser Shunt leitet den Liquor zur Absorption in der Bauchhöhle mithilfe eines Dauer-Katheters ab, der von der Gehirnkammer unter der Haut verläuft. Ein Ventil reguliert den Druck des Liquors und hilft so, die Blutversorgung und den Stoffwechsel des Hirngewebes zu normalisieren. Das Ventil wird über „intelligente" Sensoren elektronisch gesteuert: Je nachdem, ob der Patient gerade sitzt, liegt oder sich bewegt, herrschen unterschiedliche Druckverhältnisse im Kopf und die Flüssigkeit fließt mit verschiedenen Geschwindigkeiten ab.

So kann Ulrich Fortmann dank moderner Medizintechnik heute ein selbstbestimmtes Leben führen, er fährt Auto, geht einkaufen und – siehe oben – gewinnt sogar häufig beim Schach.

*Svenja Müller, *1980, Diabetikerin*

Es ist Donnerstag, der 14. November 2030, ein grauer, wolkenverhangener Tag ohne eine Minute Sonnenschein. Doch Svenja Müller lässt sich die gute Laune nicht vermiesen. Heute feiert sie ihren 50. Geburtstag. Sie ist zwar seit 25 Jahren Diabetikerin, doch das tut ihrer Lebensqualität keinen Abbruch. Sie arbeitet Vollzeit, fährt mit Begeisterung Motorrad und kennt genau die Diät, die ihr am besten bekommt. Ihr letzter Fall von akuter Unterzuckerung („Insulinschock") liegt bereits viele Jahre zurück.

Dafür sorgt ihr „Metabol Guard", ein kaum erbsengroßes, fest implantiertes Blutzuckermessgerät. Neben dem Insulinspiegel misst es Puls, Körpertemperatur und Blutdruck. Es steht per Bluetooth in permanenter Funkverbindung mit Svenjas Multifunktionsarmbanduhr am Handgelenk. Das selbstlernende System zeigt nicht nur die Zeit an, sondern berät Svenja – abhängig von den gemessenen Werten – über den idealen Zeitpunkt für die nächste Mahlzeit und die fällige Injektion.

Überschreiten die Messungen bestimmte Grenzwerte, wird automatisch ein Alarm bei der nächstgelegenen Notrufzentrale ausgelöst. Dank der Funkverbindung per G4 LTE2-Standard (mit maximal 1,6 Gbit pro Sekunde) landet der Alarm quasi in Echtzeit beim diensthabenden Arzt.

Im nächsten Jahr löst eine neue Generation Svenjas Metabol Guard ab. Künftig misst und berät das Gerät nicht nur, sondern führt dem Körper im Notfall auch per Infusionspumpe direkt die richtige Dosis an Insulin, Glucagon oder Nahrung zu.

*Rita Schnell, *2010, Fitness-Fan*

Als Rita vor zwanzig Jahren geboren wurde, war Doping in erster Linie im Hochleistungssport und in den Fitness-Centern ein Thema. Jeder erfolgreiche Athlet tat es, doch niemand bekannte sich dazu.

Heute ist Doping etwas ganz Normales – legal und gesund. Denn man versteht etwas völlig Anderes unter diesem Begriff: nämlich das, was man früher Functional Food nannte, also Nahrungsmittel, die mit zusätzlichen Inhaltsstoffen wie Vitaminen, Mineralstoffen, Bakterienkulturen oder ungesättigten Fettsäuren angereichert werden.

Und die liegen voll im Trend. Rita beispielsweise schwört auf ihre Hepta Plus Butter. Die passionierte Marathonläuferin weiß: Solche Fette mit ungerader Anzahl an Kohlenstoffatomen (in diesem Fall sieben) können die zugeführte Nahrung wesentlich besser in Power umsetzen als C6-Produkte. Und seitdem ein Protein-angereichertes Müsli und hinterher ein synthetisiertes Vollkornbrot mit Bananen-Leberwurst auf ihrem Frühstücks-Speiseplan steht, braucht sie auch keine Brille mehr zu tragen. Ihre angeborene Kurzsichtigkeit ist verschwunden. Umso besser, dass der Morgensnack auch Herzinfarkt vorbeugt, zumal da Rita weiß, dass ihre Mutter und ihre Großmutter Infarktpatienten waren.

*Sheila-Ayleen Koslowski, *2027*

Alexander und Vanessa sind außer sich vor Freude. Ihre kleine Sheila packt gerade ihre Geburtstagsgeschenke aus. Dass die drei diesen Tag so fröhlich und unbeschwert feiern können, ist nicht selbstverständlich. Sheila-Ayleen kam vor drei Jahren zur Welt. Als Frühchen mit einem Gewicht von 1470 Gramm! Bei ihrer Mutter war in der 26. Schwangerschaftswoche ein vorzeitiger Blasensprung aufgetreten. Irgendwann hatten alle ärztlichen Bemühungen, die Geburt so lange wie möglich herauszuzögern, ein Ende: Notkaiserschnitt!

Sofort nach der Geburt kam das kleine Mädchen unters Messer. Die diagnostizierte Zwerchfellhernie – ein Bruch des Zwerchfells mit Verlagerung von Bauchorganen in den Brustraum durch eine Zwerchfelllücke hindurch – musste sofort operiert werden.

Minimal-invasive Methoden sind dabei heute ausnahmslos Standard. Die Instrumente werden durch winzige Einschnitte in der Brustwand platziert und per Fernüberwachung durch eine Kamera bedient. Diese Technik vermeidet große Narben – wie sie früher bei offenen Operationen im Brustraum entstanden – und ist mit erheblich weniger Belastung für das Kind verbunden.

In den folgenden Wochen und Monaten zogen die Ärzte sämtliche Register, um das kleine Mädchen durchzubringen und vor allem: ihm später ein gesundes, normales Leben zu ermöglichen.

Eine Maßnahme bestand darin, der Kleinen in ihren ersten drei Lebenswochen einen speziellen, intelligent ausgetüftelten Hormoncocktail zu verabreichen. Dieser ist in der Lage, die biochemische Entwicklungsverzögerung des Gehirns und der Gliedmaßen positiv auszugleichen.

Wie bei allen Frühchen dieses Reifegrads war auch bei Sheila-Ayleen die Entwicklung des Darms verzögert. In solchen Fällen wird die Nahrung ausschließlich parenteral, das heißt Darm und Magen umgehend, direkt in den Kreislauf zugeführt. Vor zwanzig Jahren gab es für diese Zwecke nur modifizierte Erwachsenennahrung. Heute bekommt jeder Säugling eine speziell auf seinen Entwicklungsstand abgestimmte Diät, die den kleinen Organismus mit allem Notwendigen optimal versorgt.

Mit diesen Maßnahmen schafften es die Ärzte, ein Ausbrechen der früher bei Frühchen häufig auftretenden und daher gefürchteten nekrotisierenden Enterokolitis zu verhindern. So bleiben der kleinen Sheila-Ayleen später auch Probleme in Folge eines Kurzdarmsyndroms erspart.

*Rudi Bauer, *1950, passionierter Sportler*

Rudi Bauer strahlt. Persönliche Bestzeit! Wieder einmal hat der 80-Jährige den jährlichen Seniorenlauf in seiner Heimatgemeinde gewonnen. Seit Kindesbeinen ist Rudi Sportler gewesen. Fußball, Schwimmen, „Dauerlauf", wie es damals im Schulsport hieß. Dann, vor zwei Jahren, der schwere Autounfall. In der Dämmerung hatte ihn der Pkw-Fahrer übersehen. Drei gebrochene Rippen, zwei zertrümmerte Wirbelknochen und noch ein paar kleinere Blessuren ... „Meinen Sport kann ich jetzt wohl vergessen", war Rudolfs erster Gedanke.

Wäre das Unglück vor zwanzig Jahren passiert, wäre es wahrscheinlich so gekommen. Im schlimmsten Fall („Querschnittlähmung") wäre Rudi ein Fall für den Rollstuhl geworden. Und so kommt es ihm wie ein Wunder vor, dass er wieder losrennen kann – und das völlig schmerzfrei. Zu verdanken hat er sein Glück der Medizintechnik, genauer den großen Fortschritten in der autologischen Zelltransplantation: Kurz nach Eintreffen in der Klinik entnahmen die Ärzte dem Patienten körpereigenes Gewebe, setzten es in eine Nährlösung und – warteten ab. Nach zwei Wochen war daraus ein neuer, gesunder Wirbelknochen gewachsen. Der Wiedereinbau war dann ein Kinderspiel. Die minimal-invasiven Techniken tragen inzwischen ihren Namen zu Recht: Ein Millimeter-kleiner Schnitt reicht aus, um die Operation durchzuführen. Dank dieses Verfahrens und mit der Unterstützung seines Physiotherapeuten konnte Rudi schon sechs Wochen nach dem Unfall wieder auf seine geliebte „Piste".

*Jan Schulze, *1990, Chirurg*

Was steht heute auf dem Programm? Ein Dickdarm-Tumor. Alter des Patienten 45 Jahre, Normalgewicht. Ein Routine-Eingriff für Dr. Schulze. Was früher eine „große" OP mit mindestens vier Stunden Dauer war, geht heute in einer knappen Stunde über die Bühne. Minimalinvasiv, laparoskopisch und damit besonders schonend für den Patienten.

Und übrigens auch für den Operateur: Jeder seiner Arbeitsschritte wird ihm per Bauchraum-Kamera-Video mit Hilfe seiner Retina-Projektionsbrille direkt auf die Netzhaut projiziert. Das sogenannte „Retinal Imaging

Display“ (RID) nutzt eine Projektionstechnologie mit gebündeltem Licht – für die Augen völlig ungefährlich. Für den Betrachter wirken die auf die Netzhaut per Laserdioden projizierten Bilder, als existierten sie vor ihm. Weiterer großer Vorteil: Das eigene Sichtfeld wird nicht eingeschränkt.

Noch vor fünfzehn Jahren standen an jedem Operationstisch zwei bis drei Monitore. Auf ihnen verfolgten die Ärzte jeden Handgriff am Patienten. Die hohe Auflösung des Bildes war zwar gut fürs Auge, doch schlecht für die Haltung. Links gucken, rechts operieren – das konnte nicht lange gut gehen. Und so klagten damals immer mehr Chirurgen über Spannungskopfschmerz und Rückenbeschwerden.

Im benachbarten Saal nutzt Schulzes Kollege ebenfalls die Vorteile des RID. Er führt gerade eine robotergestützte OP durch. Die Bedienung erfolgt per Joystick. Jede Bewegung des Arztes wird auf die Arme des OP-Roboters übertragen. Diese bewegen sich, zusammen mit einer Kamera, im Bauchraum des Patienten und erledigen dort mit OP-Besteck die chirurgische Feinstarbeit. Der Roboter kann sehr viel genauer arbeiten, da die Handgriffe des Arztes mit dem Faktor 1 zu 100 in die Roboteraktion „übersetzt“ werden: Eine 1-Zentimeter-Bewegung des Chirurgen entspricht einer 1-Millimeter-Aktion des Roboters. Etwaiges Zittern wird ebenfalls automatisch ausgefiltert.

*Sven Derksen, *1988, Multitalent*

Sven Derksen ist Medizintechnik-Ingenieur. 2020 war er einer der ersten Absolventen der Aesculap University of Applied Medical Engineering.

Die in einer Public Private Partnership zwischen dem Land Berlin-Brandenburg und Europas führendem Systempartner für Medizintechnik gegründete Hochschule hatte 2015 den Lehrbetrieb aufgenommen. Pate standen damals die Universitäten Lübeck, München, Ilmenau und Erlangen-Nürnberg. Dort gab es bereits Anfang des 21. Jahrhunderts interdisziplinäre Studiengänge im medizintechnischen Bereich.

Nach Abschaffung der Bachelor- und Masterstudiengänge im Jahr 2013 belegte Derksen den Studiengang „Medizintechnik“ mit dem Abschluss Diplom-Ingenieur. Anschließend promovierte er am Lehrstuhl für Medizinrobotik mit einer Arbeit über Workflow-Optimierung in der intensivmedizinischen Patienten-Versorgung. Exzellent ausgebildet in betriebswirtschaftlichen, technischen und biomedizinischen Fragestellungen, arbeitet er heute im Krankenhaus am Rande der Stadt – genau an der Schnittstelle zwischen Ärzten, Pflegepersonal, OP-Technikern und der Verwaltung. Und trägt auf diese Weise maßgeblich zu einer gleichermaßen patientenfreundlichen wie wirtschaftlichen Arbeitsweise der Klinik bei.

2050 – quo vadis?

Ein Ende des medizintechnischen Fortschritts ist übrigens nicht in Sicht. Beispiele? In zwanzig Jahren werden Querschnittsgelähmte mit Gedankenkraft ein selbstbestimmtes Leben führen. Kleinste und zugleich extrem leistungsfähige rechnergestützte Expertensysteme werden uns helfen – wenn uns das eigene Gedächtnis im Stich lässt. Welche Innovationen die Medizintechniker sich auch einfallen lassen – im Jahr 2050 wird einer immer noch im Mittelpunkt stehen: der Mensch.

August-Wilhelm Scheer

100 mal 100

2030. Bei der Lösung der großen Herausforderungen der Zeit – Ökologie, Demografie, Gesundheit, globale Armutsbekämpfung, Bildung – spielen Informations- und Kommunikationstechnologien eine zentrale Rolle. Entsprechend stark ist die Branche – international und in Deutschland. Bereits im zweiten Jahrzehnt des Jahrhunderts konnte Deutschland vom Nettoimporteur zum Nettoexporteur digitaler Technologien werden. Dies hatte vor allem zwei Gründe: 1. Deutsche Unternehmen aller Größen erkannten rechtzeitig, dass das Management von technischer Komplexität ein globaler Wachstumsmarkt war. 2. Die richtige Innovations- und Bildungspolitik sorgte für politische Flankierung. Die gezielte Förderung von mittelständischen Technologie-Unternehmen mit internationaler Ausrichtung hat sich gelohnt. Im Rückblick lässt sich sagen: Für den Wiederaufstieg der IT-Branche in Deutschland gab die Serie von IT-Gipfeln den Startschuss.

Digitale Technologie bestimmt unser Leben. Stärker, als wir es uns vor zwanzig Jahren vorstellen konnten. Das bemerken wir jedoch gar nicht mehr. Die digitalen Einheiten in unseren intelligenten Alltagsassistenten, die Software auf den Servern, die unsere mobilen Endgeräte steuert, die semantischen Suchmaschinen, die uns in jedem Kontext passgenaue Informationen zuspielen; alles funktioniert selbstverständlich, reibungslos, dezent. Wir Anwender haben längst vergessen, dass wir Anwender sind.

Mensch und Maschine kommunizieren heute sehr direkt. Dieser Text wurde nicht mithilfe einer Tastatur geschrieben. Seit zwei, drei Jahren nutzen die meisten Schreiber den Mindreader-Helm. Man setzt ihn auf und denkt den Text runter. Bei diesem Text wurden zunächst im Brainstorming-Modus Gedanken gesammelt. Auf dem Bildschirm ist eine Mindmap entstanden, die der Autor in Gedanken ein wenig umsortiert hat. Er ist dann in den Schreibmodus gewechselt und hat den Text Zeile für Zeile gedanklich erstellt. Das hat alles in allem keine zwei Stunden gedauert. Die inhaltlichen und stilistischen Verbesserungsvorschläge wurden in diesem Fall zu 65 % angenommen.

Die Software, die das leistet, arbeitet nicht auf dem Quarp-Phone2030, das auf dem Schreibtisch liegt. Das besteht lediglich aus einem ausrollbaren Display, einem sogenannten Energy Harvester, der Sonnen- und Bewegungsenergie sammelt, sowie einer hocheffizienten CPU mit integrierter Sende- und Empfangseinheit. Das Gerät stellt eine sichere Verbindung (10 Gbit/s auf dem Land, in der Stadt natürlich deutlich mehr) zu den Anwendungen des Nutzers her. Die hat dieser bei einem Intelligence-Service-Provider gebucht. Software gibt es heute fast gar nicht mehr zu kaufen. Man mietet sie nur noch in Verbindung mit Rechenleistung. In den zwanziger Jahren unseres Jahrhunderts wurde die Rechenkapazität nahezu vollständig von den Endgeräten in die Serverparks der großen Software-as-a-Service-(SaaS)-Anbieter verlagert, was auf verschiedenen Ebenen Vorteile hatte. Private Verbraucher wie Unternehmen müssen seitdem nur noch jene Software und Rechenkapazität zahlen, die sie tatsächlich benötigen. Das macht sie deutlich flexibler und sie müssen nicht mehr die Kapazitäten für Spitzenzeiten, zum Beispiel Jahresbilanzen, das ganze Jahr über vorhalten. Unter dem Strich hat das zu sinkenden Preisen für die Anwender geführt, aber auch zu einem Aufschwung in der deutschen IT-Industrie, die den Trend zu neuen „Delivery Models" rechtzeitig erkannt hat. Es sind eine Reihe renditestarker Unternehmen entstanden, die von Deutschland aus als Dienstleister agieren. Sie kaufen weltweit die besten Anwendungen ein, führen sie zu komplexen Systemen zusammen und vermarkten diese mit großem internationalem Erfolg. Das Management von Komplexität war schon immer eine genuine Stärke der deutschen Wirtschaft. Den hiesigen Anbietern kam außerdem entgegen, dass deutsche Angebote weltweit für ihre Zuverlässigkeit bekannt sind und Vertrauen genießen – beim Management existentieller Prozesse in den Unternehmen ein entscheidender Wettbewerbsvorteil für unsere Anbieter.

Intelligent grün

Die neuen SaaS-Angebote ermöglichen auch eine deutlich bessere Ökobilanz. Wenige große Serverparks laufen sparsamer als viele kleine Rechner. Insgesamt hat sich Informationstechnologie längst als wichtigstes Modul energieeffizienter Systeme herausgestellt. Ab nächstem Jahr müssen alle Neubauten mehr Energie erzeugen, als sie verbrauchen. Technisch ist das kein Problem mehr, denn die zentrale Steuereinheit im Haus vernetzt nicht nur die Geothermie im Boden mit Solar- und Windkraft auf dem Dach. Sie ist auch an die Wettervorhersage angebunden und optimiert voraussichtliche Energieproduktion mit voraussichtlichem Verbrauch so, dass über das Jahr gerechnet ein erheblicher Energieüberschuss entsteht. Ein großer Teil dieser Energie fließt in die Elektroautoflotten, deren Akkus zudem als Energiespeicher fungieren. Die Energienetze sind selbst in hohem Maße intelligent geworden. Auch sie wissen, dank IT, wo wann welche Menge Energie entsteht und wo wann welche Menge gebraucht wird. Erzeugung und Speicherung von Energie hat sich – dank IT – zu einem Nebenerwerbsmodell vieler Privathaushalte entwickelt.

Deutsche ITK-Unternehmen konnten vom Megatrend der Energieeffizienz stark profitieren, denn sie haben in den letzten beiden Jahrzehnten eng mit den gut positionierten Umwelttechnik-Unternehmen besonders im Maschinenbau, den Energietechnik-Riesen wie Siemens und den deutschen Automobilherstellern kooperiert. Viele Pilotaufträge kamen aus dem öffentlichen Sektor. Doch auch Umweltgesetzgebung auf nationaler und europäischer Ebene war ein Treiber, der deutsche ITK-Umwelttechnik global auf einen der Führungsplätze brachte. Als besonders innovativ haben sich mittelständische Unternehmen herausgestellt, die sich auf Business-to-Business-Lösungen konzentriert haben und heute eine ähnlich dominante Stellung auf dem digitalen Umwelttechnik-Weltmarkt einnehmen wie einst die deutschen „Hidden Champions“ in der Verfahrenstechnik und in der Automobilzulieferung.

Neben Elektro- und Wasserstoffautos haben sich übrigens druckluftgetriebene Fahrzeuge etabliert, die wie alle anderen mit IT-gestützten Sicherheitsfeatures ausgerüstet sind. Seit 2018 sind automatische Brems- und Ausweichsysteme bei Neuzulassungen in Europa Pflicht. Ein eingebettetes System im Auto erkennt heute, wenn ein Ball auf die Straße rollt. Es bremst schneller und zuverlässiger, als es ein Mensch je könnte. Zum Glück gilt das auch für das folgende Fahrzeug. Die Anzahl an Fahrzeugen auf unseren Straßen hat in den letzten beiden Jahrzehnten weiter zugenommen. Und dennoch rollt der Verkehr, denn Telematik hat endlich die Datenbasis, um Verkehrsströme wirklich intelligent zu leiten. Die Daten kommen unter anderem aus den Navigationssystemen der Fahrer, die gerade unterwegs sind, den Sensoren der RFID-Mautstellen und aus dem ständig aktualisierten Baustellenverzeichnis der vernetzten Behörden. Wer von A nach B will, gibt das per Gedankentransfer zu Beginn der Fahrt kurz ein und erhält heute tatsächlich die schnellste Route. Das spart neben Zeit eben auch Strom und Wasserstoff bzw. Druckluft. Rund 30 % der weltweiten Telematik-Patente gehören deutschen Unternehmen. Die Systeme werden zum großen Teil in Lizenz in Asien, aber auch im Süden Afrikas gefertigt.

Der digitale Wohlfühlsensor

IT hat die Welt nicht nur grüner gemacht. Sie hilft uns auch, die großen demografischen Herausforderungen zu bewältigen. Wir sind alt geworden. Viele von uns zumindest. Die meisten wollen weiter zuhause leben, und sie können es dank digital gesteuerter Umgebungsassistenten. Ambient Assisted Living haben das Trendforscher früher genannt. Viele ältere Bürger tragen zuhause eine leichte Manschette am Handgelenk, die Puls und Blutzucker und weitere Gesundheitsparameter misst. Ist etwas nicht in Ordnung, funkt der digitale Wohlfühlsensor Alarm. Diabetiker tragen am Oberarm heute übrigens eine zweite Manschette, die immer für die richtige Insulindosis sorgt. Einmal pro Woche gibt sie individuelle Tipps für eine gesündere Ernährung. Der Rollator von heute erkennt den Weg vom Bad in die Küche und er spürt die richtige Geschwindigkeit, mit der er führen muss.

E-Health ist ein nach wie vor wachsendes Feld deutscher ITK-Wertschöpfung. Zum einen hat sich die Medizintechnik immer weiter digitalisiert. Der Medizinnobelpreis ging 2023 zum ersten Mal an ein mittelständisches Unternehmen und nicht an einen Mediziner. Die Firma aus Baden-Württemberg hatte Mitte des zweiten Jahrzehnts das erste „digitale Auge" entwickelt, einen Fotochip, der Menschen mit degenerierter Netzhaut implantiert und an den Sehnerv angebunden wurde. Die ersten Netzhaut-Chips ermöglichten immerhin schemenhaftes Sehen, heute erreichen sie annähernd 80 % des natürlichen Sehvermögens. Die Integration technischer Elemente in den Körper hat allerdings auch einige Kapriolen geschlagen. Es begann damit, dass Banken ihren Kunden aus Sicherheitsgründen nahelegten, Bezahlchips unter die Haut implantieren zu lassen. Inzwischen gilt es in manchen Kreisen als chic, auch seine Kinder mit Chips auszustatten. Sie können dadurch jederzeit geortet werden und senden im Fall der Fälle Notsignale.

Als weiteres Wachstumsfeld haben sich einheitliche elektronische Infrastrukturen im Gesundheitswesen herausgestellt. In Deutschland wurden diese in den zwanziger Jahren endlich und nach langen Widerständen eingeführt. Heute ist Konsens, dass alle von der Health-Card profitieren. Sie ist zudem ein Exportschlager geworden. Eine alternde Gesellschaft zwingt eben nicht nur uns dazu, immer stärker in E-Health zu investieren.

Phishing – was war das noch?

Ein weiteres Feld informationstechnischer Innovation – von Trendforschern einst sträflich vernachlässigt – sind heute digital getriebene Sicherheitssysteme. Sie schützen vor Bedrohungen aller Art. Alarmanlagen verhindern Hauseinbrüche zu annähernd 100 %. Datenverschlüsselung ist einfach zu handhaben, aber nur noch mit ungeheurem technischen Aufwand zu knacken – bzw. sie geschieht wo immer nötig ohnehin automatisch, ohne dass der Normal-Nutzer dies noch mitbekäme. Dem Phishing sind wir dank biometrischer Abgleichmethoden schon um 2015 endgültig Herr geworden. Auch in allen Fragen von innerer und äußerer Sicherheit gibt es von der Analyse bis zur konkreten Abwehr im Grunde kein Verfahren mehr, das im Kern nicht durch Software gesteuert würde. Vielleicht liegt es an unserem traditionell hohen Sicherheitsbewusstsein, dass deutsche Unternehmen auch in diesem Bereich eine sehr starke Stellung auf dem Weltmarkt erobern konnten. Ein Teil der Durchbruch-Innovationen waren politisch gefordert und gefördert, zum Beispiel bei der Dokumentensicherheit von E-Pässen oder Abrechnungssystemen der Finanzämter.

B2B, made in Germany

Grüne IT, E-Health und E-Security sind nur drei von knapp zehn digital getriebenen Geschäftsfeldern, auf denen deutsche Unternehmen schneller wachsen konnten als die internationale Konkurrenz. Erfolge konnten auch bei der Digitalisierung der Logistik, beim traditionell starken E-Commerce und bei RFID-basierten Anwendungen für den stationären Handel erzielt werden. Business-Software „made in Germany" konnte die traditionell starke Position weiter ausbauen, unter anderem dank einer Software-Offensive und früher Angebote mit dem Geschäftsmodell SaaS. Es gibt heute neben SAP zwei weitere globale Spieler mit Sitz in Deutschland. Ihr Kerngeschäft ist es, Effizienzsteigerung zu verkaufen – und zwar besonders in der Kombination aus Software, IT-Dienstleistung und Branchen-Know-how wie etwa intelligenter Maschinensteuerung. Ein Software-Konzern aus Nordrhein-Westfalen hat 2020 übrigens im Verbund mit einem großen Anlagenhersteller die erste vollautomatisierte Elektroauto-Fabrik der Welt gebaut. Die Chip-Produktion ist größtenteils aus Deutschland verschwunden, und zwar mit der Umstellung von Silizium auf Nano-Imprint. Die Reinstraum- und Produktions-Anlagen zu deren Herstellung und das Chipdesign gerade für Spezialchips der großen deutschen Anwenderbrachen (Energie, Automotive, Maschinen- und Anlagenbau etc.) kommen aber nach wie vor aus Deutschland. Bei Unterhaltungselektronik, Webunternehmen und Spiele-Entwicklern gibt es einige kreative Cluster, unter anderem in Hamburg, Berlin und München, doch das große Geld wird hier weiter in Kalifornien und seit rund zehn Jahren in Asien verdient.

Der Kampf um die Talente hält an

Der Mangel an qualifizierten Arbeitskräften bleibt die große Herausforderung der deutschen ITK-Branche. Seit 2015 wurde vieles versucht, mitunter auch konsequent. Die Universitäten haben verstanden, dass sie unter den Bedingungen der ungünstigen Demografie nicht mehr sieben können, sondern fördern müssen. Es mangelt nicht an technisch-naturwissenschaftlichen Lehrangeboten, sondern an Studenten. Staatliche Bildungseinrichtungen und Unternehmen haben in Konzepte zu „lebenslangem Lernen" investiert. Die Universitäten versorgen ihre Studierenden lebenslang mit aktuellem, situationsbezogenem Wissen. Parallel wurde die Durchschnittsstudiendauer und damit das „Lernen auf Halde" auf drei Jahre verkürzt, die Pensionsgrenze auf 70 Jahre erhöht. Der Durchschnittsstudent ist 45 Jahre alt.

Bildungsinvestitionen der Vergangenheit erbringen die gewünschte Rendite. Im Bildungs- und Hochschulwesen wurden Wettbewerbsstrukturen aufgebaut. Einige deutsche Hochschulen spielen in der Liga vom MIT, Oxford und der École Polytechnique. Mehrere Bundesländer haben im Jahr 2015 ihre Lehrpläne für die Schulen stark geändert. Beginnend mit dem ersten Schuljahr fallen 40 % der Unterrichtsfächer unter MINT, also Mathematik, Informatik, Naturwissenschaft und Technik. Seit 2020 ist Informatik in der Sekundarstufe I in allen Bundesländern Pflichtfach. Die Lehrplanumstellungen wurden von einer Weiterbildungsinitiative für Lehrer aller Fächer begleitet, die im Einsatz neuer Medien im Unterricht geschult wurden. Dieses Jahr kommen die ersten Schüler dieser Generation, oft mit technischen Bachelor-Abschlüssen, auf den Arbeitsmarkt. Die IT-Industrie kämpft hart um diese Talente.

Denn aller Bemühungen zum Trotz: In Deutschland fehlen insgesamt über fünf Millionen Arbeitskräfte, und die BITKOM-Branche trifft es besonders hart. Zwar wurden die Zuwanderungsbestimmungen für ITK-Fachkräfte deutlich gelockert. Durch ITK sind Arbeitszeiten und -orte viel flexibler geworden und der Anteil der Erwerbstätigen konnte deutlich steigen. Doch unter dem Strich reicht das nicht, den demografischen Trend auszugleichen. Produktivitätssteigerungen sind deshalb als Quelle des Wachstums in Deutschland wichtiger denn je. An ambitionierten Zielen mangelt es auch heute nicht.

2029 hat das hundertste deutsche ITK-Unternehmen die 100-Millionen-Umsatz-Grenze geknackt, inflationsbereinigt versteht sich. 2040 sollten es 1000 sein.

Matthias K. Hartmann

IT hat die Welt lebenswerter und die Unternehmen klüger gemacht

Im Jahr 2011 feierte die IBM ihr hundertjähriges Bestehen. In den hundert Jahren ihres Bestehens hatte sich das Unternehmen grundlegend gewandelt – von der Schreibmaschine und dem Großrechner über den PC bis zum Beratungsunternehmen. Und natürlich hatte sich auch die Welt massiv verändert, ökologisch wie ökonomisch, politisch wie gesellschaftlich.

Damals hatte die IBM eine Diskussion darüber angestoßen, wie sich die Dinge in unserer Welt grundlegend ändern sollten. Seitdem führte die IBM einen intensiven Meinungsaustausch mit Kunden, anderen Unternehmen, Politik und Wissenschaft darüber, wie alle gemeinsam eine „intelligentere Welt" gestalten wollten.

In den Forschungs- und Entwicklungszentren der IBM wurden längst nicht mehr nur neue Technologien entwickelt, das Unternehmen widmete sich vielmehr immer stärker Fragestellungen, die weit über reine IT-Innovationen hinausgingen.

Die IBM-Wissenschaftler erforschten Materialien, die heute zehnmal mehr Energie speichern als Lithium-Ionen-Akkus, und Membranen, die Trinkwasser reinigen und Meerwasser entsalzen. Die Triebfeder war eine Vision eines sauberen, lebenswerten und intelligenten Planeten, auf dem die ökologischen Grundlagen gewahrt bleiben und die Menschen in Sicherheit und ökonomischer Stabilität leben können. Grundvoraussetzungen dafür waren vor allem sauberes Wasser, bessere Energiespeicher und eine intelligente Energieversorgung, weniger Verkehr und qualitativ erstklassige, aber dennoch bezahlbare Gesundheitssysteme.

Rechenleistung war schon 2010 überall so kostengünstig vorhanden, dass Gegenstände damit ausgestattet werden konnten, die von außen nicht wie Computer wirken: Fahrzeuge, Haushaltsgeräte, Straßen, Stromnetze und Bekleidung, genauso wie globale Prozess- und Lieferketten. Selbst in der Landwirtschaft oder an Wasserwegen wurde bereits Informationstechnologie in Form von Sensoren eingesetzt. All diese digitalen Einheiten, von denen es heute Billionen gibt, sind jetzt über das Internet miteinander vernetzt.

Was haben wir heute, im Jahr 2030, erreicht?

Mehr Lebensqualität in unseren Städten

Bis zum Jahr 2050 werden 70 % aller Menschen in urbanen Ballungsräumen und großen Metropolen arbeiten und wohnen. Bereits 2008 lebten mehr Menschen in Städten als auf dem Land. Tokio und New York lagen mit ihren elfhundert Milliarden Dollar Bruttosozialprodukt wirtschaftlich betrachtet etwa auf dem Niveau Kanadas oder Spaniens. Paris und London stellten mit knapp fünfhundert Milliarden Dollar BSP bereits Länder wie die Schweiz oder Schweden in den Schatten. Auch im dicht besiedelten Deutschland lebten bereits 88 % der Bevölkerung in Städten, die zwar nicht mit den explosionsartig wachsenden Millionenmetropolen Asiens zu vergleichen waren, dennoch standen auch sie vor enormen Herausforderungen. Es galt, für Menschen in diesen Ballungsräumen langfristig eine Lebensqualität zu sichern, die diesen Namen verdient.

Das Problem bestand darin, dass die Systeme, die eine effiziente, qualitativ hochwertige Versorgung und nachhaltige Nutzung urbaner Lebensräume ermöglichen konnten, zu wenig miteinander vernetzt waren. Vielen Systemen, zum Beispiel der Stromversorgung, fehlte noch die notwendige Intelligenz. Das alles hat sich in den letzten 20 Jahren geändert, schneller als man es sich 2010 vorstellen konnte. Neue Technologien halfen, die verschiedenen Systeme sinnvoll miteinander zu verknüpfen und sie in die Lage zu versetzen, miteinander zu kommunizieren: Autos, Autobahnen, Kameras, Pipelines, Medikamente, Heizkörper, Kühlschränke – alles liefert heute Informationen, die die Systeme und damit auch ihre Nutzer intelligenter machen. Clouds genannte „Informationswolken" sind in der Lage, Daten zu sammeln und sie in leistungsstarke Back-End-Systeme einzuspeisen. In Kombination mit ausgeklügelten Analysewerkzeugen entsteht aus diesen Datenbergen neue Intelligenz, die in aktives Handeln umgewandelt wird und die Infrastrukturen, Prozesse und Versorgungssysteme effizienter, produktiver und reaktionsschneller gemacht hat.

Ein weiterer zentraler Baustein, mit dem nicht nur die ökologischen und gesellschaftlichen, sondern auch die ökonomischen Rahmenbedingungen entscheidend verbessert wurden, ist die Intelligenz in den Unternehmen, durch die die Unternehmensführung trotz steigender Datenflut in die Lage versetzt worden ist, diese Datenfülle sinnvoll zu nutzen.

Mehr Intelligenz für die Unternehmen

Während nach einer IBM-Studie aus dem Jahr 2009 noch acht von zehn Führungskräften wichtige Entscheidungen auf der Grundlage von sehr unzureichenden oder gänzlich fehlenden Informationen fällten und viele Entscheidungen aus dem Bauchgefühl heraus trafen, sind heute die Defizite bei der Identifikation und Verfügbarkeit entscheidungskritischer Informationen weitgehend überwunden. Die Systeme werten die verfügbaren Daten und Informationen so aus, dass Qualität und Aussagefähigkeit gesichert sind.

Beispiel Risikomanagement: Eine Folge von Finanz- und Wirtschaftskrisen in den letzten 20 Jahren führte vor Augen, wie wichtig umfassende und korrekte Risikoinformationen für Unternehmen sind. Heute verfügen die Unternehmen über die Risikoinformationen, die sie für eine zuverlässige Risikoeinschätzung benötigen, aggregiert und gebündelt nach verschiedenen Risikopositionen. Die bereits 2002 gegründete Operational Riskdata eXchange Association, ein Konsortium von führenden Finanzinstituten, optimiert mit Hilfe anonymisierter Daten die statistische Modellierung, quantifiziert Risiken und hilft, die gesetzlichen Bestimmungen zu erfüllen. Das ganze Bankensystem ist auf diese Weise berechenbarer und damit weniger anfällig geworden.

Aber nicht nur die Banken haben heute ein leistungsfähiges Risikomanagement, auch die Organisation von Lieferketten baut auf einem umfassenden Risikomanagement-System auf, durch das die Interpretation der Supply-Chain-Daten unterstützt und eine hohe Transparenz und Flexibilität der Strukturen und Prozesse der Lieferketten erzeugt wird. Mit New-Intelligence-Lösungen werden Daten etwa aus den Lieferantensystemen mit weiteren externen Datenquellen aus dem Internet vernetzt und ganzheitlich ausgewertet. Darauf aufbauend werden fundierte Prognosen und Simulationen erstellt, die verhelfen, die Lieferketten widerstandsfähiger und transparenter zu machen.

Ein Beispiel ist die Bestandsoptimierung im Handel und produzierenden Gewerbe: Es geht hierbei im Wesentlichen um den Erhalt einer exzellenten Lieferfähigkeit bei maximaler Kosteneffizienz. Im Fokus stehen die Lagerbestände und die Minimierung des gebundenen Kapitals. Auf komplexen Algorithmen basierende Analyse-Tools haben geholfen, die Lagerhaltung um bis zu 40 % zu senken, und sind ein unverzichtbares Instrument des Bestandsmanagements geworden. Berücksichtigt werden unter anderem Parameter wie aktuelle Wettervorhersagen und langfristiges Nachfrageverhalten.

Ein ganz anderes Risiko, dem sich viele Unternehmen in Zeiten zunehmender Automatisierung und Digitalisierung besonders ausgesetzt sahen, sind Betrugsversuche. Die Zahl von Datenmissbrauchsfällen stieg ständig. Durch die konsequente Nutzung der verfügbaren Daten können heute Auffälligkeiten sehr schnell transparent gemacht werden. Dazu wurde die Informationslogistik so strukturiert, dass die Informationen systematisch und sehr schnell miteinander abgeglichen und nach bestimmten Parametern analysiert werden, so dass die Unternehmen sofort reagieren und sich sogar vorbeugend absichern können. Besonders die im Hinblick auf Datenmissbrauch anfällige Versicherungsbranche verfügt heute über Systeme, die in der Lage sind, Betrügereien zuverlässig aufzudecken. Diese

Systeme sind inzwischen immer weiter optimiert und auch für andere Branchen nutzbar gemacht worden.

Ein weiterer wichtiger Punkt beim Thema intelligentes Unternehmen ist die Vertriebsoptimierung: Um Wachstum zu realisieren, ist heute die Kenntnis des Markts, der Kundenbasis und der zukünftigen Herausforderungen an die Produkte essenzieller als je zuvor. Zentral verwaltete und über alle Geschäftsbereiche hinweg genutzte Kundeninformationen liefern nicht nur die notwendigen Fakten, um den Mix der eingesetzten Marketingaktivitäten zu optimieren, sie erlauben es vielmehr auch, wirklich maßgeschneiderte Angebote zu schnüren und genau passende Produkte zu entwickeln. Denn die Kunden und Verbraucher sind noch wählerischer, unberechenbarer und selbstbewusster geworden als zuvor. Deswegen mussten die klassischen Strategie- und Marketingprozesse mit Hilfe von „Predictive Analytics" zu Echtzeitprozessen verfeinert werden, die eine wesentliche Dynamisierung von Entscheidungs- und Transaktionsabläufen ermöglicht haben.

Aber die Basis für das Management von Unternehmen und Organisationen muss auch heute noch weiter gestärkt werden. Entscheidungen brauchen angesichts ihrer immer größeren Tragweite, der wachsenden externen Einflüsse sowie der weiterhin schnellen wirtschaftlichen und gesellschaftlicher Veränderungen ein noch besseres analytisches Fundament. Dazu müssen die mathematischen Methoden und Modelle weiter entwickelt werden, um den IQ der Unternehmen, aber auch unseres Planeten insgesamt, weiter zu erhöhen und den „empirischen Unterbau" zu stärken.

Durch mehr Intelligenz sind die Städte und Unternehmen zu informationsbasierten Organisationen geworden, die Daten als strategische Ressourcen nutzen. Durch die Vernetzung von intelligenten Subsystemen und anderer Informationsträger, durch fundierte Analysen, belastbare Prognosen sowie durch Transparenz in den Systemen selbst sind Daten zu Entscheidungswissen und externe Effekte leichter beherrschbar geworden. Analyse-Tools und New-Intelligence-Lösungen sind heute die Basis operativer und strategischer Entscheidungen auf allen Ebenen, egal ob im öffentlichen Sektor oder in der Privatwirtschaft.

Das alles hat nicht die Kreativität und Innovationsfähigkeit der Menschen, Organisationen und Gesellschaften ersetzt, hat ihnen aber entscheidend geholfen, unsere Welt lebenswerter und die Unternehmen klüger zu machen.

Stefan Groß-Selbeck

Zeitreise durchs Web

Wer sich im Jahre 2030 Prophezeiungen darüber durchliest, wie sich Menschen zwei Jahrzehnte zuvor dieses Jahr vorstellten, erhält vor allem eins: ein Gespür für den damaligen Zeitgeist. Zur Veranschaulichung: Wer erinnert sich nicht, wie ganze Legionen an Schulkindern in der zweiten Hälfte des zwanzigsten Jahrhunderts fliegende Autos mit Buntstiften unter ihr Bild „Das Jahr 2000" kritzelten, und so im Nachhinein eher ein Abbild der Mobilitätsgläubigkeit ihrer Zeit lieferten als eine Prognose über die Verkehrsverhältnisse zur Jahrtausendwende?

Eine Vorhersage über die Internet-Trends der nächsten zwei Jahrzehnte gestaltet sich ähnlich nebulös. Wer hätte noch vor zehn Jahren gedacht, dass amazon unter all dem Rauch der einstürzenden Dotcom- und Punktde-Bauten nicht nur bestehen, sondern prosperieren würde? Dass Apple eine großartige Renaissance erlebte, während die Millennium-Fusion AOL Time Warner großes Katzengejaule verursachte? Dass sich 2009 mit Twitter ein reduzierter, medial geradezu ärmlicher Kommunikationskanal reißender Beliebtheit erfreuen würde? Doch auch wenn besonders auf lange Zeiträume die Grenze zwischen Prognostizieren und Raten verschmilzt, zeigen die vergangenen Jahre einige Entwicklungen, die sich grundsätzlich auch die nächsten zwanzig Jahre fortsetzen werden. Daher lohnt für eine „Vision 2030" eine „Observation 2000".

Die „Nuller Jahre": Luftblasen statt fliegender Autos

Die „Nuller Jahre" waren oft gezeichnet von Konflikten und Gegensätzen. Zwar nahm die allgemeine Nutzung und Verbreitung von internetfähigen Computern gewaltig zu, Rechner und ihre Nutzer entstiegen endgültig dem Keller respektive der Garage. Gleichzeitig aber zeigte sich unter den Abermillionen und bald Milliarden Nutzern eine Spaltung. Wer schon vorher das Netz bevölkerte und sich überall zuhause fühlte, wo es Ladebalken und Kommentarboxen gab, reiste als *Digital Native* durch das Web. Manchmal belächelt wurden dagegen die Neuankömmlinge, die sich Programme Button für Button erschlossen und sich zögerlich durchs Netz tasteten: *Digital Immigrants*.

Hard- und Software-Hersteller stellten sich der Aufgabe, beide Gruppen zu bedienen – sowohl die Technik-Enthusiasten als auch jene, die vor allem unkomplizierte Anwendung wünschten. Das war der Grund, weswegen entgegen mehrfacher Ankündigung Linux ein nennenswerter Nutzerkreis verwehrt blieb und weswegen das Apple iPhone trotz harscher Kritik am geschlossenen Ökosystem in neun Quartalen fünfzig Millionen Nutzer erreichte.

Trotz der Zunahme solcher geschlossener Strukturen, auf denen das Garagengefühl der Homecomputer-Ära einer klinisch-behüteten Anwendungsumgebung wich: Achtzig Jahre nach ihrer Entstehung schwebte Brechts Radiotheorie wieder durch die Gesellschaft, freilich ohne so explizit benannt zu werden. Die Emanzipation vom rein konsumierenden Enduser zum publizierenden, kritisierenden, sich organisierenden Digital Citizen aber, die war da. Die Piraten-Partei wurde besonders in ihrer Anfangszeit oft mit den Grünen verglichen, als Repräsentant einer sich nicht vertreten fühlenden Gesellschaftsgruppe, eben den erwähnten Digital Natives, doch lange wurde das Internet als politisches Thema sekundär behandelt. Unterdessen machten die aktiven Surfer vielen etablierten Unternehmen das Leben schwer – betroffen waren sowohl die Zeitungen als auch Enzyklopädien. Ende 2009 vermeldete die deutschsprachige Wikipedia ihren millionsten Artikel; kurz zuvor gab Microsoft die Einstellung seiner einst so populären Lexikon-Anwendung Encarta bekannt. Viele Verlage benannten sich in Medienhäuser um und wandelten auf schwierigen Pfaden, um profitable Wege zur Syndizierung ihrer Inhalte zu finden.

Sinnbild des ersten Jahrzehnts im dritten Jahrtausend war der Aufbruch der Individuen, die nicht nur kommunizierten und publizierten, sondern vor allem suchten, und so versuchten, sich im rasant entwickelnden Netz zurechtzufinden. Sie fanden schließlich – zumeist mit Google, der Firma, die das Jahrzehnt und seine Entwicklung prägte.

Die „Zehner Jahre": Durchsetzung des Internets und sozialer Dienste

Der technische Fortschritt verhalf dabei Entwicklungen zur Popularität, die noch ein paar Jahre zuvor an Unzulänglichkeiten scheiterten. Der *Active Desktop* von Windows 98 mit seiner Internetintegration beinhaltete konzeptionell vieles, was Google Chrome OS 2010 einführte; doch während der Suchmaschinengigant für seinen Sprung ins *Cloud Computing* gefeiert wurde, steckte das Betriebssystem aus Redmond zwei Jahre zuvor aufgrund der trägen Internetverbindungen Kritik ein. Auch die mobile Nutzung konnte sich erst durchsetzen, nachdem leistungsfähige Telefone mit großen Farbdisplays und schneller UMTS-Anbindung die kriechend lahmen Schwarzweißstreichholzschachteln des WAP-Zeitalters verdrängt hatten. Gleiches gilt für 3D-Filme oder auch Online-Rollenspiele, die lange nicht über ein Nischendasein hinauskamen. 2010 spielten weltweit 12 Millionen Menschen World of Warcraft – eine Zahl, die 2030 verschwindend gering erscheint im Verhältnis zu den Myriaden sich in Online-Welten tummelnden Menschen.

Zu jener Zeit hob auch der Online-Handel mit virtuellen Gütern – natürlich die dominierende Form des Einkaufs 2030 – ab, während lange Zeit die Mehrzahl aller Online-Geschäftsmodelle ausschließlich auf physischen Gütern basierten. Software, gleich ob Spiel oder Büroanwendung, trat nicht mehr als Artefakt, als festes Produkt, in Erscheinung, sondern als permanent weiterentwickelte Dienstleistung, als Infrastruktur mit eigenem Sozialgefüge.

Bei fast allen Web-2.0-Angeboten zeigten sich neben einigen globalen Trends auch starke regionale Differenzierungen. Während Facebook nahezu weltweit ein Erfolg war, konzentrierte sich etwa der Erfolg von Friendfeed oder Googles sozialem Netzwerk Orkut auf bestimmte Regionen. Gleichzeitig international und lokal zu sein und somit den Anforderungen der immer mobileren Nutzer gerecht zu werden, stellte für die Anbieter von Netzwerken und Dienstleistungen in den „Zehner Jahren" den Schlüssel zum Erfolg dar. Gegen Mitte der zweiten Dekade überholte die mobile Internetnutzung die stationäre und änderte damit fundamental die Perzeption von Inhalten.

Gleichzeitig bekam damit die lokale Komponente der gesamten Internetwirtschaft einen erheblichen Schub. Assoziierte man „lokale Inhalte" lange mit provinziellem Hinterwäldlertum, schnellte die Bedeutung von orts- und kontextbasierten Services mit der massenweisen Verbreitung von GPS- und später Galileo-fähigen Geräten schlagartig nach oben. Augmented-Reality-Applikationen für Städtetrips, Restaurant-Empfehlungen und die Anzeige von vorhandenen Kontakten oder potenziellen Geschäftspartnern in der unmittelbaren Umgebung brachten im Wortsinne Standort-Vorteile und sprachen anfangs besonders enthusiastische Nutzer an. Sie zogen jedoch sogleich große Debatten zum Thema Datenschutz mit sich. Hierbei zeigte sich, dass der traditionell eher restriktive Ansatz der deutschen Politik – und mehrheitlich auch der deutschen Anbieter – den Benutzern sehr entgegen kam. Die Etablierung einer umfassenden Zertifizierung für Social-Media-Angebote deutschlandweit führte dann zu einem Standort-Vorteil aus einer Datenschutz-Perspektive und überzeugte die meisten Skeptiker. So wurde das zweite Jahrzehnt entscheidend für die deutsche Wirtschaft, um – trotz des ubiquitären User-Generated Content – die lokalen und regionalen Präferenzen zu erkennen und zu nutzen.

Web-Angebote, in Applikations- oder Widgetform, für alle gängigen mobilen Endgeräte, für Autos und teilweise auch für Haushaltsgeräte, wurden immer mehr als Basis, als bloße Infrastruktur wahrgenommen. Ihre Ansicht und Verwendung suchte sich der Benutzer selbst aus. Insbesondere Twitter war Pionier für Services, deren Verwendung hauptsächlich über ihre API und seltener über ihre Homepage (ein 2030 beinahe archäologischer Begriff) erfolgt. Diese Entwicklung betraf keineswegs nur soziale Netzwerke wie Facebook oder XING. Auch Zeitungen, Radio- oder Fernsehprogramme (eine Unterscheidung, die Lesern im Jahre 2030 beinahe anachronistisch vorkommt) wurden zeitlich und räumlich unbegrenzt verfügbar.

Während also bei Hardware- und auch Softwareplattformen ein geschlossenes System nicht schadete, war es für alle darauf basierenden Content- oder Netzwerkdistributoren essenziell, eine leistungsfähige Schnittstelle (API) bereitzustellen. Dies kam für die Anbieter einem Kontrollverlust gleich, für die Anwender einer weiteren Emanzipation, weil sich zusätzlich zu den Kommunikations- und Publikationskanälen deren Zugänglichkeit massiv erhöhte.

Auch auf politischer Ebene fand allmählich ein Einstellungswandel statt, wie ihn die Debatten im Jahre 2009 und die vergebliche Suche nach einem deutschen Obama noch nicht vermuten ließen. Anstatt Web-2.0-Angebote zu ignorieren oder gar zu bekämpfen, wurden sie allgegenwärtiger Teil des Curriculums an Schulen, auch Studiengänge und Ausbildungen richteten sich auf die veränderten gesellschaftlichen und wirtschaftlichen Realitäten ein. Als eine große Herausforderung gerade in Deutschland erwies es sich dabei, das Fortschreiten einer neuen digitalen Kluft zu verhindern, die sich diesmal nicht entlang des Alters zog, sondern der sozialen Herkunft folgte.

Zudem war dies die Zeit, in welcher Unternehmen das Potenzial des Web 2.0 nicht nur in bunten Powerpointpräsentationen herbeiredeten, sondern tatsächlich nutzten und begriffen, dass es allein mit dem Einrichten eines XING-Unternehmensprofils, einer Facebook-Fanpage oder eines Twitter-Accounts nicht getan war, sondern dass die „Zwei" in Web 2.0 auch für Zweiwegekommunikation stand. Das Wort Dialogmarketing wandelte sich vom Euphemismus für aggressiven Vertrieb via Telefon zu einer echten unternehmerischen Tugend.

Weil sich darüber hinaus die Infrastruktur für blitzschnelle Empfehlungen sowohl aus dem eigenen Freundeskreis oder unter den Anwendern eines bestimmten Produktes fast perfektionierte, kamen Firmen gar nicht mehr umhin, die effektive Produktqualität zu erhöhen, da sich Mängel ohnehin nicht kaschieren ließen. So wurde dieses Jahrzehnt zur Dekade der Produzenten und Konsumenten gleichermaßen, ohne die Grenzen hierbei völlig aufzuweichen.

Die „Zwanziger Jahre": Das Internet als Leitmedium

Im darauf folgenden Jahrzehnt hatte das Internet die Position eines Leitmediums, fast eines Meta-Mediums übernommen, das allgegenwärtig alle Formen von Inhalt lieferte. Grenzen dazwischen, was eine Community, was ein Online-Rollenspiel, eine News-Website darstellte, verschwammen immer mehr. Damit folgte die Online-Welt der Realität, wo der Übergang von reiner Plauderei zu Diskussion über Nachrichten oder zu einem kleinen Kartenspiel auch völlig fließend und natürlich geschah.

Trotz zahlreicher politischer Hürden infolge der legendären „Fünfjährigen Krise“ von 2008 bis 2013 haben sich die wirtschaftlichen Verhältnisse entspannt, insbesondere in der Nordatlantischen Wirtschafts- und Freihandelsunion. Nicht trotz, sondern aufgrund des demografischen Wandels waren bei politischen Debatten Netzneutralität, Urheber- und Distributionsrechte sowie die Kulturflatrate ebenso passioniert und breit diskutierte Themen wie ein Grundeinkommen oder zum Vergleich 2010 Steuerreformen und Krankenkassenbeiträge. Die durchschnittliche Nutzerstruktur des Internets durchlief in den vergangenen dreißig Jahren einen erheblichen Wandel, nicht zuletzt aufgrund der Anstrengungen der „Zehner Jahre“.

Wer sind sie, die führenden Web-Unternehmen in der Welt, fast zwanzig Jahre nach dem lang erwarteten Facebook-Börsengang? Unter den Top fünf weltweit ist kein deutsches Unternehmen, weder nach Nutzerzahlen noch nach Umsatz; die USA, China und Indien sind als Heimatmärkte schlichtweg unschlagbar. Mit dem angesprochenen lokalen Mehrwert und den massiven Investitionen in gute und zukunftsgerechte Ausbildung jedoch steht die Wirtschaft hierzulande weiterhin gut da, zumal die eigentliche Standortfrage weit weniger wichtig ist, seitdem die Kinder- und Pubertätskrankheiten von Video- und Hologrammkonferenzen beseitigt worden sind.

Ein Tag im Jahr 2030

Und so kommt es, dass eine Vision für das Jahr 2030 vor allem eines enthält: Kommunikation. Wurden Miele und Jura vor einem Vierteljahrhundert für via Internet abfragbare Wartungsschnittstellen noch belächelt, sind intelligente, adaptive Haushaltsgeräte heutzutage eine Selbstverständlichkeit. Gestern Abend erst bestellte der Kühlschrank automatisch Käse und Milch über einen deutschen Molkerei-Distributor. Die – nach heutigem Verständnis – Zeitung mit großem Lokalteil lässt sich auf E-Paper lesen oder an die Wand projizieren oder sie kann natürlich vorgelesen werden (um die Eigenheiten der deutschen Sprache und auch Dialekte ideal umzusetzen, hat sich ein Verbund aus Unternehmen und Universitäten gegründet).

Nach dem Frühstück lässt sich der Verkehr zum Meeting auf einer 3D-Simulation des Weges einschätzen, Resultat eines Joint Ventures verschiedener europäischer und japanischer Firmen. Und dann hallt es aus dem Lautsprecher: „Beam me up“ – eine On-demand-Wiedergabe einer alten Enterprise-Episode; denn Beamen ist auch 2030 noch eine Zukunftsvision.

Consumerbranchen

Manfred Dietel

Wachstumsmotor mit Personalmangel

„Die Gesundheit überwiegt alle äußeren Güter so sehr,
dass wahrlich ein gesunder Bettler glücklicher ist als ein kranker König."
(Arthur Schopenhauer, 1788 – 1860)

Dieser Satz war vor mehr als 150 Jahren wahr und wird auch 2030 und 2050 wahr bleiben. Daraus folgt, dass die Erhaltung oder Wiedergewinnung von Gesundheit auch in Zukunft gesellschaftspolitisch eine zentrale Bedeutung spielen wird. Keine Regierung oder, weiter gefasst, kein politisches System wird ohne ein suffizientes Gesundheitssystem und eine funktionstüchtige Gesundheitswirtschaft überleben – zumindest in den entwickelten Ländern. Aktuelles Beispiel dafür ist die Volksrepublik China, die seit dem Parteitag 2008 massive Anstrengungen unternimmt, die flächendeckende medizinische Versorgung der Bevölkerung zu verbessern. Damit soll die zunehmende Unzufriedenheit – man kann die Stimmung im ländlichen China auch als tiefen Groll mit hasserfüllten Ausschlägen bezeichnen – in Schach gehalten werden. Somit gewinnt weltweit das öffentliche Gesundheitswesen (Public Health), das von der Gesundheitswirtschaft nicht zu trennen ist, exponentiell an politischer und ökonomischer Bedeutung.

Wirft man einen Blick zurück auf die Gesundheitswirtschaft des Jahres 2010, so muss konstatiert werden, dass es seitdem zahlreiche Aktivitäten gegeben hat, das System zu reformieren. Heute, 2030, ist kaum noch etwas so wie damals. Strukturell betrachtet ist dies sicher richtig, die fundamentale Grundbeziehung blieb und bleibt aber erhalten; d. h., es gibt einen kranken Menschen, genannt *Patient*, der Hilfe benötigt, und es gibt einen Arzt, genannt *Doktor*, der versucht, die Krankheit zu heilen oder zu mildern. Um diese *Kernbeziehung* herum gibt es ein sogenanntes Gesundheitssystem, welches versucht, das eigentlich relativ klare Aufgabenfeld zu organisieren.

Warum war und ist das so schwierig? Betrachtet man die Komplexität des Systems und die ihm übertragenden Funktionen und Verpflichtungen sowie die darin eingebundenen Partner näher, so wird die herkulische Größe der Hausforderung schnell deutlich.

Die Wirtschaft des Gesundheitssystems

Unter Gesundheitswirtschaft (GW) wird die Erstellung und Vermarktung von Gütern und Dienstleistungen, die der Bewahrung und Wiederherstellung von Gesundheit dienen, verstanden (1. Nationale Branchenkonferenz GW, 2005). Dazu gehören insbesondere die Krankenhäuser mit nachgeschalteten Reha-Einrichtungen, die Haus- und Facharztpraxen, die Krankenkassen, die pharmazeutische sowie die medizintechnische Industrie. Dieser auf reale medizinische Leistungen fokussierte Teilbereich wird als 1. Gesundheitsmarkt (GM) bezeichnet. Dazu kommt der 2. GM mit Gesundheitstourismus, Wellness- und Fitnessbranche, „Functional Food", nicht zugelassenen „Heil"-mitteln, komplettierenden Serviceleistungen, Homecare (außerhalb der Pflegeversicherung) und anderen Medizinprodukten, dessen Akteure unabhängig vom gemeinschaftlich finanzierten Gesundheitssystem tätig sind. (Anmerkung: Der zweite GM ist mittlerweile größer als der erste). Zusammen handelt es sich um ein Gesamtvolumen von etwa 400 Mrd. €.

Die GW ist in den letzten 20 Jahren zu einem der größten Teilbereiche der deutschen Volkswirtschaft avanciert. Insgesamt arbeiten heute etwa 6,0 Millionen Menschen im Gesundheitswesen. Damit ist sein Anteil seit 2010 auf etwa 12 % aller Arbeitsplätze in Deutschland gestiegen, und er wird weiter zunehmen. Jährlich werden im 1. GM 290 Milliarden Euro für Gesundheit, medizinische Vorsorge und Heilung ausgegeben. Das entspricht einem Anteil von 12,6 % am Bruttoinlandsprodukt (BIP). Somit ist der Gesundheitssektor bedeutender als beispielsweise die Automobilindustrie mit (nur) 1,1 Millionen Arbeitsplätzen (inklusive der Zulieferer) und einem Anteil von 9,7 % des BIP.

In der Diskussion über die ökonomische Zukunft Deutschlands stellt die Gesundheitswirtschaft die zentrale Zukunftsbranche dar. Dabei herrscht in Politik, Öffentlichkeit und Medien übereinstimmend die Überzeugung, dass sich die GW wie während der Krise 2009/2010 auch weiterhin als relativ konjunkturunabhängiger Wachstumsmotor beweisen wird.

Um diese optimistische Prognose wirklich zu erreichen, sind übergeordnete Konzepte notwendig, die Unternehmer und Manager der Medizinanbieter (Krankenhäuser, niedergelassene Ärzte, nicht-ärztliche Therapeuten etc.), der medizinorientierten Industrie- und Serviceunternehmen sowie der Krankenversicherungen noch stärker zusammenführen. Eine Schlüsselrolle kommt dabei der universitären Spitzenmedizin zu, da zumeist dort die tonangebenden kreativen Impulse sowohl in fachlichen, als auch strukturellen Entwicklungen gesetzt werden. Die Politik sollte sich soweit möglich auf eine moderierende, den Rahmen absteckende Rolle konzentrieren, um dem komplexen System den notwendigen Freiraum zu geben und den eigenen Handlungsraum nicht durch zu starke Kleinteiligkeit der Vorgaben einzuengen. Bisher noch wenig entwickelte, zukünftig aber immer wichtiger werdende Player sind die fachlich versierten Finanzdienstleister im Gesundheitssystem, die die Bedürfnisse und die damit verbundenen Risiken kompetent beurteilen können.

Um eine Perspektive für die kommenden Jahre zu entwickeln, müssen die folgenden beschriebenen Problemfelder betrachtet und adaptierte Lösungsmodelle erarbeitet werden:

Die Medizin als Zukunftsmarkt

Schon der Koalitionsvertrag 2010 der CDU/CSU/FDP-Bundesregierung sprach von der Gesundheitswirtschaft als wichtigstem Wachstums- und Beschäftigungsmotor. Dabei wurde eine jährliche Steigerungsrate von 5 bis 10 % prognostiziert. Tatsächlich lag die Zuwachsrate eher noch höher. Dies liegt an folgenden Faktoren:

- Veränderte Demografie, d. h. die Leute werden immer älter und bleiben gesünder. Eine Tatsache, die letztlich zu Mehrausgaben des Systems und somit zu erhöhtem Umsatz führt.
- Wachsende Bereitschaft der Bevölkerung, den Eigenanteil an den Gesundheitsausgaben zu erhöhen. Jeder zweite Euro in der Gesundheitswirtschaft wird mittlerweile über die privaten Haushalte direkt geleistet.
- Bemerkenswerte Fortschritte der Medizin: Mit neuen, zumeist allerdings teuren Therapieformen können Krankheiten besser behandelt werden, zum Beispiel mit der zielgerichteten Krebstherapie. Da jeder schließlich dennoch irgendwann stirbt, werden die Ausgaben, sprich der Umsatz, pro Individuum höher.

Der 2. Gesundheitsmarkt und die Medizintechnik spielen eine immer größere Rolle. So übertrifft der Wellness-Markt mit rd. 90 Mrd. € schon heute im Jahr 2030 die Leistungskosten für stationäre Aufenthalte in Krankenhäusern.

Die Krankenkassen haben deutlich an Bedeutung verloren. Die private Krankenversicherung spielt mit rd. 20 Mrd. € Leistungsausgaben p.a. (rd. 5,5 %) nur noch eine relativ untergeordnete Rolle. Dies führt nolens volens zur Flexibilisierung des Marktes.

Medizinmarketing wird salonfähig, d. h. es hat sich eine Produkt- und Markendifferenzierung herausgebildet, die zur Umsatzsteigerung beiträgt.

Die neue Häufigkeitsverteilung der Krankheiten wird sich ebenfalls umsatzsteigernd auswirken; laut WHO starben 2030 mehr als 50 % der Menschen an Krebs. Aufgrund der neuen hochpreisigen Medikamente hat dies zu einer erheblichen Kostensteigerung geführt.

Kritisch ist zu betrachten, dass

- der Staat sich aufgrund chronischer Haushaltsdefizite weitgehend aus der Unterstützung medizinischer Forschung zurückzieht, ein Faktum, das schon länger zu beobachten ist und Deutschland als Land kreativer Medizinforschung weiter zurückfallen lassen wird;

- die medizinische Forschung und Entwicklung immer aufwändiger und kostspieliger wird und in größerem Umfang nur noch von Big-Pharma geleistet werden kann. Hier bahnen sich verschiedenste ethische, gesellschaftspolitische und ökonomische Konflikte an;
- kreative Startups kaum noch Chancen auf eine auskömmliche Finanzierung haben und somit der letzte innovative Keim erstickt wird.

Forschung und Entwicklung

F&E in der Medizin ist schon heute extrem vielfältig und innovativ, dabei zwangsweise ungewöhnlich interdisziplinär angelegt. Sie reicht von einer neuen Verbandsklemme im OP über transkontinentale Telemedizin, molekulare Prädiktionsassays (Testverfahren, mit denen der Verlauf einer Krankheit präzise vorhergesagt werden kann) oder höchstauflösendes MRT bis zu spezialisierten neuen Medikamenten in Onkologie, Kardiologie und vielem mehr. Versucht man einen Blick in die weitere Zukunft, so sind ohne Anspruch auf Vollständigkeit die folgenden drei Segmente zu unterscheiden, in denen sich ab 2030 vermutlich folgende Entwicklungen ergeben werden:

Medizintechnik 2030 and beyond

Der Markt für medizintechnische Produkte und Systeme gehört seit Jahren mit einer jährlichen Steigerungsrate von 7% weltweit zu den attraktivsten Wachstumsmärkten. In Deutschland sind mehr als 150.000 Menschen in der medizintechnischen Industrie beschäftigt. Der Jahresumsatz beträgt 20 Milliarden Euro. Ein hoher Anteil davon wird durch den Export erwirtschaftet; mit einem Anteil von rund 13% am Weltexport nimmt Deutschland weiterhin den zweiten Platz hinter den USA ein. Die deutsche Medizintechnik-Industrie investiert etwa 10% ihres Umsatzes in Forschung und Entwicklung und ist damit Vorreiter innovativer Prozesse. Dieser Anteil sollte unbedingt weiter erhöht werden, da der Staat sich zunehmend zurückziehen musste.

Die sich rasant entwickelnde Digitalisierung ermöglicht eine immer feinere Erfassung und Steuerung komplexer technischer Prozesse sowie eine erheblich verbesserte Transparenz struktureller Organisationsabläufe, sogenannten elektronisch kontrollierten Workflow. Diese Entwicklung wird die angewandte Medizin in den nächsten 20 Jahren grundlegend verändern, Kritiker fürchten eine Art Industrialisierung der Medizin. Hier bedarf es der kompetenten und ausgewogenen Steuerung durch in den Abläufen erfahrene Berater, zumeist Medizinern mit administrativer Erfahrung.

Diagnostik 2030 and beyond

Aufbauend auf den medizintechnischen Innovationen werden sich die Diagnoseverfahren extrem verfeinern und Einblicke in Strukturen und Funktionen des Körpers ermöglichen, die wir heute nur vage am Horizont erahnen. Dies gilt vereinfacht und nur beispielhaft gesagt für folgende Anwendungsgebiete:

- Bildgebende Diagnostik

Unter der zusammenfassenden Rubrik „Molekulare Bildgebung" sind unter verstärkter Einbeziehung neuer ultra-schneller Rechnergenerationen zukünftig Fortschritte durch Kombination und technische Weiterentwicklung der zurzeit etablierten Techniken zu erwarten, zum Beispiel die Positronen-Emissions-Tomographie (PET) plus Computertomographie (PET-CT) oder Magnetresonanztomographie (MRT) plus PET (MRT-PET), die es ermöglicht, abnormen Stoffwechsel, zum Beispiel bei Alzheimer oder Krebs, abzubilden und funktionell-anatomisch zuzuordnen. Auch kann die MRT unter Verwendung von superparamagnetischen Eisenoxidpartikeln Migration und „Homing" von einzelnen Zellen detektieren. Mittels biosystemischer Algorithmen werden zahlreiche Krankheiten mit morphologischen und/oder Stoffwechsel-assoziierten Veränderungen – zum Beispiel Krebs, degenerative und entzündliche Erkrankungen – viel früher diagnostiziert werden.

- In-Vitro-Diagnostik

Krebs, viele Infektionserkrankungen sowie degenerative Prozesse werden auch in den kommenden Jahrzehnten rechtsverbindlich nur an Gewebeproben diagnostiziert werden. Darauf aufbauend wurden in der vergangenen Dekade ultra-moderne molekulare Methoden entwickelt, sogenannte gewebebasierte High-Throughput-Techniken/Whole Genome Assays, die zusätzlich zur Basisdiagnose eine exakte Voraussage des biologischen Verhaltens zum Beispiel von Malignomen ermöglichen. Damit können das richtige Krebsmedikament oder Medikamentkombinationen für jeden einzelnen Patienten bestimmt und in gewissen Grenzen individuell zusammengestellt werden; man nennt das individualisierte Standardisierung. Dies wird nicht nur die onkologische Therapie, sondern auch die von genetischen Erkrankungen fundamental verändern.

Durch die Erkenntnis, dass die Entwicklung und Testung neuer Substanzen nur unter Zuhilfenahme von humanem Gewebe zuverlässig erfolgen kann, werden Biobanken – speziell der Institute für Pathologie und klinische Laboratoriumsmedizin – zukünftig eine Schlüsselrolle in der pharmazeutischen Entwicklung neuer Antikrebsmittel spielen. Neue Substanzen werden schon heute von der FDA (Food and Drug Administration) und der EMEA (European Medicines Agency) nur zugelassen, wenn parallel zur Anmeldung der Wirksubstanz gleichzeitig ein Testverfahren zur Prädiktion der Wirksamkeit für den individuellen Fall, der sogenannte *Eligibility Test*, vorgelegt wird (basierend unter anderem auf der bereits viele Jahre existierenden Drug-Diagnostic Co-Development Initiative der FDA).

Unter *wirtschaftlichem Blickwinkel* ist die Diagnostiksparte im Vergleich zum Pharmamarkt besonders interessant, da

- die Investitionen aufgrund der nur begrenzt notwendigen klinischen Studien in der Regel merkbar niedriger liegen,
- die Zulassungshürden deutlich tiefer gesteckt und
- das Risiko der nicht erfolgreichen Zulassung/Markteinführung überschaubar ist.

Daher gelingt es immer wieder auch kleinen Unternehmen, vorzugsweise Spin-offs der Universitäten, sich im Diagnostikbereich, insbesondere in bestimmten Nischenmärkten mit hoch spezialisierten Angeboten, erfolgreich zu positionieren. Sie kommen zumeist erst in ökonomische Schwierigkeiten, wenn es um den nationalen oder gar internationalen Vertrieb geht. Dann sind Kooperationen mit einem „Big Brother" notwendig – eine Verbindung, die nicht selten zum beiderseitigen Vorteil gereicht.

Kritisch anzumerken ist, dass trotz zahlreicher Initiativen zur Zusammenführung und Kontaktaufnahme die gegenseitigen Kenntnisse über die Fähigkeiten, das Angebot und die Möglichkeiten zur Interaktion begrenzt sind. Hier gäbe es für beratende Firmen ein wichtiges neues Aufgabenfeld mit dem Ziel der kompetenten Anbahnung und der zumindest mittelfristigen Begleitung geschäftlicher Beziehungen.

Therapie 2030 and beyond

Die dramatisch verbesserte Diagnostik, gepaart mit neuen therapeutischen Werkzeugen, wird stark erweiterte Therapieoptionen in allen Gebieten der Medizin eröffnen. Die vermutlich wichtigsten Innovationen bis 2050 werden sich – ohne auch nur den geringsten Anspruch auf Vollständigkeit – in folgenden Feldern etablieren:

- Medikamentöse/molekulare Therapie

Die forschende Pharmaindustrie hat zusammen mit den großen Universitätsklinika völlig neue Kategorien von Medikamenten entwickelt, die eine sehr viel spezifischere, an das individuelle Krankheitsbild angepasste Behandlung erlauben. Bei auch im Jahre 2050 noch prinzipiell unheilbaren Erkrankungen, wie einem metastasierten Tumor, wird das Ziel die Chronifizierung des Leidens sein, also den Fortgang des Wachstums zu hemmen oder gar „einzufrieren", ohne dabei zwangsweise die Tumorzellen abzutöten. Auch bei kardio-vaskulären Erkrankungen wird neben der gezielten Regeneration, z. B. des Herzmuskelgewebes nach einem Infarkt, die dauerhafte Entlastung der Herzen z. B. durch kleinste Mikropumpen-supportsysteme angestrebt werden. Diese können durch ultrasensitive Detektoren fein gesteuert werden. Eine bereits heute fast schon zum Standard gehörende Therapie ist die Behandlung von sklerotisch veränderten Gefäßoberflächen mit Nanopartikeln.

- Chirurgische Therapie

Durch immer feiner gesteuerte und schneller arbeitende Chirurgieroboter, sogenannte *Intelligent Multi-Functional Surgery Systems*, können mittlerweile Operationen durchgeführt werden, von denen man 2010 nur träumte. Die halbstündige, praktisch ohne Blutung erfolgende Prostatektomie, die ambulante Entfernung eines Mammakarzinoms und die submillimetergenaue Zerstörung eines Hirntumors an einem Ort, der 2010 noch gar nicht zugänglich war, seien als Beispiele genannt.

- Strahlentherapie und Nuklearmedizin

Die große Flächen bzw. Volumina erfassende nebenwirkungsreiche Bestrahlung des Jahres 2010 gehört schon länger der Vergangenheit an. Unter Einsatz neuester multifunktioneller Gerätegenerationen mit hyperpräziser Fokussierung und gezielter Vernichtung kleinster Gewebevolumina können heute selbst kleinste Metastasen eliminiert werden (Schlagwörter dazu sind z. B. intensitätsmodulierte Strahlentherapie, stereotaktische Strahlenchirurgie und Konformationsbestrahlung).

Dass Kombinationen der verschiedenen Therapieformen, z. B. *Radiochemotherapie*, heute regelhaft eingesetzt werden und dass die sogenannte multimodale Behandlung Standard ist, verdanken wir jahrelanger interdisziplinärer Forschungsarbeit, in die Biologen, Physiker, Molekularwissenschaftler, Ärzte und viele andere Disziplinen eingebunden sind.

- Telemedizin/Tele-Home-Care

Die flächendeckende und finanziell vertretbare Versorgung der Bevölkerung auf hohem medizinischem und pflegerischem Niveau wurde überhaupt nur wegen der stürmischen Entwicklung der sogenannten digitalisierten Medizin möglich. Das heute, im Jahre 2030, bereits gut funktionierende System der telemedizinischen häuslichen Überwachung, der dezentral durchgeführten, aber zentral von Experten ausgewerteten Diagnostik, der allgegenwärtige elektronische „Onkel Doktor" sind als Teil der Gesundheitsversorgung nicht mehr weg zu denken. Diese Entwicklung wird zweifellos weiter voranschreiten; zwei Szenarien sollen hier einen kleinen Eindruck in die Zukunft geben:

- Alte Menschen wohnen viel länger zu Hause, da sie praktisch lückenlos kontrolliert werden können. Sollte jemand stürzen, so wird durch Sensoren im Teppich automatisch ein Kontakt hergestellt oder gegebenenfalls der Krankenwagen gerufen. Intelligente Roboter helfen dem Greis bei den täglichen Dingen des Lebens, einschließlich der notwendigen medizinischen Maßnahmen, bis zum Verabreichen einer Spritze. Ob auch Freundschaften zwischen ihnen geschlossen werden können – siehe R2D2 in „Krieg der Sterne" – ist noch offen.
- Strahlenbelastungsfreie hochauflösende Multifunktions-Scanner werden in ambulanten (arztfreien) Medizinzentren aufgestellt. Dort werden bei einem Scan die Organe auf Veränderungen, z. B. Tumore, Verschattungen der Lunge, untersucht oder das Knochensystem auf Verformungen. Gleichzeitig werden alle klinisch relevanten Werte (Blutdruck, Körpertemperatur, O_2-Partialdruck, Blutzucker, Hormonspiegel etc.) berührungsfrei vom Scanner ermittelt, an eine Zentrale gesendet und dort mittels Normalgorithmen computerbasiert ausgewertet. Nur bei Abweichungen kommt ein Arzt ins Spiel. Diesem Prozedere soll bzw. muss sich jeder Versicherte einmal im Quartal unterziehen, um den Versicherungsschutz nicht zu verlieren.

Personal im Medizinmarkt

In den kommenden Jahrzehnten wird eine professionelle und kompetente Personalpolitik mit neuen intelligenten Modellen für die verschiedenen Ebenen der medizinischen Hierarchie eine Schlüsselrolle für den wirtschaftlichen Erfolg der Einrichtungen (Krankenhäuser, Rehabilitationseinrichtungen, Ärztehäuser etc.) einnehmen, da der sich anbahnende Mangel an Ärzten, Schwestern und medizintechnischen Berufen sowie der schon jetzt eklatante Mangel an erfahrenen Medizinmanagern den Kampf um die besten Köpfe verschärfen wird. Hier besteht erheblicher Beratungsbedarf, der sowohl die Ausbildungsstrukturen als auch die Einzelfallentscheidungen betrifft.

Der Ärztemangel

Die Ausbildungskapazitäten der deutschen Universitäten sind in den letzten Jahrzehnten im Wesentlichen konstant geblieben und sollten zumindest theoretisch den Bedarf decken. Dass dies nicht der Fall ist und dass sich zukünftig die Unterversorgung mit Ärzten noch weiter verschärfen wird, beruht unter anderem darauf, dass 2 Jahre nach ihrer Approbation nur noch etwa 50 % der jungen Ärzte medizinisch tätig sind. Die zweite Hälfte ist in andere Sparten abgewandert – zu Krankenkassen, Journalismus, Politik- und Wirtschaftsberatung etc.; erschwerend kommt hinzu, dass gut 50 % aller Medizinstudenten weiblich sind. Damit ist naturgegeben ein Ausscheiden aus der aktiven Tätigkeit, insbesondere durch Familiengründung, verbunden. Dies verschärft auch den Mangel an Leitungspersönlichkeiten, da viele Frauen die oft äußerst ungünstigen Arbeitsbedingungen nicht auf sich nehmen wollen oder können.

Hier bedarf es kreativer Arbeitszeitregelungen, neuer Vertretungs- und Verteilungsmodelle sowie gezielter finanzieller Anreize, die es ermöglichen, Verteilung und Einsatz von Ärzten ökonomischer zu organisieren und Familie und Beruf besser zu vereinbaren. Mittels allseits verfügbarer Internet-Plattformen gegen Ärztemangel könnte zukünftig eine Optimierung des raren Guts „Arzt" möglich werden. Allerdings muss man erkennen, dass diesen Anstrengungen gewisse Grenzen gesetzt sind.

Medizinisches Führungspersonal als limitierender Faktor

Auch Chefärzte, Krankenschwestern, medizinisch-technische AssistentInnen und Medizintechniker mit Leitungsfunktion werden zunehmend zur „Mangelware". Diese Entwicklung ist verheerend, da auch in der Medizin der Zukunft die personengebundene (Hoch-)Leistung ein zentraler Faktor und letztlich Garant der Wirtschaftlichkeit des Systems bleiben wird. Der (Internet-)aufgeklärte Patient wird sich völlig zurecht nur von einem regional oder gegebenenfalls überregional akzeptierten und anerkannten Chirurgen operieren lassen. Gleiches gilt für Pflege und Versorgung in Krankenanstalten, Rehabilitationskliniken und Altenheimen.

Um dieser Tendenz entgegen wirken zu können, ist es zwingend erforderlich, ein ganzes Bündel an Maßnahmen zu starten, die naturgemäß in den Trägerorganisationen gegenfinanziert sein müssen. Es ist dringend nötig, dass sich die beteiligten Institutionen unter professioneller Moderation durch erfahrene, aber selber nicht beteiligte Personen/Unternehmen zu einer gemeinsamen Diskussion und gegebenenfalls einem Maßnahmenpaket entschließen. Ohne Anspruch auf Vollständigkeit müssen darin unter anderem folgende Punkte erörtert werden:

- Erhöhung der universitären Ausbildungskapazitäten
- Verbesserung der personellen Ausstattung der einzelnen Abteilungen
- finanzieller Anreiz für das medizinische (Leitungs-)Personal
- flexible Arbeits(zeit)modelle
- Schaffung übergeordneter Zusammenschlüsse von Kliniken und/oder Administrationen.

Geschieht dies nicht, wird sich bald keiner mehr finden, der z. B. jede dritte Nacht Dienst in der Gynäkologie macht, oder die, die sich dazu bereit erklären, sind fachlich dafür eigentlich nicht qualifiziert.

Knappheit an Medizinmanagern

Das medizinische Versorgungssystem in Deutschland ist mit seinen kaum noch überschaubaren Vernetzungen und gegenseitigen Abhängigkeiten so komplex geworden, dass nur noch speziell geschulte und im System erfahrene Personen – egal ob zum Administrator mutierter Mediziner, Jurist, Verwaltungsleiter, Betriebswirt oder Ökonom – eine Führungsaufgabe übernehmen können. Diese Leitungspersönlichkeiten sind ebenso rar wie die oben genannten medizinischen LeiterInnen. Kompliziert wird die Situation dadurch, dass die Besoldung, insbesondere in öffentlich-rechtlichen Institutionen, erheblich niedriger ist als in den privat geführten Häusern und mit den in der freien Wirtschaft gezahlten Bezügen schon gar nicht konkurrieren kann.

Dieser Engpass wird in den kommenden Jahren vermutlich unter anderem dazu führen, dass nicht ausreichend qualifizierte Personen Leitungsaufgaben übernehmen (müssen), was zweifelsfrei zu einem erhöhten wirtschaftlichen Risiko für den Träger, gegebenenfalls zum Abwandern des qualifizierten Medizinpersonals, zum Verlust der Patientenströme und letztlich zur Liquidation ganzer Einrichtungen führen kann. Es ist eindringlich zu empfehlen, dass entsprechende Ausbildungswege zum „Medizinmanager" schon an den Universitäten oder als Weiterbildung im Anschluss ans Studium angeboten werden. Hierzu sollte ein einheitliches Curriculum mit zertifiziertem Abschluss, der im Idealfall für ganz Deutschland verbindlich ist, erstellt werden. Es fragt sich allerdings, wer dazu die Initiative ergreift, meines Erachtens könnte hier ein Schulterschluss zwischen öffentlich-rechtlichen und privaten Trägern hilfreich sein.

Ökonomisierung/Privatisierung/Finanzierung

Alle genannten Aktivitäten und Maßnahmen kosten Geld. Da ist die Frage erlaubt, wo es herkommen soll. Neben Änderungen im System werden sich zukünftig zahlreiche neue Organisationsstrukturen herausbilden, die zur besseren Finanzierung des Gesamten beitragen können. Voraussetzung dafür ist allerdings ein professionelles Zusammengehen von Politik und Systemmanagement, das in der Lage ist, die komplexen Bedingungen zu verstehen und vorausschauend zu handeln.

Welche Wege und neue Rahmenbedingungen zeichnen sich ab und könnten in den nächsten Jahren implementiert werden?

PPP – Public Private Partnership – war gestern: Systempartnerschaft ist die Zukunft

Mit Systempartnerschaft ist die Nutzung des Leistungsspektrums innovativer Industriepartner gemeint. So können Dienstleister die Prozessoptimierung im Krankenhaus und auf anderen Gebieten der Medizin unterstützen. Von den Leistungsanbietern, Dienstleistern, Händlern und Herstellern ist ein aktives Zugehen auf Krankenhäuser, Krankenkassen und -versicherer gefordert, um den 1. und 2. Gesundheitsmarkt im Sinne von notwendiger Basis- und individueller Zusatzversorgung zu strukturieren und Marktpotenziale zu heben.

Dabei geht es insbesondere um die Steigerung der Produktivität durch Prozessoptimierung, ein Vorgang, der innerhalb der etablierten Medizinstrukturen kaum bekannt und noch weniger umgesetzt ist. Trotz mancher Anstrengung liegen hier erhebliche Ressourcen brach. Wichtig ist dabei, dass die verordnete Kostensenkung, nicht selten durch Abbaudruck vorwiegend im Personalwesen, Qualitätsangst und Frustration bei Mitarbeitern und Patienten erzeugt. Der stimulierende und bei den Beteiligten sehr viel akzeptiertere Weg ist sicher die Produktivitätssteigerung. Hier bedarf es neuer Denkmodelle von allen Beteiligten. So könnten in der Medizin erfahrene Moderatoren bei der Ein- und Durchführung moderner „Industrialisierungskonzepte“ sehr hilfreich sein. Dies sollte durch in der Medizin groß gewordene Mitarbeiter erfolgen, da externe Berater immer wieder kläglich gescheitert sind.

Medizinisch orientierte Finanzdienstleister

Viele Gesundheitswirtschaftsunternehmen wollen deutschlandweit wachsen, doch die notwendigen Kapitalgeber wie Investmentbanken, Private-Equity-Häuser oder ausländische Investoren halten sich auch im Jahre 2030 nach wie vor zurück. Die Gründe dafür liegen in einem in Deutschland zu komplizierten Erstattungssystem, zu häufigen Richtungswechseln in der Politik und der Unklarheit über die zukünftigen Regularien des Gesundheitssystems. Die Unsicherheit wurde nach den ersten Insolvenzen größerer Krankenhausträger noch verstärkt.

Dessen ungeachtet ist die Kreditvergabe ein wunder Punkt des Systems. Da die Teilmärkte des 1. und 2. GM höchst unterschiedliche Finanzierungsquellen aufweisen, ist dies eine echte Herausforderung. Während z. B. die Krankenhäuser zu rund 82 % über die GKV finanziert werden, sind dies im Bereich Zahnärzte nur mehr 51 % und bei Medizinprodukten lediglich 25 %. Die Tendenz zu direkter Bezahlung der eingeforderten Leistung durch den einzelnen Patienten wird sich bis 2050 weiter verstärken. Davon weitgehend unberührt bleibt lediglich die Akutversorgung. Es bedarf also qualifizierter Spezialisten, die die Risiken und Chancen im System erkennen und beurteilen können. Nur dann kann der auch heute noch bestehende Zustand, dass eine Kreditvergabe zum Beispiel für ein Krankenhausunternehmen oder ein Forschungsinstitut nach wie vor wie die Vergabe für ein Bauunternehmen gehandhabt wird – bald der Vergangenheit angehören.

Medizinkonzerne 2030 and beyond

Der ökonomische Druck im System wird sich auch im kommenden Jahrzehnt weiter verschärfen, so dass sich der schon heute sichtbare Konzentrationsprozess eher noch beschleunigen wird. Damit ist gemeint, dass sich die großen Player im System wie Big-Pharma, die großen Medizintechnikhersteller, die Diagnostika-Riesen und die großen Krankenhauskonzerne zunehmend ganze Teilbereiche der Versorgungskette zulegen werden. Zum Beispiel hat ein großes deutsches Medizinunternehmen schon heute eine umfassende Krankenhauskette an sich gebunden, in der alle Diagnostikgeräte, die dazu gehörigen Reagenzien und Materialen naturgemäß aus einer Hand kommen. Dieses geschlossene System wird durch eine betriebsspezifische Software gefestigt. Auch bei der Akquisition neuer Bereiche werden nicht selten günstige Komplettangebote definierter Leistungsbereiche einschließlich der vernetzenden Software vorbereitet, so dass am Ende des Prozesses ein „Ausbrechen" gar nicht mehr möglich ist und die Übernahme ein geschmeidiger Vorgang ist. Die dadurch erreichbare Verschlankung der Bürokratie und Reduktion der Kosten, gepaart mit relativ sicheren Einnahmen bei hoher medizinischer Qualität, ist durchaus ein Zukunftsmodell.

Der nächste Schritt wird die Standardisierung des Krankenhausbaus (Stichwort: Modulkrankenhaus), des inneren medizinischen Workflows und die systematische Einbindung der regionalen medizinischen Zuweiser sein. Die Krankenkassen werden sich, da sie, etwa aufgrund ihrer Schwerfälligkeit und Ineffizienz, schon in den letzten Jahren erheblich an Einfluss verloren haben, diesem Trend nicht entgegenstellen wollen oder können. Hier eröffnen sich ganz neue Möglichkeiten für Investments, die letztlich global ausgeweitet werden können.

Das System und denkbare Variationen

Ohne hier auf die seit der Einführung der gesetzlichen Krankenversicherung durch Bismarck im Jahre 1883 konstant geführte und in den letzten zwei Jahrzehnten kaum noch nachvollziehbare Diskussion über neue Finanzierungs- oder Organisationsmodelle im Gesundheitssystem eingehen zu wollen, muss eines klar gemacht werden: Ein vom Staat organisiertes „weiter so" oder „weiter so ähnlich" wird nicht möglich sein. Alle sogenannten nachhaltigen Reformen haben sich als politische Scheindebatten ohne verändernde Wirkung erwiesen. Nur ein Teil wurde immer größer, die Bürokratie. Damit hat aber auch der Anteil des Versicherungsbeitrags, der nicht für die Medizin, d. h. den Patienten genutzt wird, ein unerträgliches Ausmaß angenommen.

Das medizinische Versorgungsniveau wird nur dann sozialverträglich erhalten werden können, wenn sich einige grundlegende Punkte ändern, diese sind u. a.:

- Beschränkung der kassenfinanzierten Leistungen auf das medizinisch Notwendige (sogenannte Grundsicherung), oder anders gesagt, Entschlackung des aufgeblähten Leistungskatalogs der Krankenkassen.
- Verschlankung des grotesk ausgeuferten Verwaltungsapparates der Kassen, der öffentlichen Gesundheitsadministration und weiterer Kontroll- und Regulierungsinstanzen.
- Lohnunabhängige Beiträge zur medizinischen Grundsicherung mit der Möglichkeit individueller Zusatzversicherungen.
- Beendigung des zunehmenden direkten Einflusses der Kassen auf den niedergelassenen quasi-angestellten Arzt, d. h. neuerliche Stärkung des Wettbewerbs, um die Apokalypse des englischen National Health zu vermeiden.
- Höhere Eigenbeteiligung, auch für den gesetzlich versicherten „Normalbürger", mit ausgefeilten Anreizsystemen, nicht ohne Härteregelung zum Erhalt des Solidaritätssystems. Dieser Ansatz ist laut mehreren Umfragen in der Bevölkerung zu über 60 % akzeptiert, so ist die Abschaffung der Praxisgebühr kein relevantes Thema.
- Konzentration der medizinischen Forschung und Entwicklung auf 5 bis maximal 10 große Universitätsklinika und deren Forschungsparks, die mit exzellenter Technik und den besten Köpfen auszustatten sind. Alles andere wird nicht finanzierbar sein und ist letztlich Vergeudung von Forschungsressourcen. Die kleineren Unikliniken sollten sich mehr auf die Lehre und Ausbildung konzentrieren. Um dies durchzusetzen, ist allerdings eine Umstrukturierung der Bund-Länder-Zuständigkeiten erforderlich – ein Vorgang, der in Deutschland schwieriger zu bewerkstelligen ist, als den Rhein in die Elbe umzuleiten.

Zum Schluss noch einmal Schopenhauer:

„Der schlimmste Missbrauch ist der Missbrauch des Besten."

Mit dieser Erkenntnis im Kopf muss sich ein jeder klar machen, dass weiterer Missbrauch unseres nach wie vor sehr oder recht guten Gesundheitssystems nicht nur die individuelle Versorgung, sondern sogar die zukünftige Stabilität unserer Gesellschaft gefährden kann.

Von immenser Bedeutung ist dabei, dass jeder von uns durch vernünftigen Umgang mit dem eigenen Körper und maßvollem Nutzen des vermeintlich kosten-

freien Gesundheitssystems erheblich zum Erhalt von dessen Qualität und Leistungsfähigkeit beitragen kann. Halten wir uns also daran und klären wir die, die es nicht so tun, darüber auf!

Thomas Gutberlet

Handel bleibt Wandel

Handel ist Wandel. Dieses Credo ist in den letzten Jahrzehnten insbesondere an der stetigen Selbsterneuerung, aber auch Selbstzerstörung von Vertriebsformen in der Handelslandschaft zu erkennen. Regelmäßig treten neue Vertriebsformen entweder mit aggressiven Preisen oder mit hohen Qualitätsansprüchen in den Markt ein und entwickeln sich dann bipolar durch ein Trading up oder ein Trading down, also die Ausweitung bzw. Verbesserung oder die Einschränkung der Leistungen, weiter. Findet am Ende dieses Entwicklungskreises keine Selbsterneuerung statt, scheidet die Vertriebsform – typischerweise mit inszeniertem Brimborium – aus und macht dadurch aber auch Platz für neue Formen.

Aus diesem „Wheel of Retailing" ist 2010, vor zwanzig Jahren, zum Beispiel mit viel Getöse die einst (preis-)aggressive Vertriebsform Warenhaus aus dem Markt ausgeschieden. Die Warenhäuser haben nach einer jahrzehntelangen stetigen Aufwertung und Verbreiterung der Leistungen ihr Publikum an die spezialisierte und damit agilere und günstigere Konkurrenz verloren.

Der Trauermarsch einer jeder Selbstzerstörung wird meistens begleitet durch private oder auch staatliche Rettungsversuche. Eine reine Strukturerhaltung führt jedoch – ohne grundsätzliche Selbsterneuerung – in den seltensten Fällen zum Erfolg. So würde heute – im Zeitalter der intelligenten Produkte, Prozesse und Services – auch der modernste PC keinen Käufer mehr finden.

Auch die einstigen Discounter haben sich in den vergangenen Jahren stark weiterentwickelt. Die Billiganbieter sind lange ihrem Konzept treu geblieben und haben sich dem Trend der Sortimentsausweitung widersetzt; aber selbst Aldi hat sich mittlerweile zu einem Kleinfachmarkt gemausert und bietet über einen Bestellmechanismus auch Long-Tail-Produkte, also Nischenprodukte, in der mittleren Preisschiene in der Funktion eines Nahversorgers an.

Mit dieser Aufweichung des Discount-Konzeptes ist eine Lücke im Preiseinstiegsbereich entstanden, das unter anderem durch sogenannte Klubkonzepte gefüllt wurde. Angelehnt an das Konzept der Genossenschaft zahlen die Mitglieder einen Jahresbeitrag, der sie zum Einkauf zu Selbstkostenpreisen von vor Ort produzierten Produkten berechtigt.

Andererseits ist auch ein Trading-Down einzelner Konzepte zu beobachten. So haben zum Beispiel die Bio-Fachmärkte, die in den 1990er und 2000er Jahren mit einem hohen Qualitätsanspruch in den Markt eingestiegen sind – parallel zur steigenden Wettbewerbsintensität – die Preise stetig gesenkt und damit die ursprünglichme Philosophie der Qualitätsführerschaft verlassen. Dadurch entstand plötzlich die existenzielle Notwendigkeit einer stärkeren Differenzierung – eine Situation, in der sich vor zwanzig Jahren die Supermärkte befanden. Ein Wendepunkt, der kritisch ist.

Vertriebsformen verschwinden nicht einfach, sondern durch das Vakuum, das durch ihr Ausscheiden zu beobachten ist, entstehen immer wieder innovative Konzepte.

Eine Vertriebsform gehört dann zu den Gewinnern und verhindert damit ein Ausscheiden aus dem Wheel of Retailing, wenn deren Funktion immer wieder neu definiert und dem Zeitgeist angepasst wird – oder noch besser: den Zeitgeist antizipiert. Die Supermärkte haben sich so zum Beispiel in der Rolle von Fachmärkten neu positioniert und das SB-Warenhaus hat das Entertainment als neue und erfolgreiche Facette für sich entdeckt.

Um eine Prognose der Weiterentwicklung des Wheel of Retailing wagen zu können und damit die eigene Unternehmung sicher durch turbulente Zeiten zu führen, müssen zuerst die Rahmenbedingungen und deren Treiber erkannt werden. Ich versuche hier, einige davon zu skizzieren:

Wirtschaftliche Turbulenzen sind spätestens seit der weltweiten Finanzkrise im Jahr 2009/2010 zur Normalität geworden – besonders in Europa – was gleichzeitig jedoch die Unsicherheit der Menschen treibt. Was kommt – Inflation oder Deflation? Zunahme oder Reduktion der (zukünftig zu erwartenden) Kaufkraft?

Durch steigende Treibstoffpreise, politische Maßnahmen zur CO_2-Reduktion und schließlich insbesondere durch die erhöhte Umweltsensibilität der Bevölkerung aufgrund von sichtbaren Umweltschäden (zum Beispiel die Ölverschmutzung der Meere) geht die private Mobilität stark zurück.

Die Kosten für die Gesundheitsversorgung haben mittlerweile das Doppelte der Ausgaben für Nahrungsmittel deutlich überschritten. Dadurch steigen die privaten Zuzahlungen, die auch durch das Verhalten der Versicherungsnehmer bestimmt sind, immer stärker. Dies hat zur Folge, dass

– zur Schonung des Haushaltsbudgets – die Fokussierung auf eine gesunde Lebensführung gestärkt wird.

Durch Spekulationen, Umweltkatastrophen und das Bevölkerungswachstum in Ländern wie Indien und China sind die Preise für Lebensmittel in Deutschland deutlich gestiegen, und Lieferprobleme führen sogar sporadisch zu echtem Mangel. Dies führt immer wieder die eigene Machtlosigkeit in der vernetzten (Handels-)Welt vor Augen. Die deutsche Landwirtschaft hat seit 2020 ihre Bedeutung verloren und ist in die Abhängigkeit von Energiekonzernen und Saatgutfirmen geraten. Da Deutschland wirtschaftlich nur noch zweitklassig ist, können wir uns den teuren Import von in China produziertem Gen-Getreide nicht mehr leisten. Dies führt zu starken Einschnitten im Lebenswandel der Menschen.

Die Forderung der Bevölkerung nach mehr sozialer Verantwortung und Transparenz in den Geschäftsprozessen der Firmen haben stark an Bedeutung gewonnen. Die so entstandene soziale Kontrolle führt immer wieder zu Diskrepanzen zwischen Erwartungen der Bevölkerung und den Handlungen der Firmen. Die Unternehmen büßen zwangsläufig an Vertrauen ein.

Die sozialen Absicherungen sind über die letzten zwanzig Jahren kontinuierlich reduziert worden, was mehr Eigenverantwortung von jedem Einzelnen abverlangt. Dies führt bei jedem Abbau dazu, dass Menschen vermehrt auf die Straße gehen und mehr Sozialstaat fordern. Immer mehr Menschen fallen durch die Auffangnetze der Gemeinschaft.

Das öffentliche Leben ist unsicherer geworden, da die Kommunen weniger für die Sicherheit ihrer Bürger ausgeben können, mehr Menschen sich von der Gesellschaft ungerecht behandelt und ausgestoßen fühlen und die Aggressionsbereitschaft zunimmt.

Parallel zu den stetig sinkenden Leistungen des Staates ist der Egoismus der Menschen gestiegen. Die Bereitschaft, anderen Menschen oder gar anderen Ländern zu helfen, hat stark abgenommen. Wieso soll anderen geholfen werden, wenn ich selber immer weniger von der Gemeinschaft getragen werde?

Die durch technologische Errungenschaften stark beschleunigte Versorgung der Bürger mit drahtlosen, handlichen und leicht bedienbaren Zugängen in die virtuelle Welt wird durch eine Vermehrung der Anbieter beschleunigt.

Aus Angst vor Gewalt und Krankheiten gehen die wohlhabenden Menschen nicht mehr auf die Straße, in Geschäfte, auf Volksfeste usw.

Diese Rahmenbedingungen haben in den vergangenen zwanzig Jahren deutliche Spuren im Lebensmitteleinzelhandel hinterlassen. Auf die wichtigsten der Veränderungen möchte ich nun eingehen und mich hierbei auf die obige Struktur der Rahmenbedingungen beziehen.

Die wirtschaftlichen Turbulenzen haben dazu geführt, dass der Preis weiterhin als ein wichtiges Kaufkriterium erhalten bleibt. Dies (oft) nicht aus ökonomischem Zwang, sondern aus der Unsicherheit über zukünftige Leistungen und Entwicklungen. Eine steigende Sparquote und eine erhöhte Preissensibilität sind die Konsequenzen daraus. Qualitätsanbieter stehen hierbei vor der großen Herausforderung, ihren Mehrwert kenntlich zu machen und ihre Wertschätzung zu stärken.

Die Selbstbeschränkung in der Mobilität hat zur Konsequenz, dass Großflächen auf der grünen Wiese, wie sie um die Jahrhundertwende und danach gehäuft entstanden sind, an rückläufiger Kundenfrequenz leiden. Gewinner sind die ehemaligen Discounter, die über die aggressive Expansionspolitik bis in die dörflichen Strukturen vorgedrungen sind. Das durchgeführte Up-Trading zum Fachmarkt stellt die Händler vor die gleichen Herausforderungen wie die Supermärkte vor 20 Jahren: Wie kann der Mehrwert kommuniziert werden – oder soll doch wieder (im Sinne von „Back to the Roots“) am Preis gedreht werden? Eine ungewohnte Situation für die ehemaligen Preisstrategen.

Lebensmittelhändler sind die Gesundheitsberater der Menschen. Wie kann eine gesunde Lebensführung durch entsprechende Lebensmittel unterstützt werden? Welche Wirkung haben Lebensmittel auf den menschlichen Organismus und wie erkennt man, ob ein Lebensmittel wirklich auch die Gesundheit fördert? Diese Entwicklung der Urteilsfähigkeit des Menschen ist der komparative Vorteil der Supermärkte und trägt damit auch zu einer Selbsterneuerung des Formates „Supermarkt“ bei.

Der Wunsch zur Rückgewinnung von Versorgungssicherheit fördert regionale Initiativen. Konzerne versuchen, über kleinere Organisationszellen regionale Projekte zu betreuen und einen direkten Zugang zu Anbau und Verarbeitung zu erhalten; gleichzeitig entstehen regional eigenständige Formate (z. B. Bauerngenossenschaften), die zur Gemeinschaftsversorgung vor Ort beitragen und damit die Abhängigkeit von globalen Lieferengpässen aufgrund von politischen oder ökologischen Turbulenzen reduzieren.

Der Verlust an Vertrauen unterstützt die preisfokussierte Einkaufsstättenwahl weiter. Sobald das Vertrauen in einen Händler verloren geht, wird die Kommunikation eines (Produkt-)Mehrwerts deutlich schwieriger. Der Preis ist hingegen eine eineindeutige Komponente, die direkt wahrnehmbar und damit auch leichter zu vermitteln ist – auch wenn der Händler beim Kunden weniger Vertrauen genießt.

Die Nachbarschaftsversorgung gewinnt wieder an Bedeutung. Durch die Engen am Arbeitsmarkt gibt es gut ausgebildete Menschen, die, um ihre Familie versorgen zu können, wieder eigene Geschäfte tätigen. Durch das Minimieren der sozialen Absicherung sind immer mehr Menschen auch darauf angewiesen, sich durch Grau- und Schwarzmarktgeschäfte über Wasser zu halten.

Seit das öffentliche Leben unsicherer geworden ist, haben sich die Menschen sukzessive in ihre eigenen vier Wände zurückgezogen. Die Unruheherde sind zwar sehr eingegrenzt, aber die Bilder in den Medien vermitteln eine „brennende" Atmosphäre, die für den Rückzug verantwortlich zeichnet. Damit erhalten einerseits Nachbarschaftsmärkte und auch Belohnungssortimente eine höhere Bedeutung – Leistungskompetenzen, die heute die ehemaligen Discounter für sich in Anspruch nehmen. Die Angst fördert aber vor allem auch Internetbestellungen oder den Einkauf in reglementierten „Clubs".

Der steigende Egoismus der Menschen führt dazu, dass Kunden immer mehr von Handelsunternehmen fordern und ein Nichterfüllen der Wünsche aufgrund der geringen Loyalität zu einer Abwanderung führt. Die Zufriedenheitswerte sinken und es wird immer schwieriger, eine Strategiebalance zwischen Kundenwünschen und ökonomischer Machbarkeit zu finden.

Kunden erhalten über die neuen Technologien deutlich mehr und zeitnahere Informationen. Im Grunde genommen ist dies die Voraussetzung für einen Machtgewinn gegenüber dem Handel. Aufgrund der Vielfalt und insbesondere der nur bedingt ausgeprägten Strukturierung der Informationen können sie den faktischen Machtgewinn aber nicht vollumfänglich nutzen. Die Händler haben jedoch über eine proaktive Transparenz und Strukturierung die Möglichkeit, Vertrauen aufzubauen.

Um in der Dynamik des Wheel of Retailing bestehen zu können, ist es zentral, erstens die Rahmenbedingungen des eigenen Wirtschaftens zu erkennen, zweitens die Positionierung des Vertriebskanals und auch des Unternehmens in diesem Lebenszyklus bestimmen zu können und drittens die Auswirkungen der Rahmenbedingungen auf das Verhalten der Kunden zu prognostizieren.

Nur bei Erfüllung dieser drei Voraussetzungen wird es möglich sein, die Selbsterneuerung stetig zu leben und sich immer wieder neu zu erfinden – respektive die Konsequenzen und Veränderungen der Rahmenbedingungen mit dem eigenen Handeln vorwegzunehmen. Eine isolierte Beschäftigung mit sich selbst, das Ignorieren der Rahmenbedingungen oder die alleinige Ausrichtung auf die Konkurrenz wird schmerzhaft dazu führen, dass die Vertriebsform oder das Unternehmen aus dem Markt gedrängt wird.

Erfolgreich wird auch in Zukunft derjenige sein, der die Rahmenbedingungen richtig interpretiert und die daraus entstehenden Kundenbedürfnisse frühzeitig erkennt und danach handelt, denn Handel ist – und bleibt – Wandel.

Auch heute noch stimmt das aus dem letzten Jahrtausend stammende Zitat von Gottlieb Duttweiler: „Der stetige Wille zu dienen hat etwas Unwiderstehliches an sich. Er verleiht geheime Kräfte über die Mitmenschen. Dieser Wille macht sehend für menschliche Zusammenhänge, die sonst verborgen bleiben. Er öffnet Wege ins Herz der Menschen, die sonst verschlossen sind. Vor allem macht er die Bedürfnisse der Menschen sichtbar, und wer solche zu befriedigen vermag, der gewinnt von den kostbaren Substanzen ‚Achtung und Sympathie'."

Michael Frenzel

Erlebnisse und Emotionen: Schlüssel zum Erfolg

Die Reaktions- und Anpassungsfähigkeit der Tourismusbranche ist seit den 2000er Jahren von konjunkturellen Entwicklungen, politischen Strömungen, externen Beeinträchtigungen sowie steigenden Energie- und Lebenshaltungskosten immer wieder herausgefordert worden. Dennoch sind Freizeit und Tourismus einer der wichtigsten Wachstums- und Zukunftsmärkte geblieben, zumal die Reisebegeisterung der Menschen sich nicht grundsätzlich verändert hat. Eine Konstante hat sich bei all den unregelmäßigen Entwicklungen im Tourismus bestätigt: „Reisen ist", um mit Kurt Tucholsky zu sprechen, „die Sehnsucht nach dem Leben." Die damit verbundene Perspektive hat nachhaltig Eingang in die Gestaltung des Tourismus gefunden. Die Menschen suchen nach Geschichten, nach der Erfüllung von Träumen, nach Erlebnissen und Emotionen. Urlaub und Unterwegssein sind Erlebniswerte und Erfahrungen, auf die sie nicht verzichten wollen. Und nicht nur angesichts zunehmender Virtualisierung ist das Erlebnis vor Ort gefragt. Das Tourismus-Management des Jahres 2030 ist sogar stärker als je zuvor Erlebnisökonomie, die auf die Vermittlung von positiven, authentischen Erfahrungen, von Momenten des Wohlfühlens und des Arrangements schöner Begebenheiten abzielt. Mit ihren entsprechenden Strategien ist die Erlebnisökonomie weiter gewachsen und hat sich ausdifferenziert. Sie erreicht aber nicht mehr alle gleichzeitig: Die Märkte polarisieren sich zwischen Betonung des Lebensstils einerseits und ausgesprochener Preissensibilität andererseits, zwischen dem Volumenmarkt, wie er sich im 20. Jahrhundert entwickelt hat und der nach wie vor über das Preis-Leistungs-Verhältnis funktioniert, und dem Segment der Spezialreisen. Dieses differenzierte Segment der Spezialreisen ermöglicht eine neugierige Erschließung der Welt, die schon fast wieder an klassische Momente des Reisens erinnert. Die Reisenden agieren zunehmend individueller, um sich abzugrenzen. Der Anteil der Pauschalreisenden sinkt. Im Gegenzug zeichnet sich der Markt durch ein qualitatives Wachstum aus. Diese Entwicklungen fordern in einem besonderen Maße die Kreativität und Innovationsleistung des Tourismus-Managements heraus.

Die Welt des Reisens 2030 – strategische Herausforderungen

Die Aufgeschlossenheit der Menschen, sich im Urlaub mit sich selbst und mit anderen zu beschäftigen, die Bereitschaft, sich einmal verwöhnen zu lassen und es sich gut gehen zu lassen, das Interesse, neue Dinge kennen zu lernen, schöne Landschaften zu sehen oder in wohl gestalteter Umgebung auf Zeit zu leben ... sind Erwartungen, die dichte emotionale Bezüge herstellen. TUI hat sich dem Anspruch gestellt, emotionale Reiseerlebnisse, unvergessliche Momente und die besondere Gestaltung von Urlaubserlebnissen zu schaffen, unterstrichen mit der Botschaft „TUI makes travel experiences special", und sich damit als Dienstleistungsunternehmen für Emotionen und Wohlbefinden positioniert. Die konsequente Erfüllung der Kundenwünsche nach Servicequalität, Convenience und Wohlfühlkonzepten sorgt dafür, dass die Freizeit- und Tourismusbranche einer der wichtigsten Zukunftsmärkte bleibt.

Der demografische Wandel

Der Anteil der älteren Reisenden ist in den angestammten touristischen Märkten kontinuierlich gewachsen und nimmt aufgrund der demografischen Entwicklung weiter zu; im Jahr 2030 liegt der Anteil der über 65-Jährigen bei rund 29 % der Gesamtbevölkerung. Die rückläufigen Bevölkerungszahlen und die wachsende Alterung der Gesellschaft beschäftigen den Tourismus und seine Leistungsträger nicht nur in Deutschland, sondern genauso in den anderen westeuropäischen Ländern. Die Branche nahm aber auch rechtzeitig andere Altersgruppen in den Blick. „TUI Student Travel" zum Beispiel hat schon vor Jahren damit begonnen, Educational Tours für Lehrer, Schüler und Studierende anzubieten, und Reisen mit Lernen verbunden. Ausgehend von den USA ist auch nach Deutschland vorgedrungen, dass viele junge Menschen sich stark für Reisen mit Bildungsangebot interessieren, nach dem Motto: „Make the World your Classroom!"

Reiseprofile - die Suche nach Komfort, Nachhaltigkeit und Lifestyle

Forschungen in Europa und den USA „entdeckten" in den 2000er Jahren einen Konsumententyp, der nicht bloß bei Ernährung, sondern auch bei Kleidung, Wohnen und vor allem beim Urlaub bereit war, Geld für Qualität und gutes Gewissen auszugeben. Man sprach hier von der wachsenden Zielgruppe der LOHAS (Lifestyle of Health and Sustainability).

Komfort und Lifestyle in Verbindung mit Gesundheit und Umweltbewusstsein spielen heute bei etwa 30 % der Tourismus-Kunden eine relevante Rolle. Die Sehnsucht nach Authentizität, nach „innerem Wachstum" und Spiritualität ist für die LOHAS von hoher Bedeutung. Nach Jahren aktiven Umweltengagements bringt TUI umweltbewusste und nachhaltige Produkte gebündelt auf den Markt. Das Angebot TUI Grüne Welten richtet sich speziell an diese Zielgruppe: Hotels, die zu den TUI Umwelt-Champions gehören, oder umweltbewusste Ausflüge gemeinsam mit lokalen Umweltorganisationen – wie etwa Tauchen mit Korallenforschern im Roten Meer oder die Beobachtung von Walen und Delfinen zwischen Teneriffa und La Gomera in Kooperation mit einer Wal- und Delfinschutzorganisation. Ein frühes, schon vor 20 Jahren bekanntes Beispiel für stilvolles und lifestylebetontes Reisen ist das Hotel „Casa Camper" in Barcelona, im multikulturell geprägten Stadtviertel El Raval: In der Eingangshalle hängen Leihfahrräder von der Decke, die Gäste bekommen ein Schlafzimmer mit Bad und Blick auf den ruhigen Innenhof und eine private Lounge auf der gegenüberliegenden Seite mit Blick auf das Treiben in den Straßen Barcelonas. Der kostenlose Internetzugang, ein Safe für den Laptop mit integrierter Steckdose zum Aufladen, eine Hängematte und, wie in Spanien üblich, Hausschuhe gehören ebenso zum Angebot wie der Gastronomiebereich des Hotels, in dem man sich 24 Stunden am Tag kostenlos selbst bedienen kann. Im Aufzug steht: „Walk down, it's healthier!"

Mit der Lifestyle-Hotelmarke „aqi" hat TUI eigene Akzente in der Ferienhotellerie gesetzt, beginnend mit dem Dreisternehotel „aqi Schladming", das im Budget-Leisure-Segment nach dem Konzept „Leben pur & smart" eine Konzentration auf das Wesentliche bietet, nämlich zeitgemäße funktionale Ausstattung, klare Linien in Design und Architektur mit regionalem Bezug in Stil und Materialauswahl sowie zielgruppenspezifische Qualitätsstandards.

Immer online

Urlaubsbuchungen über das Internet sind heute der dominierende Weg des Tourismus-Geschäfts, angefangen bei der Informationsbeschaffung, über die Reisevorbereitungen bis hin zur Buchung. Urlauber informieren sich bei Internet-Communities, tauschen sich über Reisepläne, Tipps und Tricks aus, geben ihre Bewertung von Hotels und Erlebnisangeboten ein, dokumentieren ihre Reiseerfahrungen in Form von Berichten und Fotos und nutzen umgekehrt die Erfahrungen und Empfehlungen anderer Urlauber für ihre eigenen Entscheidungen. Das Internet ist so zu einer lebhaft genutzten Urlaubsberatung geworden, bei der Erzählungen von Freunden und Fremden die eigene Urlaubs- und Reiseplanung stark beeinflussen. So bietet TUI eine Internet-Plattform an, auf der eine Vielzahl von Reiseinformationen zu finden ist und sich ein hochaktueller Meinungs- und Erfahrungsaustausch der Urlauber abspielt. Dadurch hat sich auch die Rolle des stationären Vertriebs über Reisebüros gewandelt. Heute sind Reisebüros ebenso mit Internetzugang ausgerüstet wie die meisten Kunden, allerdings mit attraktiveren Displays und kompetenter Beratung, die speziell bei komplexeren Reisewünschen und Gruppenreisen in Anspruch genommen werden. Reisebüros sind deswegen nicht vollständig vom Markt verschwunden. Vielmehr haben sie ihr Dienstleistungsangebot und ihre Ausstattung ihrer veränderten Rolle angepasst.

Die Suche nach neuen touristischen Märkten

Die touristischen Markt- und Wachstumspotenziale liegen vor allem in Asien (China und Indien) sowie in Russland und Brasilien. Diese Länder bieten nicht nur als Zielland touristisches Potenzial, sondern insbesondere auch als Quellmarkt. Die TUI ist mit eigenen Unternehmen in diesen Wachstumsmärkten vertreten und verfolgte gleich zu Beginn die Strategie einer differenzierten Markterschließung. Dazu gehören unter anderem die Ansprache ausgewiesener Zielgruppen, eigene Hotels und Airlineangebote. Die Ausgaben für Auslandsreisen sowohl in Russland, Indien und in China haben sich seit 2010 vervielfacht. Russische Touristen reisen besonders in die Türkei oder nach Ägypten. Inzwischen kommen jährlich nahezu 3 Millionen chinesische Touristen nach Deutschland. Eine hohe Attraktivität bieten unter anderem deutsche Outlet-Centers für Markenartikel, die von einer schnell wachsenden Zahl von asiatischen Gästen besucht werden. Deren Wünsche und Erwartungen weichen zum Teil erheblich ab von denen westeuropäischer Urlauber – gefragt sind insbesondere Busrundreisen und Städtetouren.

Das frühere Mainstream-Geschäft mit Pauschalreisen hat zwar an Bedeutung verloren, ist aber immer weiter ausgestaltet und flexibilisiert worden und behauptet sich nun auf hohem Niveau. Wachstum kam dagegen in den letzten Jahren vor allen Dingen vom Spezialisten- und Aktivurlauber-Geschäft. Das gilt besonders für den Kreuzfahrt-Tourismus. Luxus- und Expeditions-Kreuzfahrten faszinieren die Menschen, die von der Idee angetan sind, in schwimmenden Hotels die Weltmeere zu bereisen und an den attraktivsten Orten vor Anker zu gehen. Für diese Art von Premium-Urlaub auf dem Meer hat TUI die Kreuzfahrtmarke TUI Cruises geschaffen. Zusammen mit der Partnergesellschaft Royal Carribbean Cruises betreibt TUI Cruises seit langem ein permanent attraktives Kreuzfahrtangebot, das dem Wunsch der Gäste nach mehr Individualität, Rückzugsmöglichkeiten und Inspiration gerecht wird.

Reisende im Jahr 2030 zeichnen sich besonders aus durch ihre ambitionierten, wechselnden Ansprüche, durch eine stärkere Differenzierung ihrer Aktivitäten, ihre Vernetzung mit Gleichgesinnten oder durch die Suche nach Entspannung als Reaktion auf die eher hektischen Bedingungen im Alltag. Ein Interesse an Lernen und Bildung ist im Urlaub durchaus vorhanden. Generell verhält sich der Urlauber nicht mehr eindimensional. Er ist auf der Suche nach der Kombination mehrerer Erlebnisdimensionen: Kultur und Essen, Entspannen und Lernen. Es zeichnet sich eine stärkere Rhythmisierung des Freizeiterlebens ab, die zum Beispiel auch an der Entwicklung der Third Places sichtbar wird. Als Trend der letzten Jahre bilden sich neue Orte des Wohlfühlens aus. Es sind halböffentliche, multifunktionale Räume, die in den Augen der Konsumenten zu persönlichen Lebensräumen geworden sind. Hier lassen sich auf ungezwungene Weise Wünsche nach Konsum, Genuss, Bildung oder Erlebnis erfüllen. Diese Räume können Cafés, Hotels, Museen, Wellnessanlagen oder andere Orte sein, die sich dadurch auszeichnen, dass sie die Erfüllung unterschiedlicher Bedürfnisse an einem Ort zulassen – zum Beispiel Museumsbesuch, Entspannung und Dining.

Erlebnisketten

Während die Touristen noch vor 20 Jahren Warteschlangen und Sicherheitschecks insbesondere an Flughäfen hinnehmen mussten, die die Erlebniskette Urlaub immer wieder unliebsam unterbrachen, haben inzwischen verbessertes Schnittstellenmanagement und effektivere Dienstleistungsabläufe dazu geführt, dass den Reisenden ein weitgehend ungetrübtes Gesamterlebnis geboten wird. Insgesamt ist zu beobachten, dass Flughäfen zu Shoppingmalls für unterwegs geworden sind. Der Bereich Handel und Dienstleistungen wird von den Airportbetreibern über das ursprüngliche Kerngeschäft hinaus zunehmend als starker Wachstumsmarkt angesehen. Das anhaltend steigende Passagieraufkommen und die damit verbundenen Kundenfrequenzen, ausgabefreudige Konsumenten und liberale Ladenöffnungszeiten sind hervorragende Voraussetzungen für das Wachstum im Airportshopping.

Emotionalisierung und Kundenbindung durch Hotels und Resorts

Für den Grad der Urlaubszufriedenheit spielen Hotels und Resorts eine immer entscheidendere Rolle. Denn Urlauber, die authentische Erlebnisse suchen, legen Wert auf regionale Authentizität und typisches Ambiente. So haben architektonische Gestaltung, lokale Baukultur und individuelles Design heute einen hohen Stellenwert, weil sie eine reizvolle Lifestyle-Erfahrung vermitteln. Dazu gehören aber auch intakte Kulturlandschaften und regionaltypische und historische Ortsbilder. Daher werden heute Resorts von vornherein als kulturlandschaftliche Ensembles gestaltet und kunst- und anspruchsvoll inszeniert, um eine attraktive Lifestyle-Erfahrung zu generieren. Hotels ohne diese authentische oder gestaltete Umgebung haben keine Zukunft mehr.

Destinationen

Nicht nur Hotels, Freizeitparks und Einkaufszentren durchleben einen Lebenszyklus, sondern auch Urlaubs-Destinationen. Viele von ihnen befinden sich heute in der Reifephase, in der sich die Frage stellt, ob ein Rückbau, eine Konversion oder eine Reattraktivierung der beste Weg in die Zukunft ist. Unter dem Begriff „Waterfront Revitalization" sind in der Vergangenheit weltweit Konzepte zur Wiedernutzung ehemaliger Hafenstandorte unter stadtplanerischen und architektonischen Aspekten entwickelt worden. Vor allem die Revitalisierung der Hafenstandorte durch die Mischung unterschiedlicher Nutzungsformen (Wohnen, Arbeiten, Freizeit) zu sogenannten multifunktionalen Dienstleistungsstandorten hat dabei im Vordergrund gestanden. Ein ähnlicher Prozess steht vermutlich den in die Jahre gekommenen Tourismusdestinationen bevor, die nicht ständig den Entwicklungen und den touristischen Qualitäten angepasst worden sind. Wie schwierig die Prozesse verlaufen können, haben zum Beispiel die Reattraktivierungsversuche in Rimini und Palma de Mallorca gezeigt. Mit dem neuen Erscheinungsbild der Strandpromenade erlebte Rimini ein Revival. Stadtkern und Meeresküste rückten näher zusammen, und ein zusätzlicher Pier, der 300 Meter ins Meer hinausragt, spiegelt das Zusammenspiel von Wasser und Stadt wider. Die Verwendung von Solarzellen und Anlagen zur Regenwasserverwertung haben die gesamte Ökologie verbessert. Mallorca hat seine Playa de Palma ästhetisch aufgewertet, indem sechs Kilometer der Meeresfront für die touristische Entwicklung im Einklang mit der Landschaft, der Geschichte und der Tradition der Insel erschlossen wurden. Eine Straßenbahn verbindet die Playa mit der Stadt und dem Flughafen. Nach Formentera, die als erste Insel der Balearen die Zulassung von Automobilien auf elektrische Antriebssysteme beschränkt hat, hat nun auch Mallorca den Verkehr der Insel auf postfossile Mobilität umgestellt.

Neue Destinationen sind in vielen touristischen Regionen in Osteuropa, Asien und Afrika entstanden, die dort zu einer Wirtschaftsbelebung und zu neuen Arbeitsplätzen geführt haben.

Die Tourismusindustrie übt im Austausch mit der Immobilienwirtschaft, der Freizeitwirtschaft, der Konsum- und Gesundheitswirtschaft und mit wissenschaftlichen Einrichtungen eine wichtige volkswirtschaftliche Funktion für eine Reihe von noch vor 20 Jahren unterentwickelten Regionen aus. Die TUI AG betreibt mit ihrer TUI Campus einen ständigen Austausch zwischen Wissenschaft und Praxis, um Reiseformen der Zukunft und Marktentwicklungen zu erkennen.

Veränderungen des Klimas

Die globale Erwärmung, die Verschiebung von Niederschlägen, der Anstieg des Meeresspiegels oder das vermehrte Auftreten von Wetterextremen (Hitzewellen, Dürren, Stürme usw.) werden das Reisen weltweit verändern. Der Tourismus zählt zu den klimasensiblen und durch den Klimawandel beeinflussten Bereichen. Auf Basis wissenschaftlicher Szenarien ist schon seit Jahrzehnten bekannt, welche Regionen in welcher Weise von den Wirkungen des Klimawandels betroffen sein werden. TUI hat führend in der gesamten Reisebranche den ihr möglichen Beitrag zur Vermeidung von schädlichen Umwelteffekten und zur Anpassung an die klimatischen Veränderungen geleistet. Die Hotels und Resorts setzen konsequent regenerative Energien ein, und in den ROBINSON Clubs werden Solarinstallationen genutzt, im Club Agadir in Marokko ist es sogar die größte Solarinstallation im ganzen Land. Jahr für Jahr notiert die TUI AG im Dow Jones Sustainability World Index (DJSI) an führender Position mit Bestnoten in den Kategorien Klimastrategie, Biodiversität, Umweltreporting und Umweltstrategie.

Aber die Arbeit geht weiter – der Tourismus muss noch umweltverträglicher und nachhaltiger werden, auch durch einen offenen Dialog mit den Destinationen, in die die Urlauber reisen. Die Klima-Diskussion hat das Verhalten der Reisenden nachhaltig beeinflusst, ein Großteil der Urlauber berücksichtigt bei seinen Reiseentscheidungen auch ökologische Aspekte.

Reisen ist die Sehnsucht nach dem Leben

Reisen leben in besonderer Weise von ihrem emotionalen Mehrwert. Voraussetzung dafür ist aber, dass die „Erlebniskette Urlaub" mit innovativen Angeboten ständig bereichert und ergänzt wird und die Erlebnisdramaturgie erhalten bleibt. Dies erfordert einen differenzierten Blick auf die komplexen Verhältnisse des Marktes, auf die Wünsche und Sehnsüchte der Urlauberinnen und Urlauber sowie auf die Wertewandelprozesse. Mit diesem qualitätssichernden Gesamtblick wachsen Konzernen, die wie die TUI weltweit tätig sind, neue Aufgaben zu. Eine wesentliche davon ist sicherlich das beratende Gespräch mit politischen und wirtschaftlichen Akteuren in den Destinationen, denn sie schaffen in besonderer Weise mit der Gestaltung der Standorte oder der Hotelresorts entscheidende Voraussetzungen dafür, dass die Reisenden sich wohlfühlen. Sie suchen nicht nur logistische Unterstützung. Sie erwarten Geschichten, Sinnstiftendes, Bereicherndes, Träume, authentische Angebote, positive Erfahrungen, schöne Begebenheiten. Treffender als mit Tucholsky lässt es sich kaum ausdrücken: „Reisen ist die Sehnsucht nach dem Leben".

Geldwirtschaft

Falko Fecht

Ein Nachruf

Heute kann man es kaum mehr glauben, aber auch in Westeuropa und den USA gab es lange Jahre die Giganten der Finanzmärkte, wie wir sie heute fast nur noch aus China kennen. Gerade in Deutschland waren Banken in nahezu alle Finanzgeschäfte involviert und begleiteten die Kapitalströme über ihre gesamte Bandbreite. Sie berieten private Sparer in ihrer Anlageentscheidung, boten Finanzierungsmöglichkeiten für Eigenheime und spielten sogar in der Finanzierung der seinerzeit noch gravierenden Staatsdefizite eine gewichtige Rolle. Aber wie kam es dazu, dass sich die Rolle der Banken heute alleine auf die Strukturierung der Unternehmensfinanzierung beschränkt?

Der lange Weg zur Reregulierung

Das Jahrzehnt nach der ersten weltweiten Finanzkrise dieses Jahrhunderts war geprägt von einer nicht enden wollenden Diskussion über die Reregulierung der Finanzsysteme. Nachdem man zunächst nahezu fünf Jahre vergeblich versucht hatte, sich auf ein international harmonisiertes Regelwerk zu verständigen, wurde diese Unsicherheit immer stärker zu einer Belastung des Bankensektors. Insbesondere in Europa, wo die Banken noch bis 2015 mit den bilanziellen Folgen der Finanzkrise zu kämpfen hatten, lahmte die Kreditvergabe, was zunehmend zu einer Belastung für die Realwirtschaft wurde.

Um der Regulierungsdebatte ein Ende zu setzen, entschied man sich in Europa dafür, in einem Alleingang vor allem Transaktionen an den Finanzmärkten stärker zu regulieren. Dies wurde letztlich möglich, weil dem Finanzplatz London im Zuge zweier Währungskrisen des britischen Pfundes 2013 und 2015 ein Niedergang drohte und sich Großbritannien um Aufnahme zum Euro bemühte. In den USA dagegen konzentrierte sich die Regulierung vor allem auf den Bankensektor. Da hier die realwirtschaftliche Erholung nach der Finanzkrise länger auf sich warten ließ, wurden konkrete Maßnahmen wie Bankenabgaben, Einschränkungen der Geschäftsfelder und Ähnliches erst 2015 umgesetzt.

In der zweiten Hälfte der 2010er Jahre wurden die Folgen dieser Alleingänge sichtbar: Die europäischen Finanzmärkte verloren im internationalen Vergleich weiter an Bedeutung. Den amerikanischen Investmentbanken, die zuvor von den US-Geldhäusern abgespalten worden waren, drohte der vollständige Aufkauf durch chinesische Kreditinstitute. Der Kapitalexport aus ihren Ländern, der seit der Freigabe des Renminbi auch die USA vor immer größere Herausforderungen stellte, vereinte Europäer und Amerikaner aber in dem Wunsch, durch eine international vereinheitlichte Regulierung von Finanzinstituten zumindest teilweise der Kapitalabflüsse Herr zu werden. Vor allem jedoch offenbarte sich mehr und mehr, dass weder die europäischen noch die US-amerikanischen Regelungen die Schockwellen eindämmen konnten, die von in Schieflage geratenen chinesischen Finanzinstituten auf die westlichen Finanzmärkte ausgingen.

Aber erst angesichts der massiven Verwerfungen im Zuge der platzenden Hongkonger Immobilienpreisblase im Jahre 2021 verliehen Europäer und US-Amerikaner ihrer Forderung nach einer weltweiten Eigenkapitalquote von 20 % für alle Finanzinstitute mit der Drohung einer Einführung von Kapitalverkehrskontrollen einen hinreichenden Nachdruck. Entgegen aller Befürchtungen dämpften die darauf folgenden schärferen Eigenkapitalrichtlinien die dynamische Entwicklung weder in China noch in Indien oder Lateinamerika spürbar. In Europa und den USA führte die stabilere Finanzmarktentwicklung sogar zu einer ungeahnten Belebung der Konsumnachfrage.

Die Rolle der Banken in Deutschland

Der weitgehende Bedeutungsverlust der Banken in Deutschland vollzog sich schleichend. Was aber waren die wesentlichen Ursachen, die hierzu führten? Nachdem ihr Ruf ohnehin noch durch die Finanzkrise angeschlagen war, gelang es den deutschen Banken auch in den Folgejahren nicht, aus den Negativschlagzeilen herauszukommen. Öffentlichkeitswirksame Skandale offenbarten eklatante Interessenkonflikte im Privatkundengeschäft. Anhaltende Mängel in der Kundenberatung schürten zudem das Misstrauen der Anleger und führten letztlich dazu, dass sich Privatkunden immer stärker unabhängigen Finanzberatern zuwandten.

Aufgrund dessen konnten die deutschen Banken auch kaum von der Goldgräberstimmung profitieren, die sich in den Jahren 2015 bis 2025 in der Anlageberatung breitmachte. Der demografische Wandel, dessen Auswirkung auf die private Altersversorgung lange vorhergesehen worden war, war dabei aber nur ein Auslöser. Bedeutsamer für den ungeahnten Boom der privaten Kapitalanlage war sicher der Zusammenbruch der umlagefinanzierten Rentenversicherung. Denn als der Anteil der unselbstständig Beschäftigten auf unter 50 % fiel, war eine reine Steuerfinanzierung der Renten unabdingbar geworden und damit die gesetzliche Rentenversicherung faktisch abgeschafft. Die Steuerbefreiung bei privaten Ersparnissen schaffte hinreichende Flexibilität für die private Altersvorsorge, belastete aber den Staatshaushalt.

Mit dem zunehmenden privaten Anlagevolumen stieg insgesamt auch deutlich das Interesse breiter Bevölkerungsschichten an den Finanzmärkten. Waren es anfänglich noch die regelmäßigen Treffen mit dem Finanzberater, in denen Privatanleger umfassend Finanzmarktfragen thematisierten, trägt heute vielmehr die Anziehungskraft der gesamtgesellschaftlichen Happenings rund um die Markteinführung neuer Anlageprodukte zum großen öffentlichen Interesse bei, dem sich kaum noch jemand entziehen kann. Aufgrund der zentralen gesellschaftlichen Rolle, die der privaten Kapitalanlage inzwischen zukommt, lässt es sich heute kaum noch ein Privatanleger nehmen, seine Finanzmarktaktivitäten eigenständig zu managen.

Durch den gestiegenen Einfluss unabhängiger Finanzberater konnten gerade in Deutschland auch immer stärker Kapitalanlagegesellschaften zulegen, die von hiesigen Banken unabhängig waren. Die verschiedensten von ihnen aufgelegten Fonds machten schon im Jahr 2015 einen weit größeren Anteil am Portfolio privater Haushalte aus als die von Banken vertriebenen Anlageprodukte insgesamt.

Ein weiteres wichtiges Geschäftsfeld ging den Banken in Deutschland verloren, als die MEX, die deutsche Mortgage Exchange, ihren elektronischen Handel aufnahm und umgehend zu einem vollen Erfolg wurde. Bereits seit dem Jahr 2017 erlaubt es dieses Handelssystem privaten Haushalten – anfangs durchaus noch unter Begleitung von Mortage Brokern – ihre Hypotheken direkt am Kapitalmarkt zu platzieren. Heute können private Haushalte nicht nur bei Bedarf eine Wohnungsschuldverschreibung auflegen, auch Konsumkredite lassen sich inzwischen von Privatpersonen problemlos direkt im ebay-Handelssystem emittieren – allerdings nur, sofern sie über eine gute Kredithistorie verfügen.

Aber auch Haushalte, die nicht über eine hinreichend lange und positive Kreditbewertung verfügen, können ab dem nächsten Jahr problemlos Ratenkredite über dieses Handelssystem vereinbaren, wenn sie ihre künftigen Erträge aus ihren ebay-Transaktionen als Pfand hinterlegen. Alternativ können sie aber auch weiterhin eine Bürgschaft mit besser gerateten Haushalten vereinbaren, die sich bereits seit einigen Jahren eines regen Handels erfreuen. Traten zu Beginn der MEX und der ebay-Kreditbörse auch Banken noch in beträchtlichem Umfang als Käufer auf, so sind es inzwischen vor allem Fonds, die auch hier private Ersparnisse investieren.

Den Kontakt zu Privatkunden hatten die deutschen Banken bereits 2018 fast vollständig verloren, als die Europäische Zentralbank den *iEuro* einführte. Erst diese von Apple entwickelte fälschungssichere elektronische Währung erlaubte uns, vollständig auf das zu verzichten, was zuvor als Bargeld und Sichteinlagen bezeichnet wurde. Denn bis dahin nutzten Unternehmen und private Haushalte noch in größerem Umfang auf Papier gedruckte Schuldscheine der Zentralbank (sogenanntes Bargeld) und überließen die Buchführung über ihre größeren Ein- und Ausgaben den Banken in Form von sogenannten Girokonten. Seit aber der in den Realitätsunterstützer *iGlasses* integrierte Chip über die Zahlungsverkehrssoftware drahtlose Transaktionen in *iEuro* erlaubt, verfügen fast alle Privatpersonen mobil über ihren gesamten Bestand an Zahlungsmittel. Sie können sie jederzeit unterwegs nutzen, um Neuanlagen in Aktien, Fondanteile oder Investmentzertifikate zu tätigen. Gleichermaßen können sie sich im Falle eines Liquiditätsengpasses über den mobilen ebay-Zugang und den schnellen Verkauf eines Konsumkredites in den Kreditauktionen zusätzliche *iEuro* beschaffen.

Da in dieser Zeit Banken im Privatkundengeschäft derart ins Hintertreffen gegenüber anderen Finanzinstituten kamen, müssen sie seit dem Jahr 2020 ihren eigenen Kapitalbedarf weitestgehend über die internationalen Finanzmärkte decken. Zusammen mit den deutlich gestiegenen Eigenkapitalanforderungen führte dies zu einem derartigen Margendruck, dass die letzten Banken bereits vor acht Jahren ihre restlichen Bestände an Finanzierungstiteln der öffentlichen Hand veräußerten und sich aus der strukturierten Staatsfinanzierung zurückzogen.

Lange sah es so aus, als würden die deutschen Banken aus diesen Gründen auch ihre Rolle in der Unternehmensfinanzierung verlieren. Um von den reizvollen, aber auch immer komplexeren Finanzmarktprodukten profitieren zu können, entschieden sich jedoch in den letzten Jahren mehr und mehr Firmen, ihre gesamte Unternehmensfinanzierung sowie das Liquiditätsmanagement outzusourcen. Von dieser Entwicklung konnten Banken in den letzten Jahren glücklicherweise profitieren. Das Corporate Banking wurde damit letztlich zum einzigen rentablen Standbein einer noch vor 20 Jahren das Finanzsystem dominierenden Branche.

Banken bestehen heute folglich weitgehend nur noch aus Spezialisten für Unternehmensfinanzierung, die durch die Strukturierung und Emission von Finanzmarktprodukten das Cash Management der Unternehmen betreiben und die Absicherung von operativen und unternehmerischen Liquiditätsrisiken übernehmen. In der umfassenden Öffentlichkeitsarbeit, die sich zur Schaffung der notwendigen Transparenz bei jeder Platzierung neuer unternehmensspezifischer Finanzmarktprodukte als notwendig erwiesen hat, werden sie von spezialisierten Finanzmarktagenturen begleitet.

Deutsche Bankenlandschaft

Heute spielen für die heimischen Unternehmen nur noch aus Kreditgenossenschaften hervorgegangene Regionalbanken eine bedeutende Rolle.

Überregional tätige Unternehmen werden in ihren Finanzmarktaktivitäten fast ausschließlich von nationalen Zweigstellen ausländischer Finanzkonzerne betreut. Aber auch diese zweigliedrige Struktur war nicht immer so.

Noch im Jahr 2016 hatten im deutschen Bankensektor neben den Kreditgenossenschaften und den Privatbanken auch öffentliche Banken einen festen Platz. Zwar wurde nach der Weltfinanzkrise von 2008/2009 intensiv über eine Umstrukturierung und Konsolidierung dieser Banken nachgedacht und dies auch sehr einhellig für nötig befunden. Doch die zunehmend fragmentierte Parteienlandschaft machte eine politische Einigung unter den verschiedenen öffentlichen Eigentümern gerade bei den Landesbanken unmöglich.

Als aber 2017 einige Landesbanken durch Fehlspekulationen an der MEX massive Verluste erlitten, war eine Neuausrichtung unumgänglich. Sparkassen, die Retailbanken des öffentlichen Bankensektors, die in den Jahren zuvor immer wieder für Verluste der Landesbanken herangezogen wurden, hatten selbst aufgrund der Entwicklungen im Privatkundengeschäft nicht mehr die Möglichkeiten, die Verluste zu decken.

Da auch die staatlichen Haushalte infolge des Zusammenbruchs der gesetzlichen Rentenversicherung keinen Spielraum hatten, zu einer Rekapitalisierung beizutragen, mussten die Landesbanken an internationale Bankengruppen verkauft werden. Sparkassen, die aufgrund einer hinreichenden Größe direkten Zugang zu allen Finanzmärkten hatten, wurden in selbstständige Regionalbanken mit genossenschaftlicher Eigentümerstruktur umgewandelt. Kleinere Sparkassen wurden von den regionalen Kreditgenossenschaften übernommen, die sich im Zuge eines dramatischen Konsolidierungsprozesses ebenfalls von kommunalen Banken zu Banken von regionaler Bedeutung und teilweise sogar überregionaler Bedeutung entwickelt hatten.

Die wieder und wieder notwendigen Stützungsmaßnahmen der Landesbanken zehrten nachhaltig die Ertragskraft der Sparkassen aus. Investitionen in innovative Softwarelösungen, wie sie beispielsweise von Banken im europäischen Ausland für den mobilen Zugang zu den Kreditbörsen angeboten wurden, blieben aus. Der Versuch, über einen reinen Preiskampf die Marktstellung im Privatkundengeschäft zu behaupten, trug aber auch dazu bei, dass, im Vergleich zu den Nachbarstaaten, das Retailbanking in Deutschland kaum von technischen Neuerungen profitieren konnte.

Auch die europaweite Integration im Privatkundengeschäft, die wenige Jahre nach der Weltfinanzkrise 2008/2009 einsetzte, ging aus diesen Gründen weitgehend an Deutschland vorbei. Nachdem weltweit die nationalen Rettungsfonds abgewickelt wurden und die Reprivatisierung zahlreicher europäischer Banken anstand, löste dies eine europaweite Konsolidierungswelle aus. Die deutschen Banken blieben hierbei allerdings fast ausnahmslos außen vor. Während die meisten anderen Einlageinstitute in Europa von Kostenvorteilen und innovativeren Produkten profitieren konnten und hierdurch im Wettbewerb mit anderen Anlageformen noch deutlich länger bestehen konnten, verloren die deutschen Banken weit früher den Kampf um Marktanteile im Privatkundengeschäft.

Die Entkoppelung der Banken vom Privatkundengeschäft ließ selbstverständlich erneut Allfinanzideen aufkeimen. Die Kapitalflüsse von der privaten Ersparnisbildung bis zur Unternehmensinvestition wieder in einen Finanzkonzern zu integrieren, schien angesichts der immer größer werdenden Ausgaben der Banken für die Vermarktung von Finanzmarktprodukten an andere Finanzinstitute sehr attraktiv. Die wenigen Versuche deutscher Allfinanzlösungen konnten aber gegen ihre europäischen Wettbewerber nicht bestehen. Der hohe Wettbewerbsdruck im heimischen Privatkundengeschäft machte sie zu Übernahmekandidaten im europäischen Konsolidierungsprozess. Nach der Abspaltung des deutschen Kundengeschäfts konzentrieren sich diese Zweigstellen ausländischer Finanzkonzerne auf das Corporate Banking für überregional tätige Unternehmen.

Letztlich ist es aus heutiger Sicht wirklich erstaunlich, wie schnell die Bankenbranche in Deutschland derart an Bedeutung verloren hat. Noch Mitte der 1990er Jahre wurde in der universalen Rolle von Banken im deutschen Finanzsystem durchaus ein Standortvorteil für die heimischen Unternehmen gesehen. Die sogenannte Hausbankbeziehung würde es Unternehmen erlauben, finanzielle Anspannungen gemeinsam mit ihrer Bank zu meistern, so die damalige Idee. Auch in der Anlageberatung privater Sparer durch Banken sah man deutliche Vorteile, da Privatanleger vom Finanzmarkt-Know-how der Banken profitieren sollten, und die Informationen, die den Banken über ihre Hausbankbeziehung zukamen, auch für Privatanleger nutzbar werden sollten. Sicher könnten auch heute derartige Universalbanken einen Großteil der Kosten vermeiden, die bei der Markteinführung und dem Handel strukturierter Finanzprodukte aus der Unternehmensfinanzierung anfallen.

So erscheint es heute fraglich, ob mit einer beherzteren und international koordinierten Regulierung nach der Weltfinanzkrise 2008/2009, entschlosseneren Maßnahmen seitens der Banken gegen offenkundige Unzulänglichkeiten in der Privatkundenbetreuung und einem stärkeren politischen Gestaltungswillen bei der Neuausrichtung des öffentlichen Bankensektors die Entwicklung der Banken in Deutschland nicht völlig anders gekommen wäre.

Mark Wahrenburg

Ein solides System

Der europäische Bankenverband hat im Einvernehmen mit der europäischen Bankaufsichtsbehörde die wichtigsten Entwicklungen der Branche im Jahr 2030 zusammengefasst. Die folgenden Abschnitte fassen die wesentlichen Punkte daraus zusammen, die für den deutschen Bankenmarkt relevant sind.

Erstmals mehr als 10 % der Wertschöpfung aus der Finanzbranche

In der europäischen Union ist der im Kredit- und Versicherungsgewerbe erwirtschaftete Anteil am Bruttoinlandsprodukt erstmals über 10 % gestiegen. Auch in Deutschland markiert er mit knapp 8 % einen neuen historischen Höchststand. Damit ist der Schrumpfungsprozess, der in der Folge der Finanzmarktkrise von 2007 einsetzte, endgültig überwunden und mehr als überkompensiert. Die Zahl der Beschäftigten im deutschen Bankgewerbe hatte nach der durch die Europäische Kommission erzwungenen Abwicklung der HRE-Bank und der Westdeutschen Landesbank im Jahr 2012 seinen historischen Tiefpunkt von 650.000 Arbeitsplätzen erreicht. Inzwischen nähert sich die Anzahl der Arbeitsplätze der Millionenmarke und übersteigt damit die Anzahl der Arbeitsplätze in anderen wichtigen Industrien wie der Automobilindustrie deutlich. Ungebrochen hoch ist der Bedarf nach Kundenbetreuern sowohl für Privat- als auch für Firmenkunden. Vor allem innovative Produkte in den Bereichen Alterssicherung und Risikomanagement erfordern eine stetig wachsende Zahl hochqualifizierter Berater.

Um den Bedarf der Bankindustrie nach qualifizierten Mitarbeitern zu decken, hat das Bundesbildungsministerium zwei neue Initiativen angekündigt: Ab 2035 soll im bundesweiten Zentralabitur das Fach „Finanzen und Wirtschaft“ erstmals ein Pflichtfach werden. Außerdem wird der Deutsche Akademische Auslandsdienst DAAD seine Bemühungen verstärken, qualifizierte Studienbewerber aus dem Ausland für ein Studium der Finanzwirtschaft in Deutschland zu gewinnen.

Deutsche Bank tauscht Asset Management gegen Corporate-Finance-Geschäft von Lazard

Die Deutsche Bank hat wesentliche Teile ihres Asset-Management-Geschäfts an Lazard abgegeben. Dazu zählen das gesamte Fondsgeschäft sowie große Teile des Private-Wealth-Managements. Im Gegenzug übernahm die Deutsche Bank die weltweiten Corporate-Finance-Aktivitäten von Lazard. Damit baut Lazard seine führende Stellung als weltweit größter Asset Manager weiter aus. Die Deutsche Bank schließt durch die Transaktion zur Spitzengruppe der weltweit führenden Berater für Unternehmensübernahmen und Restrukturierungen auf.

Nach ähnlichen Transaktionen von Goldman Sachs und Morgan Stanley setzt sich die strukturelle Trennung von Sell-Side und Buy-Side damit auch in der europäischen Bankindustrie immer mehr durch. Brian Ward, der Vorstandsvorsitzende der Deutschen Bank, erklärte dazu: „Die rechtlichen und regulatorischen Rahmenbedingungen im Umgang mit Interessenkonflikten haben sich in unseren wichtigsten Märkten inzwischen so weit verschärft, dass sich jede Bank eindeutig positionieren muss. Interessenkonflikte haben uns in der Vergangenheit immer häufiger davon abgehalten, bei Transaktionen gleichzeitig für die Käufer- und die Verkäuferseite tätig zu werden. Dies hat uns daran gehindert, das volle Potenzial unserer Kundenbeziehungen auszuschöpfen. In Zukunft konzentrieren wir uns weitgehend auf unsere Kernkompetenz als Sell-Side Investment Bank."

Mit Wehmut denken etliche Investment-Banking-Veteranen an die glorreichen Jahre um die Jahrtausendwende zurück. Damals kam Goldman Sachs mit einem aus heutiger Sicht harmlosen Verwarnungsgeld von 500 Mio. $ davon, als Kunden im Rahmen einer Verbriefungstransaktion nicht umfassend über alle vorliegenden Informationen aufgeklärt wurden. Nachdem auch die im Dodd-Frank-Act vorgesehene Abspaltung des Eigenhandels und der eigenen Hedge-Fonds-Aktivitäten zunächst weitgehend wirkungslos blieb, war die Industrie schnell zu einem „weiter wie bisher" zurückgekehrt. Ein Umdenken setzte erst ein, als Gerichte zunehmend empfindliche Geldstrafen verhängten, wenn Banken beratend sowohl für die Verkäufer als auch die Käufer von Wertpapieren tätig wurden. 20 Jahre später hat sich eine neue Arbeitsteilung in der Bankindustrie durchgesetzt: Institute spezialisieren sich entweder auf die Kunden der Sell-Side (Emittenten) oder der Buy-Side (institutionelle Investoren). Während sich die meisten klassischen Investmentbanken auf die Sell-Side konzentrieren, haben sich nach vielen Fusionen und Umstrukturierungen auch mächtige Institute auf der Buy-Side entwickelt. Diese zeichnen sich vor allem dadurch aus, dass sie das gesamte Spektrum der einst getrennten Bereiche Hedge Fonds, Private Equity sowie das klassische Vermögensanlagegeschäft abdecken.

Asset-Backed-Securities-Markt erlebt erneutes Rekordhoch

Zum dritten Mal in Folge hat der Markt für strukturierte Wertpapiere einen neuen historischen Höchststand erreicht. Der Umfang der ausstehenden Wertpapiere ist inzwischen mehr als drei Mal so hoch wie vor dem Zusammenbruch des Marktes im Rahmen der globalen Finanzmarktkrise

2007. Branchenbeobachter führen das Marktwachstum auf die ungebrochen hohe Nachfrage nach erstklassigen Wertpapieren der Ratingklassen AAA und AA zurück. Ein Großteil des Wachstums sei inzwischen auf die Verbriefung von Staatsanleihen zurückzuführen. Weil immer weniger Staaten über Topratings verfügen, gibt es immer weniger Emittenten, die erstklassige Anleihen selbst emittieren können. Deshalb werden immer mehr Staatsanleihen mit schlechterem Rating mittels Verbriefungstechniken in strukturierte AAA-Wertpapiere umgewandelt. Das Marktwachstum wird maßgeblich durch das Wachstum spezialisierter Private Equity Fonds ermöglicht, die ihr Risikokapital gezielt für die Übernahme von Ausfallrisiken aus Verbriefungstransaktionen einsetzen.

Ein Ende des Marktwachstums ist nach Meinung von Experten nicht abzusehen, denn die Nachfrage nach erstklassigen Wertpapieren wächst ungebrochen. Ein bedeutendes Nachfragevolumen resultiert aus den Liquiditätsvorschriften für Banken und Versicherungen. Seit der Finanzmarktkrise müssen diese Institutionen einen Großteil der kurzfristig kündbaren Einlagen in liquiden und risikoarmen Wertpapieren anlegen. Das Bemühen der Industrie zur verstärkten Refinanzierung durch langfristige Einlagen hat wenig bewirkt, denn die Anleger legen immer mehr Wert auf Liquidität und Flexibilität. Außerdem absorbieren der Börsenhandel mit Futures und Optionen sowie das Clearing von OTC-Derivaten einen immer größeren Teil der verfügbaren sicheren Wertpapiere. Seit der Finanzmarktkrise müssen mehr und mehr Derivate über Börsen als zentrale Gegenparteien abgewickelt werden. Dies hat den Umfang der bei Börsen zu hinterlegenden Sicherheiten vervielfacht. Aufgrund der konservativen Sicherheitenbewertung seitens der Börsen stellen Wertpapiere mit AAA bzw. AA-Rating nach wie vor den größten Teil der hinterlegten Sicherheiten dar.

Einen wichtigen Treiber der Verbriefung von Staatsschulden stellen inzwischen auch Zentralbanken und Staatsfonds dar. Vor allem China und Russland haben schon vor längerer Zeit aufgehört, amerikanische Staatsanleihen ohne weitere Schutzmechanismen zu kaufen. Seit es durch den Einsatz von neuen Verbriefungstechniken und Kreditderivaten der zweiten Generation möglich geworden ist, diese Wertpapiere weitgehend gegen Staatsbankrotte und inflationsinduzierte Wertverluste abzusichern, wollen viele Investoren nur noch die neuen „AAA+ Synthetic Bonds“ abnehmen.

Chinesische Banken dominieren den europäischen Markt für syndizierte Kredite

Nach vielen Jahren der kontinuierlichen Expansion sind chinesische Banken inzwischen zur dominierenden Kraft am Markt für syndizierte Kredite in Europa geworden. Ihr Anteil am Neugeschäft beträgt 45 %, die europäischen Banken kommen dagegen aggregiert nur auf etwa 30 %. Ein Sprecher des europäischen Bankenverbandes kommentierte diese Entwicklung mit dem Hinweis, dass diese Entwicklung nicht etwa ein Zeichen der Schwäche der europäischen Institute darstellt, sondern logische Konsequenz der makroökonomischen Ausgangsbedingungen sei. Chinesische Sparer stellen den größten Teil des weltweiten Sparvolumens bereit. Mangels alternativer Anlageformen fließt dieses Sparvolumen vor allem in die chinesischen Banken. Da China nach wie vor den weltweit höchsten Außenhandelsüberschuss erzielt, muss China im Gegenzug große Mengen von Kapital exportieren. Nachdem China in den frühen Jahren des Jahrtausends vor allem in Staatsanleihen investiert hatte, gehen die erstarkten chinesischen Banken nun vermehrt dazu über, ihren Wettbewerbsvorteil bei der Refinanzierung auch an den internationalen Kreditmärkten auszuspielen. Neben dem Finanzierungskostenvorteil bei den Einlagen profitieren die chinesischen Banken auch von den nach wie vor lockeren Eigenkapitalvorschriften in China. Auch nach vielen Jahren des politischen Tauziehens verweigert sich China dem Wunsch der westlichen Industrienationen, die Vorschriften von Basel III im eigenen Land umzusetzen. Die Besonderheiten des chinesischen Marktes seien zu groß, als dass internationale Vorschriften unverändert in chinesisches Recht umgesetzt werden könnten. Vermutlich muss auch China erst eine Bankenkrise erfahren haben, bevor sich diese Politik wandelt.

Während die europäischen Banken unter der chinesischen Konkurrenz in immer mehr Teilmärkten zu leiden haben, stellen Ökonomen die Vorteile in den Vordergrund. Gerade deutsche Unternehmen genießen als Kreditnehmer in China einen guten Ruf und erhalten häufig Kredit zu Konditionen, die für deutsche bzw. europäische Banken nicht auskömmlich wären.

Peer-to-Peer-Kreditmarktplätze expandieren nach Krise wieder

Nach einer Serie von Skandalen sah es noch vor wenigen Jahren so aus, als ob die noch junge Branche der Online-Kreditmarktplätze vor dem Aus stünde. Nach Presseberichten über „abgezockte Investoren" war das Vertrauen der Anleger auf einen Tiefpunkt angelangt. Als der Gesetzgeber schließlich vor zwei Jahren die Schranken zum Marktzugang so hoch geschraubt hat, dass Privatinvestoren praktisch vom Markt ausgeschlossen wurden, schien das Ende der Marktplätze besiegelt zu sein. Inzwischen erholt sich der Markt wieder – getrieben durch institutionelle Investoren und Fortschritte in der Ratingtechnologie für Unternehmen.

Der Boom der Online-Marktplätze für Kredite startete 2015 mit der Übernahme mehrerer Marktplätze (unter anderem Prosper in den USA und Smava in Deutschland) durch Amazon. Die Übernahme brachte große öffentliche Aufmerksamkeit und weckte das Interesse von potenziellen Investoren und Kreditnehmern. Schnell wurde der Marktplatz als „ebay für Privatkredite“ bekannt. Das Ursprungskonzept der Marktplätze basierte auf reinem Peer-to-Peer-Kreditgeschäft zwischen Privatleuten. Jeder Teilnehmer kann ein Kreditgesuch eingeben oder sein eigenes Geld zur Kreditvergabe anbieten. Ein Auktionsmechanismus sorgt für faire Zinsen, der Marktplatzbetreiber stellt einen Score über die Kreditwürdigkeit der Kreditnehmer zur Verfügung (zum Beispiel von Schufa), wickelt die Zahlungen ab und beauftragt im Fall von Zahlungsausfällen die Vollstreckung der Kreditforderung. Inzwischen wissen wir aus verschiedenen Gerichtsverfahren, dass mancher Bericht über erzielbare Renditen nicht der Wahrheit entsprach und die Marktplätze es vielen Betrügern leicht machten, sich auf Kosten von leichtsinnigen Privatinvestoren zu bereichern.

Mittlerweile befindet sich der Markt nach Jahren der Konsolidierung wieder auf Expansionskurs. Das größte Wachstum erfährt dabei das Segment für Kredite an kleine und mittelgroße Unternehmen. Die Eigenkapitalvorschriften für Banken und hohe aufsichtsrechtliche Anforderungen an das Risikomanagement von Kreditinstituten machen traditionelle Bankkredite so teuer, so dass viele Kleinunternehmer in den Marktplätzen eine günstige Refinanzierungsalternative finden. Doch der Durchbruch fand erst nach einer Änderung der Ratingpraxis der Banken statt. Unternehmenskunden können heute die internen Ratings und ratingrelevante Informationen von Banken gegenüber den Investoren des Kreditmarktplatzes offenlegen. Die Marktplätze aggregieren alle Informationen zu einer Ratingnote, die nach Ansicht vieler Fachleute die derzeit beste Kennziffer für die Kreditwürdigkeit von Unternehmen darstellt. Während viele Banken anfangs die aufsichtsrechtliche Vorzugsbehandlung der Kreditmarktplätze scharf kritisiert hatten, unterstützen sie inzwischen die neue Arbeitsteilung, da sie mit der Erstellung der ratingrelevanten Informationen gute Renditen erzielen.

Parallel zu den Fortschritten auf dem Gebiet der Ratings wuchs auch die Professionalität der Investoren. Der Markt wird inzwischen gänzlich von institutionellen Investoren dominiert. Seit einigen Jahren wurden auch spezialisierte Private Equity Fonds gegründet, die ihr Geld ausschließlich an Kreditmarktplätzen anlegen. Nicht zuletzt Berichte über hervorragende Renditen dieser Fonds lösten den jüngsten Boom der Marktplätze aus.

Deutsche Politik steht fest zu 3-Säulen-Modell

Die Verbände der Sparkassen und Volksbanken haben mit Genugtuung darauf hingewiesen, dass der Bestandsschutz des 3-Säulen-Modells inzwischen Bestandteil der Parteiprogramme aller wichtigen politischen Parteien in Deutschland geworden ist. Der langjährige Sprecher des Genossenschaftsverbandes Fröhlich sagte anlässlich der Jahrespressekonferenz: „Wir werden auch in Zukunft alle Bestrebungen der Europäischen Union und Europäischen Bankenaufsicht bekämpfen, die darauf hinzielen, die Besonderheiten und die Eigenständigkeit des deutschen Genossenschaftssektors zu untergraben. Deutschland braucht ein leistungsfähiges Netz von lokal operierenden Banken unter lokaler Kontrolle. Das Genossenschaftsprinzip ist in hervorragender Weise geeignet, eine zuverlässige Alternative zu den internationalen Großbanken darzustellen."

Trotz der historischen Erosion des Landesbankensektors und der genossenschaftlichen Zentralinstitute in den vergangenen Jahrzehnten stehen die Verbände heute ökonomisch wie wirtschaftspolitisch auf solidem Fundament. Nachdem der Privatbankensektor inzwischen von einer kleinen Gruppe international operierender Großbanken beherrscht wird, sind Sparkassen und Volksbanken die einzig verbliebenen Marktteilnehmer mit einer explizit regionalen Verankerung. Obwohl sie aufgrund von aufsichtsrechtlichen Beschränkungen ihre einst bedeutende Rolle für die Finanzierung der regionalen Industrie weitgehend verloren haben, spielen sie nach wie vor eine wichtige Funktion als vertrauenswürdiger Partner der Privatkunden vor Ort. Die fehlende internationale Verflechtung ist zwar einerseits ein struktureller Nachteil der Gruppe, stellt aber gerade die Grundlage für ihre besondere Vertrauenswürdigkeit und Unabhängigkeit dar, die von vielen Kunden nach wie vor hoch geschätzt wird.

Michael Diekmann

Es bleibt spannend

Die vergangenen zwei Jahrzehnte waren für Versicherer eine aufregende und turbulente Zeit. Schon die 10er Jahre dieses Jahrhunderts galten als nicht gerade ereignisarm; damals sagten selbsternannte Propheten gar den Niedergang der Branche voraus. Tatsächlich ging die Entwicklung in eine ganz andere Richtung. In einem allerdings hatten die Diagnostiker recht: Heute, im Jahr 2030, ist das Assekuranzgeschäft in vielem anders als in den Jahren unmittelbar nach der letzten Jahrtausendwende.

Schwierige Überwindung der Weltbankenkrise 2008/09

Der wahre Einschnitt kam mit der Weltbankenkrise 2008/09. Als Reaktion darauf ging ein Gewitter neuer Vorschriften und Abgabenforderungen auf die Finanzdienstleister nieder. Über diese Gesetzes- und Verordnungsflut suchte die Politik mehr Sicherheit in die Kapitalmärkte zu bringen. Nicht wenige dieser Regeln wirkten sich indes nachteilig auf das Versicherungsgeschäft aus, vor allem deshalb, weil sie zu wenig Rücksicht auf unterschiedliche Geschäftsmodelle in der Finanzwirtschaft nahmen. Viele staatliche Maßnahmen trafen damals die Assekuranz im Übrigen völlig zu Unrecht, hatte doch die überwältigende Mehrheit der Versicherungsunternehmen die Weltbankenkrise dank ihres soliden Geschäftsmodells gut überstanden.

Die Neuansätze bei der Regulierung stabilisierten die Finanzmärkte. Das ist unbestritten, doch der Preis dafür war hoch, zu hoch, wenn man bedenkt, wie stark dadurch Finanzmarktaktivitäten eingeschränkt wurden. Das Verbot von Absicherungsgeschäften Ende 2010 etwa trocknete viele Märkte regelrecht aus; Unternehmen und Staaten fanden kaum noch Investoren für ihre Schuldtitel.

So durfte es nicht weitergehen. Das war damals schon abzusehen, und tatsächlich trat eine Wende ein. Was die Verantwortlichen dazu bewogen hat, das Steuer schließlich herumzureißen, lässt sich heute kaum mehr ausmachen. Der Scheitelpunkt der Entwicklung ist im Rückblick jedoch gut sichtbar: die abrupte Absage der Olympischen Spiele 2012 in London. Sie führte jedermann vor Augen, dass die Politik der Nachkrisenjahre gescheitert war. Mit dieser Absage gestand die britische Regierung ein, dass sie die Olympia-Finanzierung nicht sicherstellen konnte, obwohl sie der Finanzwirtschaft im Vorgriff immer neue Sonderabgaben und -steuern auferlegt hatte.

Der vorzeitige Abpfiff war für die sportbegeisterten Briten bitter; doppelt sauer stieß ihnen auf, als bekannt wurde, dass ihre ehemalige Kolonie Indien in die Bresche springen und die Spiele in Mumbai ausrichten werde. Obwohl diese Olympiade nur mit schwindelerregenden Improvisationen über die Bühne gebracht wurde, ist sie als die herzlichste der letzten 50 Jahre in Erinnerung geblieben – ein indischer Sommertraum, der wie nebenbei der gesamten Welt vorführte, zu was für einer weltwirtschaftlichen Führungsmacht Indien inzwischen herangewachsen war. Von diesem Schlag hat sich London als ehemals globale Finanzmetropole nie mehr richtig erholt. Der einstige Glanz war stumpf und matt geworden, und so blieb das in Abstufungen bis heute.

Das gilt auch für die Finanzmärkte insgesamt. Gewinne und Renditen der Jahre vor 2008 muten heute als geradezu märchenhaft an. Zwar wurden nach 2012 viele Beschränkungen und Regelungen für die Finanzwirtschaft wieder aufgehoben; dennoch sind die Kapitalanforderungen inzwischen naturgemäß viel höher. Die damaligen Kredithebel von 1 zu 40 muten heutzutage wie aus der Welt gefallen an; selbst sogenannte Absolute Return Funds, die man früher Hedgefonds nannte, müssen sich 2030 strengen Eigenkapital- und Liquiditätsregeln unterwerfen.

Dieser Paradigmenwechsel in der Finanzwirtschaft erbrachte ein deutliches Plus an Sicherheit. Seit der Weltbankenkrise gab es keine weiteren globalen Finanzkrisen mehr, selbst dann nicht, als die größte Börse der Welt, die Shanghai Stock Exchange, vor zwei Jahren zusammenbrach. Dieser Crash, Folge einer überraschenden Freigabe des Renminbi-Kurses, ließ nur einige chinesische Häuser wanken.

Ausschlaggebend für das neue Stabilitätsniveau waren weniger die neuen Regeln, sondern vor allem ein Aufsichtsregime, das professioneller und globaler agierte als je zuvor. Viele arbeitslose Investmentbanker hatten in den ersten Jahren nach der Krise die Seiten gewechselt. Ab 2015 überwachte der Financial Stability Board (FSB) im Auftrag der G20-Staaten die 100 größten Finanzhäuser der Welt. Heute unterliegen nicht weniger als 233 Banken, Versicherungen und Asset Manager dieser Aufsicht, zu der sieben Niederlassungen zählen, eine davon in Deutschland. Sie wurde 2027 eingerichtet, nachdem unterdessen mehr als 20 deutsche Finanzadressen vom FSB überwacht wurden.

Eigeninteresse treibt Klimaschutz voran

Die 10er Jahre waren für die Versicherungswirtschaft auch deshalb so angespannt, weil sie eine doppelte Herausforderung meistern musste: Wie konnte das Geschäft trotz krisenbedingter Regulierungen ausgebaut werden? Und was war andererseits zu tun, um Kunden und Aktionäre vor den Folgen des Klimawandels zu schützen? Das waren elementare Fragen. Keiner wusste zu sagen, ob die krisenbedingte Vorschriftenflut eines Tages wieder zur Ruhe kommen oder gar zurückgenommen würde. Noch bedrohlicher für die Assekuranz: Die globale Klimadebatte kam nach anfänglich großer Resonanz sehr schnell zum Erliegen. Klimainitiativen wurden abgeblasen, die Klimapolitik legte den Rückwärtsgang ein.

Das alles war Gift für Risikomanagement und Versicherungsunternehmen. Klimaschutz benötigt Stetigkeit, Konsistenz und Nachhaltigkeit, um tatsächlich in ferneren Jahren gute Ergebnisse zu zeitigen. Schnelle Verbote und Gebote, wie sie damals zum Schutz der Finanzmärkte üblich geworden waren, sind im Klimaschutz nicht zielführend. Umso nachteiliger wirkte sich der plötzliche Stillstand in der Weltklimapolitik aus. Die Staaten stellten Nationalinteressen wieder in den Vordergrund und fanden einfach nicht zu einem gemeinsamen Vorgehen. Gleichzeitig stiegen Anzahl und Verheerungsgrad von Wetterkapriolen dramatisch an. Viele Versicherungsunternehmen erlitten dadurch schwerwiegende Verluste. Selbst die Kopenhagen-Nachfolgekonferenz Anfang 2012 in New York schaffte keinen Durchbruch zugunsten eines wirksamen Klimaschutzes. Seitdem galt das Konzept global angelegter Klimakonferenzen als gescheitert.

Merkwürdigerweise blieb ab diesem Zeitpunkt die Klimaentwicklung relativ stabil, verschlechterte sich jedenfalls nicht. Das hatte damit zu tun, dass nunmehr die Industrie aus schierer Not das Heft des Handelns selbst in die Hand nahm. Sie stand von zwei Seiten unter Druck: ihren Kunden und ihren Versicherern.

Die Bürger wünschten Veränderungen und wollten nicht mehr mit der Ausrede hingehalten werden, wenn es in der Politik mit dem Klimaschutz nicht vorangehe, könne die Industrie auch nichts machen. Unternehmen sind dazu da, etwas zu unternehmen, hieß es in der Öffentlichkeit. Gerade auch im Internet tobte in dieser Hinsicht ein lebhafter Meinungskampf. Die Industrie wurde aufgefordert, sofort und wirksam gegen die klimaschädigenden Auswirkungen des eigenen Tuns vorzugehen.

So entwickelte sich das Prinzip der Nachhaltigkeit immer mehr zur entscheidenden Bestimmungsgröße für den Unternehmenserfolg. Firmen ohne grüne Reputation, Firmen, die bei der Nachhaltigkeit patzten, bekamen die Folgen ihrer Nachlässigkeit alsbald in den Geschäftszahlen zu spüren. Ihre Produkte und Dienstleistungen wurden von den Verbrauchern gemieden. 2017 bekannte der CEO des damals größten Autoherstellers in einem weit verbreiteten Interview: „Wenn Sie mich nach dem Kurs unserer Aktie fragen, bekenne ich gern: Diese Zahl interessiert hier kaum einen mehr. Viel relevanter für unsere Leistungskraft und unsere Zukunft ist unsere Notierung im Climate Book." Seine Mitarbeiter seien gehalten, ihm diesen Wert stündlich vorzulegen. „Denn dieser Wert ist es, der unsere Kunden interessiert, und ich will ihnen jederzeit nachweisen können, dass sie beim Kauf unserer Angebote in Sachen Nachhaltigkeit an der richtigen Adresse sind."

Druck übten aber auch die Versicherer auf ihre Industriekundschaft aus. Die heftig hochschnellenden und bisherige Maßstäbe sprengenden Schadenzahlungen für Wetterschäden in den frühen 10er Jahren machten deutlich, dass der Klimawandel dem traditionellen Geschäftsmodell enge Grenzen setzte. Weder ist es möglich, im Ausmaß wie bisher fremde Risiken auf die eigene Bilanz zu nehmen, noch schafften Rückversicherungen und Verbriefungen angesichts der Klimaschäden nennenswerte Linderung.

Das Angebot der Assekuranz änderte sich. Statt einfacher Risikoübernahme rückte das Risikomanagement für Kunden immer stärker in den Vordergrund. Oft wurden nur noch Spitzenrisiken in die Bilanz des Versicherungsunternehmens genommen. Dafür erhielt das Beratungsgeschäft einen kräftigen Schub. Versicherer halfen ihren Kunden, Risiken zu vermeiden oder zu beherrschen und prüften deren Nachhaltigkeitsstrategie. Eine solche wurde zur conditio sine qua non für weiteren Versicherungsschutz.

Die sogenannte Munich Sustainability Charta (MSC) aus dem Jahr 2018 legte den Grund für diesen Geschäftsansatz. Darin verpflichteten die global führenden Versicherungsunternehmen sich und ihre Kunden zur Befolgung von zwölf Geboten nachhaltigen Handelns. Zertifizierung und jährliche Überprüfung nach MSC-Standards beschäftigten allein in München inzwischen fast so viele Mitarbeiter wie die Belegschaften der beiden am Ort führenden Versicherer zusammen.

Seit der Jahrhundertwende ist es der Weltgemeinschaft gelungen, die Emission klimaschädlicher Gase deutlich kräftiger zu drosseln, als es selbst die ehrgeizigsten Pläne vor 30 Jahren vorsahen. Zwar ist die Anzahl klimabedingter Umweltkatastrophen noch nicht wie erwünscht zurückgegangen; sie hat sich aber nach dem dramatischen Anstieg in den 10er Jahren stabilisiert.

Eigenverantwortlicher Umgang mit Lebensrisiken

Im Privatkundengeschäft hat sich zeitversetzt eine ähnliche Entwicklung ergeben. Allerdings stehen hier nicht Klimarisiken im Mittelpunkt, sondern Risiken, die mit der gesellschaftlichen Alterung immer drängender werden. Die Menschen suchten offenkundig nach Finanzlösungen, die es ihnen erlauben, auch im hohen Alter selbstbestimmt zu leben, die also auch die immer aufwändigeren Gesundheitskosten absichern. Im Verlauf des jüngsten Jahrhunderts hat sich die Nachfrage nach zusätzlichen Versicherungsleistungen erweitert, beispielsweise solchen, die vor den Folgen einer Rezession, eines Einbruchs der Häuserpreise sowie vor Inflation schützen. Alles zusammengenommen, suchen die Menschen zusehends einen Finanzdienstleistungsfachmann, der ihnen zuverlässig Wege weist, wie sie selbst unter widrigen Umständen ihren Lebensstandard aufrechterhalten können.

So stark dieser Bedarf, so unausweichlich ist auch die Notwendigkeit, selbstverantwortlich für derartige Risiken finanziell vorzusorgen. Bald schon erkannte die Mehrheit der Konsumenten dies als zwingend an. Denn kaum einer blieb von der Erfahrung verschont, dass der Staat nach der Weltbankenkrise gezwungen war, sich Stufe um Stufe aus der Rundumbetreuung seiner Bürger zurückzuziehen. Ein jeder musste also zusehen, dass er mit Hilfe eines Finanzpartners sein Leben risikobewusst führte und seine privaten Mittel klug einsetzte, um schlussendlich seine Erwartungen an das Leben insgesamt einschließlich der Altersphase eingelöst zu wissen. Lebenslange finanzielle Planung der Daseinsrisiken wurde in der Versicherungsbranche ein Gebot der Stunde. Dazu mussten wirksame Instrumente entwickelt werden, die den Menschen halfen, Risiken zu verringern und ihre Eigenständigkeit zu steigern – selbst dann, wenn sie ein hohes Alter erreichten.

Die Bürger stellten sich ganz überwiegend auf das neue Paradigma ein, auch infolge einer neuen Lebensauffassung und eines neuen Wertegefüges, das sich nach der Krise in weiten Bevölkerungskreisen durchgesetzt hatte. Nachhaltigkeit und Selbstbestimmung im privaten Lebensvollzug wurden zu Werten, die sehr hohe Zustimmungsquoten erreichten. Dies korrespondierte mit hohen Ansprüchen an Professionalität und Erreichbarkeit der Dienstleister, die entsprechende Lösungsansätze bereithielten.

Nach den 10er Jahren trat in diesem Wachstumsmarkt eine Spaltung ein. Die Banken rangen noch jahrelang mit dem Vertrauensverlust, der sich als unmittelbare Folge der Krise 2008/09 bei ihren Kunden und in der Öffentlichkeit eingebrannt hatte. Als Konsequenz daraus zogen sie sich von Privatkunden eher zurück und setzten im Massengeschäft zunehmend auf preisgünstige Standardprodukte, die hauptsächlich online vermarktet wurden. Versicherer hingegen nutzten die allgemeine Verunsicherung und ihr von der Krise faktisch verschont gebliebenes Ansehen, um den Kunden umfassende Beratungs-, Investment- und Absicherungsangebote zu unterbreiten. Sie waren nunmehr geradezu stolz darauf, enger denn je mit den Verbrauchern zusammenzuarbeiten.

Damit einhergehend änderte sich das Berufsprofil der Versicherungsvertreter, wie sie damals noch hießen, grundlegend. Mitglieder dieses Außendienstes wandelten sich mehr und mehr vom reinen Verkäufer zu einem Vertrauensmann, der zusammen mit dem Kunden dessen Lebensplanung und Lebensstil einschätzte, Lebensrisiken erkannte und ihn darüber beriet, was er tun sollte, um seine Ziele bis ins hohe Alter zu verwirklichen. Das geht über einen bloßen Produktverkauf in der Tat weit hinaus, umfasst es doch eine auf ganz unterschiedliche Lebensphasen abgestimmte Finanzplanung einschließlich Risikoberatung. Letztere kann ausschlaggebend dafür sein, dass er die angestrebten Lebensziele überhaupt erreicht, denn allzu oft gehören dazu nicht allein Finanzmittel, sondern ebenso die Bereitschaft, die eigenen Lebensgewohnheiten risikomindernd zu ändern.

Um das Jahr 2015 herum war das Wort Sicherheitsberater für dieses Berufsbild eingeführt, eine Tätigkeit, die heute oft in Teilzeitarbeit ausgeübt wird, bisweilen neben einer weiteren regulären Arbeit. Eine modular aufgebaute, insgesamt zweijährige Ausbildung führt an diesen Beruf heran, angeboten von eigens dafür eingerichteten Sicherheitsakademien. Die erste dieser Art wurde 2014 in München gegründet; inzwischen haben mehr als zwei Millionen Sicherheitsberater das entsprechende Diplom erhalten.

Damit ist die Grundvoraussetzung für ein engmaschiges Beraternetz in Deutschland geschaffen worden. Nicht allein der umfassende Beratungsansatz hat dieser Organisation zu einem durchschlagenden Erfolg verholfen. Ebenso wichtig war eine neue Produktgeneration. Herkömmliche Versicherungspolicen sind heute im Privatkundengeschäft eher selten geworden; stattdessen zeichnen die Kunden überwiegend Lebensrisiko-Derivate (LRD). Die Grundidee dieser neuen Finanzinstrumente stammt noch von den früher bekannten Credit Default Swaps: Eine Gegenpartei – bei LRD in der Regel ein großes Versicherungsunternehmen – schafft beim Eintritt von Risiken wie Krankheit, frühem Tod oder unerwarteten Einkommenseinbußen einen finanziellen Ausgleich. Das Revolutionäre dabei ist, dass es sich bei LRD um vollkommen personalisierte Finanzinstrumente handelt, die sich genau auf die eigene Lebenssituation zuschneiden lassen – und dennoch handelbar sind. Somit bieten diese neuen Finanzinstrumente das Beste aus zwei Welten: Garantierte Absicherung bei gleichzeitiger finanzieller Flexibilität. Sie ermöglichen es den Kunden so, gezielt vorzusorgen, ohne dabei das Gefühl zu haben, auch langfristige finanzielle Verpflichtungen eingehen zu müssen. LRD sind also ein höchst flexibel einsetzbares Risikoinstrument, mit dem sich unterschiedlichste Lebensrisiken versichern lassen. Das alles lässt sich über die neuen Derivate in beliebiger Höhe und für jede gewünschte Zeitstrecke abdecken.

Heute werden diese Derivate selbstverständlich an der LRD-Börse gehandelt, ein Konzept, das unserer Elterngeneration noch völlig fremd war. Wir haben uns daran gewöhnt, dass der jeweilige Marktpreis uns aufzeigt, wo wir gesamtgesellschaftlich gerade stehen; beispielsweise fallen rezessionsbedingt Beschäftigungs- oder Hauspreisderivate. In den Preis gehen aber auch persönliche Lebensumstände der einzelnen Marktteilnehmer ein.

Marktkonvergenz und neue Herausforderungen

Die neue Versicherungswelt ist kein Privileg der gesättigten europäischen Märkte sowie der Märkte in Japan und den USA geblieben, sondern wurde in den 10er Jahren auch auf Wachstumsregionen übertragen, allen voran China. Die verhaltenen Wachstumsaussichten in den Traditionsmärkten führten dazu, dass die Assekuranz der Industrieländer in Asien ihr neues Eldorado sah und kräftig dort investierte. Teilweise wurden für dortige Versicherungsunternehmen phantastische Preise bezahlt.

Tatsächlich blieb das Wachstum in diesen Märkten stabil und hoch, doch das eher bescheidene Gewinnplus enttäuschte die Investorenerwartungen und hielt mit der Umsatzentwicklung nicht Schritt. Der Grund dafür war, dass die Märkte viel schneller als angekündigt zusammenwuchsen. Weil die Risikoprofile der Kunden global immer ähnlicher wurden und damit auch die jeweiligen Absicherungsstrategien, dauerte es nur wenige Jahre, bis die neue Derivatewelt auch Asien und weitere Wachstumsregionen erreichte. Wer in den ersten eineinhalb Jahrhundertdekaden davon träumte, mit der alten Versicherungswelt in aufstrebenden Volkswirtschaften gute Geschäfte machen zu können, wurde vom Markt und vom Kunden bestraft. Nicht zuletzt die Weltöffentlichkeit im Netz trug zur raschen Konvergenz der Märkte bei.

Rasch kam es, wie es kommen musste. Auch in China wurden landesweit Sicherheitsakademien hochgezogen, um für Abermillionen Kunden die gleiche Dienstleistung bereitzustellen, welche diese aus eigener Anschauung oder durch Medienrecherche aus dem Westen kannten und auch verlangten. Versicherer, die ihre Antennen rechtzeitig ausgefahren hatten und die einschlägige Nachfrage bedienten, konnten in Asien prächtig reüssieren. Alle anderen erlitten Schiffbruch oder dümpelten mit ihren Geschäften orientierungslos umher. Der chinesische LRD-Markt jedenfalls florierte und hat sich bis heute zur wichtigsten und umsatzstärksten Börse der Welt entwickelt.

Hatten die Propheten also Recht, die vor 20 Jahren ein baldiges Ende der Versicherungswirtschaft vorhersagten? Nur insofern, als diese Stimmen dazu beitrugen, dass der eine oder andere ermüdete Marktteilnehmer aufwachte. Es gibt auch heute, 2030, angesichts der skizzierten stürmischen Entwicklung keinen Grund, sich selig unter der LRD-Decke auszustrecken. Die Öffnung des LRD-Marktes für Unternehmen anderer Branchen stellt eine Gefahr für die Stabilität der Börsen dar; an diesem Problem müssen wir alle gemeinsam arbeiten. Und wir Versicherer sind herausgefordert, auf die neueste Ankündigung von Pharma- und Gesundheitsindustrie eine Antwort zu finden: den Verkaufsbeginn von „ExThanatos", die Pille mit 100-Lebensjahre-Garantie. Zu körperlich-seelischen Risiken und Nebenwirkungen können wir die Service-Kollegen fragen, die sich früher Ärzte und Apotheker nannten; was das fragliche Mittel indes für die Assekuranz und für Lebensrisiko-Derivate bedeutet, das muss die Versicherungsbranche selbst beantworten. Es bleibt spannend in der Assekuranz.

Vorbehalt bei Zukunftsaussagen

Soweit in diesem Aufsatz, der eine streng historisch-kritische Rückschau ist, unverhofft Prognosen oder Erwartungen geäußert oder die Zukunft betreffende Aussagen gemacht werden, was damit zusammenhängen kann, dass hier historische Zeit, Erlebenszeit und künftige Geschäftszeit nicht wie gewohnt („Weltzeit") miteinander synchronisiert erscheinen, sind dieselben so gewählt, dass sie die Phantasie des Lesers für die Möglichkeiten einer Schlüsselbranche im 21. Jahrhundert anregen sollen. Gleichwohl wurden sie keineswegs in dem

Sinne ausgefaltet, dass die Prognosen tatsächlich eintreten könnten oder mit einer anderweitig sich anbahnenden Wirklichkeit zu tun hätten, die in der Fiktion des vorliegenden Textes längst hinter uns liegt. Dies gilt insbesondere für die Passage über den Londoner Finanzmarkt und Indien, für das Schicksal künftiger Olympiaden und desgleichen für alle weiteren Ausmalungen, die eher auf seherischer Grundlage denn als Teil eines konkreten Geschäftsplans zu Papier gelangt sind. Jegliche Ähnlichkeiten mit lebenden Personen oder erfahrbaren Sachzusammenhängen sind rein zufällig, und auch der geschilderte Geschichtsgang darf füglich als an den Haaren herbeigezogen bezeichnet werden. Dementsprechend übernimmt der Autor auch keine Verpflichtung, die in diesem Beitrag enthaltenen Aussagen zu aktualisieren.

Medien

Bernd Ziesemer

Vom Luxus einer gepflegten Lektüre

Josef Gressing machte es sich in dem dicken Ledersessel in der Bar des Adlon-Hotels gemütlich. Der junge Banker aus Frankfurt liebte diesen Augenblick der Entspannung an seinem Lieblingsort in Berlin. Zwar waren in den letzten zehn Jahren viele neue spektakuläre Luxushotels in der Nähe des Brandenburger Tors entstanden, seit der überschuldete Senat 2019 in einem Anfall städtebaulichen Wahnsinns die Entscheidung gefällt hatte, den östlichen Zipfel des Tiergartens als Bauland zu verkaufen. Aber Gressing konnte den neuen, vollständig mit Digitaltechnik vollgestopften und mit neuen Metallschaum-Materialien aus der Mars-Raumfahrt ultramodern durchgestylten Häusern nichts abgewinnen. Wofür brauchte ein vernünftiger Mensch schon ein Zimmer mit einer biometrisch gesteuerten Dusche oder ein Restaurant mit Touchscreens in den Tischplatten? Das Adlon, genauer gesagt: die Bar im Adlon, blieb sein Refugium inmitten einer surrenden Großstadt, die es inzwischen mit jeder Metropole der Welt aufnehmen konnte.

Gressing bestellte sich seinen Pu-Erh-Tee mit Dragon-Fruit-Aroma, der außerhalb Chinas nirgendwo so gut zubereitet wurde wie im Adlon, und holte seine beiden Tageszeitungen aus der Aktentasche. Der Banker konnte sich einen Tag ohne die „Financial Times" und das „Handelsblatt" schlicht nicht vorstellen. Seine Finger strichen über das seidenartige Mattglanzpapier, das die führenden Titel der Welt vor einigen Jahren eingeführt hatten. Zeitungen knitterten seitdem nicht mehr, konnten weder vergilben noch die Finger ihrer Leser mit Farbe beschmutzen. Das Blättern in der „Financial Times", die zu den ersten Nutzern der neuen Technik gehört hatte, war seitdem zu einem unvergleichbaren haptischen Vergnügen geworden. Das „Silkpaper" kam Gressing vor wie eine geheimnisvolle Mischung aus Pashmina, Seide und feinstem Nanoporzellan.

Unter seinen Kollegen in der Chefetage der Deutschen Sparbank, die 2017 nach der zweiten großen Finanzkrise des Jahrhunderts aus der Fusion der Deutschen Bank mit der gesamten deutschen Sparkassenorganisation entstanden war, gab es niemanden, der auf die Lektüre der „Financial Times" und des „Handelsblatt" verzichten mochte. Seit es die beiden Wirtschaftstageszeitungen nur noch im Abonnement und nicht mehr am Kiosk gab, waren sie für Männer wie Gressing endgültig sowohl zur Pflichtlektüre als auch zum Luxusbedürfnis geworden.

Der Banker konnte nur lächeln über Naivlinge in der Wirtschaft, die sich allein auf die digitalen Häppchen-Nachrichten auf ihrem Google Hyper-I-Phone verließen. Seit die „Financial Times", das amerikanische „Wall-

Street Journal" und das deutsche „Handelsblatt" vor zehn Jahren die berühmte „Dreier-Allianz für geistiges Eigentum im Internet" gegründet und einen aufsehenerregenden Musterprozess gegen den Google-Apple-Konzern gewonnen hatten, gab es die wichtigsten exklusiven Wirtschaftsinformationen der Welt nur noch in gedruckter Form. Zwar kostete das Abo einer Wirtschaftszeitung jetzt pro Jahr gut und gerne so viel wie ein Luxusflugticket rund um die Welt. Aber nach Meinung Gressings war „seine" Zeitung auch jeden Cent davon wert. Von den bewundernden Blicken der jungen Damen am Nachbartisch im Adlon ganz abgesehen, die ihn mit seinem ultimativen Shanghai-Tang-Anzug und den Zeitungen vor sich bereits auf den ersten Blick als Mann von Welt identifiziert hatten.

Sein Blick fiel auf eine Schlagzeile im Unternehmensteil: „Chinatelco strukturiert deutsches Geschäft vollständig um". Verdammt! Das war bisher an seiner Bank vollkommen vorbei gegangen. Wenn der größte Telekommunikationskonzern der Welt, der inzwischen auch fast 40 % des deutschen Datengeschäfts kontrollierte, auf weiteres schnelles Wachstum in Europa setzte, dann sollten sich die Wettbewerber lieber warm anziehen. Und Gressings Bank stand gerade mitten in Umschuldungsverhandlungen mit einem der vielen kleinen Unternehmen, die nach der Zerschlagung der Deutschen Telekom 2015 entstanden waren. Sollte man die Kreditbedingungen nicht vorsichtshalber verschärfen? Gressing beschloss, nachher noch eine Hypermail mit dem Artikel und den dazu gehörigen elektronischen Dossiers aus dem Handelsblatt-Archiv an seinen Kreditvorstand zu senden. Wieder einmal könnte sich die Lektüre der Zeitung bezahlt machen.

Unter den zahlungskräftigen Gästen im Adlon sah man viele mit einer Zeitung, obwohl die Masse der Bevölkerung nur noch an ihren Tablettcomputern mit leicht konsumierbarer Infotainmentware hing. Seit dem großen Zeitungssterben in den Jahren 2010 bis 2015 waren nur wenige Print-Titel weltweit übrig geblieben. Gressing brauchte eigentlich nur seine Wirtschaftszeitungen, aber ab und zu warf er in der Freizeit auch einen Blick in die „Frankfurter Allgemeine". Seit der schon zwangspensionierte Altherausgeber Frank Schirrmacher eine Rebellion in der Redaktion angezettelt und das Blatt mit den Millionen eines Quandt-Erben gekauft hatte, gelang es allmählich, den jahrzehntelangen unaufhaltsamen Niedergang der früheren Qualitätszeitung zu stoppen. Die neuen Männer an der Spitze verwandelten das Blatt in ein buntes Kultur- und Gesellschaftsmagazin und stellten den immer langweiliger gewordenen Politik- und Wirtschaftsteil völlig ein. Hervorragende Fotos und avantgardistische Comic-Strips des berühmten koreanischen Cartoonisten Kim Kim waren nun zum Markenzeichen der neuen Publikation geworden. 10 Jahre nach dem „Handelsblatt“ stellte Schirrmacher seine Zeitung auch endlich auf „Silkpaper“ um. Die Zeitung gewann wieder Leser. Aber viele fragten sich, was aus dem Blatt werden sollte, wenn der betagte Schirrmacher in den nächsten Jahren das Zeitliche segnete.

Die Wirtschaftszeitungen standen dagegen wie viele andere Luxus-Print-Projekte vor einer sicheren wirtschaftlichen Zukunft. Als 2025 die berühmte Investmentbankerin Dorothee Wieland, die sich einen Namen durch die Fusion von BMW und Mercedes gemacht hatte, die Geschäftsführung des Handelsblatt übernahm, ging ein Raunen durch die deutsche Wirtschaft. Sie setzte umgehend einen Chefredakteur ein, der sich ganz auf die weitere Stärkung des Blattes durch exklusive Wirtschaftsinformationen und einen schnellen Ausbau der Redaktion konzentrierte. Nun war er schon fünf Jahre im Amt – deutlich länger als alle seine Vorgänger in den letzten 20 Jahren. Die Jahre des Umbruchs in der Presse hatten vielen Redaktionsleitern den Kopf gekostet. Wieland und ihr erster Mann in der Redaktion, Christoph Weich, ein ehemaliger Siemens-Vorstand, der als junger Mann an der Columbia University und an der Fudan in Shanghai Journalismus studiert hatte, machten mit ihren 400 Redakteuren und 60 Auslandskorrespondenten ein Blatt, wie es zuvor in Deutschland niemals erschienen war. Von „Chronistenpflicht“ war keine Rede mehr. Stattdessen bestand die Zeitung nahezu ausnahmslos aus exklusiven Hintergrund-Geschichten, die es sonst nirgends zu lesen gab.

Der Zeitungsmarkt in Deutschland sah 2030 völlig anders aus als 20 Jahre zuvor. Die „Süddeutsche Zeitung“, die seit 10 Jahren am Doppelsitz München und Berlin produziert wurde, war als einzige überregionale Qualitätszeitung übrig geblieben und inzwischen hochprofitabel. Das „Handelsblatt“ bediente die Wirtschaftselite, die „Frankfurter Allgemeine“ den Kulturadel der Republik. Die ehemaligen Regionalzeitungen bekam man kostenlos auf der Straße. Sie lebten hauptsächlich von ihren spezialisierten regionalen Serviceangeboten im Web, nicht von Werbung. Die meisten Magazine, die nach dem großen Printsterben noch herauskamen, erschienen nur noch im Monatsrhythmus. Dafür in einer Opulenz und technischen Brillianz, die sich noch vor zehn Jahren niemand hatte vorstellen können. Sie waren inzwischen berühmt für ihre beispiellose Vernetzung von Print- und Mobil-Angeboten: Man brauchte einen beliebigen Artikel im „Spiegel“ nur mit der Spitze seines Google Hyper-I-Phones zu berühren, um ausgewählte Dokumentarfilme und Internet-Dokumentationen automatisch auf den häuslichen Zentralserver herunterladen zu lassen.

Die erfolgreichen Medienkonzerne wie die „Financial Times“ waren inzwischen allesamt zu Datenbankspezialisten mutiert. Ihre profitabelste Sparte aber blieb das Printgeschäft. Aus einer Krisenbranche war in wenigen Jahren eine Modebranche geworden, die viele Kreative und Hochleistungsmanager anzog. Längst hatten sich die großen Werbeagenturen wieder auf die Zeitungen zurückbesonnen. Eine Seite im „Handelsblatt" war zwar sündhaft teuer geworden. Und die besten Plätze waren für viele Monate im Voraus ausgebucht. Aber die großen Konzerne kamen nicht daran vorbei, Anzeigen zu schalten. Viele Print-Anzeigen waren allerdings inzwischen mit einem winzigen integrierten Chip ausgestattet. Wer sein Google Hyper-I-Phone über die Chips hielt, erhielt weitergehende Informationen der Inserenten oder konnte mit einem Knopfdruck die vorgestellten Markenartikel bestellen. Das neue „Silkpaper" ermöglichte Anzeigen, die einen 3-D-Eindruck vermittelten und ausgesuchte Aromen absonderten. Nicht nur die Hersteller von Luxusparfums nutzen diese Möglichkeiten reichlich.

Gressing hatte die Lektüre des „Handelsblatt" beendet und verstaute die Zeitung wieder in ihrer Nanonylonhülle im leuchtenden Signalorange. Luxuszeitungen werden schon lange in solchen hochwertigen Leichtboxen ausgeliefert, weil viele Abonnenten ihr eigenes Archiv anlegen und auf makellose Exemplare Wert legen. Die lange Reihe der mattglänzenden Boxen macht sich im dazu gehörigen Edelstahlregal, das man vom Verlag beziehen kann, einfach unnachahmlich. Die Nanonylonhüllen waren inzwischen als Sammlerstücke so begehrt, dass man seine Zeitungen besser nicht unbeaufsichtigt auf dem Tisch herumliegen lassen sollte. Gressing wusste, dass er der jungen Dame im roten Cheongsam am Nebentisch einen großen Gefallen tun und die Zeitung auf dem Tisch zurücklassen konnte. Aber er besann sich dann doch lieber anders.

Als Gressing zum Ausgang des Adlons schlenderte, entdeckte er den alten Paschke, den legendären Bell Captain des Hotels, den er nun schon seit vielen Jahren kannte. „Na, Paschke", sagte Gressing, „Sie gehören bestimmt schon seit über 20 Jahren zum Adlon." „Länger, viel länger", antwortete der alte Mann und deutete auf Gressings Zeitung: „Ich kann mich sogar noch an die Zeiten erinnern, als das Handelsblatt hier an der Rezeption herumlag und kostenlos zu haben war." Beide lachten. Kaum zu glauben, dachte Gressing, als er kopfschüttelnd auf die Straße trat, wo sein Chauffeur mit der neuen BMWD S-Klasse-Limousine geduldig auf ihn wartete.

Gerhard Seitfudem

Logoplexe, Slots und Wisdom

Fast 25 Jahre ist es nun her, dass die Wirtschaft in Deutschland einen großen Boom erlebte. Von 2006 bis Anfang 2008 brummte die Wirtschaft, danach flaute sie langsam ab, und in den Jahren 2014 und 2015, dann noch einmal 2020 bis 2022 gab es einen kleineren Aufschwung. Viel hat sich seit 2010 geändert, seit der Zeit, als das Buch „Die Zukunft der deutschen Wirtschaft" viele Unternehmen und Unternehmer zu neuen Wegen inspiriert hat. Betrachten wir einfach einmal ein Stück aus dem großen Kuchen der Wirtschaft, die Werbung.

Wir befanden uns auf dem Weg zur Online-Werbung. Traumziel vieler Unternehmer waren Direktmarketing-Aktionen, die exakt auf einzelne Personen zugeschnitten sein sollten. Werbung kam direkt auf unsere Handys und PDAs, per E-Mail auf den PC, im Internet wurden wir mit Werbung überschüttet. Zur gleichen Zeit stagnierten die klassischen Werbemedien in der Gunst, die ihnen durch die Marketingabteilungen der Unternehmen zuteil wurde: Fernsehen, Radio und Zeitschriftenwerbung hatten einen geringeren Stellenwert als in den Jahren zuvor. Ein Hype dieser Zeit hieß „Events", ein anderer war das Web 2.0, in dem Plattformen wie Google – mit dem für damalige Verhältnisse genialen Google Earth – oder Yahoo eine bedeutende Rolle spielten. Unternehmen optimierten ihre Internetportale, entdeckten Blogs, Wikis und Communities und versuchten, den Wert ihrer Marke so weit wie möglich zu steigern.

Gleichzeitig begannen auch Individuen für sich zu werben, mit Informationen, die sie ins Internet stellten, über sich selbst, über ihre Hobbys, über Freunde oder über Dinge, die sie einfach wussten oder zu wissen glaubten. Der Müll im Internet wuchs gigantisch, die Informationsüberflutung wurde für viele Menschen zur Belastung – so stark, dass erste Menschen begannen, sich der Vereinnahmung in Netzwerken zu verweigern. Gleichzeitig kam die erste richtig intensive Klimadebatte auf, die das enorme Konsuminteresse in eine andere Richtung lenkte. Damals wie heute definierten und definieren sich Menschen über Statussymbole, über Autos, neueste technische Geräte, Haus und Wohnung, Kleidung usw. Schließlich ändert sich der Mensch nicht innerhalb nur einer Generation von Natur aus. Aber die Statussymbole ändern sich.

Eines der ersten Unternehmen, das dies erkannte, war BMW. Im Zuge der Entwicklung neuer, umweltschonender Konzepte suchte das Unternehmen nach neuen Lösungen. Ein Produkt, das dabei im Vordergrund stand, war der Mini. Bereits 2013 kam man bei BMW auf die Idee, den Mini als erstes Auto mit einer individualisierten Lackierung anzubieten.

Die einfachste Version davon waren Initialen des Besitzers auf der Motorhaube, auf der Fahrer- und Beifahrertür, freie Farbwahl selbstverständlich. Nicht viel später bekamen dann die Verkäufer in den BMW-Autohäusern Schulungen in Gestaltung und Design, gemeinsam mit den Käufern entwickelten sie für die verkauften Neuwagen Farbkonzepte und Muster. Selbst Fotografien ließen sich bald für die Lackierung verwerten. Die Preise dafür waren für die wenigsten Interessierten ein echtes Hindernis – 500 bis 3000 Euro war den Menschen die Eigenwerbung wert. Heute sind derartige Angebote Standard bei den großen Automarken.

Individual Marketing entwickelte sich zu einem enormen Trend: Wer etwas anzubieten hat, der wirbt für sich, mit dem Auto, per Internet oder auf speziellen Messen, den sogenannten Capabilities Fairs. Und wer für seine Arbeitskraft ein höheres Angebot erhält als bisher, der treibt dadurch die Preise bei seinem alten Arbeitgeber nach oben. Gehaltszocken ist in.

Aber natürlich werben auch die Unternehmen für sich und ihre Produkte. Den meisten Menschen wurde die Welt zu komplex, Werbung funktionierte nur noch dann, wenn sie ganz massiv daherkam, mit viel Geld unterstützt, oder wenn sie genau den Nerv einer Zielgruppe traf. So waren die Unternehmen gezwungen, völlig neue Konzepte zu entwickeln. Dies begann mit der Marke. Dass die Marke für viele Produkte eine kaufentscheidende Rolle spielte, war lange bekannt, Menschen brauchen schließlich Symbole und feste Institutionen. Dass aber die Produkte oft gar nicht so sehr mit einer Marke in Verbindung gebracht wurden, musste sich ändern. Deshalb entwickelten viele Firmen neue Markenmodelle, unterstützt durch ganze Logofamilien. Der letzte Schrei sind sogenannte Logoplexe, Logokombinationen, mit denen sich Produktwelten attraktiv darstellen lassen und die eine magnetische Wirkung auf viele Menschen ausüben. Ein wenig hatte sich diese Entwicklung schon im ersten Jahrzehnt unseres Jahrhunderts mit Apples iPod, iTunes, iPhone und iPad angedeutet, aber so richtig kam sie doch erst vor etwa fünf Jahren in Gang, als einige Agenturen das enorme Potenzial erkannten, das in diesem Thema steckt. Diese Agenturen haben Konzepte ausgearbeitet, diese schützen lassen, dann verschiedenen konkurrierenden Unternehmen angeboten und am Ende dem Meistbietenden verkauft. Manche der damit erfolgreichen Werber haben sich bereits nach wenigen Jahren in diesem Geschäft aus der Alltagsarbeit zurückgezogen und nutzen ihr verdientes Geld zum Entwickeln weiterer revolutionärer Ideen.

Wie schon früher, geht es auch heute darum, dass die Unternehmen ihre Marketingbudgets effektiv einsetzen. Doch das Zauberwort vergangener Jahre, Costumer Relationship Management, nimmt heute keiner mehr in den Mund. Kunden sind unzuverlässig, sprunghaft, bereit dafür, ihre

Standardprodukte aufzugeben, wenn sie glauben, ein attraktiveres Angebot gefunden zu haben. Hält ein Angebot das Nutzenversprechen des Herstellers nicht ein, muss er es in der Regel gleich wieder zurücknehmen. Folge: Unternehmen müssen ganz deutlich die wahre Qualität ihrer Produkte kommunizieren. Es hat sich sogar eine Berufsgruppe herausgebildet, die darauf spezialisiert ist, Produkte zu testen und die Nutzenversprechen mit der Realität abzugleichen. Große Unternehmen leisten sich selbst solche „Reality Guides", kleinere nutzen die vielen selbstständigen Experten auf dem Markt. Und diese Reality Guides sitzen fast immer mit am Tisch, wenn Agenturen Einzelwerbemaßnahmen oder Kampagnen planen. Diejenigen Agenturen, bei denen Beratungsleistung großgeschrieben wird, beschäftigen sogar eigene Reality Guides.

Dieser Qualitätsanspruch geht einher mit der zunehmenden Spezialisierung der Menschen. Egal ob Beruf oder Hobby: Jeder beherrscht und interessiert sich nur noch für ein Segment, höchstens für zwei – eine Ausnahme sind nur die Schnittstelleningenieure und solche Menschen, die der Komplexität der Technik teilweise entsagt haben und von denen manche als Allrounder hochqualifizierte Beratungsleistung als Wisdom Engineers leisten. Diese Spezialisierung, seit kurzem mit dem Wort „Slotting" bezeichnet, hat natürlich auch enorme Konsequenzen für Werbung und Marketing. Außer den immer noch existenten Kanälen ARD und ZDF und vier übrig gebliebenen dritten Programmen (Süd, West, Nord und Ost) gibt es fast nur noch Themensender. Deren Namen sind automatisch auch Programm: Pflegeprogramm, Heim und Garten, Klima, SansSouci, Billig Reisen, Bauen und Renovieren, Dance Club, Digishot (der Fotografie- und Videosender), Obst und Gemüse, International Cooking usw. Der alte Sender DSF hat sich schon längst in mehr als ein Dutzend Einzelkanäle aufgesplittet. Dazu gehören zum Beispiel König Fußball, Grand Slam, Car-TV oder Climbing. Wer nun sein Produkt über das Fernsehen sponsern möchte, der muss Geld in einen dieser Sender pumpen (wie es zum Beispiel Tennisschlägerproduzenten bei Grand Slam tun oder Marken wie Mephisto und Masai bei SansSouci, dem Kanal für Spaziergänger und Wanderer) oder einem anderen Sender die Sendelizenz abkaufen, wie es etwa der Musikinstrumentehersteller Yamaha vor ein paar Jahren getan hat. Damals waren die Kanäle noch billig, heute kosten sie ein Vermögen – der absolute Quotenrenner ist übrigens „Heim und Garten". Inhaltliche Schwerpunkte dieses Programms lauten „Wie mache ich mein Heim gemütlich?" oder „Was muss ich tun, damit es bei mir anders aussieht als bei meinen Nachbarn?". Auch hier gilt: Individualität ist Trend. Viele der Sender, die ja sowieso meistens per Web ins Haus kommen (die meisten „Narrowviewer" nutzen Versionen zwischen Web 5.4 und Web 7.1) betreiben übrigens nebenbei lukrative Internetplattformen, auf denen die Suche des Partners bzw. der Partnerin fürs Leben einen wichtigen Platz einnimmt. Menschen, die kein gemeinsames zentrales Interesse haben, sprich Hobby oder Beruf, unterhalten sich sowieso nur noch über Belanglosigkeiten. Anders funktioniert es kaum, denn die Sprache und die Begriffswelten sind heute hochgradig diversifiziert. Oder wissen Sie, was ein Redmond Video Pancake ist oder ein Soft Walk Willie?

Die Spezialisierung hat in manchen Bereichen tatsächlich zur Klassik zurückgeführt: Zwar hat die Zahl gedruckter Zeitschriften abgenommen, auch die Zahl der Online-Zeitschriften ist längst nicht mehr so hoch wie in den Boomjahren um 2015, aber die Qualität ist drastisch gestiegen. Fast alle Artikel sind richtig gut, die Recherchearbeit der Verlage ist getrieben vom Perfektionismus, die Layouts sind Extraklasse. Denn Zeitschriften, egal ob online (auf PCs, Readern oder Wanddisplays) oder print, bieten Inseln der Ruhe in der Hektik der IT-getriebenen Welt. Entsprechend hoch ist auch das Niveau der Anzeigen. Und selbst wenn einzelne Artikel von Unternehmen gesponsert sind, so bieten doch auch diese hervorragende inhaltliche Qualität. Übrigens haben Zeitschriften über medizinische Themen und Pflege die IT-Zeitschriften und die Hobbyzeitschriften in der Gesamtauflage längst überholt. Die Regenbogenpresse ist fast tot, denn was man in der Klatschpresse lesen kann, das kann man auch im allgegenwärtigen Fernsehen anschauen, nämlich in einem der rund ein Dutzend Klatschsender, wie etwa „King's Court" oder „April Hilton TV". Wer werben will, erwischt in der Regel die breiteste Leser- oder Zuschauerschar in der Medizin- oder Wellnesssparte.

Es ist aber nicht so, dass alle „68plus", wie die Gruppe der Rentner und Pensionäre nach dem aktuellen Renteneintrittsalter oft flapsig genannt wird, nur an Gesundheit oder Wellness interessiert sind. Viele von Ihnen sind fit, engagieren sich ehrenamtlich in sozialen Institutionen oder frönen intensiv ihren Hobbys – vom Aquarium und der Kleintierzucht bis zum Individualhausbau oder dem Extremmodellfliegen à la Luke Skywalker. Für die Unternehmen und die Werbebranche ist diese Generation zu einem gigantischen Wirtschaftsfaktor geworden, zumal den heutigen Rentnern viel weniger Erben im Nacken sitzen als dies bei den früheren Generationen der Fall war.

Etwas haben wir übrigens inzwischen von China übernommen: Die Wallpapers. Informationen und Werbung knallen uns bunt von vielen Fassaden entgegen. Begonnen hat es damit, dass schlaue Facility Manager und Kommunen die Wände an Werbetreibende vermietet haben. Und inzwischen hat man festgestellt, dass Fassadenwerbung in der modernen Welt einen erstaunlich hohen, weil intensiven Aufmerksamkeitswert erreicht.

Auch das klassische Mailing erlebt eine Renaissance. Aber edel muss es sein, teuer und informativ. Allerdings sind die Streuverluste aufgrund der geringen Markentreue der Menschen enorm, es sei denn, die Zielgruppe lässt sich klar als Narrowviewer eines bestimmten Fernsehkanals oder als Nutzer eines bestimmten Internetforums definieren. Übrigens ist diese Wechselhaftigkeit auch ein Grund dafür, dass Firmenzeitschriften permanente Feedback-Aktionen durchführen.

Was hat sich sonst getan in der Werbung? Events sind noch attraktiver als früher, die Phantasie der Veranstalter steigt; die Präsenz auf Messen hat sich aufs Internationale und aufs Regionale verlagert; Nationales ist kaum noch von Belang. Bei manchen Artikeln im B2C-Bereich findet die Werbung fast nur noch exklusiv am Punkt des Verkaufs statt. Sie können in Ihrem Supermarkt nicht mehr an einer bestimmten Jogurtsorte vorbeikommen, da Sie direkt am Regal mit einem Video darüber konfrontiert werden, weil ein Produktmobile an der Decke hängt oder weil Ihr Handy (das Sie nun statt Ihrer Uhr am Arm tragen) etwas über das Jogurt weiß. Internetportale werden übrigens nur noch von größeren Agenturen programmiert, da die kleinen längst nicht mehr in der Lage sind, die komplexe Technik zu meistern. Dafür aber wird die Pflege der Inhalte fast ausnahmslos durch das werbetreibende Unternehmen selbst geleistet, inklusive Einfügen von Videoclips, interaktiven Spots usw.

Doch noch einmal zurück zu den Wisdom Engineers: Nachdem die deutschen Kultusminister etwa 2013 erkannten, dass die deutsche Wirtschaft international auf Dauer nur mit hochspezialisiertem Expertenwissen erfolgreich sein würde, etwa im Maschinenbau, bei Umwelttechnik oder in der Medizintechnik, wurde innerhalb von drei oder vier Jahren das gesamte Bildungssystem umgekrempelt: Die Bildungshoheit wurde exklusiv dem Bund übertragen, das Schulsystem wurde so geändert, dass auch einseitig begabte Schüler in ihrem Fach das Abitur ablegen und entsprechende Fächer studieren konnten. Die Universitätsstudiengänge wurden bundesweit neu strukturiert und sowohl auf die Belange der Wirtschaft, der Lehre und künftig zu erwartender Trends ausgerichtet. Um das Risiko für Absolventen neuartiger Studiengänge zu minimieren, wurde 2019 vom Bund, den Lotterieunternehmen und der Industrie ein Fonds aufgelegt, der diesen Absolventen für die ersten zwanzig Jahre Berufsleben ein staatlich gesichertes Grundeinkommen garantiert. Das Bildungsniveau in Deutschland ist in dieser Zeit geradezu explodiert. Heute arbeiten Tausende von Deutschen im Alter zwischen 22 Jahren und 30 Jahren auf der ganzen Welt als Knowledge Coachs, sie bringen den Völkern der Erde bei, was man lernen muss und wie man lernen muss. Gleichzeitig haben wir soviel jugendliches Expertenwissen aufgebaut, dass etwa jeder zehnte Hochschulabsolvent von Unternehmen in Pakistan, China, Tunesien, Brasilien und vielen anderen Ländern angeworben wird, um diese Unternehmen fit für den Weltmarkt zu machen. Und die neuen Expatriates werben dort für deutsche Fähigkeiten und Produkte.

Aber jetzt empfehle ich Ihnen einen Blick ins Fernsehen: Im Kanal „Agencies alive!“ können Sie um 18.30 Uhr die Sendung „Lions on Stage“ sehen, in der jeden Tag eine Idee, ein Konzept, eine Realisierung oder eine ganze Kampagne aus einem der großen Agenturnetzwerke präsentiert wird, moderiert von den „Freunden Haribos“, einem unter Marketingexperten höchst angesehenem Team von Reality Guides.

Übergreifende Betrachtungen und Rahmenbedingungen

Hartmut Kreikebaum

Plädoyer für einen gezähmten Kapitalismus

Auch mit diesem Beitrag möchten wir das Konzept dieses Buches verlassen. Natürlich könnte man über die Werte im Jahr 2030 schreiben, aber was wir im und wie wir das Jahr 2030 erleben werden, hängt zum großen Teil vom heutigen Werteverständnis ab. Dass wir hier eine Veränderung für die Zukunft anstreben sollten, ist derzeit kaum umstritten. Und so geht es in diesem Beitrag auch um Konzepte der Ausbildung und des Lernens, denn ethische Verhaltensweisen kann man sich nicht einfach „schnell aneignen". [Kommentar der Herausgeber]

Zeiten wirtschaftlicher Krisen sind stets auch Zeiten, in denen kritisch nach Werten gefragt wird. Ich zitiere aus dem Prospekt eines Wirtschaftsverlags: „Diese Krise machte unmissverständlich klar, dass der Ausschluss von Moral und Ethik im traditionellen Verständnis von Finanzen nicht mehr zu halten ist." In der Tat führte ein von individueller Habgier getriebenes unverantwortliches Handeln zu Milliardenverlusten bei getäuschten Anlegern. Es erschütterte nicht nur die weitgehend unregulierten Kapitalmärkte, sondern gilt auch als Treiber der nachfolgenden globalen Wirtschaftskrise. Angesichts vielfältiger Korruption und Untreue, gegenseitigen Misstrauens sowie permanenten Lügens und Betrügens, stellt sich die Frage nach der Rolle von Eigenschaften, wie sie beispielsweise der „Ehrbare Kaufmann" verkörperte: Vertrauen und Ehrlichkeit, Fairness und Anstand, Bescheidenheit, Gerechtigkeit und Verlässlichkeit. Gefragt ist die Rückkehr zu einer an individueller und unternehmerischer Verantwortlichkeit ausgerichteten Ethik. Jetzt sind die Weichen zu stellen, um den berechtigten Interessen der nach uns kommenden Generationen gerecht zu werden.

Wer von ethischen Werten spricht, muss diese auch im Einzelnen benennen. Geschieht dies nicht, dient die Forderung nach allgemein verbindlichen Werten lediglich der Stützung ichbezogener Wertvorstellungen; die mühevolle Suche nach einem tragfähigen Konsens in der Wertedebatte unterbleibt. Die Väter unserer Verfassung haben Basiswerte in die Präambel des Grundgesetzes von 1949 aufgenommen und sich in Artikel 1 einmütig zum Schutz der Menschenwürde bekannt. Sie zu achten und zu schützen „ist Verpflichtung aller staatlichen Gewalt." Es geht nicht um eine missverständliche „deutsche Leitkultur". Wohl aber lebt der demokratische Rechtsstaat von Voraussetzungen, die er selbst nicht schaffen kann. Der in der Finanzkrise zutage getretene Verlust an Werten wie Vertrauen und Realitätsnähe macht deutlich, dass ohne die Verantwortung vor Gott der tragende Wertungsstab zu schwinden droht. Das hat bereits König Salomo (965 – 926 v. Chr.) erkannt: „Dem Herrn gehorchen heißt: das Böse hassen. Ich verabscheue Überheblichkeit und Hochmut, unrechtes Tun und lügnerisches Reden" (Sprüche 8, 13). Was der weise König und erfolgreiche Unternehmer Salomo vor rund 3000 Jahren verabscheute, waren die Erscheinungsformen eines „Raubtierkapitalismus" (Marion Gräfin Dönhoff).

Von der Marktwirtschaft der Zukunft wünschen wir uns stattdessen einen „gezähmten Kapitalismus". Was können wir in dieser Hinsicht bewirken und was nicht? Keinesfalls ist an eine Änderung des individuellen Strebens nach Besitz und Wohlstand gedacht, solange es die Mitmenschen nicht schädigt und ihrer Lebensgrundlage beraubt. Adam Smith (1723 – 1790) zufolge handeln die Menschen zwar eigennützig, aber nicht herzlos. Sie sind im Prinzip mitfühlend und möchten von ihren Mitbürgern geachtet und anerkannt werden. Im Falle von Fehlverhalten müssen positive Gesetze die Gesellschaft schützen. Nach Smith ist zum Beispiel eine Kartellbildung zu unterbinden, weil sie die Erzielung von Gewinnen zu Lasten der Verbraucher ermöglicht.

Das Fehlen von Regeln und Kontrollen auf den Finanzmärkten in der gegenwärtigen Krise ist ein eklatantes Beispiel dafür, dass eine „freie" Marktwirtschaft ohne gesetzliche Regulierungen relativ wenige Personen begünstigt und vielen Tausenden die Lebensgrundlagen entzieht. Nach Ansicht des Nobelpreisträgers Paul Krugman demaskiert die globale Finanzkrise die Schwächen der klassischen Theorie. Nach klassischem Verständnis konnten die Investoren bei ihren Portfolio-Entscheidungen keine Fehler machen, da alle Risiken als bekannt und beherrschbar betrachtet wurden. Tatsächlich sei diese Annahme aber wie ein Kartenhaus zusammengebrochen. In ähnlicher Weise attackiert Sumantra Ghoshal in seinem Beitrag „Bad management theories destroy good management practices" die „alte Theorie". Goshal zeigt, wie sich Manager in erheblichem Maße durch Stock Options zum Schaden von Unternehmen bereichert haben. Das Konzept der Stock Options wurde bereits vor rund 35 Jahren von den amerikanischen Betriebswirten Michael C. Jensen und W.H. Meckling vorgestellt. Inzwischen haben diese Autoren zugegeben, sie seien bei dieser Erfindung einfach zu naiv gewesen. Sie hätten die opportunistischen Konsequenzen bzw. die Habgier von Managern unterschätzt und den Treibereffekt auf die Finanzmarktkrise nicht gesehen.

Auch hier gilt, was John Maynard Keynes bereits erkannte: Dass die Ideen von Ökonomen und politischen Philosophen, mögen sie richtig oder falsch sein, mächtiger sind als gemeinhin angenommen wird. Eine Theorie, die ein opportunistisches Verhalten von Managern unterstellt, bewirkt auch ein rücksichtsloses Vorgehen in der Praxis. Manager, die gemäß dieser Annahme handeln, treffen auch opportunistische Entscheidungen. So kommt es zu einer doppelten Hermeneutik, infolge einer „Self-fulfilling Prophecy".

Es ist kritisch zu fragen, ob die wirtschaftswissenschaftliche Mainstream-Theorie mit ihrer Ausgangsposition eines „methodologischen Individualismus" entscheidend zur gegenwärtigen Finanz- und Wirtschaftskrise beigetragen hat. Wenn dies so ist, wird es Zeit, eine solche Werteposition zugunsten einer „gezähmten" Marktwirtschaft aufzugeben. Ein gezähmter Kapitalismus orientiert sich an einer symbiotischen Beziehung von Wirtschaft und Gesellschaft:

Die Gesellschaft ist angewiesen auf den Wohlstand, den die Unternehmen schaffen. Umgekehrt benötigt die Wirtschaft den von Politik und Gesellschaft zur Verfügung gestellten Rahmen, innerhalb dessen sie zu diesem Wohlstand beisteuern kann.

Voraussetzungen einer verantwortlichen Ausbildung von Führungskräften

Zweifellos wollte Paul Krugman nicht aus der Position eines Elfenbeinturms heraus kritisieren, sondern auch eine neue Konzeption der Managementausbildung zur Diskussion stellen. Die Universitäten treffe die besondere Verantwortung, einen hohen Wertestandard selbst zu leben und an ihre Studenten weiterzugeben. Den Studenten müsse verdeutlicht werden, dass ihr Handeln als künftige Führungskräfte nicht nur ihre eigene Person beeinflusst, sondern alle Interessenträger: Kunden und Mitarbeiter, Kapitaleigner und Lieferanten, den Staat, die Bürger und die Kommunen. Die Studierenden sind auf den Ernstfall vorzubereiten, indem sie komplexe Situationen und ethische Dilemmas in ihrem ökonomischen, sozialen, politischen, ökologischen und moralischen Kontext zu analysieren lernen. Case Studies und Feldstudien unterstützen sie bei dem Versuch, die potenziellen Auswirkungen von Entscheidungen auf unterschiedliche Interessensgruppen, Organisationen und Verwaltungsorgane zu verstehen.

Niemand wird einen Zustand als wünschenswert bezeichnen, in dem die Mächtigen tun, was sie wollen, und die Schwachen, was sie müssen. Die Verantwortung der Unternehmen geht deshalb auch weit über die finanzielle Rechenschaftslegung hinaus. Das Management muss vertrauenswürdig und behutsam mit dem Einsatz von Macht umgehen, denn diese Macht ist letztlich nur geliehen. „Mir gehört nur, was ich verschenke", lautet der bezeichnende Titel eines Buches von Heinz-Horst Deichmann, der diesen Grundsatz als persönliche und unternehmensbezogene Dienstanweisung versteht.

In einer Publikation mit dem Titel „Can ethics be taught?“ stellte Tom Piper von der Harvard Business School die Frage, ob Führungskräfte nur von Eigennutz und Habgier angetrieben sind oder von einer inneren Verpflichtung der Gemeinschaft gegenüber geleitet werden. Der als einer der Pioniere der „Business Ethics“ geltende Verfasser fragt weiter, was ein guter Ruf für die Verlässlichkeit, Integrität und Fairness eines Menschen bedeute. Damit wird bereits lange vor der globalen Wirtschafts- und Finanzkrise auf den selbstherrlichen und verantwortungslosen Umgang mit Macht und Geld hingewiesen. „Die Manager sind keine Gutsherren, sondern Gutsverwalter“, konstatierte auch der Bundesgerichtshof in seinem Mannesmann-Urteil.

Die Kritik am unverantwortlichen Handeln amerikanischer Firmen setzte bereits bei der Gründung der ersten multinationalen Unternehmen ein (U.S. Tobacco Company; United Fruit Company). Die historische Entwicklung ist jedoch zugleich von einem „Geist des Puritanismus“ geprägt, der sich in vielen Facetten des Wirtschaftlebens widerspiegelt. Die Überprüfung der Steuererklärung von Kandidaten für hohe Regierungsämter lässt zum Beispiel erkennen, dass ethische Werte auch im gesellschaftlichen Leben ernst genommen werden.

Die zunehmende Beschäftigung mit Corporate Ethics in den amerikanischen Business Schools ist durch etliche Skandalfälle in der jüngeren Vergangenheit beeinflusst worden. Moralische Aspekte unternehmerischer Entscheidungen werden in zahlreichen Fallstudien und Lehrprogrammen kritisch untersucht. Im Vordergrund stehen dabei Grundsatzfragen der Macht und Verantwortung moderner Großunternehmen und ihrer Stakeholder. Die Betriebe sehen es als wichtig an, sich als „gute Bürger“ zu verhalten und für ihr gesellschaftliches Umfeld einzusetzen. Von ihren Mitarbeitern erwarten sie eine strikte Befolgung von ethischen Leitlinien. Allerdings können sie kaum erwirken, dass die Beschäftigten dadurch auch in ihrem Privatbereich nach ethischen Grundsätzen handeln und beispielsweise auf das Tricksen bei der jährlichen Steuererklärung verzichten.

Im Gegensatz zu Deutschland orientiert sich die zunehmende Beschäftigung mit Corporate Ethics in den USA an dem Compliance-Gedanken und stärkeren rechtlichen Vorgaben. Aufgrund der seit 1991 gültigen „Federal Sentencing Guidelines“ mit dem Schwerpunkt „Chapter Eight: Sentencing of Organisations“ sind Unternehmen für das ungesetzliche Verhalten ihrer Mitglieder finanziell haftbar. Falls sie ein gesetzeskonformes Handeln ihrer Belegschaft durch ein Ethik-Programm nachweisen können, kann ein Richter eine Minderung der unter Umständen beträchtlichen Strafzahlungen verfügen. Der Sarbanes-Oxley-Act von 2002 ergänzt diese Vorschriften speziell für Großbetriebe. Er fordert die Einrichtung eines Code of Ethics und einer Ethics Administration (Ethics

Officer). Die Diskussion über eine gesellschaftliche Verantwortung von Unternehmen schlägt sich in Konzepten wie Corporate Citizenship und Corporate Social Responsibility nieder.

Service Learning in der akademischen Ausbildung

Traditionell dienen Hochschulen weltweit der Forschung und Lehre. Das klassische Wissensverständnis der Betriebswirtschaftslehre sieht die Lehre als eine Wissensvermittlung in Form von Vorlesungen und Seminaren vor, ergänzt durch kaufmännische Praktika in Betrieben. Beim Service Learning arbeiten die Studierenden dagegen in verschiedenen sozialen Einrichtungen mit. Die Hochschüler verlassen ihren Campus auf Zeit, um alte Menschen zu pflegen, Freizeitangebote für Behinderte zu gestalten, Migrantenkindern bei Schulaufgaben zu helfen oder benachteiligte Jugendliche bei der Bewerbung um einen Arbeitsplatz zu unterstützen. Dieses ehrenamtliche Engagement der Studierenden in gemeinnützigen Organisationen wird beim Service-Learning-Konzept in die akademische Ausbildung integriert. In den USA bildet Service Learning bereits seit längerer Zeit einen festen Bestandteil der akademischen Ausbildung, in Deutschland existieren erst wenige Vorhaben. Dazu zählen das UNIAKTIV-Zentrum für gesellschaftliches Lernen und soziale Verantwortung der Universität Duisburg-Essen und das Service-Learning-Konzept des Instituts für Unternehmensethik an der European Business School Oestrich-Winkel (EBS).

Die EBS orientiert sich in ihrem Ansatz an der akademischen Initiative der „Principles for Responsible Management Education" (PRME) des UN Global Compact. Darin werden die teilnehmenden Hochschulen unter anderem dazu aufgefordert, curriculare Rahmenbedingungen, Prozesse und Lernfelder zu entwickeln, die wirksame Lernerfahrungen für eine verantwortungsvolle Unternehmensführung ermöglichen. Als verantwortlich gilt ein Handeln, das auf Machtmissbrauch gegenüber schwächeren Interessensträgern verzichtet. Insgesamt sollen die Teilnehmer an Service-Learning-Projekten lernen, welche Auswirkungen auf die Gesellschaft das unternehmerische Handeln mit sich bringt und wie sich letzteres mit bürgerschaftlichem Engagement verbinden lässt. Für den praktischen Einsatz der Studierenden bieten sich unterschiedliche Möglichkeiten an, zum Beispiel die Einrichtung von Mentorenprogrammen für Arbeitslose, das Entwerfen alternativer Wohnformen für Obdachlose und Senioren, eine Unterstützung von frühkindlichen Förderprogrammen in Kindertagesstätten sowie die Durchführung von Reorganisations- und Beratungsprojekten in gemeinnützigen Organisationen.

Das ursprünglich von der Agentur „mehrwert" aus Stuttgart und dann vom EBS Institut für Unternehmensethik weiterentwickelte spezielle „Do it!"-Service-Learning-Programm konfrontiert die Teilnehmer mit fremden Lebenswelten, es fördert die Sozialkompetenz und erweitert den Sinnhorizont. Die Abgleichung eigener Prämissen über die soziale Wirklichkeit mit der Praxis selbst regt zum kritischen Nachdenken über das eigene Selbstverständnis an und sensibilisiert die Studierenden für ein grundlegendes Verständnis von Menschlichkeit. „Durch die Menschen im betreuten Wohnprojekt habe ich andere Werte kennen und schätzen gelernt. Das ist wesentlich für jeden, der später erfolgreich führen will." So lautet das Resumeé einer Teilnehmerin am Do it!-Programm im Herbstsemester 2009 an der EBS.

Als Praxisvariante ergänzt Service Learning das Veranstaltungsprogramm „Philosophy & Economics" des studium universale durch erweiterte Fallstudien und gemeinnützige Projekte mit Unternehmen. Die Kompetenzen der einzelnen Ethikaktivitäten der neuen EBS Universität für Wirtschaft und Recht für den übergreifenden Themenbereich „Verantwortung und Nachhaltigkeit" werden durch das neu geschaffene „Center of Responsible Economy" (CORE) gebündelt. CORE fokussiert auch die Leistungen der EBS zum Thema „Social Business & Entrepreneurship". Mit dem neuen Danone Endowed Chair of Social Business werden die Chancen für die Ideen des Friedensnobelpreisträgers Muhammad Yunus analysiert und vorangetrieben. Im Vordergrund steht die Neugestaltung des Verhältnisses von Unternehmen und Gesellschaft. „Social Business" bezeichnet ursprünglich den in Entwicklungsländern erprobten Versuch, Armut durch neue Beschäftigungschancen zu überwinden. Es geht bei diesem Konzept um die Verwirklichung von Dienstleistungsgedanken, vorzugsweise in Klein- und Mittelbetrieben. Wir wollen diese innovative Idee in einer eng mit der Praxis verbundenen Forschung und Lehre auf ihre Anwendbarkeit hin überprüfen. Gleichzeitig versprechen wir uns von diesem Pilotprojekt einen Transfer auf andere Hochschulen.

Zwar scheint generell noch der politische Wille zu fehlen, ein erfahrungsbezogenes Lernen im sozialen Umfeld der Hochschulen auf breiter Basis durchzusetzen. Aus zahlreichen akademischen Ausbildungsstätten in den USA und anderen Ländern liegen allerdings reichhaltige empirische Befunde dazu vor, von denen wir lernen können.

In der praktischen Umsetzung von Service Learning in Deutschland sind vor allem die Erfahrungen am Community Outreach Center der Universität Duisburg-Essen wegweisend. Ein erfolgskritischer Faktor besteht dabei in der gezielten Motivierung der Lehrenden, Service Learning in ihr Kursangebot zu integrieren. Seitens der Studierenden erweisen sich Credit Points als ein hinreichender Anreiz.

Langfristigkeit – vom Ende her denken

Zwar gilt immer noch Lorenzo di Medicis „Di doman no e certezza". Es macht aber einen Unterschied, ob man die prinzipielle Unsicherheit über das Morgen als ein zeitloses „Warten auf Godot" betrachtet oder es mit Martin Luther hält: „Wenn ich wüsste, dass morgen die Welt unterginge, würde ich heute noch mein Apfelbäumchen pflanzen." Luther sah sich keineswegs als titanischer Prometheus, sondern vertraute auf Gottes Zusage einer auf Dauer geltenden Natur- und Klimaordnung auf der Erde.

In dem Gleichnis von den verliehenen Talenten ist die Forderung enthalten, dass die Menschen aus den ihnen verliehenen Gaben das Beste machen. Sie sollen alle ihre Kräfte einschließlich des Verstandes dafür einsetzen, mit ihnen zu „wuchern" (Martin Luther). Als treuer Haushalter erweist sich jemand, der in seinem ökonomischen Handeln Treue und Verlässlichkeit zeigt. Vorteilsgewährung und -annahme („Untreue") verbieten sich ebenso wie Bestechung und Bestechlichkeit. Die Folgen zeigen sich unter anderem in irreparablen Imageschäden von Personen und Unternehmen. Inzwischen hat sich auch gezeigt, dass kurzfristige Anreize wie Aktienoptionen entscheidende Treiber der globalen Finanzkrise waren und bei einer weiteren Krise erneut sein können. Unter strategischen Überlegungen sollten sie deshalb ersetzt werden. In längeren Zeiträumen gedacht, könnten an ihre Stelle unter anderem Anreize nichtmonetärer Art treten. Dazu bieten sich nach einem Vorschlag des Schweizer Ökonomen Bruno Frey auch Auszeichnungen und Ehrungen an, etwa als „Manager des Monats" bzw. Jahres, durch Preise, Plaketten und Medaillen.

Als ein zukunftsweisendes Beispiel sei hier die von Prof. Tom Sommerlatte initiierte „Goldene Lilie" genannt. Mit dieser Auszeichnung können gesellschaftlich engagierte klein- und mittelständische Firmen werben, die sich für das Gemeinwohl und den lokalen Standort einsetzen. Die gemeinnützige Bundesinitiative „Unternehmen: Partner der Jugend" (UPJ) e.V. versteht die 2009 erstmals verliehene „Goldene Lilie" als deutsches Pilotprojekt und als Vorbild für andere Städte und Regionen. Die Goldene Lilie wird für die Unterstützung sozialer Projekte, die Freistellung von Mitarbeitern für Pro-Bono-Leistungen, Spendenaufrufe und kulturelle Veranstaltungen verliehen und gilt ein Jahr lang. Die Preisträger können sich aber jedes Jahr erneut bewerben. Auf diese Weise kann eine langfristige Kontinuität entstehen.

Einen sinnvollen Beitrag zu einer erwünschten Langfristperspektive leisten Stiftungen. Sie bieten ein Experimentierfeld für die Verwirklichung von Werten im Rahmen gemeinschaftsbezogener Werte. Die Stiftung eines Lehrstuhls im akademischen Bereich läuft in der Regel mindestens fünf Jahre, danach ist über eine mögliche Verlängerung zu befinden. Andere Stiftungen im Bildungsbereich wie die Ford Foundation oder die Studienstiftung des deutschen Volkes werden von vielen Sponsoren getragen. Sie verfolgen in der Regel einen auf Dauer festgelegten Stiftungszweck, beispielsweise die Integration und Ausbildung von Kindern aus einkommensschwachen Schichten, die Erhaltung von Bioreservaten (zum Beispiel die deutsche Umwelthilfe) oder Patenschaften in Entwicklungsländern (zum Beispiel die Kindernothilfe und die Deichmann-Stiftung „Wort und Tat"). Da die Beiträge von Spendern für gemeinnützige Aktivitäten steuerlich begünstigt sind, ein Teil der Gelder daher von den Bürgern kommt, müssen die Stiftungen „wertvolle" Ziele verfolgen, transparent handeln und ihre Geschäftsführung kontinuierlich überprüfen lassen.

Ohne Werte ist alles wertlos

Eine Gesellschaft kann auf Dauer nicht bestehen ohne Rechte und Pflichten. Nach Altbundeskanzler Helmut Schmidt gilt ein „ethischer Minimalkonsens" über eine öffentliche Moral als die geistige Grundlage unseres Landes. Dieser beginnt beim Vorleben von Primärtugenden wie Nächstenliebe, Verlässlichkeit, freier Persönlichkeitsentfaltung und Gerechtigkeit in der Kindererziehung.

Diese Grundwerte sind bei ihrer Umsetzung angewiesen auf vielfach geschmähte Sekundärtugenden wie Disziplin, Fleiß, Rücksichtnahme und Gehorsam. Es kommt auf eine balancierte Gesamtheit aller Werte an, die Wahrung der Freiheit des Einzelnen und die Rücksichtnahme auf Andere, die Sicherung eines ausreichenden Gewinns und die Wahrnehmung der sozialen Verantwortung des Unternehmens.

Verzichten können wir jedoch auch für die nächsten zwei Jahrzehnte auf ein „Stirnrunzeln ethischer Instanzen" (Dietrich Bonhoeffer). Ebenso wie der Nicht-Christ muss auch der Christ mit Vernunft, Sachverstand und Augenmaß für seine Überzeugungen eintreten. Die hier vertretene christliche Ethik war von Anfang an dialogorientiert. Offen, lernfähig und dialogbereit sucht sie eine Verständigung auch über unterschiedliche Wertepositionen hinweg. Dazu zählt die Bereitschaft zur jederzeitigen Rechenschaft über das Verhalten und das Eingeständnis von eigenen Fehlern.

Stefan Heidbreder

Stark in Vergangenheit, Gegenwart und Zukunft

Im öffentlichen Verständnis von Familienunternehmen hat sich in den letzten 40 Jahren ein grundlegender Bewusstseinswandel vollzogen. Erinnern wir uns an das Jahr 1990: Die deutsche Fußball-Nationalmannschaft gewinnt den Weltmeister-Titel in Argentinien, BSE ist in den Schlagzeilen, das Internet steckt noch in den Kinderschuhen, und am 3. Oktober 1990 wird die deutsche Wiedervereinigung vollzogen. „Familienunternehmen" gibt es in der öffentlichen Wahrnehmung praktisch nicht: Nur 26 mal (so eine Überschlagsrechnung in der Pressedatenbank Genios) fällt 1990 in der deutschen Presselandschaft der Begriff „Familienunternehmen". Stattdessen spricht man vom Mittelstand.

Doch dieser Begriff war äußerst schwammig, er wurde verwendet, wenn man kleine und mittelgroße Unternehmen beschreiben wollte. Zum Mittelstand gehören aber genauso die freien Berufe und das Handwerk, nach soziologischer Kategorisierung auch Familien mit mittlerem Einkommen. Normalerweise bezeichnete man damals mit dem Begriff „Mittelstand" die kleineren und mittleren Unternehmen, und zwar nach quantitativen Kriterien wie Jahresumsatz (weniger als 50 Mio. Euro) oder Mitarbeiterzahl (weniger als 500 Personen). Damit ging de facto eine Bewertung einher: Während nämlich alles Bedeutende beim Namen genannt wurde, stand der Mittelstandsbegriff eher für das „Nicht-näher-zu-Bezeichnende".

Im Laufe der Jahre erwies sich dann aber, dass der Begriff „Familienunternehmen" viel aussagekräftiger ist als „Mittelstand", denn er bezieht sich auf das charakteristische qualitative Merkmal einer Unternehmensform: Unabhängig von ihrer Größe, ihrer Rechtsform und der Branche zeichnen sich Familienunternehmen vor allem durch die Konzentration von Eigentum, Leitung, Haftung und Risiko auf die gleichen Personen aus. Und dieser Aspekt spielte in den letzten Jahrzehnten eine immer entscheidendere Rolle.

Das Rückgrat der Wirtschaft

Eine Untersuchung der Stiftung Familienunternehmen aus dem Jahr 2009 zeigte, dass damals mehr als 93 % aller Unternehmen mit Sitz in Deutschland Familienunternehmen waren. Sie stellten einen Anteil von 54 % an der Gesamtbeschäftigung und 49 % des Gesamtumsatzes in Deutschland. Sie waren zwar vor allem bei kleinen Betrieben mit handwerklicher Struktur stark vertreten, aber im Unterschied zu anderen Industrienationen gab es in Deutschland auch in der Kategorie „Großunternehmen" (also über 50 Mio. Euro Umsatz) besonders viele Familienunternehmen; sie stellten ein Drittel dieser Gruppe. Auch bei den „Umsatz-Milliardären" konnten in Deutschland mehr als 100 Familienbetriebe verzeichnet werden.

Diese hohe Bedeutung der Familienunternehmen für die Volkswirtschaft hat sich seitdem aus guten Gründen noch verstärkt.

In der Entwicklung der 500 umsatzstärksten Familienunternehmen zeigte sich nämlich, dass sie auch in rezessiven Zeiten bei weitem robuster als Nicht-Familienunternehmen sind. Während sie ihre inländische Belegschaft in der Wirtschaftskrise von 2006 bis 2008 und den folgenden beiden Wirtschaftskrisen weiter aufbauten, wurden in den DAX-Unternehmen Arbeitsplätze immer weiter abgebaut. Gerade in den Zeiten weltweiter Wirtschaftskrisen zeigte sich damit, dass in Deutschland mit den Familienunternehmen ein Unternehmenstypus existiert, um den uns die ganze Welt beneiden kann.

Familienunternehmen sind stärker denn je

Auch heute sind Familienunternehmen der vorherrschende Unternehmenstyp in Deutschland und nicht etwa, wie es der Harvard-Ökonom Alfred Chandler einst formulierte, die „unvollkommene Vorstufe der kapitalmarktorientierten Publikumsgesellschaften". Sie sind heute anders aufgestellt, denn der Wandel von der Industrie- zur Dienstleistungsgesellschaft, die Arbeitsteilung der Produktions- und Alltagsabläufe, der demografische Wandel, die zunehmende Verknappung der Rohstoffe, die Herausforderungen des Klimawandels und die Globalisierung der Wirtschaft stellen hohe Ansprüche an sie. Doch sie beweisen immer wieder ihre große Flexibilität und sind führend in vielen Zukunftstechnologien, insbesondere in der Umwelttechnik, bei erneuerbaren Energien und bei der Energieeffizienz, aber auch in Branchen wie der Automobilzuliefererindustrie, dem Maschinen- und Anlagenbau, der Gesundheitswirtschaft und der Medizintechnik.

Nachhaltig und langfristig macht unabhängig

Krisenresistenz hat sich bei Familienunternehmen als systemimmanent erwiesen, denn die Eigentümer-Unternehmer sind bestrebt, ihr Lebenswerk zu erhalten. Ihr größter Wunsch ist es, das Unternehmen an die nächste Generation weiterzugeben. Das mag eine Erklärung dafür sein, dass sie weniger spekulativ agieren. So haben viele Familienbetriebe in den Boomjahren ihre Eigenkapitaldecke gestärkt und sich von Bankkrediten weitgehend unabhängig gemacht. Dadurch standen sie auch die schwachen Wirtschaftsphasen besser durch, ganz anders als durch Private Equity finanzierte Unternehmen, von denen viele den letzten Rezessionen aufgrund ihrer ausgezehrten Eigenkapitalbasis nicht standhalten konnten.

Auch die Politik hat die Korrelation zwischen einer gesunden Eigenkapitalbasis und der Krisenresistenz endlich verstanden und deshalb Substanzsteuern, wie etwa die Grundsteuer und die Erbschaftssteuer, deutlich reduziert.

Zudem hat sich bei Familienunternehmen die Bereitschaft der Belegschaft immer wieder als groß erwiesen, sich mit eigenen Opfern an der Bewältigung von Krisen zu beteiligen, denn im Gegenzug erhalten die Unternehmen auch Rückendeckung durch die Familie und den Gesellschafterkreis, die als zuverlässige Kapitalgeber im Hintergrund stehen. Viele Familienunternehmen greifen auf Gesellschafterdarlehen als Finanzierungslösung zurück. Inhabergeführte Unternehmen haben so auch in den Krisenzeiten der 2010er und 2020er Jahre ein großes Autonomiebedürfnis und eine hohe Verantwortungsbereitschaft gezeigt.

Kapitalmarktnahe Finanzierung hat sich durchgesetzt

Die Verbesserungen der Informationstechnik haben es den Familienunternehmen erlaubt, in Bezug auf Schnelligkeit, Logistik und Abwicklung von weltweiten Geschäften enorme Fortschritte zu machen. Der heutige Familienunternehmer hat seine Führung stärker, aber nicht ausschließlich nach Kennzahlen ausgerichtet, schon um den Erwartungen der Banken nachzukommen. Die betriebswirtschaftliche Professionalisierung, die bereits mit Einführung von Basel II eingesetzt hatte, ist weit vorangeschritten.

So hat sich die Finanzierung der Familienunternehmen in den letzten Jahren sukzessive verändert. Kaum ein Unternehmen hat noch im klassischen Sinn ausschließlich eine Hausbank. Besonders die international agierenden Familienunternehmen nutzen eine Vielfalt von Finanzierungsinstrumenten. Sie holen sich über mehrere Banken Kredite ein und beschaffen sich kapitalmarktnah Mittel für Wachstum und Innovation. Zu den entsprechenden Maßnahmen gehören auch Börsengänge und die Ausgabe von unternehmenseigenen Genussscheinen und Unternehmensanleihen.

Eine neue Generation mit neuem Selbstverständnis

Die meisten Familienunternehmen befinden sich in den Händen der Söhne und Töchter, die um 2010 gerade Abitur gemacht hatten oder sich am Anfang ihres Studiums befanden. Anders als noch ihre Elterngeneration, sind sie in einer wirtschaftlich abgesicherten und prosperierenden Phase aufgewachsen, sie leben ein anderes Selbstverständnis und Rollenmodell. Sie sind „Digital Natives", aufgewachsen mit Computer, Internet, Handy und MP3-Playern, haben viele fremde Länder bereist, sind kosmopolitisch und mehrsprachig – fit für die globalisierte Wirtschaftswelt 2030.

Immer mehr Familienunternehmen wurden von Frauen geleitet. Gleichermaßen gut ausgebildet wie ihre männlichen Altersgenossen, haben sie Verantwortung und Management übernommen und können sich nur über die Erzählungen von früher wundern, in denen Unternehmerinnen wie Melitta Bentz, Irene Kärcher oder Nicola Leibinger-Kammüller wie seltene Exemplare einer Gattung bestaunt wurden.

Die Unternehmensnachfolge findet nicht mehr hinter verschlossenen Türen statt wie früher, sondern sie ist eingebettet in professionelle Standards der Family- und Corporate Governance. Viele Familienunternehmer tauschen sich regelmäßig in Bezug auf Unternehmensstrategie, -führung und -kultur aus und speisen den Erkenntnisgewinn der offenen Kommunikation in ihre Unternehmensführung ein.

Globalisierung als Gefahr und Chance

Die Globalisierung ist heute allgegenwärtig. Gerade die deutschen Familienunternehmen profitieren davon. Dass Unternehmensgröße nicht immer das Maß aller Dinge ist, beweisen auch hier die Familienunternehmen. Mit Innovation, Problemlösungskompetenz, Kundenorientierung und Spezialisierung setzen sie sich weltweit durch. Viele von ihnen fokussieren sich auf Nischenmärkte und sind Weltmarktführer, sie haben sich neue Wachstumsmärkte erschlossen und die Produktions- und Vertriebssysteme weltweit ausgebaut. So sind sie den Kunden nahe und lösen die Kundenprobleme vor Ort.

Dies war und ist aber nicht notwendigerweise mit dem Abbau von Arbeitsplätzen in Deutschland verbunden, vielmehr trug die Verstärkung des internationalen Engagements zur Sicherung und Schaffung von deutschen Arbeitsplätzen bei.

Greifbar, sympathisch, positiv

Die – gemessen an ihrer volkswirtschaftlichen Bedeutung – unzureichende Wahrnehmung der Familienunternehmen gehört längst der Vergangenheit an. Familienunternehmer sind heute in Politik, Wissenschaft, Schulen und Medien präsent.

So bauten die Presse- und Verlagshäuser ihre Berichterstattung über die besonderen Charakteristika und das Management von eignergeführten Firmen stetig aus. Nahezu jeder Wirtschaftstitel hat eine regelmäßige Berichterstattung über Familienunternehmen. Viele Verlage widmen diesem wichtigen Unternehmenstypus eine eigene Seite, eine regelmäßig erscheinende Kolumne oder eine eigene Beilage.

An den großen Universitäten gibt es sogar eigene Forschungsinstitute, die die besonderen volks- und betriebswirtschaftlichen Fragestellungen von Familienunternehmen interdisziplinär wissenschaftlich bearbeiten.

So bleibt echtes Unternehmertum durch die Familienunternehmen auch weiterhin greifbar, sympathisch und positiv.

Jörg Lennardt

Eine reale Fantasie

Vor 20 Jahren, im Jahr 2010, gab es in der kreisangehörigen Stadt Sog an der Enne eine kleine Revolution. Die Bürger der 53.000 Einwohner großen Stadt hatten die Nase voll. Sie wussten, dass sich ihre Stadt in den nächsten 30 bis 40 Jahren vor dem Hintergrund der demografischen Entwicklung dramatisch verändern würde. In den bisherigen Wahlkämpfen wurde allerdings von den Politikern aller Parteien keine Antwort auf die sich zu erwartenden Veränderungen gegeben. Darum gründeten Bürger aus allen Schichten der Stadt im Jahre 2008 die Partei „Sorgt für Sog“ oder kurz SFS. Die SFS erarbeitete mit sachkundigen Bürgern und mit Unterstützung der Verwaltung ein Zukunftsprogramm für den Standort Sog an der Enne. Das Zukunftsprogramm enthielt Aussagen zu den Punkten:

- Bevölkerungsentwicklung
- Branchenentwicklung
- Fachkräfteentwicklung
- Bildung
- Infrastruktur
- Verwaltungsmodernisierung.

Das Programm war auf einen Zeitraum von 20 Jahren angelegt. Allerdings wurden nicht nur strategische Aussagen getroffen, sondern konkrete Maßnahmenpakete aufgeführt und diese mit Vorschlägen zur Finanzierung hinterlegt.

Mit diesem Programm ging die SFS in den Wahlkampf. Offensichtlich war es das erste Mal, dass die Bürger der Stadt verstanden hatten, wie sie ihre Zukunft mitgestalten können. Im Vorfeld des Wahlkampfes erfolgte eine kritische Auseinandersetzung mit dem Wahlprogramm der SFS. Die Konsequenz: Noch nie war das Interesse in einem Kommunalwahlkampf so groß gewesen. Die SFS wurde mit überwältigender Mehrheit gewählt, ebenso wie die neue Bürgermeisterin, die von der SFS gestellt wurde. Anschließend begann eine beispiellose Entwicklung, die die Stadt Sog an der Enne im Ranking der lebenswertesten Städte Deutschlands im Jahr 2030 zum zehnten Mal unter die 10 besten Städte gebracht hat. Sog an der Enne ist heute die einzige Stadt im weiten Umkreis, die seit 2010 einen Bevölkerungszuwachs von mehr als 10 % und einen wachsenden Unternehmensbestand vorweisen kann.

Doch welche Erfolgsfaktoren haben zu dieser bemerkenswerten Entwicklung beigetragen? Die sehr fokussierte Branchenstrategie, die seit nunmehr 20 Jahren umgesetzt wird, ermöglicht es der Wirtschaftsförderung der Stadt, die Entwicklung der am Standort befindlichen Unternehmen genau zu beobachten. Natürlich werden alle Informationen über die Unternehmen mit Hilfe einer ausgefeilten Software gesammelt und regelmäßig ausgewertet. Insbesondere beobachtet man aber die auswärtigen Unternehmen, die in den Branchenschwerpunkten von Sog an der Enne tätig sind. Man konzentriert sich hierbei auf Unternehmen im Umkreis von 100 km. Durch gezieltes Auswerten von Nachrichten im Internet, Branchenzeitungen, Messebesuchen und den Besuch von Branchenveranstaltungen sind die Mitarbeiter der Wirtschaftsförderung sehr intensiv in den einzelnen Branchen verdrahtet. Unterstützt von modernen Software-Tools werden die Medien gescannt. Viel wichtiger aber sind die persönlichen Gespräche in der Branche. So fiel die Aufmerksamkeit der Wirtschaftsförderung von Sog an der Enne auch auf Jungunternehmer Bernd Kühn als interessanten Ansiedlungskandidat.

Bernd Kühn hat vor drei Jahren – im Jahr 2027 – 40 km entfernt von Sog an der Enne ein Maschinenbauunternehmen gegründet. Sein Standort liegt unmittelbar an der nächsten Großstadt, die mit 400.000 Einwohnern ein durchaus beachtenswerter Standort für seine geplante Verlagerung sein könnte. Bernd Kühn, ein promovierter Maschinenbauer, ist verheiratet mit Physiotherapeutin Eva. Ihre beiden Kinder sind 12 und 14 Jahre alt und gehen auf das Gymnasium in der Großstadt. Ehefrau Eva hat eine kleine Praxis, die sehr gut läuft.

Da für Bernd Kühn an seinem jetzigen Standort kein Platz für die geplante Erweiterung ist, muss er auf Standortsuche gehen. Er sucht ein Grundstück von 20.000 m² Größe, um dort seine neue Produktion aufzubauen. Zusätzlich zu seinen bisherigen 10 Mitarbeitern will er weitere 30 einstellen. Für den Auf- und Ausbau seiner Produktion benötigt er 5.000.000 € an Finanzmitteln. Bernd Kühn hat einen guten Businessplan erarbeitet. Dieser wird ihm als Basis für die Finanzmittelbeschaffung dienen. Kopfzerbrechen bereitet ihm vielmehr die richtige Standortwahl für sein Unternehmen.

Familie Kühn wird auch privat umziehen. Dafür hat man sich gemeinsam zusammengesetzt, um einen Kriterienkatalog für den zukünftigen Unternehmensstandort und die neue Heimat zu erarbeiten:

- Der neue Standort muss für das Unternehmen Wachstumsvoraussetzungen bieten und sollte nicht mehr als 50 km vom jetzigen Standort entfernt sein.
- Ehefrau Eva möchte weiterhin selbstständig bleiben.
- Die Kinder stimmen dem Standortwechsel nur zu, wenn das Gymnasium des neuen Ortes eine sehr gute Qualität bietet.
- Der älteste Sohn gibt sein Einverständnis nur, wenn er in eine Stadt ziehen kann, die einem jungen Erwachsenen einen hohen Freizeitwert bietet.
- Familie Kühn wird nur einen Standort wählen, der klare Aussagen über die zukünftige Entwicklung vorweisen kann.
- Für die junge Familie ist das soziale Engagement in der neuen Stadt von großer Bedeutung.
- Die Kriminalitätsrate sollte niedrig sein.
- Die neue Stadt sollte einen gesunden Haushalt vorweisen, damit weiterhin in Infrastruktur investiert werden kann und die Lebensqualität gesichert wird.
- Da alle vier Familienmitglieder politisch interessiert sind, möchte man sich politisch engagieren können. Dementsprechend sollte das politische Klima der neuen Stadt motivierend sein.
- Aufgrund der Unsicherheit der beiden selbstständig tätigen Eltern und der zu erwartenden Belastungen durch die zukünftigen Hochschulenaufenthalte der Kinder sucht man zunächst ein Haus zur Miete.
- Und noch ein weiterer Punkt steht auf der Wunschliste: Die Eltern von Eva sollten möglichst mit in die Neustadt umsiedeln, damit das bisherige enge Verhältnis weiter gepflegt werden kann.

Mit diesem Suchkatalog beginnt die Familie die Recherche. Der 14-jährige Sohn entwickelt aus den von der Familie festgelegten Kriterien ein Suchprogramm, dass er über das Internet laufen lässt. Die übrigen Familienmitglieder recherchieren ebenfalls im Internet, die Eltern zusätzlich über ihre persönlichen Netzwerke.

Aber insbesondere mit dem Auffinden aussagefähiger Informationen über die zukünftigen Strategien der einzelnen Standorte tut sich die Familie schwer. Die Internetseiten vieler Standorte stellen immer noch ein undurchdringliches Sammelsurium an Informationen dar. Auch neueste Softwaretechniken können den Informationsgehalt nicht bessern. Die meisten Kommunen haben zwar ihre Internetseiten mit modernsten graphischen Methoden erstellen, Werbeagenturen Logos entwickeln und sogenannte Leitbilder erarbeiten lassen, die Politik hat aber versäumt, eine nachvollziehbare Struktur für die Zukunft ihrer Kommune zu erarbeiten. Somit finden weder die Bürger und Unternehmen noch die am Standort interessierten Ansiedlungswilligen belastbare Aussagen über die Zukunftsperspektive der Kommune.

Drei Standorte kommen für Familie Kühn in Frage, wobei einer der beiden Standorte die nahe gelegene Großstadt ist. Ein weiterer Standort ist ebenfalls eine größere Stadt. Der dritte Standort ist Sog an der Enne.

Nachdem der Sohn die Rechercheergebnisse aufbereitet hat, wird Familienrat abgehalten. Die Analyse der Recherche hat ergeben, dass die beiden Großstädte in den letzten 20 Jahren Einwohner und Arbeitsplätze eingebüßt haben. Schulen mussten geschlossen werden, der Anteil des Sozialhaushaltes stieg stetig. Die Haushaltssituation der beiden Großstädte ist Besorgnis erregend. Was die junge Familie letztendlich vollends abschreckt, ist die Tatsache, dass weder das Internet, noch Gespräche mit Politik und Verwaltung der beiden Städte irgendeine politische Strategie erkennen lassen. Die politische Situation in beiden Städten erscheint frustrierend. Es gibt keine starke Partei mehr. Vielmehr streiten sich seit zwei Jahrzehnten sechs Parteien untereinander, je nach Thema in abwechselnder Koalition. Die gewählten Bürgermeister der beiden Großstädte gelten als fachfremd und erhalten aufgrund der politischen Situation keinen Rückhalt. Die Räte der beiden Städte haben wenig Fach-Know-how vorzuweisen. Das führt dazu, dass die Verwaltung mit ihren immer komplexer werdenden Problemen keine adäquate Unterstützung mehr in der Politik findet. Obwohl seit 10 Jahren beide Städte erheblich im Standortwettbewerb verloren haben und die Unzufriedenheit der Bürger steigt, fehlt Politik und Verwaltung die Kraft, einschneidende Maßnahmen zu erarbeiten und umzusetzen. Während im Jahr 2010 die kleinere Stadt Sog an der Enne ihr Strategieprogramm auflegte und die damals belächelte neue Partei SFS in die politische Verantwortung kam, hat die Politik der beiden Großstädte es im gleichen Zeitraum nicht geschafft, klare Zukunftsvisionen zu erarbeiten. Dadurch, dass immer mehr Splitterparteien in den Rat kamen, bröckelte auch die letzte Handlungsfähigkeit. Das hat tiefe Spuren hinterlassen. Bürger und Unternehmen wurden immer unzufriedener, viele verließen die Stadt.

Womit konnte Sog an der Enne hingegen in der Zwischenzeit punkten und welche Erfolgsfaktoren gelten noch heute? Die in 2010 erarbeitete Strategie für die Stadt wurde konsequent umgesetzt und laufend angepasst. Die Parteien führen im Rat eine sachorientierte Arbeit und beziehen für die wichtigsten Entscheidungen sachkundige Bürger mit ein. Dem Rat war nach Beginn der Amtszeit schnell bewusst geworden, dass die Komplexität der Entscheidungen laufend zunahm. Das stärkere Einbinden sachkundiger Bürger in die Ratsarbeit versetzt den Rat in die Lage, kompetentere und nachhaltigere Entscheidungen mit und für die Verwaltung zu erarbeiten. Verwaltungsspitze und Rat ziehen an einem Strang. Die Zufriedenheit der Bürger mit Politik und Verwaltung wird alle zwei Jahre abgefragt und die Ergebnisse werden im Internet veröffentlicht sowie über die Medien verbreitet. Verwaltung und Politik schaffen es durch konsequente Nutzung der Medien, den Kontakt zu den Bürgern aktiv zu gestalten und Entscheidungen vorab fundiert zu diskutieren. Das Interesse an der Politik und an der eigenen Stadt bleibt so geweckt.

Insbesondere die Verbesserungsvorschläge aus den Umfragen werden ernst genommen. Konsequenterweise veröffentlichen – unter anderem im Internet – Verwaltung und Politik jedes Jahr einen Sachstandsbericht über die beschlossenen Projekte. Diskussionen und Anregungen hierzu sind ausdrücklich gewünscht. Verwaltungsspitze und Politik können somit laufend die Stimmungslage der eigenen Bürger erkennen, aber auch Probleme und Ergebnisse diskutieren. Der Raum für Eitelkeiten und Machtspiele innerhalb der Politik ist dadurch eng geworden. Im Fokus stehen vielmehr die jenseits aller Dogmatik sachorientierten und für die langfristige Entwicklung der Kommune richtigen Entscheidungen. Die Politik hat verstanden, dass die Bürger Wahlkampfprogramme, die auf eine Wahlperiode bezogen sind, nicht mehr akzeptieren. Und dass jenseits aller Parteienstreitigkeiten eine langfristig orientierte Politik die einzige Alternative für die Zukunftsgestaltung ihrer Stadt ist.

Was kennzeichnet diese Langfristorientierung? Das Strategieprogramm von Sog an der Enne im Jahr 2010 sah vor, den Wirtschaftsstandort auf drei Branchenschwerpunkte auszurichten, und zwar auf

- den Maschinenbau,
- die Kommunikationstechnologie und
- die Gesundheitsbranche.

Im Rahmen der Strategieerarbeitung wurde damals festgestellt, dass in diesen drei Branchen sowohl die Stadt wie auch die Region über einen sehr guten Unternehmensbesatz verfügten. Desgleichen zeigten die Untersuchungen, dass in allen drei Branchen sehr gute Zukunftsaussichten vorlagen. Deshalb kam man gemeinsam mit den Unternehmen vor Ort zu dem Entschluss, auf dieser Basis eine Entwicklungsstrategie und ein Vermarktungskonzept für die Stadt zu erarbeiten. Dieses Konzept sah vor, dass die Wirtschaftsförderung der Stadt den Schwerpunkt ihrer Arbeit auf diese drei Branchen legt. Dazu beschloss der Rat ebenfalls schon 2010, die Wirtschaftsförderung von fünf auf zehn Mitarbeiter auszubauen. Da die Unternehmen der Stadt sehr eng in die Strategieerarbeitung eingebunden waren, wurde die Wirtschaftsförderung von Anfang an von ihnen unterstützt; projektbezogen auch mit finanziellen Mitteln.

Damals war eine große Sorge der Unternehmen, dass für ihre zukünftige Entwicklung nicht ausreichend Fach- und Führungskräfte zur Verfügung stehen. Es gab zwar eine Fachhochschule in der Stadt, die allerdings völlig losgelöst von der Entwicklung der Stadt und der Region arbeitete. Stadtverwaltung und Unternehmen nahmen Kontakt mit der Hochschulführung auf, insbesondere mit dem neu gegründeten Hochschulrat. Am Ende der Gespräche und Überlegungen stand abschließend die Vereinbarung, eine gemeinsame Strategie für die Hochschule zu entwickeln und diese in die Strategie der Stadt zu integrieren. Mit der Konsequenz, dass die Hochschule sich auf Lehrangebote spezialisiert hat, die sich sehr stark an den Bedürfnissen der Unternehmen vor Ort orientieren – zum Wohle der Unternehmen, der Stadt und der Hochschule. Die Hochschule konnte so ihre Studentenzahl von 8.000 auf 16.000 verdoppeln. Die Unternehmen versetzt diese Fokussierung in die Lage, ihr Nachwuchspotenzial zu sichern und gut ausgebildete Fachkräfte in der Region zu binden.

Diese Symbiose von Hochschule, Unternehmen, Stadtverwaltung, Politik und Bürgern wird seit den Anfangszeiten auf den Internetseiten der Stadt professionell präsentiert. Die Mitarbeiter der Wirtschaftsförderung besuchen alle relevanten Branchenmessen national und international. Im Laufe der Zeit verschaffte sich Sog an der Enne den Ruf, in den drei Zielbranchen ein idealer Standort für Unternehmen zu sein. Die Entwicklung der Unternehmen und die Zahl der Ansiedlungen waren das Ergebnis der damaligen Projektvorgaben. Durch die Einrichtung eines Controllingsystems konnten Bürger und Politiker von Anfang an Erfolg und Misserfolg einzelner Maßnahmen ablesen und bei Bedarf gegensteuern.

Die neuesten Kommunikationskanäle sorgten bereits 2010 dafür, dass Bürger und Unternehmen jederzeit über den Stand der Entwicklung informiert waren. Die damalige Entscheidung, sehr stark auf Kommunikationsformen wie Twitter, Facebook, Xing und Chat Room zu setzen, war zukunftsweisend und hat frühzeitig dazu beigetragen, dass auch die Jugend Interesse fand, sich gleichberechtigt und ernst genommen in die Strategieprozesse der Stadt mit einzubringen.

Revolutionär hatte Sog damals, im Jahre 2010, die sogenannte Dienstleistungsrichtlinie umgesetzt. Viele andere Kommunen sträubten sich gegen diesen Verwaltungsaufwand. Sog an der Enne sah und nutzte aber die Chance. Die Position des einheitlichen Ansprechpartners, kurz EAP, wurde schnell geschaffen und mit neuester Technik sowie großer Entscheidungsbefugnis ausgestattet. Als Ziel der Dienstleistungsrichtlinie damals galt, den Unternehmen nur einen zentralen Ansprechpartner zur Verfügung zu stellen, der die Bedürfnisse der Unternehmen abdeckte, Fragen, Anträge und Probleme der Unternehmen bearbeitet. Dieser EAP sorgte für eine zügige und kompetente Bearbeitung der Probleme und Anträge der Unternehmen innerhalb der vorgegebenen Bewilligungs- und Genehmigungsfristen. Damit entfiel für die Unternehmen der extrem zeitaufwändige Abstimmungsdurchlauf mit einzelnen Ämtern oder Mitarbeitern unterschiedlicher Zuständigkeiten. Die Erfahrungen mit dem EAP führten in der Verwaltung der Stadt Sog an der Enne nach und nach zu einer völligen Neuorganisation. Die alte Ämterstruktur existiert nicht mehr.

Die Verwaltungsspitze der Stadt hat die Aufgabe eines strategischen Projektcontrollings übernommen. Entscheidend ist nicht mehr die Verantwortung für ein Dezernat, sondern die gemeinsame Verantwortung für die Umsetzung der festgelegten Projekte im Rahmen der beschlossenen Strategie. Die Kontrolle über die Verwaltungsführung obliegt nicht mehr alleine der Politik und den Ausschüssen, sondern auch sachkundigen Bürgern, die den Ausschüssen beigeordnet sind. Die Konsequenz: Die einzelnen Dezernenten wachen nicht mehr eifersüchtig über die Budgets ihrer Dezernate, sondern die Verwaltungsspitze sorgt gemeinsam für die Umsetzung der wichtigen Projekte. Die übergreifende Projektstruktur geht vor Dezernatsstruktur.

Vor dem Hintergrund dieser Entwicklung hat sich Sog an der Enne in den letzten 20 Jahren deutlich von der Entwicklung der Kommunen im Umkreis abkoppeln können. Internetrecherche und die Gespräche der Familie Kühn ergaben deshalb auch sehr schnell, aus den drei verschiedenen Standorten, die zur Wahl standen, Sog an der Enne als den idealen Standort für das Unternehmen, aber auch die Familie auszuwählen. Gleich der erste Kontakt zum EAP der Stadt führte innerhalb von 24 Stunden zum Erfolg: Umgehend erhielt man ein interessantes und maßgeschneidertes Angebot sowohl für ein Firmengrundstück als auch für ein geeignetes Mietobjekt als neuen Familienwohnsitz. Vermittelt wurde darüber hinaus eine erste Finanzierungsüberlegung der Stadtsparkasse. Für die Kinder wurde das örtliche Gymnasium vorgeschlagen, das in den Rankings der letzten Jahre immer zu den führenden der Region gehörte. Für Ehefrau Eva stellte die Stadt den Kontakt zu einer potenziellen Partnerin für die Eröffnung einer Physiotherapiepraxis her.

Alle weiteren Schritte vollzogen sich wie im Zeitraffer. Bernd Kühn schaute sich vor Ort das Grundstück an. Sein Eindruck: im höchsten

Maße geeignet. Die Kaufpreiskonditionen entsprachen denen der Wettbewerber. Das angebotene Mietobjekt für die Familie gefiel ebenfalls auf Anhieb. Ein Gespräch mit der Sparkasse über die Firmenfinanzierung ergab einen zusätzlichen Eigenkapitalbedarf. Die Sparkasse vermittelte hierfür aber eine Beteiligung eines örtlichen Unternehmers. Die Gespräche mit diesem Unternehmer zeigten, dass sowohl Konzept, Persönlichkeiten und finanzielle Vorstellung zusammenpassen. Nachdem die Finanzierung gesichert war, reichte Bernd Kühn den Bauantrag für sein Objekt beim Einheitlichen Ansprechpartner der Stadt ein. Nach wenigen Rückfragen lag die Genehmigung innerhalb von vier Wochen vor. In Zusammenarbeit mit dem EAP und der Hochschule sowie der Wirtschaftsförderung der Stadt wurden die benötigten 30 Mitarbeiter angeworben. Kühn, der einige Zeit im Ausland gearbeitet hatte, legte bei der Auswahl der Mitarbeiter Wert darauf, dass mindestens 30 % der neuen Mitarbeiter einen Migrationshintergrund haben. Das Ideen- und Innovationspotenzial aus der multikulturellen Zusammenarbeit war für ihn als international tätigen Unternehmer besonders wichtig. Darüber hinaus möchte er ganz gezielt gerade Migranten mit ihren Talenten fördern.

Bei der Einstellung des neuen Personals verpflichtete der Firmenchef alle Mitarbeiter, insbesondere aber seine Führungskräfte, sich sozial zu engagieren. Bernd Kühn selbst geht in den Aufsichtsrat des örtlichen Krankenhauses und ist Mitglied des Hochschulrates. Ehefrau Eva engagiert sich in einem Komitee für Bedürftige sowie im örtlichen Leichtathletikverein. Alle Mitarbeiter des Unternehmens berichten Unternehmer Kühn regelmäßig über ihre sozialen Aktivitäten und machen Vorschläge über Veränderungen in ihren sozialen Bereichen. Diese Idee des sozialen Engagements wird aber nicht nur im Unternehmen und in der Familie Kühn hoch gehalten, sondern alle Unternehmen der Stadt erwarten dies von ihren Mitarbeitern.

Der EAP hat auch eine altersgerechte Bleibe für die Eltern von Eva gefunden. Die Stadt hat ein Konzept für eine Wohnform bzw. ein Wohnumfeld entwickelt, wo Jung und Alt zusammen leben und sich gegenseitig mit ihren Erfahrungen und Fähigkeiten unterstützen. In diesem Quartier befindet sich vom Kindergarten über Apotheken und Ärzte bis hin zur Pflege alles, was die Menschen in ihren unterschiedlichen Lebenszyklen benötigen. Im Kindergarten helfen die Senioren bei der Kinderbetreuung. Auch durch Nachhilfeunterricht in Schulen geben die Senioren ihr Wissen und ihre Erfahrungen aktiv weiter, egal ob bei der Gestaltung des Unterrichts oder bei der Durchführung der Hausaufgaben. Im Ergebnis sind die Absolventen der Schulen der Stadt Sog an der Enne deutlich besser als die Absolventen anderer Schulen im Bundesland. Die Schulabbrecherquote konnte deutlich gesenkt werden. Die Stadt hat sich frühzeitig gerade um die lernschwachen Schüler gekümmert und diese mit Hilfe der Senioren, aber auch der Unternehmen frühzeitig in die Arbeitswelt integriert. Das Ergebnis: Die Soziallast der Stadt liegt deutlich unter dem Niveau anderer Städte. Langzeitarbeitslose findet man selten. Dadurch wird der Haushalt der Stadt entlastet, zu Gunsten von Projekten und Maßnahmen, die zur weiteren strategischen Entwicklung der Stadt dienen.

So setzt sich Sog an der Enne weiter von seinen handlungsunfähigen Konkurrenten ab und wird gegen den Trend weiter wachsen.

Hans-Jörg Bullinger

Effizienzrevolution, Technologiekonvergenz, Komplexitätsmanagement

„Von den Unsicherheiten der Zukunft hängt ab, wer nicht versteht, in der Gegenwart für die Zukunft zu sorgen."
Seneca

Voraussagen ohne Weissagen

Wir wissen nicht, wie die Welt im Jahre 2050 ausschauen wird. Zwanzig Jahre sind ein viel zu ferner Zeitraum, um abgesicherte Aussagen treffen zu können. Die Zukunftsforschung hat sich zwar in den vergangenen Jahrzehnten erheblich weiterentwickelt, aber auch mit der besten Methodik lässt sich im Jahre 2030 nicht sicher vorhersagen, wie es dereinst wirklich sein wird. Es ist aber nicht so, dass wir gar nichts wissen über künftige Entwicklungen. Es gibt langfristige Trends, die die Zukunft prägen, es gibt vorhersehbare demografische, politische, wirtschaftliche, gesellschaftliche, wissenschaftliche und technische Entwicklungsstränge, die einbezogen werden können in die Berechnungen und Szenarien möglicher „Zukünfte".

Allerdings ist die Trenderkennung eines der schwierigsten Probleme der Wirtschafts- und Sozialwissenschaften. In der globalen Finanz- und Wirtschaftskrise vor zwanzig Jahren haben viele Menschen schmerzlich die Folgen von falschen Prognosen erfahren und sind dennoch wieder auf die nächste Blase Anfang der 20er Jahre hereingefallen. Umgekehrt gehören heute nur die Banken und die Unternehmen zu den Erfolgreichen, die jedes Mal rechtzeitig aus riskanten Geschäften ausgestiegen sind. Das

Managen von Chancen und Risiken ist damals wie heute die große, aber auch schwierigste Aufgabe von Unternehmern und Politikern. Deshalb ist es für Unternehmen und Nationen so wichtig, rechtzeitig technologische und wirtschaftliche Trends zu erkennen.

Das Umfeld der Unternehmen ist heute mehr denn je durch eine steigende Dynamik und eine zunehmende Komplexität und dementsprechend auch durch eine abnehmende Stabilität gekennzeichnet. Die neuen Märkte in Asien wandeln sich sprunghaft und verändern die alten tiefgreifend. Der Innovationsdruck auf die Unternehmen steigt stetig an. Gleichzeitig nehmen die Innovationsrisiken zu. Dies führt schließlich zu einem Innovationsdilemma: Auf der einen Seite werden in immer kürzeren Abständen Innovationen gefordert, auf der anderen Seite nimmt aber das Risiko zu, dass eine Neuheit, ein verändertes Produkt, eine neue Technologie nicht zum wirtschaftlichen Erfolg führen. Wie lässt sich diesem Innovationsdilemma begegnen? Die Antwort darauf lautet: Wissen managen!

Innovationsrisiken sind im Wesentlichen durch Unsicherheiten begründet. Viele Unternehmen wären mit dem Wissen von heute sicherlich vor einigen Jahren zu anderen Entscheidungen gelangt. Leider ist es aber so, dass das gesamte Wissen, welches für eine sichere, risikolose Innovationsentscheidung notwendig wäre, zum Zeitpunkt der Entscheidung nur ansatzweise vorliegt – beispielsweise in Form von Szenarien, Studien und Trenduntersuchungen – und mit großen Unsicherheiten verbunden ist.

Wir können die Zukunft nicht kennen – und müssen uns doch auf sie vorbereiten. Wie kann man Trends frühzeitig und zielsicher erkennen? Eine bewährte Methode der Zukunftsforschung wurde nach dem Orakel von Delphi benannt. Im antiken Griechenland weissagte die Priesterin Pythia im Tempel von Delphi den Ratsuchenden. Häufig waren die Prophezeiungen kryptisch und schwer zu interpretieren. Ganz anders die Delphi-Studien, die Ende des vergangenen Jahrhunderts ihre Blütezeit hatten. Sie sind aufwändig und basieren auf einem systematischen, mehrstufigen Befragungsverfahren mit Rückkopplung. Ziel ist es, künftige Forschungsfragen, Trends oder neue technische Entwicklungen besser einschätzen zu können.

1993 erstellten die Forscher des Fraunhofer-Instituts für System- und Innovationsforschung ISI die erste Delphi-Studie für das Bundesforschungsministerium. Methodisch orientierte sich die Studie an der fünften japanischen Delphi-Studie; ein deutsch-japanischer Vergleich schloss sich an. In Delphi '98 wurden die Daten aktualisiert und insbesondere „typisch deutsche" Themen zur Diskussion gestellt. Nach methodischen Weiterentwicklungen wurde 2015 noch einmal eine umfassende Delphi-Studie als Online-Befragung durchgeführt, seit 2020 gibt es ein Panel von weltweiten Delphi-Experten, die in einem kontinuierlichen Kommunikations- und Bewertungsprozess eingebunden sind.

Doch auch bei diesen Einschätzungen handelt es sich nicht um objektive Aussagen – Basis kann immer nur die subjektive Einschätzung von Menschen sein, die trotz aller Expertise zwar über einen weiten, letztlich aber begrenzten Horizont verfügen. Sie mögen zahlreiche Erfahrungen mit bisherigen Entwicklungen auswerten und Analogien bilden, sie werden aber nie das Neue vorher wissen können. Auch Szenarien bleiben allen Bemühungen zum Trotz der Gegenwart verhaftet. Wir wissen mehr als alle Generationen zuvor und können uns dennoch immer weniger orientieren. Dies zeigt eine der Paradoxien der Moderne: Wir sind heute von einer Fülle an strategischen Optionen umgeben, die es so niemals zuvor gegeben hat, und gleichzeitig wachsen die damit verbundenen Unsicherheiten.

Aus der Innovationsforschung wissen wir nämlich, dass sich nicht immer die technisch beste Lösung durchsetzt und dass es Jahrzehnte dauern kann, bis eine Erfindung wirtschaftlich genutzt werden kann. Nur wenn aus den Entdeckern oder Erfindern durchsetzungsstarke Innovatoren werden, die eine überzeugende Produktidee entwerfen und finanzielle und politische Partner gewinnen, geht der Innovationsprozess weiter. Und selbst dann hängt der Durchbruch am Markt von Faktoren wie Design, Preis, Gewohnheiten, Mode und Konkurrenzprodukten ab. Letztlich sind es die Verbraucher, die bestimmen, ob eine Innovation angenommen wird. Und gerade das Verbraucherverhalten ist die große Unbekannte, die Trendvorhersagen so schwierig macht.

Innovationen verlangen den Beteiligten in Politik, Wirtschaft und Gesellschaft sehr viel Veränderungsbereitschaft ab. Oft wird ein neues Verhalten erforderlich, für das es noch keine erprobten Verhaltensmuster gibt. So war vor zwanzig Jahren nicht erkennbar, ob die Menschen in Deutschland für den Aufbruch in ein „grünes Zeitalter" bereit sind. Viele Menschen befürchteten Einschränkungen an Lebensqualität. Heute scheint es unvorstellbar, dass es damals erlaubt war, die Innenstädte mit Schadstoffen aus Autos, Industrieanlagen und Wohnungsbrand zu belasten. Ähnlich merkwürdig kommt es uns heute vor, welche Mengen an Fleisch die Menschen damals verzehrten.

Die Unvorhersehbarkeit der Zukunft ist aber auch ein Trost, denn das gibt uns die Möglichkeit, die Zukunft so zu gestalten, wie wir sie uns wünschen. Wir müssen uns allerdings der Komplexität der Entwicklungen bewusst sein und entsprechend vielseitige Reaktionspotenziale aufbauen. Wenn wir also die Zukunft nicht wirklich kennen, bleibt uns nur die Wahl, uns im Dreiklang von möglichen, wahrscheinlichen und wünschenswerten Entwicklungen zu bewegen.

Herausforderungen an die Forschung

Wenn wir die globalen Herausforderungen auf ihre technologische Relevanz und ihre Bedeutung für die Forschung und Entwicklung hin untersuchen, können wir heute fünf Themenfelder identifizieren:

Gesundheit: Prävention und regenerative Medizin

Die fortschreitende Aufklärung der biologischen Prozesse des Alterns und der Entwicklung des Gehirns im Verlauf des Lebens hat die Grundlagen für eine präventive und individuell ausgerichtete Medizin geschaffen. Wesentliche Treiber sind funktionelle Genomik und Proteomik, aber auch Biochips und Nanotechnologie. Unterstützt durch Gesundheitsmonitoring kann sich der Patient eigenverantwortlich um die Erhaltung seiner Gesundheit kümmern und den individuellen Alterungsprozess beeinflussen. Ziel ist es, Krankheiten zu verhindern, anstatt sie heilen zu müssen. Reparaturmechanismen auf molekularer Ebene werden therapeutisch genutzt, um die Funktion von Geweben und Organen wiederherzustellen. Durch den Klimawandel haben sich Insekten und Krankheiten in Deutschland verbreitet, die es früher hier nicht gab.

Neue technische und organisatorische Strukturen ermöglichen die nahtlose, integrierte und individuelle Patientenversorgung bei Prävention, Diagnose, Therapie und Pflege. Mit Hilfe von Telemedizin und Ambient-Assistent-Living-Lösungen wird eine weitgehend selbstständige Lebensführung älterer oder hilfsbedürftiger Menschen möglich. E-Healthcare hat eine technologische Revolution im Gesundheitswesen ausgelöst, die sämtliche Beteiligte dabei unterstützt, ihre Dienstleistungen effizienter und effektiver zu machen.

Energie: regenerativ und effektiv

Der Umbruch bei Energieverbrauch, -umwandlung, -speicherung und -verteilung in den vergangenen dreißig Jahren hat dazu geführt, dass heute in Deutschland Sonnen- und Windenergie sowie Energie aus nachwachsenden Rohstoffen fast 35 % des Endenergiebedarfs decken, beim Strom wird die 50-%-Marke deutlich überschritten. Große Windparks in der Nordsee und riesige Solarkraftwerke in Nordafrika und Südeuropa und weltumspannende supraleitende Stromnetze sind die Stützen der Stromversorgung.

Im Jahr 2050 wird mit 56 % mehr als die Hälfte der Endenergie durch erneuerbare Energie bereitgestellt werden. Zur Jahrhundertmitte werden demzufolge nur noch 36 % der im Jahr 2009 eingesetzten fossilen Primärenergie benötigt. Diese Verlagerung auf regenerative Energiequellen ging einher mit einer Effizienzrevolution bei der Beleuchtung durch LED und

OLED, im Baubereich durch Nullheizenergiekonzepte und die energetische Sanierung der Altbauten sowie durch die Umstellung aller wirtschaftlichen Aktivitäten auf energiesparende Prozesse. Intelligente Netze, optimiertes Energiemanagement, neue Speicher ermöglichen die intensive Nutzung regenerativer Energien. Diese Maßnahmen tragen entscheidend zum Klimaschutz und zu einer sicheren Energieversorgung bei, die in den Ölkrisen der 10er und 20er Jahre gefährdet schien.

Sicherheit: Schutz für Gesellschaft und Wirtschaft

Sicherheit der Bürger, Sicherheit der Datennetze, Sicherheit der Infrastrukturen – das sind weltweit die großen Herausforderungen der nächsten Jahrzehnte. Der internationale Terrorismus ist zum globalen Problem geworden und macht auch vor Deutschland nicht halt. Die großen Investitionen in umfassende Sicherheitsinfrastrukturen und Überwachungssysteme der vergangenen Jahrzehnte konnten die Gefährdungen zwar eindämmen, aber nicht ausschließen. Dank Quantenkryptographie und biometrischer Authentifizierung sind wichtige Fortschritte im Electronic Business erzielt worden.

Aufgabe der Sicherheitsforschung ist es, Methoden, Verfahren und Technologien zu entwickeln, welche den Aufbau einer widerstandsfähigen, fehlertoleranten und robusten Infrastruktur ermöglichen, ohne den Schutz der Privatsphäre völlig aufzugeben. Vor zwanzig Jahren hätten sich viele Menschen in Deutschland nicht vorstellen können, zu welch lückenloser Überwachung sie heute ihre Zustimmung geben, weil sie sich selbst immer direkter durch kriminelle und terroristische Angriffe bedroht fühlen.

Mobilität: schnelle, sichere, vernetzte Verkehrsysteme

Der weltumspannende Verkehr von Menschen und Gütern hat in den vergangenen Jahrzehnten massive Veränderungen erfahren. Leitziel sind heute umweltfreundliche, sichere und vernetzte Verkehrssysteme. Mit Hilfe von RFID und informationstechnischen Verkehrsinfrastrukturen ist eine weitgehende Integration der verschiedenen Verkehrssysteme Bahn, Flugzeug, Auto, Elektoroller und -rad möglich. Reisende erhalten jederzeit Informationen über den schnellsten oder kostengünstigsten Weg zu ihrem Ziel und können nahtlos umsteigen. Im Internet der Dinge suchen auch die Güter selbst ihren Weg zum Kunden. Die weltweit vernetzte Logistik ermöglicht, Waren an einem – fast – beliebigen Ort der Welt zu produzieren und zu einem beliebigen Zeitpunkt an jeden Ort zu liefern. Viele Produkte werden nur elektronisch versandt, individuell angepasst und auf einem Personal Fabricator zuhause oder in lokalen Fabricator-Shops gefertigt.

Seit den 10er Jahren wurde der Elektroantrieb massiv gefördert. Schon im Jahr 2020 fuhren auf Deutschlands Straßen mehr als 1 Million Elektrofahrzeuge. Heute sind über 50 % der Neufahrzeuge mit Elektroantrieb ausgestattet. Mit neuen Fahrzeugkonzepten sind auch neue Carsharing- und Mietmodelle entstanden. Bis 2050 könnte der Stadtverkehr in Deutschland sogar überwiegend ohne fossile Brennstoffe auskommen.

Kommunikation: leistungsfähige, intelligente und multifunktionale Netze

In jedem Bereich des Alltags- und Arbeitslebens unterstützen Informations- und Kommunikationssysteme die Menschen und sorgen dafür, dass Abläufe vereinfacht, Prozesse beschleunigt und Entscheidungen auf der Basis umfassender Informationen getroffen werden können. Eingebettete Systeme machen Produkte intelligent, verleihen ihnen neue Produkteigenschaften und ermöglichen intelligente Prozesse. Dadurch können Maschinen und Systeme miteinander kommunizieren. Wir haben sogar in einigen Bereichen Symbiosen von Mensch und Maschine, in denen sich menschliche und technische Fähigkeiten nahtlos ergänzen, um bestimmte Zwecke besser zu erreichen. In Mensch-Maschine-Kulturen gilt es nun, die neuen Formen der Verschränkung von menschlichem Handeln und technischen Prozessen zu erproben.

Die Informations- und Kommunikationstechnologien umgeben die Menschen in allen Lebensbereichen mit einer personalisierten, elektronischen Assistenz. Vernetzte Virtualität ist in den Alltag vieler Menschen eingezogen, die ganz selbstverständlich über das Internet zu Gast bei Freunden oder Eltern sind. Besprechungen in einer virtuellen Umgebung wirken sehr realitätsnah. Durch großflächige Computer- und Sensornetze werden Daten zur Verfügung gestellt, die für die Überwachung von Umwelt und Gesundheit, aber auch für Verkehrslogistik oder Tourismusinformationen genutzt werden.

Das Internet 4.0 bietet eine leistungsfähige Basisinfrastruktur für alle digitalen Dienste, Medien und interaktiven Angebote, die auf beliebigen Bildschirmen dargestellt werden. Intelligente, selbstheilende Netze erkennen sicherheitskritische Angriffe selbstständig und ergreifen Maßnahmen, um den reibungslosen Betrieb zu gewährleisten. An Orten ohne feste Infrastrukturen sorgen dynamische, selbstkonfigurierende Ad-hoc-Netze für die Weiterleitung der Informationen.

Inzwischen sind in Deutschland nahezu alle Haushalte an feste oder mobile Hochleistungsdatennetze angeschlossen. Fast alle Personen sind über mobile, persönliche Computer, die zum großen Teil in die Kleidung integriert sind und sich selbst mit Energie versorgen, permanent online. Zu Hause, auf den Straßen, im Büro unterstützen uns unterschiedliche Service-Roboter, die uns in allen Lebenslagen stets zu Diensten sind.

Konvergenztechnologien und Systemforschung

Deutschland konnte die mehrfachen Krisen mit sprunghaftem Anstieg der Kosten von Öl und wirtschaftlich wichtigen Rohstoffen durch die konsequente Entwicklung von Ressourcen-Effizienz-Technologien besser ausgleichen als andere Nationen. Die deutsche Wirtschaft konnte eine führende Rolle in zahlreichen Umwelttechnologien aufbauen. Biotechnologie ist der Schlüssel zur Steigerung der Energie- und Ressourceneffizienz in der industriellen Produktion und der Beseitigung von Umweltschäden. Künftig geht es darum, die Systemkompetenz zu vermarkten.

Die radikalen Innovationen, die unseren Alltag tiefgreifend beeinflusst haben, sind aus der Konvergenz, dem Verschmelzen der klassischen Disziplinen Physik, Chemie und Biologie im Nanobereich entstanden. Auf Basis molekularer bis quanteneffektbezogener Kenntnisse wurde es möglich, die kleinsten Bausteine der Materie zu bearbeiten, zu manipulieren und neu zusammenzusetzen. Die Nanotechnologien ermöglichten erhebliche Fortschritte in zahlreichen Anwendungsgebieten – vom Autobau über die Solarenergie bis zur Medizin. Adaptronische Werkstoffe passen sich selbstständig an ihre Umwelt an, dämpfen Schwingungen und reduzieren Lärm. Smart Materials bringen mit neuen Funktionen Intelligenz in die Werkstoffe. Im Jahrhundert des Photons ist das „gebändigte Licht" zum universellen Werkzeug für das Bearbeiten von Werkstoffen, die Datenspeicherung und -übertragung sowie das ultrapräzise Messen geworden.

Die Bewältigung von Komplexität ist eine der großen technologischen Herausforderungen. Durch Beobachtung, Modellierung und Simulation von Systemen konnten Zugänge zu neuen Anwendungsfeldern eröffnet werden. Virtuelle Systemuntersuchungen und Experimente sind nicht nur für die Hypothesenbildung in komplexe Sachverhalte in physikalischen, chemischen und biologischen, sondern auch in technik- und sozialwissenschaftlichen Forschungsfeldern unerlässlich geworden. So können heute komplexe Phänomene wie Klimaentwicklung, Ökosysteme oder Verkehrsentwicklung besser verstanden werden. Durchbrüche in der medizinischen Diagnostik und Therapie versprechen Modelle, die das Verhalten lebender Zellen oder ganzer Organe simulieren.

Globalisierung, weltweite Vernetzung, Urbanisierung und demografischer Wandel sind mächtige Antriebskräfte im Strukturwandel von der Industrie- zur Wissensgesellschaft. Bildung in Wissenschaft und Technik ist in den vergangenen 20 Jahren zum Erfolg bestimmenden Faktor der führenden Wirtschaftsnationen geworden. Bis zum Jahr 2050 wird sich dieser Trend noch verstärken. Deutschland tut gut daran, sich auf komplexe, wissensbasierte Produkte und Dienstleistungen zu konzentrieren. Die Forschung muss ihrer Verantwortung gegenüber den kommenden Generationen gerecht werden. Denn wir müssen uns in zwanzig Jahren fragen: Werden wird das gewollt haben, was wir heute unvermeidlich mit allen ungeahnten Folgen in die Welt setzen?

(Teile dieses Beitrags sind Auszüge aus den beiden Anfang 2030 erschienenen Publikationen „The Millennium Project: State of the future 2030" und „Hans-Jörg Bullinger: Technologieführer. 6. Auflage".)

Markus Hofmann, Andreas Knie

Ein neues WIR-Gefühl

Es ist der 3. Oktober 2030, 9.23 Uhr. Sehnlich erwarten Masterstudenten für „Nachhaltiges Infrastrukturmanagement" die Preisverleihung. Vier Jahre haben sie sich mit den Chancen und Herausforderungen einer integrierten Infrastrukturpolitik auseinandergesetzt und interdisziplinär Lösungsmöglichkeiten entwickelt. Heute werden ihre Abschlussarbeiten auf dem 20. Europäischen Infrastrukturgipfel präsentiert und zwei davon von einer internationalen Jury prämiert. Das Zusammentreffen mit dem Gedenken an die friedliche Revolution in der DDR und dem 40. Jahrestag der deutschen Wiedervereinigung verleiht dem diesjährigen, wieder vom Handelsblatt organisierten Kongress ein historisches Moment. Eine entsprechend hochkarätige Besetzung aus Politik, Wirtschaft und Wissenschaft stellt sich heute den Ideen der Nachwuchsakademiker. „Die Zukunft der Infrastruktur 2050" lautet das Thema, das von den Absolventen mit einer kritischen Analyse der vergangenen Jahrzehnte verbunden werden soll. Die beiden zur Prämierung ausgewählten Arbeiten zeichnen durchdachte politische und wirtschaftliche Perspektiven für eine nachhaltige Entwicklung der Verkehrsinfrastruktur und innovative Geschäftsmodelle für eine „Intelligente Infrastruktur" und bieten Stoff für angeregte Zukunftsdiskussionen über das Jahr 2030 hinaus. Solche vorausschauende Betrachtungen sind wichtig, denn Bevölkerungsentwicklung und Nachfragemuster für Infrastruktur sind für Jahrzehnte im Voraus absehbar, und jede Investitionsentscheidung in Infrastruktur bestimmt über Lebensbedingungen, Klimaveränderungen und finanzielle Belastungen für nachfolgende Generationen.

Im Jahr 2020 unterschritt die Gesamtbevölkerung in Deutschland erstmals die magische Grenze von 80 Millionen. Heute, im Jahr 2030, leben in der Bundesrepublik rund 77 Mio. Einwohner, von denen 41 % über 60 Jahre und etwa 17 % unter 20 Jahre alt sind. Die Bevölkerung ist räumlich stark auf wenige Wirtschaftsräume konzentriert; ländliche Gebiete, nicht nur in weiten Teilen Ostdeutschlands, sondern auch in Regionen wie dem Bayerischen Wald, dem Hunsrück und den Küstengebieten sind strukturell überaltert und systematisch entleert. Dort entstehen dünn besiedelte Landschaften, in denen der Altersdurchschnitt dramatisch ansteigt und, ganz anders als zum Beispiel in Baden-Baden als etabliertem Alterssitz für Wohlhabende, das verfügbare Haushaltseinkommen deutlich unter dem Bundesdurchschnitt liegt. 2030 sind die Deutschen weniger, älter und ärmer geworden.

Die Globalisierung der Warenströme, die Liberalisierung der Märkte und die zentrale Lage Deutschlands in Europa haben zu einem weiter steigenden Verkehrsaufkommen im Güterverkehr von rund 1.100 Mrd. Tonnenkilometern im Jahr und einer insgesamt stagnierenden, regional teils stark rückläufigen aber auch steigenden Nachfrageentwicklung im Personenverkehr von rund 1.000 Mrd. Personenkilometern im Jahr geführt. Die steigende Diskrepanz zwischen der lokalen Verkehrsnachfrage und der vorhandenen Infrastruktur bildet ein wachsendes Spannungsfeld für die öffentliche Hand und die Infrastrukturbetreiber. Sinkenden Einwohnerzahlen und Steuereinnahmen stehen proportional ansteigende Sozialausgaben und Infrastruktur-Fixkosten für den gewohnten Versorgungsstandard gegenüber. Aufgrund des zunehmenden Alters der Infrastruktur steigen Instandhaltungsaufwendungen und Investitionsbedarf, wobei abgängige Technik durch effizientere Systeme mit dem jeweiligen Bedarf angepasster Technologie ersetzt wird. Die rund 1.200 Bahnhofsgebäude sind im Schnitt über 100 Jahre alt, die bundesweit rund 40.000 Straßen- und Eisenbahnbrücken sind größtenteils älter als 70 Jahre. Durch die Gleichzeitigkeit von Schrumpfung in kontrahierenden Peripherieregionen und Wachstum in expansiven Regionen tritt ein neuartiges ökonomisches Phänomen in Erscheinung, die regionale „Sättigung" mit Infrastruktur. Nach Jahren des Aus- und Neubaus von Infrastruktur besitzt 2030 das vorausschauende Bestandsmanagement Vorrang.

Seit Beginn des 21. Jahrhunderts hat sich die Infrastruktur, diese kapitalintensive Schlüsselbranche moderner Volkswirtschaften, vom vernachlässigten „Aschenputteldasein" der meist unsichtbaren, aber „selbstverständlichen" Infrastrukturen zum zentralen Nervensystem der Wirtschaft und Maßstab für nachhaltige Lebensqualität in der postindustriellen Dienstleistungsgesellschaft gewandelt. In einer alternden Gesellschaft wie unserer ist eine funktionale und seniorengerechte Infrastruktur Garant für Mobilität und Teilhabe am öffentlichen Leben. Die Betreiber von netzgebundener Infrastruktur wie Straßen- und Schienennetzen, Telekommunikations- und Energienetzen sowie Wasserversorgungs- und Entsorgungsnetzen in Deutschland verantworten ein Anlagevermögen mit einem um die Jahrtausendwende auf über 2.000 Mrd. Euro geschätzten Wert. Seither wurden bundesweit privat wie öffentlich ca. 900 Mrd. Euro in Infrastruktur-Netze investiert. Trotzdem lagen die Infrastruktur-Investitionen deutlich unter dem Niveau vergleichbarer Staaten, insbesondere im Schienenverkehr. Der von der OECD prognostizierte Investitionsbedarf für Infrastruktur von rund 3,5 Prozent des BIP p. a. wird bis heute nicht erreicht. Infrastrukturentwicklung ist dabei nie Selbstzweck, sondern Grundlage für modernes Leben in Verantwortung gegenüber Eigentümern, Nutzern und der Umwelt.

Der Studiengang „Nachhaltiges Infrastrukturmanagement" für Verkehr, Stadtentwicklung, Energieversorgung und ITK an der TU Berlin ist ein Beitrag zur zukunftsfesten Gestaltung von Infrastrukturentwicklung. Die im Folgenden vorgestellten Auszüge aus den beiden besten Masterarbeiten des Jahrgangs 2030 illustrieren die wesentlichen Weichenstellungen für den Paradigmenwechsel von der staatlich geprägten „Build-and-Supply"-Mentalität zum nachfrage- und ganzheitlichen Management von Infrastruktur-Dienstleistungsunternehmen.

„Evolution einer supranationalen Verkehrspolitik und einer integrierten regionalen Infrastrukturentwicklung"

So lautete das Thema von Thomas Mars, einem ambitionierten Verkehrswissenschaftler aus Sachsen: Nach dem Wiederaufbau der 1950er bis 1970er Jahre folgte im Verkehrssektor eine Qualitätssteigerung zum Beispiel durch den Ausbau von Hochgeschwindigkeitsstrecken, die Verdichtung des Autobahnnetzes sowie von Nahverkehrssystemen und Umgehungsstraßen. Die 1990er bis 2010er Jahre wurden durch Aufbau-Ost-Investitionen wie die „Verkehrsprojekte Deutsche Einheit" dominiert, die recht pragmatisch entschieden und umgesetzt wurden. Zunehmend wurden Verkehrsplanungen auch durch den Gestaltungsanspruch der EU und internationale Rahmenbedingungen vorgegeben. Da fast 75 % der Gütertransporte grenzüberschreitend abgewickelt wurden, stieß jede nationale Verkehrsplanung sowohl an nationale wie konzeptionelle und technische Grenzen. Mit dem TEN-Programm der EU-Kommission für transeuropäische Netze, sowie internationalen Projekten wie dem Gotthard-Basistunnel (Neue Eisenbahn-Alpentransversale, kurz NEAT, 2018) und der Fehmarnbelt-Brücke (2021) sowie dem ETCS-(European Train Control System)-Standard wurden europaweit im Schienenverkehr Meilensteine gesetzt, denen die nationale Verkehrspolitik folgen musste. Was lag also näher als der Ruf nach einer integrierten europäischen Verkehrspolitik? Die Selbstlähmung der nationalen und föderalen Verwaltungen führte vermehrt zu Fehlplanungen von Verkehrsinvestitionen in Milliardenhöhe und erforderte einen verkehrsträgerübergreifenden Befreiungsschlag mit europäischer Dimension.

Für die deutschen Verkehrsinfrastruktur-Vorhaben, die 2003 mit ca. 150 Mrd. Euro Investitionsbedarf im Verkehrswegeplan angemeldet waren, fehlte eine objektive systemübergreifende Opportunitäts- und Nutzenbewertung. Spätestens mit der Konsolidierungspolitik der öffentlichen Haushalte nach 2012 erwies sich der von Partikularinteressen dominierte Bundesverkehrswegeplan als weder schlüssig noch finanzierbar. Angesichts des erwarteten Nachfragewachstums bis 2025 drohte ein akuter Verkehrsinfarkt auf Straßen und Schiene. Das Verkehrsministerium, das jährlich etwa 10 bis 12 Mrd. Euro in Verkehrsprojekte investierte, benötigte ein tragfähiges Infrastrukturkonzept, das unter Berücksichtigung der jeweiligen Systemstärken den veränderten Mobilitätsbedarf, die wachsenden Transportvolumina und die politischen Zielsetzungen einer nachhaltigen und klimaentlastenden Verkehrspolitik berücksichtigte. Erklärtes Ziel der Bundesregierung war, etwa 25 % des Güterverkehrs und 15 % des Personenverkehrs auf die Schiene zu verlagern. Eine fraktionsübergreifende Abgeordneteninitiative für Nachhaltigkeit, die „Wartburg Connection“, benannt nach dem reformationsträchtigen Ort ihrer ersten Zusammenkunft, schaffte mit einem Grand Design für den Wirtschaftsstandort Deutschland als Teil einer Europäischen Zukunftsperspektive die Grundlage für ein „Nachhaltiges Verkehrskonzept 2050“. Die daraus hervorgegangene „Wartburg-Kommission“ entwickelte dann nach einem internationalen Benchmark mit den skandinavischen Ländern und der Schweiz konkrete Handlungsprämissen und einen Masterplan, der 2015 von Bundestag und Bundesrat zur verbindlichen Leitlinie der Verkehrs- und Investitionspolitik des Bundes und der Länder erhoben wurde:

1. Integrierte Verkehrsplanung für Straße, Schiene, Luft und Wasser in einem übergreifenden Verkehrs-Masterplan.
2. Repriorisierung aller geplanten Verkehrsprojekte nach langfristigen Verkehrs- und Umwelteffekten, langfristiger Wirtschaftlichkeit und gesellschaftlichem Gesamtnutzen.
3. Subsidiäre Zuständigkeit und unternehmerische Ergebnisverantwortung für Infrastruktur-Entwicklung auf drei Ebenen: Internationale Projekte mit EU-Beteiligung, national priorisierte Maßnahmen sowie Maßnahmen in den bundeslandübergreifenden Wirtschafts- und Infrastrukturentwicklungs-Räumen, kurz „WIR“ genannt.
4. Beschleunigte Umsetzung von Maßnahmen durch die Kopplung von Entscheidungen für Infrastrukturentwicklung an verbindliche Finan-

zierungspläne nach dem Konnexitätsprinzip, zum Beispiel durch Sonderhaushalte, die keinen konjunkturellen Schwankungen oder tagespolitischen Interessen unterliegen.

Der konzeptionelle Neuanfang für eine nationale Infrastrukturpolitik wurde bundesweit positiv aufgenommen und nach der 3. Föderalismusreform wurden acht Wirtschafts- und Infrastrukturentwicklungs-Räume (WIR) gebildet. Die Ausweitung von langfristigen Leistungs- und Finanzierungsvereinbarungen (LuFV) mit definierten Qualitäts- und Leistungsstandards für Instandhaltung der Infrastrukturen von Schiene, Straße und Wasser sowie der Häfen und Flughäfen mit öffentlicher Beteiligung wurde von Bund und Ländern umgehend umgesetzt. Statt jährlicher Pokerrunden um Einzelmaßnahmen wurde in einer überparteilichen Bundestagsinitiative das Gesetz zur „Infrastrukturentwicklung 2030“ verabschiedet und mit einem Sonderhaushalt, dem „Infrastruktur-Zukunftsfond“, hinterlegt. Für das dringend benötigte Wachstums- und Qualitätsprogramm waren die Mittel zur sofortigen Umsetzung freigegeben und die erwarteten Privatisierungserlöse der DB Mobility&Logistics AG zur Gegenfinanzierung reserviert worden. Aus heutiger Perspektive hat sich diese vorausschauende Weichenstellung durch den Gesetzgeber für den Wirtschaftsstandort Deutschland in den finanzwirtschaftlich schwierigen Jahren bewährt. 2020 wurde der integrierte Infrastrukturplanungsprozess EU-weit übernommen, in Polen und Frankreich erst 2023, und ein EU-Masterplan 2040 für Infrastruktur erstellt, der von Island bis in die Türkei reicht.

Wesentlicher Erfolgsfaktor für Infrastruktur-Ausbaumaßnahmen ist die gesellschaftliche Akzeptanz durch Infrastruktur-Nutzer, Stakeholder und Anwohner. Deshalb wurden die geplanten Investitions- und Baumaßnahmen gebündelt und in einer bundesweiten Informationskampagne – „Kraftakt 2030“ genannt – mit regionalen Schwerpunkten präsentiert. Gleichzeitig wurde im Schienenverkehr entschieden, den CO_2-freien Anteil am Traktionsstrom zu erhöhen, die Elektrifizierung weiter voranzutreiben und die Lärmbeeinträchtigung durch zusätzliche Maßnahmen an Infrastruktur und Fahrzeugen deutlich zu reduzieren. Innovative Antriebstechnologien wie Brennstoffzellen und Radnabenmotoren, Flüster-Drehgestelle und Bremsen mit Nanobeschichtung, lärmdämmender Schotter und leistungsverstärkte Schallabsorber bewirkten eine Reduktion um bis zu 12 Dezibel direkter Lärmemission von Schienenfahrzeugen und Fahrweg unter die verschärften Nacht-Grenzwerte. Das Bürgerinteresse an den Maßnahmen zur Infrastrukturentwicklung, die physisch wie finanziell Tatsachen für Dekaden schaffen und den eigenen Vorgarten betreffen können, ist verständlich. Die Beteiligung an Informationsveranstaltungen, Bürgerforen und Ideenwettbewerben zum „Kraftakt 2030“ war entsprechend hoch.

Im Rahmen dieses Politikwechsels wurden in allen Bundesländern die Kompetenzen und Budgets für Verkehr, Raum- und Stadtentwicklung sowie Umwelt in Infrastrukturministerien gebündelt. Die durch die Schuldenbremse reduzierten Investitionsmittel der Länder werden seit 2020 aus einem „Nationalen Infrastruktur Zukunftsfond" nach transparenten Kriterien durch Bundesmittel für Infrastruktur- und Regionalentwicklung aufgestockt, was zu einem lebhaften Wettbewerb unter den Ländern um Standort- und Lebensqualität geführt hat. Im Auftrag des analog gegründeten Bundesministeriums für Infrastruktur, Verkehr und Umwelt hatte die DB Infrastruktur unter Einbeziehung der Netze privater Schienennetzbetreiber ein kapazitätsoptimiertes Zielnetz 2030 mit einer nachfragegemäßen Angebotsstruktur für Güter- und Personenverkehr entwickelt. Darin enthalten waren neben den internationalen Magistralen im Fern- und Ballungsnetz, den neu ausgebauten Nord-Süd-Achsen und den Ost-West-Verbindungen auch mit den Ländern abgestimmte regionale Verkehrskonzepte und der gezielte Ausbau von Netzknoten und S-Bahn-Systemen. Die Hochgeschwindigkeitsstrecken sind auf ca. 1.900 km ausgebaut, die Reisezeit Berlin-München beträgt nur noch 4 Stunden, für die Strecken Frankfurt-Zürich und Frankfurt-Paris jeweils nur noch rund 3 Stunden. Darüber hinaus wurden Schwerlaststrecken für Zuglängen bis 1.200 Meter ausgebaut und für eine Achslast bis zu 30 Tonnen ertüchtigt. Heute werden die internationalen Fahrpläne von einer europäischen Netzleitstelle geführt, die tagtäglich mit den regionalen Netzleitzentralen eng zusammenarbeitet.

Gegenläufig zur Bevölkerungsentwicklung kann nur durch Marktanteilsgewinne vom Individualverkehr (Pkw) eine dauerhafte Auslastungssteigerung der Schienen-Infrastruktur erfolgen. Dies setzt aber erfahrungsgemäß eine Verbesserung des Produkt- und Fahrplanangebotes, eine wettbewerbsfähige Tarifgestaltung und besonders im Nahverkehr bedarfsgerecht gelegene und kundenfreundlich gestaltete Bahnhöfe voraus. Eine Hochrechnung für das in seinen Grundzügen um 1845 von Friedrich List entworfene deutsche Schienennetz zeigte, dass durch Verlegung von etwa 400 Haltepunkten an die aktuellen Siedlungsschwerpunkte die Nachfrage für das System Bahn nachhaltig gesteigert werden könne. Im Rahmen einer „Stationsoffensive 2025" wurden mit den Aufgabenträgern der WIR Investitionsprogramme zur Verkehrs- und Stadtentwicklung verabschiedet. Ziel war die langfristige Qualitäts- und Nachfragesteigerung und die bedarfsgerechte Anpassung von Verkehrsstationen. In Städten mit mehr als 20.000 Einwohnern wurde nach diesem Konzept ein „über den Gleisen schwebender Zukunftsbahnhof" realisiert, mit einem transparent gestalteten Empfangsgebäude. Der Stationsgast wird von virtuellen Mitarbeitern persönlich begrüßt und erhält maßgeschneiderte Convenience-Angebote. So entstand eine moderne „Krämerbrücke" in Erfurter Tradition. Die Zugänge zu Gleisanlagen sowie integrierten Bus- oder Straßenbahnhaltespuren und Parkflächen sind für die wachsende Zahl von Senioren und mobilitätseingeschränkten Personen barrierefrei gestaltet, und sprechende Assistenz-Roboter, sogenannte „Mobilissen", stehen als Auskunft, Gepäckträger und Einstiegshelfer bereit. Der Zukunftsbahnhof verwendet erneuerbare Energien zur Klimatisierung und die Bahnsteige werden durch Erdwärme eisfrei gehalten. Bei entsprechender Flächennachfrage in Ballungszentren können über dem als Stahlträgerkonstruktion konzipierten Bahnhof bis zu vier Etagen aufgestockt werden. So lässt sich der ungenutzte Luftraum über den Gleisen kommerziell als Mietfläche für Büros, Hotels oder andere gewerbliche Nutzung wertsteigernd erschließen. Für Stationen in der Peripherie wurden Fertigmodule entwickelt, die bei Veränderung der Nachfrage auch an anderen Orten wiederverwendet werden können. Ebenso konnten durch selektiven Rückbau oder Umnutzung überdimensionierter Stationsgebäude die fixen Unterhaltslasten gesenkt werden. Solche Bahnhöfe eignen sich neben ihrer Kernfunktion als intermodale Verkehrsdrehscheibe besonders für Begegnungszentren, Touristeninformationen oder Heimatmuseen. Bürger und Kommunen, die ein Nutzungskonzept vorlegen, besitzen ein Vorkaufsrecht und werden gefördert. Steigende Kundenzahlen, Verkehrsdichte und Erlöse als Folge machen bisher unrentable Nebenstrecken attraktiv.

Im Straßenverkehr ist heute EU-weit Nutzerfinanzierung durch Roadpricing selbstverständlich, einschließlich einer Pkw-Maut. Nach umweltmotivierten Pilotversuchen in Ballungsgebieten wie Berlin, München und Hamburg wurde bei einem Pkw-Bestand von ca. 50 Mio. Fahrzeugen trotz Protesten der Verbände deren flächendeckende Einführung auf Autobahnen beschlossen. Oldtimer sind als rollendes Kulturgut von der Maut befreit. Von den Verkehrsteilnehmern ist die Maut seit der Einführung von kundenfreundlichen Base- und Premium-Flatrates sowie der mautabhängigen Höchstgeschwindigkeit inzwischen auch als umweltfreundlich und sozial ausgewogen akzeptiert. Denn wer mehr zahlt, darf schneller fahren. 2020 erfolgte die Maut-Erweiterung auf Bundesstraßen, was den leichten Rückgang der Pkw-Gesamtverkehrsleistung forcierte. Die Personenkilometer sind kaum gesunken, da die Auslastung pro Fahrzeug erfreulich angestiegen ist. Auch Autobahnen sind mit intelligenten Komponenten ausgerüstet, die eine Kommunikation „car to car" und „car to roadside" unterstützen. Statt im Stau zu stehen, werden Pkw bei zunehmender Verkehrsdichte in virtuellen Konvois gebündelt und durch Verkehrsleitrechner geführt. Der Fahrzeugdurchsatz ist erheblich gesteigert und die Unfallhäufigkeit stetig verringert worden.

Der länderübergreifende „Infrastruktur-Zukunftsfond", der überwiegend aus dem jährlichen Mautaufkommen von ca. 25 Mrd. Euro gespeist wird, hat inzwischen die Regionalisierungsmittel des Bundes für den Nahverkehr und das Gemeindeverkehrsfinanzierungsgesetz (GVFG) abgelöst. Für das Schienennetz wurde der Anteil der Nutzerfinanzierung durch differenzierte Preismodelle nach Qualität, Tonnage und Umweltstandards gesteigert. Im Sinne eines integrierten Infrastrukturmanagements für Landverkehr hatte die Bundesregierung mit der Infrastrukturministerkonferenz der Länder 2020 die Zusammenlegung von Bundesstraßenamt mit den Landesstraßenbauämtern beschlossen. Sie wurden nach dem Vorbild des seit zehn Jahren bewährten schwedischen „Trafikverket" mit der unternehmerisch geführten DB Infrastruktur verschmolzen. So entstand die Deutsche Infrastruktur Gesellschaft (DIG) als Wirtschaftsunternehmen im Eigentum des Bundes mit nationalem Infrastrukturauftrag. Die integrierte strategische Planung im Landverkehr, der Bau und der Betrieb der Infrastruktur aus einer Hand schuf wirtschaftliche Synergien und sorgte durch physische Bündelung von Straßen mit Schienen und auch Strom-Trassen für eine effizientere Flächen- und Energienutzung sowie eine nachhaltige Umwelt- und Kostenentlastung. Der Bürger erhält mehr Infrastruktur für jeden investierten Euro.

Zur Finanzierung von Infrastrukturprojekten werden neben EU- und Bundesmitteln aus dem Nationalen Infrastruktur-Zukunftsfond von der DIG Infrastruktur-Anleihen ausgegeben und geschlossene Infrastrukturfonds aufgelegt, die von den Finanzmärkten als solide Anlageform geschätzt werden. Die Internationalisierung entwickelte sich organisch, als von der EU eine Hochgeschwindigkeitstrasse von Berlin nach St. Petersburg beauftragt und der Betrieb der europäischen Verkehrsleitzentrale ausgeschrieben wurde. Die DIG ist heute Europas größter Infrastrukturdienstleister. Eine Teilprivatisierung der DIG wird immer wieder diskutiert. Eine aktuelle Bewertung der DIG Managementgesellschaft prognostiziert eine attraktive Marktkapitalisierung. Nachhaltiges Infrastrukturmanagement ist eine Frage der ausgewogenen Governance und heute unabhängig von Eigentümerschaft.

Das Wachstum im Luftverkehr hat sich deutlich abgeschwächt, aber ein spürbarer Nachfragerückgang ist vorwiegend bei überdimensionierten Regionalflughäfen erkennbar. Die zunehmende Sensitivität gegenüber Fluglärm hat zu umfangreichen Nachtflugverboten geführt. Der Baltic-Airport Mecklenburg in Parchim hat sich für Passagiere und Fracht zum norddeutschen Drehkreuz nach China entwickelt und verfügt heute über einen Bahnanschluss. Die Flughäfen Fraport und Köln-Bonn platzten aus allen Nähten und es wurde eine verstärkte Verlagerung von Flugverkehrsaufkommen nach „Frankfurt-Hahn" notwendig. Durch eine Schnellbahnanbindung dieses Flughafens sowohl an Frankfurt als auch an Köln als Quellgebiete mit 30 Min. Anreisezeit wurde der einstige Ausweichflughafen aufgewertet. Die Integration des Managements von Bundeswasserstrassen und Hafenbeteiligungen in die DIG erfolgte vor acht Jahren.

Sicherheit für Verkehrsinfrastruktur gewinnt weiter an Bedeutung. Deutschland sind größere Anschläge auf Verkehrssysteme wie in Madrid oder London bisher erspart geblieben. Dennoch sind die Infrastrukturkosten in den Bereichen Luft- und Schienenverkehr durch erhöhte Sicherheitsstandards insbesondere wegen anhaltender Terrorbedrohung und sicherheitsrelevanter Diebstähle und Sachbeschädigung gestiegen. Auch wenn kein hundertprozentiger Schutz möglich ist, wird für ein höchstmögliches Maß an Sicherheit auch unter Nutzung von modernster Technologie Vorsorge getroffen.

Die EU-Kommission fördert die wirtschaftliche Entwicklung der Regionen, so dass der deutsche Einfluss auf die Administration über die WIR-Struktur wirksamer geworden ist. Schließlich haben sich in diesen Wirtschafts- und Infrastrukturentwicklungs-Räumen nach der 3. Föderalismusreform alle Flächenländer und Stadtstaaten, bis auf die bevölkerungsstärksten Länder Bayern und Nordrhein-Westfalen, fest organisiert und zu wirtschaftlich leistungsfähigen Einheiten zusammengeschlossen, um für eine nachhaltige Regionalentwicklung, Infrastruktur und Daseinsvorsorge Verantwortung zu tragen. In einer bundesweiten Volksabstimmung soll im November über die zukünftige Neugliederung in acht deutsche Bundesländer entschieden werden. Nach aktuellen Umfragen können die inzwischen bewährten Wirtschafts- und Infrastrukturentwicklungs-Räume als bürgernahe politische Entscheidungs- und Verwaltungsregionen mit hoher Zustimmung rechnen. Das neue WIR-Gefühl der Bürger wird davon getragen, dass unter Beibehaltung einer hohen Lebensqualität die politischen Entscheidungen in den letzten Jahren für sie transparenter, die Prozesse effektiver und wirtschaftliche Verantwortlichkeiten zum Beispiel durch regional festgelegte Steueranteile im Sinne eines Regelkreises nachvollziehbarer geworden sind.

„Intelligente Infrastruktur – eine digitale Revolution zur Effizienzsteigerung im Verkehrssektor"

Unter dieser Überschrift beleuchtet die begabte Wirtschaftsinformatikerin Lin Chan aus München die Auswirkungen der Konvergenz von Informations- und Kommunikationstechnologie auf den von sehr langen technischen Innovationszyklen geprägten Verkehrs- und Infrastruktursektor. Den Schwerpunkt legt sie dabei auf eine Integration von Netz- und Fahrplanung, automatisierter Betriebsdurchführung sowie vereinfachte Informations- und Buchungsprozesse für intermodalen Transport und Mobilität.

Die Verwendung digital verfügbarer Daten ist für Infrastrukturbetreiber eine wirtschaftliche Notwendigkeit, und für die Kunden sind intelligente Profile und mobile Serviceleistungen ein selbstverständlicher Komfort. Begriffe wie vernetztes Leben und Datenschutz sind neu definiert. Reisen werden über ein persönliches Kommunikations-Assistenzsystem gebucht und nahtlos abgerechnet. Flexibles Umsteigen von Auto auf Zug oder Flug ist europaweit zum besten Tarif möglich. Vertrieb erfolgt im Wettbewerb mit hochinnovativen Playern wie Google, Baidu und IBM. Der Kunde profitiert von Ticket, Platzreservierung, Reiselektüre und -entertainment sowie Anschlussinformation, die er durch seinen Kommunikationsassistenten übermittelt bekommt. Das Trust-Center „iMobile" fungiert als Clearingstelle zwischen verschiedenen Anbietern und hat auch die Maut- und Mobilfunkabrechnung übernommen. Fahrkartenautomaten stehen ausschließlich im Museum. Mobilität ist 2030 flexibler, bunter und teurer geworden.

Für den flächendeckenden Ausbau der UMTS-Nachfolgemobilfunknetze im LTE Standard (Long Term Evolution) haben Vodafone und Telekom eine Funkmasten-Betriebsgesellschaft für Errichtung, Wartung und Betrieb von Antennenstandorten gegründet. Seit 2019 liefert das neue Mobilfunknetz positionsgenaue Mobilitätsprofile der Nutzer von Autos und Zügen, die zur Simulation von intermodalen Verkehrsströmen analysiert und sowohl für Infrastrukturplanung als auch für optimale Fahrplanangebote verwendet werden. In Regionen mit rückläufigem Verkehrsaufkommen sind solche Bewegungsmuster von hoher Bedeutung, um Mobilitätsangebote bedarfsgerecht zu gestalten. Wird die wirtschaftlich erforderliche Reisendenzahl für eine effektive Bündelung in klassischen Nahverkehrszügen nicht mehr erreicht, kommen heute Busse oder fahrerlose Transporteinheiten für 12 bis 20 Passagiere zum Einsatz. Diese „Digitrains" (quasi digitale Draisinen) werden vom Kunden bei Fahrantritt gestartet und über Satellit von einem Netzleitrechner zum gewünschten Zielpunkt geführt. Ferngesteuerte Schienenfahrzeuge wurden seit langem problemlos in Häfen und im Containertransport eingesetzt und werden heute als „Cargo-Cabs" vollautomatisch während der Fahrt zu größeren Verbänden gebündelt. Güterbahnhöfe sind digital gesteuerte intermodale Umschlagterminals zwischen Häfen, Straßen und Schiene. In Deutschland sind 60 dieser Terminals in Betrieb, in denen ganze Frachtzüge automatisiert quer zum Gleis im Stundentakt mit Containern bestückt werden.

Individualisierte dynamische Streckenfahrpläne in Echtzeit ermöglichen eine flexiblere Netznutzung. Durch das ETCS und die seit 2020 funktionssicheren Verkehrsanwendungen mittels Galileo-Satelliten-Navigation konnte dieses Verfahren wirtschaftlich auf das europäische Schienennetz übertragen werden. Dabei werden Positionsmeldungen zur Sicherheit redundant in der Fahrbahn verifiziert. Mit der daraus resultierenden dynamischen Fahrplangestaltung auf ETCS Level 3 konnte die Kapazität im hoch ausgelasteten deutschen Kernnetz bei konstanter Qualität streckenspezifisch um bis zu 25 % gesteigert werden.

Die für rund 6 Mrd. Euro von der EU errichtete Galileo-Satelliten-Infrastruktur verändert aber nicht nur den Schienenverkehr, auch die Logistik- und Automobilbranche nutzen diese europäische Plattform, um Ortung mit intelligenten Anwendungen für ihre Kunden zu verknüpfen. Die Überwachung von Waren und Fahrzeugen mittels RFID-Technologie ist durch zahlreiche M2M-(Machine-to-Machine)-Anwendungen zu einem Echtzeit-Informationssystem für Statusmeldungen, Unfallvermeidung und Energieverbrauchsüberwachung erweitert worden.

EU und Bundesregierung hatten sich bis 2020 ehrgeizige Klimaziele gesetzt: 20 % Reduktion der Treibhausemissionen, Erhöhung der Energieeffizienz um 20 % sowie Steigerung des Anteils an erneuerbaren Energien auf 20 % des Gesamtverbrauches. Diese Klimaziele, insbesondere der Anteil regenerativer Energien und Schadstoffbelastung mit Stickoxiden, wurden bis 2050 verschärft fortgeschrieben. Das neue Ziel für Deutschland entspricht einer Reduktion der CO_2-Emissionen um 40 % und legt den Anteil regenerativer Energien auf 40 % vom Gesamtenergiebedarf fest. Da Deutschland rund 30 % seiner Primärenergie im Verkehrssektor verbraucht, liegt im öffentlichen und privaten Verkehr ein entscheidender energiepolitischer Hebel, der bei Anpassung der entsprechenden Infrastrukturen wirksam genutzt werden kann.

Diese umweltpolitischen Ziele rühren nicht allein aus dem gestiegenen ökologischen Handlungsdruck durch spürbare Effekte des Klimawandels, sondern sind auch eine strategische Reaktion auf die wiederholten Gaskrisen zwischen der russischen Föderation und der Ukraine. Trotz der Fertigstellung der NordStream-Pipeline und der Nabucco-Pipeline kam es wiederholt zu heftigen Marktspekulationen mit Energie, die zu kritischen Versorgungssituationen in der EU führten. Der Rohölpreis beträgt derzeit rund 140 € je Barrel. Trotz gestiegener Treibstoffpreise hat sich individuelle Elektromobilität am Markt zögerlich etabliert; trotz der Fortschritte in der Batterietechnologie in puncto Reichweite und verkürzter Ladezeiten stagniert das Bestandswachstum. Die etwa 2,0 Millionen Elektro-Fahrzeuge werden überwiegend in Firmenflotten genutzt oder als Kurzzeit-Mietwagen in Ballungsgebieten angeboten. Für die Infrastrukturbetreiber haben sich die Investitionen in über 800 Elektrotankstellen noch nicht amortisiert. Die durch e-Mobility erhofften Synergien als Energiespeichermedium wurden wegen hoher Transaktions- und Steuerungskosten nur teilweise realisiert. Die wesentlich energieintensiveren Schienenfahrzeuge werden hingegen als Energiespeicher in den intelligenten Stromnetzen genutzt. Hybrid-Lokomotiven mit Energiespeichern können für mittlere Distanzen, zum Beispiel bei Gleisanschlüssen von Industriebetrieben, ohne Oberleitung auskommen, was Investitionen in Elektrifizierung erübrigt und dennoch den Schadstoffausstoß verringert.

Seit 2025 erhält der Markt durch den serienreifen Wasserstoffantrieb neue Impulse. Ca. 1,5 Millionen Wasserstoff-Hybrid-Fahrzeuge tragen zur Flexibilisierung des Energie-Mixes bei, da sich Wasserstoff in Verbindung mit Brennstoffzellen als das physikalisch überlegene Speichermedium für Energie und damit in Bezug auf Reichweite und Gewicht für den mobilen Einsatz als das effizientere Medium durchgesetzt hat. Prognosen bis 2050 erwarten, dass über 70 % der Pkw und leichten Nutzfahrzeuge mit Wasserstoff-Brennstoffzellen angetrieben werden. Bundesweit wurde ein Netz von 80 Wasserstoff-Speichern aufgebaut und an Autobahn-Raststätten und Bahnhöfen wurden rund 350 Wasserstoff-Tankstellen eingerichtet, die über Pipelines verbunden werden sollen.

Für die entstehende Wasserstoff-Industrie besitzt das gut transportier- und speicherbare Flüssigerdgas (LNG = Liquified Natural Gas) eine Marktöffnungsfunktion. Für den Transport von LNG und später auch Wasserstoff in die Fläche sind nicht leitungsgebundene, private Logistik-Netze entstanden, die das bundesweite Schienennetz als logistisches Rückgrat verwenden. Aufgrund seiner zentralen Lage hat sich der Duisburger Binnenhafen zu einem internationalen Umschlaghafen für LNG und Verteilerknoten für Zentraleuropa entwickelt. Der Infrastrukturbetreiber Duisport ist damit zum Pionier eines dynamischen Zukunftsmarktes geworden. Für den erforderlichen Aufbau einer Wasserstoff-Infrastruktur von Pipelines und Speichern wurde die Mit-Nutzung vorhandener Infrastruktur-Trassen gesetzlich sichergestellt. Ein Konsortium mit norwegischen und indischen Investoren hat hierfür 12 Mrd. Euro an Investitionsmitteln bereitgestellt. Fast 100 Jahre nach der erfolgreichen Kernspaltung sind klassische Atomkraftwerke noch im Einsatz, um den immer langsamer steigenden Strombedarf im Grundlastbereich abzudecken.

Der europäische Energiemarkt 2030 wird geprägt von Flexibilität im Energie-Mix aus fossilen wie regenerativen Energieträgern und Entkopplung von Energieerzeugung und Verbrauch mit dem Ziel der Versorgungssicherheit. Energietransport über große Entfernungen ohne Leistungsverlust, längerfristige Zwischenspeicherung und Umwandlung sind heute eigenständige Wertschöpfungsschritte. Aufgrund der gewachsenen Netzstruktur und des hohen Anlagenalters der Übertragungsnetze waren – nach wiederholten Stromausfällen wie 2005 im Münsterland – Investitionskosten von ca. 40 Mrd. Euro in Übertragungsnetze von der Branche prognostiziert. Aufgrund der Regulierung im Energiemarkt zeigten die Energiekonzerne damals ein restriktives Investitionsverhalten oder verfolgten De-Investment-Strategien. Langfristig galt es, das innerdeutsche „Energie-Nord-Süd-Gefälle" möglichst effizient zu überwinden und eine flexible Versorgung zu sichern.

Zur lastunabhängigen Aufnahme und Abgabe von dezentral erzeugtem Strom wurden die bestehenden Übertragungsnetze der Betreiber zu einem bundesweiten „schlauen" Netz (Smart Grid) zusammengeschlossen. Im Rahmen einer energiepolitischen Intervention der „Europäischen Energieinitiative" wurden die Übertragungsnetze – einschließlich des Bahnstromnetzes – für ein bundesweites Fernstromübertragungsnetz für Höchstspannungs-Gleichstrom-Übertragung ausgebaut und physisch gekoppelt. Dieses nationale Overlay-Netz dient in einem diskriminierungsfreien Übertragungsnetzverbund (ITC Inter Transmission System Compensation) zum Ausgleich von dezentralen Energieangeboten und regionalen Nachfragespitzen. Stadtwerke haben sich überregional in Leistungsverbünden zusammengefunden und nehmen sowohl als dezentrale Energieerzeuger wie als Verteiler auf der letzten Meile eine Schlüsselrolle wahr. Neben der Umsetzung der klimapolitischen Ziele der Bundesregierung wirkt das nationale Übertragungsnetz effizienzsteigernd und es fördert Wettbewerb in allen Teilmärkten der Energie. Es wird seit 2024 unternehmerisch von der DIG geführt und erschloss weitere Synergien und potentielle Erlösquellen, die für den wirtschaftlichen Betrieb aller flächendeckenden Infrastrukturnetze dringend benötigt werden. Ein europäisches Energie-Fernstrom-Übertragungsnetz (Super-Grid) mit internationalen Partnern wie Seatec, Nordel und SwissGrid ermöglicht die Einbindung natürlicher Energiespeicher im Alpenraum und in Skandinavien. Die Durchsetzung einer einheitlichen Preiszone für Deutschland im Übertragungsnetz war die Voraussetzung, um die „preiswerte" Energieerzeugung in Offshore-Parks, Gezeiten- und Windkraftwerken im Norden mit den großen Energieverbrauchern im industriell geprägten Süden wirtschaftlich zu verbinden. Entsprechend gelten heute tageszeit- und lastabhängige Energietarife, die von intelligenten Netzen gesteuert und abgerechnet werden können.

Individuelle Mobilität wächst mit öffentlicher Mobilität zusammen. Wie können 50 Millionen Pkw mit Hilfe moderner ICT-Medien dazu beitragen, die räumlich und zeitlich fragmentierte Mobilität effizient zu bündeln? Die erhöhten Mobilitätskosten sowie die Pkw-Maut haben einen Innovationsschub für Geschäftsmodelle im öffentlichen Individualverkehr ausgelöst und Carsharing-Systemen zu neuer Dynamik verholfen. Dank kundenfreundlicher Lösungen, automatisierter mobiler Buchungssysteme und vernetzter Fahrzeugtechnologie sind neue Betreiber wie „CarBucks" und „CarDate" zu Marktführern individueller Mitfahrsysteme aufgestiegen, die heute 3 % des Personenverkehrsaufkommens bewältigen.

Jeder Fahrer kann unterwegs per Mausklick seine freien Plätze mit zahlungswilligen Kurzzeitgästen auffüllen. Eine leistungsfähige Infrastruktur, die mit den modernen Verkehrsleitzentralen verknüpft ist, arbeitet als Hintergrundsystem, koordiniert Reiseziele und Routen, macht profilspezifische Angebote und optimiert die Reisezeiten. Wegen verringerter Umweltbelastung wird die Maut ermäßigt, iMobility rechnet mit Fahrer und Mitfahrer ab. Dieses „gesicherte Trampen“ mit garantierten Qualitätsstandards entspricht auch einem gestiegenen Sicherheitsbedürfnis der Mitfahrer. Die Versicherungsbranche und soziale Netzwerkbetreiber haben sich auf diese ultraflexiblen mobilen Zielgruppen eingestellt.

Nachhaltigkeit gesichert

Mein persönlicher MindPal, ein digitaler Kommunikationsassistent, der mit meinem Gehirn vernetzt ist, signalisiert mir, dass die Veranstaltung in wenigen Minuten beginnt, und schlägt mir Jurymitglieder vor, mit denen ich mich zum Mittagessen verabreden kann. Durch kurzes Nicken bestätige ich die Vorschläge und betrete das Auditorium, in dem gleich die Holo-Präsentation stattfinden wird. Die Abschlussarbeiten können bei Interesse gerne angefordert werden, die voraussichtliche Lieferung erfolgt im Dezember 2030. Als Juryvorsitzender, der sich seiner Verantwortung in Bezug auf die Ausbildung künftiger Experten bewusst ist, freue ich mich, wieder einen erfolgreichen Jahrgang von „Digital Natives“ zum Studienziel als nachhaltige Infrastrukturmanager gelotst zu haben. Was die Zukunft der Infrastruktur betrifft, ist sie weniger vorausbestimmt, als zu gestalten. Für das „Ziel 2050“ sind die Weichen in der europäischen Infrastruktur gestellt.

Claudia Kemfert

Spät erkannt: Die Ökonomie des Klimaschutzes

Der menschlich verursachte Klimawandel hatte immer größere Ausmaße angenommen und zu einem spürbaren Anstieg der globalen Durchschnittstemperatur und des Meeresspiegels geführt. Extreme Wetterereignisse und Naturkatastrophen hatten zugenommen. Der volkswirtschaftliche Schaden war immer größer geworden.

Daher wurde neben verbindlichen Emissionsminderungsvorgaben in Deutschland und anderen Industriestaaten ein breiter Instrumenten-Mix eingesetzt, der zum einen aus innovativen Technologien und zum anderen aus marktwirt-

schaftlichen Instrumenten wie dem globalen Emissionshandel bestand. Die Kosten der Treibhausgasminderung konnten deutlich gesenkt werden, da die Hauptverursacher des Klimawandels beim raschen Ausbau von CO_2-freien Techniken kooperierten und gemeinsam den Emissionshandel einrichteten. Da im zweiten Jahrzehnt unseres Jahrhunderts ernsthaft mit der Klimaschutzpolitik begonnen wurde, konnten gravierendere Schäden vermieden werden.

Der Weg zum Bewusstseinswandel

Die Emissionen von Treibhausgasen und damit die Treibhausgaskonzentrationen waren in den vergangenen drei Jahrzehnten kontinuierlich gestiegen. Das Intergovernmental Panel of Climate Change (IPCC) hatte schon in seinem Bericht im Jahr 2007 bekräftigt, dass eine Veränderung der globalen Kohlendioxidkonzentration auf über 450 ppm und damit eine Temperaturänderung von über 2 °C im Jahre 2100 gegenüber 1990 eine gefährliche Beeinflussung des Klimas bedeuten und enorme Folgekosten verursachen würde. 2010 lag die Kohlendioxidkonzentration in der Atmosphäre bereits bei knapp 400 ppm. Hauptverursacher von Treibhausgasemissionen war neben den Industriestaaten mit hohem Pro-Kopf-Energieverbrauch wie den USA, Europa und Japan das energieintensive Wachstum Chinas, das dazu führte, dass dieses Land den ersten Platz der weltweiten Rangliste der absoluten CO_2-Emissionen einnahm, wenn auch die Pro-Kopf-Emission in China, genauso wie in anderen Schwellenländern, vergleichsweise niedrig lag.

Die wesentlichen Auswirkungen des Klimawandels waren der Anstieg der globalen Durchschnittstemperatur und des Meeresspiegels sowie die Zunahme extremer Wetterereignisse, die enorme volkswirtschaftliche Schäden verursachten. Die Anzahl und Stärke von Naturkatastrophen, wie durch extreme Regenfälle verursachte Überschwemmungen, Hitzewellen und Stürme mit steigenden Intensitäten, nahm immer weiter zu.

Manche Regionen in der Welt waren stärker vom Klimawandel betroffen als andere. In den Regionen Nordamerikas traten vermehrt Stürme und Tornados mit extremen Windintensitäten auf, wohingegen Asien vor allem zunehmend von Überschwemmungen betroffen war. In Europa nahmen extreme Hitzeereignisse, Fluten und starke Stürme wie Tornados und Hurrikans zu.

Durch die extremen Klimaereignisse entstanden immer mehr Kosten für die Volkswirtschaft, um sich dem Klimawandel anzupassen und Vorsorgemaßnahmen zu treffen. Erhöhte Energiekosten entstanden, weil die Energieversorgung durch die extremen Klimaereignisse in Mitleidenschaft gezogen wurde. Auch der Gesundheitssektor und die Finanzwirtschaft erlitten zunehmende Kosten durch den Klimawandel; die privaten Haushalte und die energieintensiven Industrien waren von steigenden Energiekosten betroffen. Vermehrt mussten Gelder für den Hochwasserschutz aufgewendet werden, zum Beispiel für den Bau von Deichen, Schutzmauern oder Rückhaltebecken. Ferner musste ein Hitzewarnsystem entwickelt werden, das die Gefahren extremer Hitze für die Gesundheit signalisiert, um darauf mit Notfallplänen und Vorsorgemaßnahmen reagieren zu können. Weitere Kosten verursachten Gebäudeisolationen zur Kühlung und die Verteuerung der Energiebereitstellung.

Der Klimawandel berührte die einzelnen Sektoren der Volkswirtschaft in unterschiedlicher Art und Weise. Infolge der Zunahme von extrem heißen Sommern war die Forstwirtschaft verstärkter Waldbrandgefahr ausgesetzt, zudem verschlechterte Wassermangel die Wachstumsbedingungen und begünstigte die Schädlingsverbreitung. Waldumbauprogramme wurden eingeleitet, da Mischwälder resistenter gegen Klimaschwankungen sind als Monokulturen. Kosten entstanden auch für die erhöhte Wasserbereitstellung, für Schädlingsbeseitigung und die Umstellung auf veränderte Anbaumethoden. Durch heiße Sommer gab es insbesondere in Südwestdeutschland Wasserknappheiten, so dass es zu Ernteeinbußen kam.

Mit zunehmender Temperatur traten bei uns Krankheiten auf, die man bis dahin ausschließlich in tropischen oder subtropischen Gebieten kannte, wie beispielsweise Malaria. Zudem beeinträchtigten die steigenden Temperaturen die Leistungsfähigkeit der Menschen, die an heißen Tagen 30 bis 50 % niedriger lag als an weniger heißen Tagen. Hitzebedingte Sterbefälle nahmen zu.

Bei extremen Hitzeperioden war aufgrund von Niedrigwasser in den Flüssen nicht mehr genügend Wasser vorhanden, um die Kraftwerke ausreichend mit Kühlwasser zu versorgen. Zudem wurde die Energieinfrastruktur durch Stürme, Hagel und extreme Eislasten beeinträchtigt. Diese Effekte verursachten erhöhte Energiekosten und hohe Kostenbelastungen energieintensiver Branchen. Aber auch die privaten Haushalte waren von der Energiepreiserhöhung stark betroffen.

Im Verkehrssektor kam es zu erhöhten Belastungen, da aufgrund veränderter Luftströmungsverhältnisse Beeinträchtigungen im Luftverkehr auftraten. Zudem erlitt die Binnenschifffahrt durch Niedrig- und Hochwasser Nachteile.

Auch Versicherungsunternehmen wurden durch die Zunahme extremer Klimaereignisse und die dadurch verursachten steigenden Kosten belastet. Bei börsennotierten Unternehmen spielte es eine zunehmende Rolle, ob und wie sie vom Klimawandel betroffen sind oder als Verursacher zum Klimawandel beitragen.

Die Energiewirtschaft und der Verkehrssektor waren durch ihre Emission von Treibhausgasen, insbesondere CO_2, die Hauptverursacher des Klimawandels.

Allen wurde schließlich bewusst, dass die Kosten einer Treibhausgasminderung deutlich geringer sind als die Kosten eines weiteren Klimawandels, insbesondere wenn die Hauptverursacher des Klimawandels bei technologischen Innovationen kooperieren und gemeinsam einen Emissionshandel etablieren.

So wurde schließlich die internationale Klimaschutzpolitik verwirklicht, durch die die Treibhausgaserzeugung nun wieder zurückgefahren wird.

Zur Vermeidung von CO_2-Emissionen werden heute drei Wege beschritten:

1. Energiesparen und Energieeffizienzverbesserung,
2. Umstieg auf CO_2-freie Kraftwerke/Antriebsstoffe und
3. drastischer Ausbau der erneuerbaren Energien.

Unternehmen mit einem hohen Anteil an herkömmlicher CO_2-intensiver Technik – wie Verbrennung von Kohle oder Benzin – hatten zunächst einen beträchtlichen Wirtschaftlichkeitsnachteil, da sie in die Umstellung auf neue Technologien investieren mussten. Aber diejenigen Unternehmen, die entschlossen auf erneuerbare Energien, alternative Kraftstoffe und wirkungsvolle Energiemanagementverfahren umstellten, haben heute klare Wettbewerbsvorteile.

Unternehmen, die aktiv zur Emissionsvermeidung beitragen und eine glaubwürdige Nachhaltigkeitsstrategie aufweisen, werden heute an der Börse höher bewertet.

Wege aus dem Marktversagen

Politische Entscheidungen für mehr Klimaschutz waren somit elementar, um die Klimakrise zu stoppen. Europa entschloss sich in einem historisch einmaligen Schritt dazu, die Treibhausgasemissionen um 20 % zu senken und zugleich den Anteil erneuerbarer Energien deutlich zu erhöhen. Ein breites Maßnahmenpaket wurde initiiert, um die Klimaschutzkosten möglichst gering zu halten. So wurden neben Energieeffizienzmaßnahmen – vor allem für Gebäude und Fahrzeuge – marktwirtschaftliche Instrumente entwickelt und eingesetzt. Der Emissionsrechtehandel erwies sich als ein gelungenes Instrument, besonders seitdem die Emissionsrechte versteigert werden können und immer mehr Sektoren und Länder einbezogen wurden. Die Vorgabe von Emissionsobergrenzen tat ein weiteres. Der Emissionsrechtehandel konnte inzwischen die Ökosteuer und andere Maßnahmen der Klimaschutzpolitik ablösen. Im Verkehrssektor wurde die CO_2-bezogene KFZ-Steuer eingeführt. Aber vor allem spielte die Verbesserung der Energieeffizienz im Gebäudebereich eine entscheidende Rolle. Die dafür erforderlichen Investitionen bedeuteten zwar zusätzliche Kosten für die Haus- und Wohnungseigentumsbesitzer, aber die Baubranche profitierte davon.

Erneuerbare Energien zur Stromherstellung und die Kraft-Wärme-Kopplung spielen heute eine maßgebliche Rolle in der Energiewirtschaft. Im Bereich erneuerbarer Energien arbeiten heute in Deutschland über 600.000 Beschäftigte, die Tendenz ist weiter steigend. Die deutsche Wirtschaft profitiert von dieser Entwicklung, da die innovativen Energietechniken „Made in Germany" weltweit zum Absatzschlager geworden sind. Dies gilt auch für die umweltfreundlichen Kohletechniken. Europa und Deutschland ist es gelungen zu zeigen, dass Klimaschutz zu vertretbaren volkswirtschaftlichen Kosten und mit eindeutigen komparativen Marktvorteilen möglich ist. Immer mehr Staaten sind dem Beispiel gefolgt.

Wichtig: globales Handeln

Im Rahmen der internationalen Klimaschutzpolitik kooperieren heute viele Länder und Unternehmen, um den Klimaschutz zu möglichst geringen Kosten zu sichern und zu verbessern. Dadurch wurde erreicht, dass inzwischen auch Länder mit hohen Emissionen und hohen Vermeidungskosten, wie die USA und China, dem Klimaschutzabkommen beigetreten sind. Andere Länder ließen sich durch verschiedene Anreize gewinnen: Sie wurden entweder direkt über sogenannte Side Payments aus Klimaschutz-Fonds dazu bewegt, Klimaschutzziele einzugehen, andernfalls wurden ihnen Sanktionen angedroht, wie beispielsweise Handelsbeschränkungen (z. B. von Kohle aus den USA), wobei quantitative Untersuchungen zeigten, dass Sanktionen zu negativen volkswirtschaftlichen Auswirkungen nicht nur der betroffenen Länder, sondern auch derjenigen Länder führen, die die Handelssanktionen verhängen.

Als erfolgreicher erwiesen sich Maßnahmen, die darauf abzielen, dass die Emissionsminderungsziele zu minimalen volkswirtschaftlichen Kosten erreicht werden. Der Emissionsrechtehandel hat die Vermeidungskosten der Industriestaaten erheblich gemindert. Gemeinsame Forschung und Entwicklung von technologischen Neuerungen zu Energieeffizienzverbesserungen sind ein weiterer Weg, der heute beschritten wird. Die kooperierenden Länder können so einen Wettbewerbsvorteil erzielen, der ihre Marktposition zu stärken hilft.

Nach 2012 wirkten drei Faktoren zunehmend positiv auf die Stabilisierung des Klimas:

1. Konkrete globale Emissionsminderungsziele,
2. Kosteneffizienz der Emissionsminderungsmaßnahmen sowie
3. gezielte Kooperationen bei technologischen Entwicklungen.

Damit wurde es möglich, ohne weitere Klimaschäden eine nachhaltige Energieversorgung und Mobilität zu erhalten. Die Finanzkrise um 2009/2010 hatte deutlich gemacht, dass staatliche Eingriffe sinnvoll und notwendig sind, wenn die Märkte sich nicht mehr selbst heilen. Das galt auch für das Klima und die Energieversorgung, die ohne staatliche Lenkung dazu geführt hätten, dass das gesamte Wirtschaftssystem kollabiert wäre. Durch die zwischen 2010 und 2020 eingeleiteten Regelungen wurde der Klimaschutz zum neuen Wirtschaftsmotor. So konnten die Klima- und die Energiekrise überwunden werden.

Werner Schnappauf

Wir sind und bleiben ein Industriestaat

Auch 2030 blickt die deutsche Industrie auf ein erfolgreiches Jahr zurück. Deutsche Unternehmen und ihre Leistungen haben ihren Weltruf verteidigen und sich gegen eine immer stärkere Konkurrenz aus Asien und Südamerika durchsetzen können. Zwar hat die Industrie als Sektor im Vergleich zu den Dienstleistungen relativ an Gewicht verloren. Dennoch spielt sie für den Wohlstand, für Entstehung und Erhalt von Arbeitsplätzen in Deutschland nach wie vor die entscheidende Rolle. Das hat eine ganze Reihe von Gründen:

Die Gütermärkte der wichtigsten Regionen der Welt sind durch regionale Bündnisse und Freihandelsabkommen so stark miteinander vernetzt wie nie. Deutschland kann seine traditionelle Stärke auf den Weltmärkten dadurch noch besser ausspielen.

Bei den Investitionsgütern werden nur noch in den seltensten Fällen allein physische Gegenstände verkauft. Vielmehr werden Güter und Anlagen im Paket mit Dienstleistungen bereitgestellt, eine traditionelle Stärke deutscher Industrieunternehmen.

Am Beginn der Wertschöpfungskette steht in Deutschland die Industrie. Wie kaum ein anderes Land der Welt sind wir in den weltweiten Austausch von Gütern und Dienstleistungen eingebettet. Der hohe Anteil der Warenausfuhren (einschließlich industrienahe Dienstleistungen) an den

Exporten sorgt dafür, dass der globale Handel der wichtigste Transmissionskanal ist, über den Wohlstand in Deutschland geschaffen wird.

Innovationen sind der Schlüssel zum Fortschritt. Reine Dienstleistungen spielen dabei eine untergeordnete Rolle. Im Wesentlichen tragen Produktinnovationen und Dienstleistungen im Verbund mit Industriegütern (Stichwort: Medizintechnik) zum technischen Fortschritt bei. Hier entstehen immer wieder neue, hochproduktive Arbeitsplätze.

Hinter der jüngeren Entwicklung stehen vor allem zwei Triebfedern. Erstens die politischen Rahmenbedingungen, zweitens die Erfolge deutscher Unternehmen auf den Weltmärkten.

Zunächst zu den politischen Rahmenbedingungen. Ausgelöst durch eine breite wissenschaftliche Debatte, setzte sich nach der historischen Finanzmarktkrise am Ende des ersten Jahrzehnts unseres Jahrtausends in der Politik die Erkenntnis durch, dass eine auf mehr Wachstum ausgerichtete Wirtschaftspolitik vonnöten sei. Dabei gelang es, neben quantitativen Aspekten auch qualitatives Wachstum in die Wohlstandsmessung einzubeziehen. Auf diese Weise ist es gelungen, das Primat der Wachstumspolitik auf die Basis einer breiten politischen und öffentlichen Akzeptanz zu stellen. Dabei spielt auch die Rückbesinnung auf die Tradition der sozialen Marktwirtschaft eine gewichtige Rolle, die Rahmenbedingungen und Regeln des Wirtschaftens aufstellt, ohne selbst aktiv in den Wirtschaftsprozess einzugreifen, zugleich aber dafür sorgt, dass möglichst viele Menschen Zugang zum Markt haben und soziale Härten durch Transfers abgefedert werden.

Zu den Rahmenbedingungen gehört auch die reformierte Finanzmarktaufsicht. Nach dem weltumspannenden Crash der Finanzmärkte im Jahr 2008 wurde die globale Finanzmarktarchitektur grundlegend neu gestaltet. Nach Anfangsschwierigkeiten eroberten sich die Finanzmärkte und -institute verlorenes Vertrauen zurück. Die Rückbesinnung auf das Kerngeschäft und neue, transparente Finanzprodukte begleiteten letztlich den Aufschwung im Anschluss an den tiefen Einbruch. Daneben gelang es der Politik auch, den notwendigen Spagat zwischen Haushaltskonsolidierung, Steuerreformen und öffentlichen Zukunftsinvestitionen in Bildung, Forschung und Infrastruktur zu bewerkstelligen.

Auf der anderen Seite waren es insbesondere die Unternehmen, die durch ihr Handeln erst das Wachstum ermöglichten: Sie nutzten die veränderten Rahmenbedingungen und die neuen Chancen und füllten den politischen Rahmen durch ökonomisches Handeln aus. Die Globalisierung, vormals eher negativ besetzt, ist die Kraft, die für weltweite Wohlstandsgewinne gesorgt hat. Deutschland hat von dieser Entwicklung profitiert. Der Verbund aus Industrie und industrienahen Dienstleistungen hat unternehmerische Cluster hervorgebracht, die weltweit agieren und Lösungen für die Herausforderungen der Welt bieten.

Nach der historisch tiefen Rezession im Jahr 2009 erlebte die Weltwirtschaft zunächst eine zögerliche Erholung. Die globale Konjunktur fasste im Anschluss daran aber wieder Tritt und schwenkte in eine Phase anhaltenden Wachstums ein. Diese Entwicklung wurde durch eine Reihe von Megatrends bestimmt, die auch die Strukturen des globalisierten arbeitsteiligen Wirtschaftsprozesses nachhaltig verändert haben.

An erster Stelle ist die Globalisierung an sich zu nennen. Der fortgesetzte Abbau von Zollschranken und nichttarifären Handelshemmnissen hat die Wirtschaftsräume von entwickelten Staaten, Schwellenländern und Entwicklungsländern noch enger miteinander verbunden. Zwar gibt es immer wieder Fälle von Protektionismus und temporäre Rückschläge bei den Welthandelsrunden und bei der Einbeziehung von Entwicklungsländern. Trotzdem sind Finanz-, Güter- und Dienstleistungsmärkte heute stärker vernetzt als noch zu Beginn des Jahrtausends. Und in der Tendenz ist die weltweite Integration der Märkte nicht mehr aufzuhalten. Und das zum gegenseitigen Vorteil. Als größte Volkswirtschaft der Welt bildet China im Verbund mit Indien und Japan das wirtschaftliche Zentrum der Welt. Nachfragebedingt gestiegene Energie- und damit Transportkosten haben zu einem Anstieg der Vor-Ort-Produktion von Waren geführt, die zu einer Bedeutungszunahme der Investitionsströme gegenüber den Güterströmen geführt hat. Aufgrund der Einbettung Deutschlands in die wichtigsten Märkte der Welt und der langen Tradition des Handels mit dem Ausland hat sich Deutschland eine hervorragende Position im internationalen Wettbewerb nicht nur erarbeitet, sondern auch gesichert. Mit dem Angebot von Compacks (industrielles Basisprodukt ergänzt um produktrelevante Dienstleistungen) gehört die deutsche Investitionsgüterindustrie zur Weltspitze.

Auch der technische Fortschritt vollzieht sich in der konvergierenden Welt rasant. Heute beobachten wir eine Überlagerung sogenannter Kondratieff-Zyklen, also revolutionierender Innovationsschübe. Lagen zwischen den Wellen „Erfindung der Dampfmaschine“ und „Erfindung der Telegrafie“ viele Jahre, finden bahnbrechende Innovationen heute zumeist parallel statt. Zu denken ist an den Bereich Life Sciences und Bioelektronik, dessen Erfolgszug parallel zum Innovationsprozess in der Energieerzeugung stattfindet. Gerade für Deutschland als rohstoffarmes Land ist Innovation ein entscheidender Standortfaktor. In den „klassischen Bereichen“, etwa Maschinenbau und Ingenieurwesen, rangiert die Qualität deutscher Forschung, Lehre und Anwendung im internationalen Vergleich in der Spitzengruppe. Bei den neuen Technologien aber sind wir ins Hintertreffen geraten. Mangelnde gesellschaftliche Akzeptanz und infolgedessen strenge Regulierung bedingen, dass in diesen zukunftsträchtigen Bereichen Forschung nicht in Deutschland, wohl aber im Ausland stattfindet.

Als weiterer globaler Trend mit Folgen für die deutsche Wirtschaft, insbesondere die Industrie, ist der Klimawandel zu nennen. Die doppelte Reaktion auf den Klimawandel war das beherrschende Thema der letzten beiden Dekaden. Doppelt insofern, als dass es einerseits darum ging, mit den Folgen des Klimawandels umzugehen, andererseits Wege zu finden, wie der Klimawandel aufgehalten werden kann. Eine Folge des Klimawandels ist die Häufung extremer Wetterereignisse. Die deutsche Industrie sorgt heute für Produktion und Montage neuartiger, kostengünstiger Baustoffe, die sowohl Dürre, starken Regenfällen und Orkanen gewachsen sind. Der Anstieg des Meeresspiegels hat Investitionen in den Hochwasserschutz erforderlich gemacht. Inzwischen konnte die globale Erwärmung verlangsamt werden: Europa löste mit ambitionierten, aber vertretbaren Klimazielen einen globalen Trend zu mehr Klimaschutz aus. Zwar führten die Klimaziele zunächst zu einer Verteuerung der Produktion in Europa und belasteten die Angebotsseite. Andererseits hat die ergebnisoffene Ausgestaltung, wie die Klimaziele erreicht werden, den Einsatz innovativer Technologien im Produktionsprozess attraktiv gemacht und marktfähige Produkte hervorgebracht. Durch den technologischen Vorsprung, den sich die europäischen Staaten, allen voran Deutschland, dadurch erarbeiten konnten, zählen hiesige Produkte zu den führenden Angeboten in der Welt. Das betrifft modernen Heizungsbau, aber auch „grüne Energiequellen" im großen Stil. Auch in der CO_2-Vermeidung und der Isolation von Gebäuden hat der Klimawandel eine Veränderung im Verhalten von Konsumenten und Investoren nach sich gezogen und die Nachfrage nach entsprechenden Leistungen befeuert.

Eine der größten Herausforderungen im Jahr 2030 ist der demografische Wandel, zugleich aber eine der größten Marktchancen der Gegenwart. Demografischer Wandel heißt heute: höhere Lebenserwartung und geringere Geburtenraten, mehr Menschen in Städten als auf dem Land (Urbanisierung). Und vor allem heißt es: eine höhere Bevölkerungsdichte auf der Welt. Der Anteil älterer Menschen an der Gesamtbevölkerung ist in einigen Regionen der Welt, insbesondere Europa, vor allem aber Japan und auch China, rapide vorangeschritten. Die Erfahrungen europäischer Unternehmen auf dem Heimatmarkt bieten beste Perspektiven, um auf die Entwicklung in Fernost reagieren zu können, auch wenn hier japanische Unternehmen leicht im Vorteil sind. Allianzen aus Bauindustrie, Gesundheitswirtschaft und Pharmaindustrie errichten und unterhalten Wohnanlagen für Menschen im dritten Lebensabschnitt. Das Konzept einer umfassenden Versorgung hat Standards im Wettbewerb gesetzt.

Eine weitere Komponente der Entwicklung, die als globaler Megatrend die wirtschaftlichen Erfordernisse der Gegenwart prägt, ist die Urbanisierung. Knapp 60 % der Weltbevölkerung leben im Jahr 2030 in Städten. Vor rund 20 Jahren war es nicht einmal die Hälfte. Megacities in Asien und Südamerika dominieren das Bild. Stadtplanerisch wurde den Herausforderungen mit breit angelegten Infrastrukturprojekten begegnet. Joint-Ventures aus ortsansässigen Unternehmen und deutschen Firmen haben mit dem Bau und Betrieb von Nahverkehrsnetzen in Südostasien gelungene Beispiele für die sinnvolle Vernetzung von Zentren innerhalb der Megacities geliefert. Der Bau von Untergrundbahnen wurde ferner dazu genutzt, auf kostengünstige Weise Energie-, Wasser- und Informationsnetze zu installieren. Zwischen 2010 und 2030 wurden weltweit knapp 40 Billionen US-Dollar in Infrastrukturprojekte investiert. Einen Teil dieser Nachfrage bedienten deutsche Unternehmen. Als Industrieunternehmer, als Dienstleister und in diesem Rahmen häufig als Partner in öffentlich-privaten Partnerschaftsprojekten.

In den vergangenen Jahren konnte die deutsche Wirtschaft kräftig von der zunehmenden Wohlstandsorientierung rund um den Globus profitieren. Die breiten Mittelschichten in China, Brasilien und Indien sind für sich genommen schon riesige Märkte, die Güter und Dienstleistungen aus Deutschland nachfragen. Das Spektrum angebotener Waren, aber auch Dienstleistungen, ist breit. So hat die rasante Entwicklung der vergangenen Jahre in den genannten Staaten zunächst dazu geführt, dass breite Bevölkerungsschichten der Armut entkommen und einen bescheidenen Wohlstand erlangen konnten: Der Bedarf an solider Infrastruktur (zu nennen sind in erster Linie Trinkwasser, befestigte Straßen und Bildungseinrichtungen) sowie an medizinischer Versorgung hat in der Folge zugenommen. Inzwischen bedeutet der zunehmende Wohlstand breiter Mittelschichten auch eine verstärkte Nachfrage nach Luxusartikeln. Die hohe technische und optische Verarbeitungsqualität deutscher Produkte hat seit Jahren Weltruf. Das betrifft Fahrzeuge, aber beispielsweise auch Textilien und Inneneinrichtungen. Nebenbei hat auch eine Verschiebung geschmacklicher Präferenzen stattgefunden: Die sprunghaft gestiegene Nachfrage nach Molkereiprodukten in Asien hat der deutschen Ernährungswirtschaft einen unerwarteten Boom verschafft. Aber auch die Nachfrage nach immateriellen und materiellen Gütern wie saubere Umwelt und Sicherheit hat zugenommen und der deutschen Umwelttechnik ein Auftragsplus beschert.

Aus höherer Wohlstandsorientierung erwächst das Bedürfnis nach stärkerer Sicherheit. Sicherheit bei Information und Kommunikation ist zu einer conditio sine qua non im Wirtschaftsleben geworden. Etwas überspitzt formuliert könnte man sagen: Anbieter von „virtueller Sicherheit“

sind die Wach- und Schließgesellschaften des 21. Jahrhunderts. Hier kann die deutsche Industrie wiederum ihre Schlüsselstärke ausspielen, nämlich den Verbund aus Güterherstellung und Dienstleistung: Physische Hardwarenetze werden durch virtuelle Softwareinstallationen (IT-Sicherheit) ergänzt und als Systemlösung angeboten. Neben der Sicherheit in den IT-Netzen spielt auch die physische Sicherheit eine wichtige Rolle im Prozess zunehmenden Wohlstands. Die Abwehr von Gefahren für Leib und Leben hat ein breites Spektrum von Gütern (zum Beispiel Haussicherheit) und Dienstleistungen hervorgebracht. Andererseits ist auch soziale Sicherheit (Gesundheit, Arbeitsschutz) ein beherrschendes Thema der gegenwärtigen Sicherheitsdebatte. Für alle Bereiche gibt es Lösungen, bei denen Industriegüter eine herausragende Rolle spielen.

Die weltweit stabil nach oben gerichtete Entwicklungstendenz hat natürlich neue Herausforderungen für den arbeitsteiligen Wirtschaftsprozess geschaffen. Ressourcenknappheit ist eines der drängendsten Probleme der Gegenwart. Das betrifft metallische wie mineralische Rohstoffe in gleicher Weise. Der gestiegenen Knappheit wird mit dem immer ausgefeilteren und energie- wie kostengünstigen Recycling metallischer Rohstoffe einerseits, sowie der Substitution mineralischer Rohstoffe durch nachwachsende Rohstoffe und neue Werkstoffe andererseits begegnet. Durch die lange Erfahrung mit schonendem Ressourceneinsatz und Umweltauflagen haben deutsche Unternehmen seit Jahren eine Vorreiterrolle.

Schließlich ist Mobilität als Megatrend zu nennen. Vernetzte Märkte, die Entstehung von Megastädten sowie hohe Kosten für fossile Energieträger und das gestiegene Bedürfnis nach sauberer Umwelt haben Entstehung und Verbreitung neuer Antriebstechnologien stark beeinflusst. Deutschland hat es geschafft, sich bei den alternativen Antrieben zum klassischen Verbrennungsmotor in der Spitzengruppe zu etablieren. Das betrifft nicht allein die Elektromobilität (Antriebe und Stromtankstellen), sondern beispielsweise auch Wasserstoffantriebe. Daneben hat die deutsche Industrie das Leistungsangebot auf ein breites Spektrum von Transportmitteln ausgedehnt, so dass heute nicht alleine Pkw und Lkw mit alternativen Antrieben ausgestattet werden können, sondern auch leichte Flugzeuge und Schiffe.

Die Liste der Trends, die die wirtschaftliche Entwicklung der vergangenen Jahre geprägt haben, ist lang und kann hier nur kursorisch wiedergegeben werden.

Eine Standortbestimmung „Deutschland im Jahr 2030“ kommt indes nicht ohne einen Ausblick aus. Auch in Zukunft wird die Industrie eine zentrale Rolle für Wohlstand und Arbeit in Deutschland spielen. Damit sie das kann, sind aber eine Reihe von Bremsen zu lösen. Denn der internationale Wettbewerb wird sich weiter dramatisch intensivieren. Das

Schließen regionaler Handelsbündnisse ist als eine Herausforderung zu nennen. Außerdem ist der Binnenmarkt zu stärken: Deutschland muss als Investitionsstandort attraktiver werden. Die größte Herausforderung liegt darin, die Innovationsfähigkeit Deutschlands dauerhaft zu steigern. Es geht nicht darum, in bestimmten Bereichen Innovationen zu fördern, sondern ein Klima zu schaffen, das die Entstehung von Innovationen grundsätzlich begünstigt und zur Marktreife gelangen lässt.

Die Sicht der Politik

Kurt J. Lauk

Deutschland als Teil Europas im Zeitalter der Globalität – eine Tischrede

25. März 2030, Tischrede des Präsidenten der Europäischen Union anlässlich der Ratifizierung des europäischen Verfassungsvertrags:

„Meine sehr geehrten Damen und Herren,

eine große Vision ist Wirklichkeit geworden. 80 Jahre sind vergangen, seit der französische Außenminister und spätere erste Präsident des Europäischen Parlaments, Robert Schuman, seine historische Erklärung zum Neuaufbau Europas verkündete, der mit der Zusammenlegung der Kohle- und Stahlindustrien von Deutschland und Frankreich beginnen sollte. Heute, am 25. März 2030, halten wir das Resultat dessen in den Händen, was damals seinen Anfang nahm: die Verfassung der Europäischen Union. Als auf den Tag genau vor 73 Jahren die versammelten Regierungschefs aus Frankreich, Italien, Deutschland, Belgien, Luxemburg und den Niederlanden mit den Römischen Verträgen die Grundlage des europäischen Einigungsprozesses schufen, schickten sie damit die Expedition ‚Europa' auf eine Reise, deren Ziel sie selbst nicht kannten. Gerade einmal 12 Jahre nach Ende des 2. Weltkriegs war für viele die Vorstellung schon groß genug, Feindschaft und Zerstörung auf Dauer aus Europa zu verbannen. Wer gesagt hätte, dass nur vier Jahrzehnte später der Eiserne Vorhang fallen und Europa politisch in einer Union vereint sein würde, dem hätte man sicherlich nahe gelegt, einen Psychiater aufzusuchen.

Doch machen wir uns nichts vor – letztlich waren es weniger Visionen, sondern vor allem harte politische und wirtschaftliche Interessen, die die europäische Integration immer weiter vorangetrieben haben. Und so wie der einheitliche Binnenmarkt und die gemeinsame Währung zentrale Antworten Europas auf die Globalisierung gewesen sind, soll nun die gemeinsame Verfassung die Europäische Union für das Zeitalter der Globalität rüsten. Es hat lange gedauert, bis die Europäer nicht nur begriffen, sondern sich auch darauf eingestellt haben, dass mit der großen internationalen Finanz- und Wirtschaftskrise am Ende der ersten Dekade des 21. Jahrhunderts die US-amerikanisch geprägte Globalisierungsphase beendet war. Die Zeit, in der die Industriestaaten den Takt vorgaben und den Schwellenländern die Bedingungen des Handels diktieren konnten, war vorüber. Der erstmalige Titelgewinn Chinas zum ‚Exportweltmeister' im Jahr 2009 stand symbolisch für die einsetzende Machtverschiebung. Und während Europa noch darüber diskutierte, Mitgestalter der Weltwirtschaft sein zu wollen oder an den Rand des Geschehens gedrängt zu werden, verlagerten die USA ihr außenpolitisches Fundament bereits in den Pazifik.

Europa ist spät dran. Ein Vierteljahrhundert hat es gedauert, die Ängste vor dem Verlust nationalstaatlicher Souveränität zu überwinden. Doch wie viele andere Krisen zuvor haben auch die ablehnenden Voten zum ersten Entwurf eines Europäischen Verfassungsvertrags im Jahr 2004 den Integrationsprozess nicht unterbrochen oder gar beendet. Heute, 26 Jahre später, sind wir am Ziel angelangt – und das Ergebnis kann sich sehen lassen: Eine gemeinsam abgestimmte Außen- und Sicherheitspolitik, die Koordinierung von Wirtschafts- und Industriepolitik auf europäischer Ebene sowie die Normierung der steuerlichen Bemessungsgrundlagen gehen weit über den Vertrag von Lissabon hinaus. Gleichzeitig steht das untermauerte Bekenntnis zum Subsidiaritätsprinzip für eine klare Aufgabenteilung zwischen Gemeinschaft und Mitgliedsland. Ein europäisches Sozialmodell existiert daher aus guten Gründen nicht, denn solidarische Hilfe kann nirgends so gut wie direkt vor Ort organisiert werden. Die Mitgliedstaaten haben sich aber in der europäischen Verfassung dazu verpflichtet, sicherzustellen, dass alle Bürger Schutz finden vor besonderen Härten durch Krankheit, Alter, Armut oder Arbeitslosigkeit. Ein fiskalischer Ausgleich ist vereinbart.

Kern der Verfassung ist vor allem die beschlossene Direktwahl eines europäischen Präsidenten. Die Personalisierung der europäischen Politik trägt dazu bei, Akzeptanz und Wahrnehmung bei den Bürgern zu erhöhen und Europapolitik sichtbar und erfahrbar zu gestalten. Europa muss mit einer starken Stimme sprechen, um wirtschaftliche Schlagkraft und politische Überzeugungsfähigkeit zu entfalten. Dies war die vielleicht wichtigste Lehre aus dem großen Weltklimagipfel im Jahr 2009 in Kopenhagen, auf dem die europäischen Einzelstaaten für ihre quantitativen Reduktionsforderungen keine Gefolgschaft im Rest der Welt gefunden haben.

Gleichwohl hat sich herausgestellt, dass nicht jeder Niederlage auch ein Scheitern innewohnt. Wie wir heute wissen, war die Klimaangst im ersten Jahrzehnt dieses Jahrhunderts übertrieben und die Erderwärmung weniger stark vom Menschen verursacht als vielmehr Folge natürlicher Veränderungen der Sonnenaktivität. Aber die Angst vor dem Klimawandel begründete eine europäische Erfolgsgeschichte, hat sie doch die zunächst staatlich geförderte Forschung und Entwicklung im Bereich alternativer Energien vorangetrieben und eine nachhaltige Innovationsbegeisterung ausgelöst.

Insbesondere Deutschland hat in den vergangenen 20 Jahren als Vorreiter in der Umwelttechnologie und bei erneuerbaren Energien massiv von der Umstellung der europäischen Gesellschaften auf neue Energieträger profitiert. Leidtragende waren die Verbraucher, weil Energie in den Jahren

2010 bis 2025 ständig teurer geworden ist. Erst gegen Ende der letzten Dekade konnten die neuen Energieträger den Anspruch „sauber, billig und zuverlässig" auch für die Verbraucher befriedigen. Hierzu hat die Verbreitung der Elektromobilität maßgeblich beigetragen. Sie hat nicht nur neue Märkte für die europäische Vorzeigebranche geschaffen, sondern erneuerbaren Energien auch zur Marktreife verholfen: 15 Millionen batteriebetriebene Elektrofahrzeuge allein in Deutschland können mit ihren Batterien als Zwischenspeicher dienen, um die Schwankungen unbeständiger Energielieferanten wie Wind und Sonne auszugleichen. Die emissionsarme Flotte europäischer Automobilhersteller wird ergänzt durch Fahrzeuge mit Wasserstoff- und Brennstoffzellen sowie weiterentwickelten, effizienten Diesel- und Otto-Motoren. Der technologieoffene Ansatz der Europäer – nicht nur im Energie- und Mobilitätsbereich – hat sich ausgezahlt und zur internationalen Vormachtstellung einheimischer Konzerne beispielsweise in der Biochemie, Nano-Medizin oder Gentechnik geführt. Auch die ‚EU-Strategie 2020' hat hier einen wichtigen Beitrag geleistet. Entscheidend für die Entstehung einer Innovationskultur gerade auch in Deutschland war jedoch, dass im zweiten Jahrzehnt des Jahrhunderts die qualvolle Debatte um Wissenschaftsmoral beendet und ein für alle Seiten tragfähiges ethisches Fundament gefunden werden konnte. Die Ingenieurwissenschaften, die massiv gefördert und ausgebaut wurden, erlebten einen wahren Aufschwung und verursachten eine technologische Revolution. Die Entwicklung biologischer Schaltkreise, programmierbarer Stammzellen oder die fortschreitende Sequentierung menschlicher Genome bildeten die Grundlage dafür, dass an die Stelle des vor wenigen Jahrzehnten international geschätzten Labels ‚Made in Germany' das ‚Innovated in Germany' getreten ist.

Diese Erfolgsgeschichte darf nicht darüber hinwegtäuschen, dass Europa in vielen Bereichen vor immensen Herausforderungen steht. Sowohl der Strukturwandel in der Wirtschaft als auch die dramatischen demographischen Veränderungen haben ein grundlegendes Umdenken in der Arbeits-, Bildungs- sowie Sozialpolitik erzwungen und werden uns auch weiterhin große Anstrengungen abverlangen.

So führte die Umstellung der Unternehmen auf Produktionstechnologien mit niedrigem CO_2-Ausstoß zu einem erheblichen Verlust an Arbeitsplätzen, da emissionsintensive Grundstoffindustrien wie Chemie, Aluminium und Stahl zunehmend in Länder mit weniger strengen Umweltvorgaben abgewandert sind. Diese Entwicklung wäre kaum so geräuschlos vonstatten gegangen, wenn sich die Lage am Arbeitsmarkt durch den Rückgang der Bevölkerung nicht entspannt hätte. Noch Anfang des 20. Jahrhunderts hatte Europa mehr Einwohner als China, und ein Drittel der Weltbevölkerung lebte auf dem alten Kontinent oder in einer seiner ehemaligen

Kolonien in Nordamerika. Zu Beginn des 21. Jahrhunderts hingegen war nicht einmal mehr jeder fünfte Weltbürger Europäer, US-Amerikaner oder Kanadier. Und heute sind wir auf dem besten Wege dahin, dass es bald nur noch jeder Zehnte sein wird. Mit 1,2 Milliarden Menschen leben in Asien und Lateinamerika mittlerweile mehr Angehörige der kaufkräftigen, sogenannten ‚Mittelschicht', als Europa, die USA und Japan zusammen an Einwohnern haben.

Weniger Menschen bedeutet jedoch auch weniger Talente, weniger Ideen und weniger geschickte Hände. Besonders hart vom Fachkräftemangel betroffen ist Deutschland – und das, obwohl dort in der Vergangenheit eine echte Bildungsoffensive stattgefunden hat. So hat ein zunehmender Teil der Bevölkerung seit Anfang der zweiten Dekade des 21. Jahrhunderts damit begonnen, Bildung als Investition in die Zukunft zu verstehen. Der Widerstand gegen Studiengebühren konnte aufgebrochen und damit die gute internationale Positionierung der deutschen akademischen Bildung und Forschung ausgebaut werden. Viele Facharbeiter wurden durch Weiterbildung, zum Teil an Universitäten, für Aufgaben in Spitzentechnologien qualifiziert. Ingenieur- und Naturwissenschaften erlebten als Hauptträger für Innovationen einen wichtigen Schub. Das alles hat jedoch nicht dafür ausgereicht, die Nachfrage der Wirtschaft nach Experten zu befriedigen. Der Fachkräftemangel war und ist die zentrale Wachstumsbremse der deutschen Wirtschaft.

Die demographische Entwicklung hat noch ein zweites Problem mit sich gebracht: Die Bevölkerung ist nicht nur geschrumpft, die Menschen werden auch immer älter. Die geburtenstarken Jahrgänge der ‚Baby-Boomer-Generation' belasten in hohem Maße das Rentensystem. Wir können heute von Glück sagen, dass die Politik bereits zu Beginn des Jahrhunderts die Weichen für mehr private Vorsorge gestellt hat. Die damals junge Generation hat ihre Pflicht erfüllt und nicht nur die Rentenansprüche der Älteren beglichen, sondern dazu auch die Doppellast der zusätzlichen privaten Vorsorge für sich selbst getragen. Leider hat sich im Nachhinein herausgestellt, dass sowohl die Erhöhung des Renteneintrittsalters als auch die privaten Sparpläne nicht ausreichend gewesen sind. Ursache ist die erfolgte Entschlüsselung des Gens für Langlebigkeit – ein Segen für die Menschen, aber ein Fluch für die Sozialen Sicherungssysteme. Natürlich freuen wir uns darüber, dass es der Medizin gelungen ist, die Lebensspanne deutlich zu verlängern und Therapien zur Verzögerung des Alterns zu entwickeln. Doch wie soll eine tragfähige Rentenformel entwickelt werden, wenn nicht abzuschätzen ist, um wieviel Jahre die Lebenserwartung steigen wird? Nur eines ist sicher: an einer weiteren, drastischen Erhöhung des Renteneintrittsalters führt kein Weg vorbei. Umso wichtiger wird es sein, durch die Entwicklung neuer Integrationsmodelle, die auf Bedürfnisse wie Mobilitätseinschränkungen und Belastungsgrenzen eingehen, die Beschäftigungsmöglichkeiten älterer Menschen zu verbessern.

Die Erhöhung der Erwerbsbeteiligung Älterer sowie von Frauen ist auch ein zentraler Schlüssel zur Bekämpfung des Fachkräftemangels. Die Einführung einer Frauenquote für Aufsichtsräte im Jahr 2015 war hier sehr hilfreich gewesen. Darüber hinaus muss nun die Mobilität der Arbeitskräfte erhöht werden, und zwar innerhalb wie außerhalb der Europäischen Union. Bereits in den vergangenen Jahren sind ausländische Akademiker und gut ausgebildete Fachkräfte nach einem am Bedarf des Arbeitsmarktes ausgerichteten Punktesystem durch gezielte Kampagnen und finanzielle Anreize nach Deutschland geholt worden. Große Hoffnung auf noch mehr Mobilität ruht nun auf einer kleinen, aber für die Arbeits- und Bildungswelt bedeutsamen Erfindung: einer neuen Generation von Übersetzungscomputern. Zwar hat moderne Software den im Jahr 2004 noch ca. zehn Milliarden Euro schweren Markt für schriftliche Übersetzungsleistungen bereits fast vollständig ersetzt. Die nun vorgestellten, portablen Translatoren mit echter Sprachwiedergabe in Größe einer Streichholzschachtel werden jedoch darüber hinaus die Verständigung der Menschen in Alltagssituationen maßgeblich verbessern. Dies könnte auch weniger Sprachversierte an ausländischen Arbeitsmärkten teilhaben lassen, ohne dass sie zuvor zeitaufwändige Sprachkurse absolvieren müssen. Gleichwohl sind die Übersetzungscomputer nur für den Tagesgebrauch geeignet. Menschliche Dolmetscher sind für hochsensible Gespräche weiterhin unabdingbar. Die babylonische Sprachenvielfalt in den Brüsseler EU-Institutionen wird uns auf absehbare Zeit erhalten bleiben.

Durch den Abbau von Sprachbarrieren wird nicht nur der kulturelle und soziale Austausch der europäischen Bürger untereinander befördert, sondern auch eine Neugestaltung des Bildungs- und Ausbildungskanons ermöglicht. Die Aneignung von Sprachkenntnissen wird an Bedeutung verlieren. Stattdessen wird die Vermittlung von naturwissenschaftlichem und wirtschaftsrelevantem Fachwissen noch stärker in den Vordergrund rücken. Dies ist auch dringend notwendig, da die rasant wachsende Menge an Wissen nur noch durch stärkere Arbeitsteilung und vertiefte Spezialisierung bewältigt werden kann. Selbst im Privaten konzentrieren sich die Menschen immer mehr auf wenige, ausgewählte Interessen. Das humanistische Leitbild des Bildungsbürgers hat sich gewandelt, und an die Stelle des breiten Allgemeinwissens ist die Spezialisierung getreten. Wissenslücken werden bei Bedarf über Internetinformationsdienste gefüllt, deren Bedeutung weiterhin massiv zunehmen wird. E-Government hat zur massiven Verschlankung der öffentlichen Verwaltung und Entlastung von Bürgern und Unternehmen beigetragen. Zeitaufwändige Behördengänge gehören zum größten Teil der Vergangenheit an, und Genehmigungsabläufe konnten spürbar beschleunigt werden.

Im Jahr 2008, zum fünfzehnjährigen Geburtstag des World Wide Web, sprach die Presse vom ‚Daten-Moloch'. Aus heutiger Sicht erscheint der Umfang der damaligen Informationsmenge als überschaubar. Die Explosion der Übertragungsgeschwindigkeit und die Aufhebung von Speicherbegrenzungen haben die Datenströme auf ein Vielfaches ansteigen lassen. Im längst begonnenen Post-PC-Zeitalter sind Computer, die noch vor 20 Jahren Beruf und Alltag prägten, falls völlig verschwunden. An ihre Stelle sind „intelligente" Gebrauchsgegenstände wie Stifte, Notizblöcke und Schreibtische getreten, in denen Computerchips eingebettet sind. Die Idee des „allgegenwärtigen Rechners" ist Wirklichkeit geworden. Überall verfügbare audiovisuelle Informationsquellen und mobile soziale Netzwerke haben die Gesellschaft tiefgreifend verändert. Vor allem Suchmaschinen, die als ‚Gatekeeper' Informationen nicht nur vermitteln, sondern auch filtern und sortieren, haben eine Macht bei allen Formen der gesellschaftlichen Meinungsbildung erlangt, die weit über die jemals erreichten Einflussmöglichkeiten traditioneller Informationsanbieter wie Presse und Rundfunk hinausgeht. Die Zerschlagung des Weltmarktführers ‚Google' im Jahr 2018 – nur 20 Jahre nach seiner Gründung – war die notwendige Konsequenz.

Der Schutz vor Informationsmonopolen, Datenmissbrauch und Digitalvandalismus genießt heute zu Recht die gleiche Stellung wie das globale Regulierungs- und Aufsichtssystem für Finanzmärkte, das internationale Wettbewerbsrecht oder das Doha-Abkommen für einen freien und fairen Welthandel. Die Europäische Union sollte stolz darauf sein, dass die Grundprinzipien ihrer Sozialen Marktwirtschaft sich international verbreitet haben. Der etablierte Ordnungsrahmen, der Exzesse und Missbrauch regelloser Märkte eindämmt sowie wirtschaftliches, soziales und ökologisches Verantwortungsbewusstsein einfordert, ist der Verdienst der Erben Ludwig Erhards. Die Durchsetzung der Sozialen Marktwirtschaft auf europäischer Ebene wurde entscheidend befördert in der Zeit der prägenden europäischen Ratspräsidentschaft von Angela Merkel 2012 bis 2017.

Meine sehr geehrten Damen und Herren,

die Europäische Union ist zur modernsten Staatengemeinschaft in der Welt geworden. Und so wie in der Vergangenheit das Fundament der Globalisierung, die Grundprinzipien der Sozialen Marktwirtschaft, hier geformt wurde, so zeigt Europa heute, wie auf einem wirtschaftlich geeinten Globus auch politische Zusammenarbeit funktionieren kann. Die Europäische Verfassung ist geschrieben, die Verfassungswirklichkeit noch nicht. Mit der Direktwahl des Europäischen Präsidenten, der seinerseits den Europäischen Premierminister (ehemals Kommissionspräsident) und dessen Kabinett unter parlamentarischer Bestätigung ernennt, werden erstmals die Menschen den Weg vorgeben, den wir weiter beschreiten werden. Aus einer Union der europäischen Staaten ist ein Europa der Bürger geworden.

Vielen Dank!"

Rainer Brüderle

Zukunft in Freiheit

Die wirtschaftliche Entwicklung Deutschlands, erst recht der Welt insgesamt, ist nicht planbar. Für eine langfristig orientierte Wirtschaftspolitik dürfen deshalb nicht abstrakte Zielvorgaben maßgebend sein. Vielmehr müssen die Erwartungen der Menschen, ihre Hoffnungen und Zukunftssorgen im Mittelpunkt stehen. Es gilt, die gesellschaftspolitischen und wirtschaftspolitischen Rahmenbedingungen in einer erneuerten sozialen Marktwirtschaft so zu setzen, dass die Menschen mit ihren individuellen Entscheidungen so weit wie möglich ein Leben nach ihren eigenen Vorstellungen und Präferenzen verwirklichen können – natürlich immer im Respekt und der Beachtung der Freiheit der anderen. Die folgenden Beschreibungen aus der Sicht des Jahres 2030 sind deshalb nicht als Prognose zu verstehen, sondern ich will darstellen, was möglich wäre, wenn die Politik die Weichen richtig stellt.

Vor 40 Jahren hat die Planwirtschaft auf deutschem Boden ein Ende gefunden. Die Freiheit hat gesiegt. Die Generation der 30- bis 40-jährigen, die jetzt zunehmend Verantwortung in Politik und Wirtschaft übernimmt, kennt die DDR nur noch aus dem Geschichtsunterricht und mehr noch aus den verschiedenen Geschichtskanälen des Fernsehens.

Die Bevölkerung in Deutschland ist zurückgegangen, allerdings weniger, als es Pessimisten vor 20 Jahren vorausgesagt haben. Denn mit einer klugen Einwanderungspolitik ist es uns seit zehn Jahren nicht nur gelungen, die Zahl der Zuwanderer auf jährlich 200.000 pro Jahr zu erhöhen, sondern auch ihre Integration in die Gesellschaft sicherzustellen. Dabei beziehen wir die Bedürfnisse des Arbeitsmarktes inzwischen gezielt und transparent in unsere Politik ein, wie es andere Länder bereits vor Jahren erfolgreich vorgemacht haben.

Insgesamt leben heute deshalb nur 3 Millionen Menschen weniger in Deutschland als im Jahr 2010. Auch der weitere Rückgang in den kommenden Jahren wird weniger dramatisch ausfallen. Allerdings stellen die Veränderungen im Altersaufbau der Bevölkerung hohe Anforderungen an die Flexibilität der Güter- und Arbeitsmärkte. Bisher konnten wir diese aber gut bewältigen.

Da die Zahl der Menschen im erwerbsfähigen Alter trotz der Zuwanderung im Verhältnis zur Zahl der Rentenempfänger deutlich abgenommen hat, können wir unser Wohlstandsniveau nur dadurch halten, dass wir die Erwerbsbeteiligung und Produktivität deutlich steigern.

Dies ist durch ein Bündel von Maßnahmen und Entwicklungen in den letzten 20 Jahren erfolgreich gelungen. So konnte die Arbeitsmarktpartizipation von Frauen erheblich gesteigert werden. Die Vereinbarkeit von Familie und Beruf ist schon seit fast 20 Jahren zu einem dominierenden Querschnittsthema für die Politik geworden und gehört zu den wichtigsten Aufgaben der Personalpolitik in Unternehmen und Verwaltungen.

Die Suche nach einem Krippenplatz und das Warten auf einen Kindergartenplatz gehören der Vergangenheit an. Die Kinderbetreuungsmöglichkeiten und das Angebot an Ganztagsschulen erlauben allen Eltern, die dies wollen, eine Vollzeitbeschäftigung aufzunehmen. Die Steuer- und Abgabenbelastung ist so reformiert, dass die Arbeit für ein eheliches Zweiteinkommen auch nicht mehr wie noch vor 20 Jahren finanziell unattraktiv wird.

Ältere Menschen sind ebenfalls stärker als vor 20 Jahren in das Arbeitsleben einbezogen. Ihr Know-how ist gefragt. Denn in der Bildungsrepublik Deutschland 2030 ist lebenslanges Lernen eine Selbstverständlichkeit. Permanente Aus- und Weiterbildung ermöglichen den Arbeitnehmern unabhängig von Herkunft oder sozialem Status sehr gute Aufstiegschancen. Alle wissen: In Deutschland kann es jeder schaffen, entsprechend seinen Talenten und Neigungen an der gesellschaftlichen und wirtschaftlichen Entwicklung teilzuhaben. Erfindergeist und Mut zur Veränderung finden gesellschaftliche Anerkennung und werden unterstützt und gefördert.

Dadurch sind auch die Übergänge vom Erwerbsleben in den dritten Lebensabschnitt wesentlich flexibler geworden. Denn es ist weder für die Gesellschaft noch für den einzelnen sinnvoll, wenn Wissen und Fähigkeiten mit dem Erreichen des gesetzlichen Renteneintrittsalters auf Null abgeschrieben werden.

So herrscht Vollbeschäftigung. Auf flexiblen Arbeitsmärkten kann jeder schnell den passenden Einstieg ins Berufsleben finden. Das gibt materielle Sicherheit. Die Arbeitnehmer sind hoch motiviert und für ihre Aufgaben gut qualifiziert. Die moderne Arbeitswelt lässt ihnen viele Freiräume für ihre persönliche und berufliche Entwicklung. Beruf, Freizeit und Familie stehen in einem harmonischen Verhältnis zueinander.

Zwei wichtige Voraussetzungen für diesen Erfolg mussten erfüllt werden. Erstens galt es, das Bildungssystem umfassend zu verbessern. Im Jahr 2010 besaß rund ein Fünftel aller Fünfzehnjährigen nur die Schulkenntnisse eines Grundschülers. Spät, aber nicht zu spät wurde damals die Gefahr erkannt, dass erhebliche Teile der jüngeren Generation von einem produktiven Erwerbsleben in der modernen Wirtschaft ausgeschlossen werden würden – zum Schaden für sie selbst und für die Gesellschaft.

In einer groß angelegten Bildungsoffensive wurde deshalb in enger Zusammenarbeit von Bund und Ländern die Qualität der frühkindlichen und der schulischen Bildung enorm gesteigert. Diese Zusammenarbeit zwischen Bund und Ländern im Bildungsbereich war zwar verfassungsrechtlich lange Zeit heftig umstritten. Der drohende Bildungsnotstand und die zunehmenden Probleme der Wirtschaft, ausbildungsfähige Jugendliche für die betriebliche Ausbildung zu gewinnen, zwangen aber die Politik zum Handeln. Vor allem Kinder aus bildungsfernen Elternhäusern und Kinder mit Migrationshintergrund erhielten verstärkte Förderung, um nicht schon viel zu früh den Anschluss zu verpassen. Intensive Sprachkurse schon vor der Einschulung waren ein wichtiger Schritt.

Durch die Beseitigung der Bildungsdefizite erzielen wir eine doppelte Dividende: Zum einen erreichen wir mit einer im Durchschnitt besser ausgebildeten Bevölkerung einen höheren Wachstumspfad. Und zum anderen fördert Bildung die Chancen für sozialen Aufstieg.

Die zweite Voraussetzung für Vollbeschäftigung war die Beseitigung von Einstellungshemmnissen, welche die Aufnahme einer beruflichen Tätigkeit im Arbeitsmarkt früher massiv erschwert hatten. Viele Regelungen, die ursprünglich zum Schutz der Arbeitnehmer gut gemeint waren, hatten sich für diejenigen, die am dringendsten nach Arbeit suchten, als schwierige Beschäftigungshürden erwiesen. Dies galt besonders für gering Qualifizierte. Mittlerweile herrscht politische Einigkeit: Die staatliche Alimentierung des Nichtstuns ist unsozial. Arbeit hat einen Wert an sich, und jedem soll es möglich sein, zumindest einen Teil seines Lebensunterhalts durch die eigene Schaffenskraft zu erwirtschaften. Das ist moderne Sozialpolitik!

Die deutsche Wirtschaft hat sowohl die Auswirkungen des demographischen Wandels als auch die Herausforderungen einer weiter voranschreitenden globalen Arbeitsteilung gemeistert. Freien Handel und ungehinderten Wettbewerb galt es hierfür zu stärken und gegen protektionistische Bestrebungen zu verteidigen. Durch besondere Anstrengungen bei Investitionen und Ausbildung der Mitarbeiter ist es gelungen, die deutsche Spitzenposition in der Hochtechnologie zu bewahren. Darauf sind wir stolz! Der heutige Dienstleistungssektor hat natürlich eine ungleich größere Bedeutung als noch im Jahr 2010. Seine Vielfältigkeit hat neue, früher kaum vorstellbare Dimensionen angenommen. Neue Berufsbilder sind entstanden, und der Sozialbereich ist nicht mehr wie vor 20 Jahren ein Steuergrab, sondern hat sich zum echten Wachstumsmotor entwickelt.

Aber nicht nur Menschen und Wirtschaft standen vor Herausforderungen, auch der Staat selbst. Über die Jahre hatte man in Deutschland eine Vielzahl von Regulierungen, Subventionen, Steuervergünstigungen und ordnungsrechtlichen Verhaltensvorschriften geschaffen. Ständig waren neue Fördertatbestände in der Regional-, Struktur-, Technologie-, Industrie-, Energie-, Klima-, Sozial-, Familien- und Steuerpolitik hinzugekommen. Selten wurde etwas abgeschafft. Im Ergebnis führte dies dazu, dass wir unseren eigenen Staat nicht mehr verstanden. Bürokratieabbau hieß daher das oberste Gebot. Gesetze wurden einfach, kurz und für jeden leicht verständlich. Und sie haben ein Verfallsdatum erhalten. Damit ist der Gesetzgeber nun gezwungen, ihre Existenz stets neu zu hinterfragen und zu begründen.

Zudem sahen wir die Folgen der konsequenten Bekämpfung der großen Finanz- und Wirtschaftskrise vor 20 Jahren. Diese war zwar erfolgreich, hat die öffentlichen Haushalte aber massiv belastet. Trotz Klappern und Heulen hat sich die Einführung der Schuldenbremse aber bezahlt gemacht. Sie entpuppte sich als Garant der Konsolidierung der öffentlichen Haushalte, welche in den 2020er Jahren erstmals seit langem wieder Überschüsse aufwiesen. Dauerhaft tragfähige öffentliche Finanzen begreift niemand als Selbstzweck. Sie sind von zentraler Bedeutung für Deutschland und für Europa. Dies gilt in mehrfacher Hinsicht. Erstens sichern sie Freiräume für private Investitionen und damit nachhaltiges Wachstum. Zweitens stärken sie das Vertrauen in die gemeinsame Währung im Euroraum. Drittens gewährleisten sie die Funktionsfähigkeit des Sozialstaates. Und viertens garantieren sie die Sicherung der finanziellen Handlungsfähigkeit des Staates für wichtige Zukunftsaufgaben, die es bis Mitte des 21. Jahrhunderts zu lösen gilt.

Der Mittelstand und die freien Berufe konzentrieren sich auf das, was sie 2030 am besten können – die Menschen mit Waren und Dienstleistungen bester Qualität zu versorgen. Wer eine gute Idee hat, der traut sich und legt los. Junge Unternehmer profitieren von schlanken Genehmigungsverfahren und dem Abbau von Wettbewerbsbeschränkungen. Sie haben einen guten Zugang zu einem ergiebigen und diversifizierten Kapitalmarkt, sind ebenso selbst- wie verantwortungsbewusst und scheuen den harten Wettbewerb nicht.

Die großen Weltunternehmen investieren 2030 gerne in Deutschland, denn hier finden sie die besten Standortbedingungen. Die Infrastruktur ist hoch entwickelt. Unternehmen sind mit universitärer Wissenschaft und Forschung eng verzahnt. Nirgendwo werden Ideen so schnell in neue Produkte umgesetzt wie bei uns in Deutschland.

Die deutschen Unternehmen profitieren von der Globalisierung und den offenen Märkten, denn Qualitätsarbeit „Made in Germany“ ist auf der ganzen Welt begehrt. Das noch vor 20 Jahren immer wieder skizzierte Schreckgespenst des Fachkräftemangels gehört der Vergangenheit an, denn der vorzüglich ausgebildete deutsche Nachwuchs wird ergänzt durch hochqualifizierte Zuwanderer, die in einer offenen Gesellschaft gut integriert und sozial gefestigt sind.

Der grundlegende Umbau unseres Energiesystems ist im Jahr 2030 beträchtlich vorangekommen. Die Nutzung fossiler Ressourcen für die Energieerzeugung ist mit dem fortgeschrittenen Ausbau der erneuerbaren Energien erheblich zurückgegangen. Technologische Quantensprünge haben mit grundlegenden Produkt- und Prozessinnovationen den Energieeinsatz in der industriellen Produktion massiv gesenkt. Im Gebäude- wie im Verkehrsbereich ist die Abhängigkeit von importierten Energieträgern weitgehend überwunden. Wir leben in verbrauchsneutralen Häusern, und die elektrogestützte Mobilität gehört zum selbstverständlichen Alltag.

Haupttreiber für die erreichten Fortschritte auf dem Weg zu einer Dekarbonisierung unserer Wirtschaft war allerdings nicht der in seiner vermeintlichen Allwissenheit gelegentlich überschätzte Staat. Es waren vielmehr die Kräfte des Marktes, welche die entscheidenden Impulse für Innovationen und Investitionen auch im Energiebereich gegeben haben. Der europäische Binnenmarkt für Energie ist schon längst Wirklichkeit geworden und hat hierzu einen zentralen Beitrag geleistet. In einem beispiellosen Kraftakt ist es gelungen, die deutsche Netzinfrastruktur den geänderten Bedürfnissen anzupassen. Intelligente Stromnetze, die sogenannten Smart Grids, helfen bei der Kombination zentraler und zunehmend auch dezentraler Erzeugung.

Aber auch im Jahr 2030 leben wir nicht im energiepolitischen „Wunderland“. Trotz erheblicher Fortschritte zum sparsameren Umgang mit Energie ist in Deutschland der Energieverbrauch in den letzten beiden Dekaden nicht zurückgegangen. Immer neue Anwendungsformen von Energie in unserer hochtechnologisierten Gesellschaft waren stets neue Quellen für einen letztlich doch steigenden Energiebedarf. Erneuerbare Energien machen mittlerweile einen erheblichen Anteil am Endenergieverbrauch aus. Auf dem Weg in das regenerative Zeitalter gehören allerdings weiterhin Kohle und Kernkraft als Brückentechnologie in unseren Energiemix.

Insgesamt ist Deutschland heute im Jahr 2030 ein lebenswertes und weltoffenes Land. Ein entscheidender Grund dafür ist, dass die ganz überwiegende Mehrheit der Bevölkerung im Bewusstsein leben kann, dass jeder die gleichen Chancen hat, seine persönlichen Talente zu entwickeln und mit seinen Leistungen auf offenen Märkten gute Einkommen zu erzielen. Damit steht die Perspektive auf Einstieg und sozialen Aufstieg im Prinzip allen Menschen in Deutschland gleichermaßen offen.

Ludwig Erhards Diktum von vor über 70 Jahren hat an Aktualität nichts verloren: „Eine freiheitliche Wirtschaftsordnung kann auf die Dauer nur dann bestehen, wenn und solange auch im sozialen Leben der Nation ein Höchstmaß an Freiheit, an privater Initiative und Selbstvorsorge gewährleistet ist."

Sigmar Gabriel

Am Scheideweg

Märkte, so heißt es im neoklassischen Volkswirtschaftslehrbuch, seien an sich effizient und führten zu optimaler Wohlfahrt. Staatliche Eingriffe hingegen bewirkten eine Verzerrung der Gleichgewichte, sie hebelten mit ihrer bürokratischen Trägheit die dezentrale Intelligenz der Vielen aus. Innovation und unternehmerische Schöpfungskraft würden gehemmt.

Soweit die graue Theorie. Deshalb sei ein Blick auf ein Deutschland des Jahres 2030 gestattet, in dem allein die unsichtbare Hand den wirtschaftlichen Lauf der Dinge bestimmt, also ein Blick in die Zukunft unseres Landes, wenn es so kommt, wie es sich manche Marktgläubige vorstellen und wünschen.

Wachsende Ungleichheit und der Niedergang des öffentlichen Raums – 2030 im Zeichen des Laisser-faire

Im Rahmen der internationalen Arbeitsteilung hat sich das Land weiter deindustrialisiert. Bis auf wenige Glieder sind die klassischen deutschen Produktionsketten ins nichteuropäische Ausland verlagert worden. Die Deutschen sind endgültig in der Dienstleistungsgesellschaft angekommen. Diese Servicewirtschaft zeichnet sich durch extreme Ungleichheit aus: Den leistungsstarken „Gewinnern" im bildungsintensiven Hochlohnbereich in Teilen der Kreativwirtschaft und der Konzernführungsebenen stehen weitgehend unqualifizierte „Verlierer" in einfachen Aufgabenbereichen gegenüber. Letztere werden im Vergleich mit ihren ungelernten industriellen Vorgängern deutlich schlechter bezahlt, da sie in Sachen Produktivität weit hinter den Hilfsarbeitern von einst zurückbleiben. Auf dem deregulierten Arbeitsmarkt wird ihre Arbeitskraft – fernab jeden Mindestlohns – zu niedrigsten Gleichgewichtspreisen gehandelt. Sozialer Aufstieg aus diesen Verhältnissen wird durch den Wandel des Bildungssystems massiv erschwert: Die teilweise Privatisierung von Schulen und Hochschulen hat den gesellschaftlichen Fahrstuhl ausgebremst. Angesichts oft exorbitanter Gebühren vor allem an den prestigeträchtigen Eliteinstituten findet über die Bildung zuvorderst eine Reproduktion der ohnehin bereits etablierten Leistungseliten statt.

Auch von staatlicher Seite ist kein Ausgleich der Ungleichheiten zu erwarten. Nach mehreren Wellen „leistungsfreundlicher" Steuersenkungen vor allem für Besserverdienende ist der Fiskus derart geschwächt, dass er weder auf die Einkommensverteilung einwirken kann, noch aktive Konjunkturimpulse setzen kann. Im Staatshaushalt klaffen enorme Finanzierungslücken. Diese stammen nicht zuletzt aus der wiederholten Rettung des krisengeschüttelten Finanzsektors, wo dubioser Spekulation noch immer nicht durch verstärkte Regulierung Einhalt geboten wird.

Selbst staatliche Kernaufgaben werden zur kritischen finanziellen Belastung: Die öffentlichen Investitionen sind dauerhaft negativ, Infrastruktur wird oftmals nur unzureichend instand gehalten. Damit nicht genug: In Fragen des Umweltschutzes wollte man der Wirtschaft keine Wettbewerbsnachteile im internationalen Ringen um Marktanteile bescheren, daher wurden ökologische Kosten keineswegs internalisiert. Der Kampf gegen die Erderwärmung ist ins Stocken gekommen.

Wem dieses Bild als allzu düstere Schwarzmalerei vorkommt, dem kann man bezüglich des geschilderten Ausmaßes nicht widersprechen. Was jedoch die Richtung der sozialen und wirtschaftlichen Entwicklung als solche angeht, so sticht der bereits langjährige Trend zu mehr Ungleichheit, dramatischer Finanznot vor allem der Kommunen und der Privatisierung der öffentlichen Daseinsvorsorge schon heute ins Auge.

Doch sollen solche Aussichten wirklich Deutschlands einzige Option bleiben? Ein entschiedenes Nein ist angebracht: Mit einer intelligenten Politik des sozialen Wachstums und der aktiven Gestaltung kann eine starke und doch faire Wirtschaft wie Gesellschaft geschaffen werden.

Die Vision: ein Deutschland der gerechten Wissensgesellschaft

Im Jahr 2030 ist die Bundesrepublik ein Spitzenreiter in der Entwicklung und Herstellung von Hochtechnologie. Gerade im Bereich der Energieeffizienz- und Umwelttechnik ist Deutschland als Ausrüster der Welt bestens aufgestellt.

Ein finanziell gut ausgestattetes öffentliches Bildungssystem sichert den ausreichenden Nachschub an Fachkräften. Dabei wird niemand zurückgelassen: Ein integratives Schulsystem sichert zunächst Kindern und Jugendlichen ein hochwertiges, gemeinsames Lernen, später entscheidet nicht das Portemonnaie der Eltern über ein etwaiges Hochschulstudium.

Relative Einkommensgleichheit stärkt den gesellschaftlichen Zusammenhalt und garantiert allen Bürgern Teilhabe und Selbstverwirklichung. Die ohnehin leistungsgerecht bezahlten Beschäftigten der Industrie- und Technologiebranchen befinden sich in guter Gesellschaft mit den Angestellten im wachsenden Gesundheits- und Pflegesektor. Hier und anderswo entstehen genügend Arbeitsplätze.

Dank der hohen und gerecht verteilten Lohnquote am Volkseinkommen hat sich die Binnenwirtschaft dynamisch entwickelt und mit unserer Exportstärke gleichgezogen.

Starke soziale Rechte flankieren den Wohlstand in Deutschland: Vom Mindestlohn bis zu intakten Sozialversicherungssystemen wird den Bürgern ein menschenwürdiges Dasein bei abgesicherten Lebensrisiken garantiert. Funktionierende Mitbestimmung in den Unternehmen und verbindliche Flächentarifverträge sichern die demokratische Mitsprache und hohe Produktivität der Arbeitnehmer.

Auf den Finanzmärkten wurde weiteren Exzessen durch effektive Regulierung in Fragen von Transparenz, Transaktionsvolumen und Eigenkapital erfolgreich vorgebeugt. Das Bankgewerbe kommt wieder vorrangig seiner Kernaufgabe der realwirtschaftlichen Kreditvergabe nach.

Der Staat verfügt über die für seine Aufgaben notwendigen Mittel. Ein aufkommensstarkes Steuersystem bezieht alle Bürger nach individueller Leistungsfähigkeit mit ein und versetzt die öffentliche Hand in die Lage, eine öffentliche Infrastruktur – die so vom Markt allein nicht bereitgestellt werden könnte – zu finanzieren und Investitionen zu fördern.

Nicht zuletzt profitiert auch das Klima: Zum einen reduzieren die intelligenten Technologien der deutschen Wirtschaft den Energieverbrauch, zum anderen setzt der Gesetzgeber entsprechende Impulse zu weiteren Einsparungen und Forschungen.

Wege zum Ziel – aktiver Staat und innovative Wirtschaft müssen Hand in Hand gehen

Der Unterschied zwischen den beiden obigen Szenarien liegt in der jeweils unterschiedlichen Rolle des so oft gescholtenen Staates. Im ersten Fall hat er sich stetig weiter zurückgezogen, den Marktkräften beinahe alleiniges Walten ermöglicht und damit wachsende Ungleichheit zugelassen. Die zweite Version hingegen wird geprägt von der Präsenz eines gestaltenden und innovationsfördernden Staates, der zugleich Rahmen setzt und soziale Gerechtigkeit einfordert.

Diese aktive Rolle hat nichts zu tun mit der alten Mär vom staatsbürokratischen Ungeheuer, das wirtschaftliche Freiheit erstickt und Wachstum behindert. Im Gegenteil: Es geht darum, Potenziale zu erschließen und gleichzeitig sicherzustellen, dass die Gesellschaft als Ganzes und nicht nur einige Wenige Nutzen aus ihnen ziehen können. Ziel muss eine enge Partnerschaft von Staat und Ökonomie sein, indem das demokratische Interesse am Gemeinwohl verbunden wird mit einer intelligenten und modernen Wirtschaftspolitik. Letztere muss eben auch gestalten, anstatt nur zuzusehen.

Das ist der eigentliche Unterschied zwischen den Marktgläubigen und jenen, die einen aktiven Staat wollen, der steuert, reguliert, aber eben auch gezielte Wachstums- und Innovationsimpulse setzt. Insofern ist dies das sozialdemokratische Szenario für die nächsten Jahrzehnte. Dafür müssen jetzt entschieden die Weichen gestellt werden.

Gute Bildung und Forschung für neue wirtschaftliche Erfolge

Grundlage für die Entwicklung neuer technologischer Potenziale sind Bildung und Ausbildung an unseren Schulen und Hochschulen. Dabei muss die Förderung unserer Köpfe schon früh beginnen: Kindern und Jugendlichen muss ein verbessertes Schul- und Betreuungssystem angeboten werden. Über die flächendeckende Einführung von Ganztagsschulen muss ein neuer schulischer Raum geschaffen werden, in dem betreutes Lernen, Spracherwerb und Integration ohne Zeitdruck möglich sind.

Im nächsten Schritt muss die Studierendenquote auf über 40 % erhöht werden. Die allererste Bedingung hierfür lautet: Schluss mit den Studiengebühren. Bildung darf kein Luxusgut sein, sondern soll allen jungen Menschen kostenfrei zustehen. Gleichzeitig müssen Studienqualität und -angebot verbessert werden. Die Bildungsinvestitionen müssen auf den Schnitt der OECD-Staaten angehoben werden. Das sind 25 Mrd. Euro mehr pro Jahr! Eine solche Vision ist keine Illusion, wenn die Handlungsfähigkeit des Staates sichergestellt wird und die international unterdurchschnittlich hohe Steuerquote von ca. 23 % nicht weiter fällt.

Im Anschluss an ihre Ausbildung müssen unsere Fachkräfte auch die entsprechenden Möglichkeiten vorfinden, um wirkungsvoll forschen zu können. Dies soll auf zweierlei Weise geschehen: über bessere Finanzierung sowie über dichtere Vernetzung.

Die staatlichen Forschungsausgaben müssen drastisch erhöht werden. Das Ziel von 3 % des Bruttoinlandsprodukts für Forschung und Entwicklung ist hier eine erste Wegmarke Gleichzeitig sollen forschenden Privatunternehmen Steuerermäßigungen für ihre Aktivitäten eingeräumt werden. Intelligente steuerliche Forschungsförderung ist das Gebot der Stunde. Daneben geht es um größere Synergieeffekte in der Zusammenarbeit von Hochschulen, Forschungsinstituten und Unternehmen.

Zukunftsinvestitionen ankurbeln!

Deutschlands Investitionsquote muss nach ihrer Talfahrt (von über 10 % Nettoinvestition Anfang der neunziger Jahre auf teils unter 3 % in den letzten Jahren) endlich wieder deutlich ansteigen. Dabei müssen wir sicherstellen, dass vor allem besonders effiziente, ökologische Zukunftstechnologie nachgefragt wird. Es geht also nicht zuvorderst darum, den Unternehmen einfach größere steuerliche Spielräume für beliebige Anschaffungen zu eröffnen, sondern aktive Anreize zu gezielter Mittelverwendung zu setzen. Vorstellbar sind hier Instrumente im Bereich der Abschreibung. Für besonders energieeffiziente Maschinen und Anlagen könnte der jährliche Höchstsatz der degressiven Abschreibung erhöht und könnten so steuerliche Vorteile geschaffen werden. Auch die Mehrwertsteuer kann einiges beitragen: Über eine Beschränkung des ermäßigten Satzes auf Produkte, die besondere soziale und ökologische Standards erfüllen, werden Hersteller zur Erneuerung ihrer Produktionsweise angeregt.

Darüber hinaus muss die Anschaffung innovativer Technologie über staatliche Zulagen attraktiv gemacht werden. Die Förderung erneuerbarer Energien steht dabei auf der Liste ganz oben; die Finanzierung von Offshore-Windparks sei nur ein Stichwort. Nachgedacht werden könnte ebenso über neu aufgelegte Programme zur ökologischen Erneuerung von kleinen und mittleren Unternehmen sowie Privathaushalten. Letzten Endes muss auch die unmittelbare staatliche Investition selbst dem Anspruch der ökologischen Wende gerecht werden; die entsprechende Modernisierung des öffentlichen Nahverkehrs sowie eine soziale und ökologische Beschaffung sind hier nur zwei Möglichkeiten.

Sozialsysteme modernisieren

Die Deutschen werden immer älter. Diese für die Menschen erfreuliche Entwicklung sollten wir auch aus volkswirtschaftlicher Sicht als Zukunftschance begreifen. Denn der steigende Bedarf an Gesundheits- und Pflegeleistungen stellt ein enormes Wachstumspotenzial für neue Arbeitsplätze dar. Die Lebensqualität der Älteren wird zur Beschäftigungschance der Jüngeren. Ein breit aufgestellter sozialer Sektor sollte ein wichtiger Bestandteil der Zukunft Deutschlands sein. Dafür bedarf es im Gegenzug einer soliden Finanzierung, die von allen Bürgern des Landes solidarisch getragen wird. Dieses Ziel wird durch die Einführung einer Bürgerversicherung im Gesundheitswesen erreicht, bei der jeder nach seiner individuellen Leistungsfähigkeit aus allen Einkommensarten einzahlt. Auf keine andere Weise würde das Solidarprinzip konsequenter zu Ende gedacht.

Ja zu Arbeitnehmerrechten, gerechter Einkommensverteilung und starkem Sozialstaat

Eine gerechte Wissensgesellschaft kann nicht gedacht werden ohne die konstruktive Mitsprache ihrer Arbeitnehmer. Die betriebliche Mitbestimmung sichert den Unternehmen eine Ausrichtung auf langfristige Erträge und fördert die Produktivität. So sollte die (fast) paritätische Mitbestimmung in mittlerer Frist auf Unternehmen auch unter 2000 Mitarbeitern ausgeweitet werden.

Weiterhin sichern starke Flächenverträge den Schutz der Angestellten vor Lohndumping und stärken so Wohlstand, Kaufkraft und Arbeitsmotivation in unserem Land. Zusätzlich muss ein ausreichend hoher Mindestlohn Geringverdiener davor bewahren, am Ende des Monats nicht von dem hart erarbeiteten Geld leben zu können. Nur mit einer gerechten Einkommensverteilung wird auf lange Frist die Binnennachfrage ansteigen und mit der deutschen Exportstärke gleichziehen. Denn gerade in den unteren und mittleren Einkommensschichten liegt die Sparquote vergleichsweise niedrig: Hier fließt jeder zusätzliche Euro zu großen Teilen direkt in den Wirtschaftskreislauf. Damit wird die deutsche Handelsbilanz ausbalanciert und internationale Ungleichgewichte mit gefährlichen Folgen werden abgebaut.

Das Ideal der solidarischen Absicherung gemeinsamer Lebensrisiken zwischen den Bürgern muss erhalten und neu gedacht werden. In den Sozialversicherungen müssen alle Einkommensbezieher herangezogen werden. Das Sozialprinzip darf sich nicht auf die mittleren und unteren Einkommen beschränken; gerade die breitesten Schultern müssen ihren Beitrag leisten.

Finanzmärkte regulieren

Im Sinne einer nachhaltigen Wachstumsdynamik muss der permanenten Gefahr schwerer Konjunktureinbrüche durch Finanzkrisen entgegengewirkt werden. Hierzu bedarf es einer konsequenten und effektiven Regulierung des Finanzsektors, die dazu noch möglichst international abgestimmt werden soll. Zum Instrumentarium gehören verschärfte Eigenkapitalvorschriften für Banken und neue Transparenzauflagen und Zulassungsregeln durch einen Finanz-TÜV für Finanzmarktprodukte. Über eine Finanztransaktionssteuer kann das Volumen gefährlicher Kurzfristspekulation reduziert werden.

Handlungsfähigkeit des Staates erhalten

Klartext: Zur aktiven Gestaltung wirtschaftlichen Erfolgs braucht es einen handlungsfähigen Staat, der auf der Basis einer auskömmlichen Steuerfinanzierung seinen Aufgaben nachgehen kann. Dazu muss die progressive Einkommenssteuerberechnung beibehalten werden. Jedoch sollten im besonders steil ansteigenden unteren und mittleren Teil der Tarifkurve Entlastungen vorgenommen werden, die über einen höheren Spitzensteuersatz gegenzufinanzieren sind – der aber auch erst bei einem höheren Einkommen greift. Eine weitgehend synthetische, alle Einnahmen berücksichtigende Besteuerung, die gerade auch Kapitaleinkommen voll mit einbezieht, sichert eine breite Akzeptanz des Steuersystems.

Die so finanzierten öffentlichen Investitionen und öffentlichen Güter sowie der Erhalt und Ausbau von Infrastruktur sind keine ineffizienten Staatsausgaben, sondern haben gewährleistende und stützende Funktion für die deutsche Wirtschaft. Über belebende Nachfrageimpulse und intelligente Kriseninstrumente kann der Staat ökonomische Abwärtsbewegungen bremsen und so Kapital- und Beschäftigungsverluste bis zum nächsten Aufschwung vermeiden. Es geht darum, diese Stabilisierungsfunktion des Staates mit einer vernünftigen Konsolidierungsstrategie zu verknüpfen, anstatt den Fiskus über unverhältnismäßige Steuersenkungen handlungsunfähig zu machen.

Im Deutschland des Jahres 2030 wird technologiebasiertes Wachstum mit ökologischer Nachhaltigkeit verbunden. Industrie und neue soziale Beschäftigungssektoren sichern eine hohe Erwerbstätigenquote. Die Binnennachfrage entwickelt sich dank gerechter Einkommensverteilung und sozialer Sicherheit dynamisch. Die Finanzmärkte dienen zuvorderst der Realwirtschaft, welche darüber hinaus von umfangreichen öffentlichen Investitionen profitiert.

Zur Verwirklichung dieser sozialdemokratischen Vision gehört neben der Wirtschaft eben auch ein durch richtige Wirtschaftspolitik gelenkter aktiver, gestaltender Staat, der diejenigen Aufgaben in die Hand nimmt, denen die private Seite alleine nicht gewachsen ist. Der auch dafür sorgt, dass die Früchte von Innovation und Wachstum fair verteilt werden und die Gesellschaft als Ganzes gewinnt. Gerechtes und ökologisches Wachstum kommt nicht von allein. Eine neue Wirtschaftspolitik muss jetzt die richtigen Weichen stellen.

Die Sicht unserer Nachbarn

Jean-Pierre Dubois

Ein Blick über den Rhein

Um seine starke Position im internationalen Wettbewerb zu behaupten, muss Deutschland sein Ausbildungssystem ausbauen und die Zahl der Absolventen mit höherer Ausbildung vergrößern, die Mittel für Forschung und Entwicklung steigern und sich auf Sektoren spezialisieren, in denen es seine Kompetenzvorteile zur Geltung bringen kann.

Auf den ersten Blick erscheint es sehr gewagt, Hypothesen über die Zukunft der deutschen Wirtschaft bis zum Jahr 2030 aufzustellen. Jeden Tag erleben wir, wie groß die Unsicherheiten und wie vielfältig die Umschwünge sind, denen wir uns ausgesetzt sehen: Katastrophen, Finanzkrisen, Währungsprobleme, politische Umschwünge.

Und trotzdem ist es angebracht, sich dieser Übung zu unterziehen. Denn die Entscheidungsträger in Politik und Wirtschaft, im öffentlichen und privatwirtschaftlichen Bereich können gar nicht anders, als zukünftige Entwicklungsmöglichkeiten explizit oder implizit in ihre Entscheidungen einzubeziehen. So haben Frankreich und Deutschland im Februar 2010 eine gemeinsame Agenda 2020 beschlossen, und viele Veröffentlichungen behandeln Zukunftsthemen, die die Bürger über die Tagessorgen hinaus mit längerfristigen Fragen konfrontieren, beispielsweise der Frage, wie ihre Altersversorgung aussehen wird.

Schließlich ist das Jahr 2030 nur 20 Jahre entfernt.

Auch die Partner und Konkurrenten Deutschlands entwickeln längerfristige Szenarien, um ihre Zukunftschancen zu optimieren, wie beispielsweise das METI, das japanische Ministerium für Wirtschaft, Handel und Industrie.

So gewagt die Übung auch sein mag, sie ist stärkstens zu empfehlen.

Eine gute Vorbereitung dafür besteht darin, in die Vergangenheit zu schauen: Was haben wir vor zwanzig Jahren über das Jahr 2010 gedacht und gesagt? Wenn man sich die Berichte und Bücher von vor zwanzig Jahren in Erinnerung ruft, kann man feststellen, dass die großen Charakteristika unserer heutigen Situation ziemlich gut antizipiert wurden.

Vor 20 Jahren sahen die Autoren voraus, dass neue Wirtschaftsmächte entstehen würden, und diese Entwicklung hat tatsächlich stattgefunden. Aber bis heute hat sie „die Karten nicht so stark neu gemischt", wie es vermutet worden war. Die traditionellen Wirtschaftsmächte haben dem Vormarsch ihrer neuen Konkurrenten bisher noch ganz gut widerstanden, wenn man auch eine schrittweise Erosion ihrer Weltmarktposition beobachten kann.

Das Fehlerrisiko von qualifizierten Abschätzungen zukünftiger Entwicklungen ist also moderat, die Basistendenzen zu Grunde zu legen, begrenzt es.

Viele Studien der 1990er Jahre haben aber bei einigen wesentlichen Änderungen auch danebengelegen, insbesondere was die technologischen Innovationen anbetrifft, die zu der enormen Ausbreitung der Internetnutzung geführt haben. Umgekehrt haben sich andere Befürchtungen, wie die von politischen Erschütterungen in großen Schwellenländern, nicht bewahrheitet oder sind im Rahmen „beherrschbarer" Herausforderungen geblieben.

Um aus der „Vision" eine fruchtbare Übung zu machen, ist es daher angebracht, die Hauptachsen zu identifizieren, entlang derer die Überlegungen angestellt werden können. Der Kontext der wirtschaftlichen Aktivitäten in Deutschland und in der Welt, für den Hypothesen über die zukünftige Entwicklung formuliert werden können, führt zu folgenden Fragen:

- Wie können sich die wichtigsten Industriesektoren der deutschen Wirtschaft gegenüber der zunehmenden Konkurrenz der Schwellenländer behaupten, ohne in Deutschland selber das Marktwachstum zu beeinträchtigen und die soziale Stabilität zu gefährden?
- Wie gut kann die deutsche Wirtschaft die Chancen neuer Wachstumssektoren nutzen, die aus dem demografischen Wachstum und dem steigenden Einkommen der Schwellenländer resultieren und – neben der zunehmenden Nachfrage nach etablierten – immer stärker zu einer Nachfrage nach innovativen Lösungen führen?
- Welche geografische Orientierung sollte die deutsche Wirtschaft ausbauen, um ihre zukünftigen strategischen Partner zu finden?

Verteidigung der internationalen Wettbewerbsposition Deutschlands und Bewahrung von Heimmarktwachstum und sozialer Stabilität

Die deutschen Unternehmen, die großen internationalen wie die mittelständischen, konnten den Herausforderungen der Globalisierung sehr gut begegnen, ohne protektionistische Maßnahmen zu benötigen. Das entspricht der Tradition des offenen Marktes, die Deutschland seit Jahrzehnten verfolgt.

Es gab in den letzten beiden Jahrzehnten zwar einige schwere Misserfolge, die auf Strategiefehler und ungenügender Anpassung an Bedarfsentwicklungen zurückzuführen waren, aber die meisten Unternehmen sind eher stärker geworden. Das erforderte enorme Anstrengungen, die zu einem Wandel der deutschen Industrielandschaft geführt haben: Produktionsverlagerungen in Niedriglohnländer und in Wachstumsmärkte haben dazu geführt, dass viele Unternehmen heute fast zwei Drittel ihrer Beschäftigten im Ausland haben.

Deutschland ist nach China auf der zweiten Position der Exportländer, seine Ausfuhren übersteigen 33 % seines Bruttoinlandprodukts. Diesen Erfolg verdanken die deutschen Unternehmen in erster Linie der Reorganisation ihrer Wertschöpfungskette, die dazu geführt hat, dass deutsche Produkte und Dienstleistungen heute einen hohen Prozentsatz an zuvor importierten Teilen oder Leistungen beinhalten. Der Außenhandelsüberschuss Deutschlands lag 2009 aber dennoch bei über 130 Milliarden Euro. Jeder vierte Arbeitsplatz in Deutschland hängt vom Export ab.

Aber was heute gilt, wird nicht notwendigerweise auch morgen Gültigkeit haben. Die Welt wird immer multipolarer. So zeigen neue Daten, dass die Schwellen- und Entwicklungsländer inzwischen die OECD-Länder in ihrer Industrieproduktion überholt haben. Während sich der Wettbewerb in vielen Industriebereichen zu Beginn der 1990er Jahre im Wesentlichen zwischen Amerika, Europa und Japan abspielte, nehmen heute chinesische, indische, koreanische, brasilianische und andere Unternehmen an internationalen Bieterwettbewerben teil. Während sich vor etwas mehr als 20 Jahren ein französisches und ein deutsches Unternehmen einen heißen Wettbewerb lieferten, um den Auftrag für das U-Bahnsystem von Shanghai zu erhalten, treffen sie heute in der ganzen Welt auf chinesische Anbieter. Das gilt für viele Sektoren.

Daher stellt sich die Frage, ob Deutschland in den Sektoren, die seine Exporterfolge ausmachen (Automobilindustrie, Maschinenbau, Chemie), weiterhin seine Position behaupten kann. Wie muss die Arbeitstellung in diesen Sektoren zwischen dem Standort Deutschland und den internationalen Standorten organisiert werden? Diese Fragen betreffen ganz besonders die deutsche Automobilindustrie, die für die deutsche Wirtschaft und das BIP ein beträchtliches Gewicht hat, sowohl für die direkten, als auch für die indirekten Beschäftigten. Die Wachstumsmärkte (wie China mit 13 Millionen verkauften Fahrzeugen im Jahr 2009 oder Indien und Brasilien) verfügen inzwischen über eigene industrielle Fähigkeiten und starke einheimische Unternehmen, die sich nicht davon abhalten lassen, auch in das Premium-Segment vorzudringen, das bisher die deutschen Automobilhersteller beherrschen. Die Herausforderung wird umso ernster sein, als die Menschen in diesen Märkten einheimische Hersteller bevorzugen, wenn es sie gibt.

Es ist verständlich, dass die Automobilhersteller großes Interesse daran haben, Elektroautos zu entwickeln und auf den Markt zu bringen, da sie damit den Bestand an Fahrzeugen mit Verbrennungsmotor substituieren und neues Wachstum erzeugen können. Viele erwarten ab etwa 2020 ein Zurückgehen der Erdölproduktion, und die Automobilkäufer sind laut

Umfragen sogar bereit, einen höheren Preis zu zahlen, um ein Elektroauto zu erwerben. Der Wettbewerb wird hier besonders hart sein, denn alle Automobilhersteller stürzen sich zurzeit auf die Entwicklung der Elektroautos und gehen alle Arten von Partnerschaften ein. Aber es ist gar nicht als sicher anzusehen, dass es die Automobilhersteller sein werden, die das Rennen machen.

In den meisten anderen Industriesektoren spielen sich ähnliche Entwicklungen ab, bei denen oft Partnerschaften mit lokalen Firmen in den Schwellenländern eingegangen werden, um der lokalen Nachfrage schnell gerecht zu werden. Häufig werden diese lokalen Partner aber nach einer gewissen Zeit gefährliche Konkurrenten. Im Eisenbahnbau, in der Luftfahrtindustrie und im Bereich der Kernenergie haben sich schon ernst zu nehmende neue Wettbewerber etabliert.

Daher müssen die Unternehmen der Industrieländer immer einen deutlichen Vorsprung wahren, am wirkungsvollsten durch Forcierung von Forschung und Entwicklung. Deutschland ist hier gut platziert, denn 2008 gab es 61 Milliarden Euro für F&E aus, mit steigender Tendenz, verglichen mit 272 Milliarden Euro in den USA und 110 Milliarden Euro in Japan. Allerdings besteht immer die Gefahr, dass Budgetknappheit dazu führt, die Zukunft der Gegenwart zu opfern. Aktuelle Debatten über Forschungs- und Bildungsausgaben bestätigen das.

Es wäre jedoch ein fataler Fehler, auf Forschungsprojekte zu verzichten. Einige Indikatoren zeigen das Risiko auf: Zwischen 1999 und 2003 wurden in China ebenso viele neue Forscher ausgebildet, wie es insgesamt in Deutschland Forscher gibt, und 2007 erreichte die Zahl der chinesischen Patentanmeldungen 160.000, das ist weit mehr als die Zahl der deutschen Patentanmeldungen.

Die Beurteilung nach Sektoren und ihrer langfristigen Perspektive kann allerdings unzuverlässig sein, denn in den letzten zehn Jahren hat sich häufig gezeigt, dass in dem selben Sektor ein Unternehmen großen Erfolg, ein anderes dagegen Misserfolg ernten kann, je nach strategischer Positionierung, guter oder schlechter Partnerwahl und Qualität der Unternehmensführung.

In diesem schwierigen Umfeld kämpfen die deutschen Unternehmen um ihre eigene Zukunft, nicht um die der deutschen Wirtschaft insgesamt. Hinzu kommt, dass das Eigenkapital der großen deutschen Konzerne, aber auch vieler mittlerer Unternehmen, immer öfter von ausländischen Investoren gehalten wird, die die Unternehmensleitungen veranlassen, externe Interessen zu berücksichtigen. Diese externen Interessen sind oft in erster Linie auf kurzfristige Rentabilität ausgerichtet, die den Traditionen der deutschen Volkswirtschaft entgegen laufen. Die Unternehmensführer müssen sich daher oft einem rauen internationalen Wettbewerb stellen, um ihre Unternehmensziele zu erreichen und Aufträge hereinzuholen, selbst auf die Gefahr hin, strategische Technologien in andere Länder zu transferieren. Diese Tendenz wird sich in den kommenden Jahren nicht abschwächen, sondern verstärken.

Die Menschen in Deutschland haben heute ein viel kritischeres Verhältnis zu den Unternehmen, denn obwohl sie die Wirtschaftskrise einigermaßen überstanden haben, haben alle gespürt, dass die Krise, von der man sich anfangs nicht betroffen glaubte, eine existenzielle war.

Die Überlebenskraft der deutschen Industrieunternehmen ist entscheidend, denn wie in keinem anderen Land der Welt hat die herstellende Industrie in Deutschland eine Schlüsselrolle für die gesamte Wirtschaft (in der Mitte des abgelaufenen Jahrzehnts erwirtschaftete sie mit etwas über 7 Millionen Beschäftigten einen Umsatz von 1.650 Milliarden Euro, während die herstellende Industrie in Frankreich mit 3,7 Millionen Beschäftigten einen Umsatz von 950 Milliarden Euro erwirtschaftete).

Auch die Erträge der deutschen Unternehmen konnten nur durch die Reduktion der Lohnkosten gehalten werden. Zwischen Mitte der 1990er Jahre und 2010 wurde das soziale Modell Deutschlands, das berechtigterweise lange Zeit im Ausland bewundert wurde, einer harten Prüfung unterworfen. Zeitarbeit, begrenzte Arbeitsverträge und Mini-Jobs sind weit verbreitet, sie wuchsen von 6,4 Millionen im Jahr 1996 auf 9,8 Millionen der Beschäftigten im Jahr 2008, also um 53 %, während die Zahl der fest angestellten Beschäftigten in der gleichen Zeitspanne von 24,7 Millionen auf 22,9 Millionen sank. Dieser duale Arbeitsmarkt hat inzwischen zu einem sehr anfälligen sozialen Zustand geführt.

Da die Löhne/Gehälter der in der deutschen herstellenden Industrie beschäftigten Männer durch die Krise gesunken sind, stellt heute der Verdienst der Frau in jedem vierten deutschen Haushalt den größeren Einkommensanteil dar.

Dank dieser Veränderungen konnte Deutschland aber ein im Verhältnis zu anderen Industrieländern hohes Niveau industrieller Produktion aufrechterhalten. Die deutsche Automobilindustrie, die im Jahr 2000 noch 746.000 Mitarbeiter im Lande beschäftigte, hat im Jahr 2010 noch immer 723.000 Mitarbeiter. In den USA sank die Zahl in dieser Zeit von 1,3 Millionen auf 679.000 Mitarbeiter, fast um die Hälfte.

Diese großen Anstrengungen, die internationale Wettbewerbsfähigkeit Deutschlands zu erhalten, wurden mit schwacher heimischer Nachfrageentwicklung bezahlt. Diese Entwicklung droht wegen einiger Trends weiter zu laufen oder sich sogar noch zu beschleunigen:

- Vor allen Dingen dem Altern der deutschen Bevölkerung, das das verfügbare Einkommen und das Kaufverhalten verändert.

- Den Erfahrungen der letzten beiden Jahrzehnte, in denen viele Menschen, besonders in den neuen Bundesländern, lange Phasen der Arbeitslosigkeit erlebten und an Qualifikation und verfügbarem Einkommen einbüßten.
- Einer zunehmenden Kultur des Sparens, die dazu führt, dass Kaufentscheidungen verzögert werden und zugunsten billiger Produkte oder Dienstleistungen fallen.

Bildet sich da in Deutschland ein neues Wachstumsmodell heraus, das nach anderen Kriterien als der Anhäufung von materieller Habe funktioniert? Beispielsweise das einer Präferenz für Nahrungsmittel, die lokal angebaut werden und eine günstigere CO_2-Bilanz aufweisen als exotische Produkte, oder ein verändertes Verhältnis zum Automobil, dem kein Prestigewert mehr beigemessen wird? Dafür spricht das Vordringen von Autos der unteren Fahrzeugklassen, bei denen der niedrige Preis ein wichtigerer Faktor ist als Design und Marke.

Werden die Wettbewerbsanstrengungen in den nächsten Jahren ausreichen, um die Arbeitsplatzsicherheit zu gewährleisten, oder werden deutsche Arbeitskräfte in Länder mit niedrigerem Lohn- und Kostenniveau abwandern müssen, wie einigen von ihnen von manchen Unternehmen schon vorgeschlagen wird?

Eine weitere Frage betrifft die Situation derjenigen Personen in 20 Jahren, die kein dauerhaftes Beschäftigungsverhältnis mehr haben: Wie werden sie ihre Lebenshaltungskosten bestreiten, können sie überhaupt noch Rücklagen bilden, wie können sie ihre Weiterbildung finanzieren, die immer stärker der privaten Initiative des Einzelnen überlassen sein wird? Können sie ein normales Glied der Gesellschaft bleiben?

Ergebnis kann eine wirkliche Erosion der Mittelklasse sein. Bisher ist es der Politik in Deutschland gelungen, Extremismus in Schranken zu halten und bei der großen Mehrheit der Bevölkerung eine Reihe von Werten und eine demokratische Grundorientierung lebendig zu erhalten. Aber der Schock der durch die Krise verursachten Abstriche, die Aufdeckung des schädlichen und irreführenden Verhaltens des Finanzsektors, das zur Finanzkrise und zu Geldverlusten vieler kleiner Anleger geführt hat, sowie die Korruptionsskandale namhafter deutscher Unternehmen haben das Vertrauen der Bürger in die Marktwirtschaft und in die Vorteile der Globalisierung zutiefst erschüttert.

Wird die in Deutschland heranwachsende Jugend darauf vorbereitet, ein aktives, erfolgreiches Leben in der sich verändernden Welt zu bestreiten? Wird das so oft gepriesene Ausbildungssystem der Lehre seine Wirksamkeit bewahren oder in der „Wissensgesellschaft“ an Bedeutung verlieren?

Der letzte OECD-Untersuchungsbericht hat die geringe Zahl von deutschen Hochschulabsolventen herausgestellt und die deutsche Politik aufgefordert, diese Situation zu korrigieren. Diese Korrektur ist deshalb umso dringender, als Deutschland, ebenso wie seine europäischen Nachbarn, für ausländische Investoren attraktiv bleiben will und das Ausbildungsniveau seiner Bürger ein wichtiges Standortkriterium für Investitionen ist.

Die deutschen Hochschulabsolventen müssen darauf vorbereitet werden, sich in einem globalen Markt zu behaupten.

Schließlich nimmt auch die Wichtigkeit von Integrationsmaßnahmen, besonders bei der Ausbildung, immer stärker zu, denn 23 % der Neugeborenen in Deutschland kamen 2008 in Familien auf die Welt, bei denen mindestens ein Elternteil Ausländer war, bei 10 % der Neugeborenen waren es beide Eltern.

Chancen in den traditionellen Wirtschaftssektoren wahren und in den neuen Wachstumssektoren sichern

Das demografische Wachstum in Asien, Lateinamerika und Afrika wird zu einer zunehmenden *Nachfrage auch für traditionelle Produkte und Dienstleistungen* führen. Die Mittelklasse in den Schwellenländern repräsentiert heute schon 500 Millionen Menschen und wird bis 2030 auf über eine Milliarde anwachsen.

Diese Verdoppelung wird ein deutliches Nachfragewachstum auslösen. Sektoren, die heute an sich schon das Reifestadium mit geringen Wachstumsraten erreicht haben, werden dadurch wieder auf wachsende Nachfrage stoßen. Ein solcher Sektor ist beispielsweise der der Agro-Alimentation. Deutschland nimmt in diesem Sektor eine starke Position ein, besonders auf dem Gebiet der Bio-Produkte.

Das Gleiche gilt für kosmetische Produkte, für die Brasilien, China und Russland schon heute interessante Märkte deutscher Kosmetikfirmen sind, die ihren Marktanteil aber schnell sichern müssen.

Eine dreigeteilte Entwicklung ist im Dienstleistungsmarkt zu erwarten:

- Mittleres Wachstum des Sektors für Dienstleistungen mit hoher Wertschöpfung, der Beschäftigte mit sehr hohem Ausbildungsniveau erfordert (Gesundheit, IT, Beratung und Bildung); hier werden seit Jahren große Anstrengungen in Deutschland unternommen, um das Arbeitskräfteangebot zu vergrößern.
- Hohes Wachstum des Sektors der persönlichen Dienste, in dem eine extrem starke Nachfrageentwicklung besteht, die durch die alternde Gesellschaft noch steigen wird; hier werden immer stärker ausländische Dienstleister benötigt werden.

- Verlagerung von Dienstleistungen mit geringer Wertschöpfung und keiner persönlichen Betreuung in Nachbarländer mit geringeren Personalkosten.

Für den Tourismus und das kulturelle Angebot bieten sich für Deutschland auch gute Zukunftschancen. Die exzellente Organisation der Fußball-Weltmeisterschaft im Jahr 2006 hat einen ausgezeichneten Ruf in der Welt hinterlassen. Eine Studie, die in diesem Jahr veröffentlicht wurde, zeigt auf, dass Deutschland im Ausland inzwischen eine große Popularität als Zielland genießt. Die Ruhr als europäische Kulturregion des Jahres 2010 dürfte zu zusätzlicher Anziehungskraft führen.

Neue Wachstumssektoren entstehen weltweit durch die Umweltökonomie, die im Begriff ist, eine neue industrielle Revolution zu bewirken.

Bis zum Jahr 2020 dürfte der weltweite Umsatz im Umweltgeschäft 3.000 Milliarden Euro jährlich erreichen. Trotz der dürftigen Resultate der Kopenhagen-Konferenz und der Kontroverse über den Klimawandel wird die „Grüne Wirtschaft" mit großer Wahrscheinlichkeit einer der größten Wachstumssektoren weltweit werden, gleichermaßen in den Industrie- und in den Schwellenländern.

Deutschland weist bei der erneuerbaren Energieerzeugung einen unbestreitbaren Kompetenzvorsprung auf, sowohl in der Forschung, als auch in der praktischen Anwendung.

Das Deutsch-Türkische Kolloquium vom März 2010 und der Besuch von Kanzlerin Merkel in Ankara und Istanbul sind ein Beleg dafür, wie stark der strategische Wille Deutschlands auf diesem Gebiet ausgeprägt ist. Trotz der Meinungsverschiedenheiten bezüglich der Aufnahme der Türkei in die Europäische Union schlossen beide Länder einen Kooperationsvertrag auf dem Gebiet der „Grünen Wirtschaft" ab. Einige Wochen später eröffnete die deutsche Kanzlerin in den USA ein gemeinsames Umwelt-Forschungslaboratorium zwischen VW und der Universität Stanford, das die deutsch-amerikanische Zusammenarbeit auf diesem Gebiet manifestiert.

Angesichts der vielfältigen Ansätze der Entwicklung erneuerbarer Energien muss Deutschland allerdings Prioritäten setzen, denn einige der Ansätze sind sehr kostspielig. Beim Deutsch-Türkischen Kolloquium unterstrich die deutsche Kanzlerin, dass die Nutzung der Sonnenenergie anfangs hohe Subventionen erfordern wird. So werden die Investitionen für das Projekt Desertec, durch das Europa mit Sonnenenergie aus der Sahara versorgt werden soll, mehr als 400 Milliarden Euro betragen. Die Risiken dieses Projekts sind sehr hoch.

Es ist auch mit neuen Wettbewerbern aus Amerika und China zu rechnen, die ihre Anstrengungen und Investitionen auf dem Gebiet der Sonnenenergie vervielfachen.

Entscheidend ist in dieser Situation, klare Prioritäten zu setzen und dann entschlossen zu handeln, wie Präsident Obama es in Bezug auf neue Weltraumprojekte getan hat.

Die Budgetprobleme, die Deutschland und die anderen europäischen Länder haben, müssen zu einer Umgruppierung der Mittel führen.

Der Zugang zu Rohstoffen ist heute kritischer als je zuvor. Innovationsfähigkeit und Spitzenausbildung reichen nicht aus, um eine führende Technologieposition zu erreichen. Denn der Zugang zu Rohstoffen bestimmt die Fertigungsmöglichkeiten von leistungsfähigen Produkten. Die Preise für Eisenerz, Eisenschrott und Koks, bei denen drei Konzerne zusammen fast 70 % Marktanteil halten, sind in letzter Zeit stark gestiegen. Gleiches gilt für strategische Metalle, die Seltenen Erden, deren unzureichende Verfügbarkeit zu irreparablen industriellen Nachteilen führen könnte. Denn ohne diese Metalle können viele High-Tech-Produkte nicht hergestellt werden. Beispiele sind Dysprosium, das in der Luftfahrt für besonders harte Materialien benötigt wird, oder Neodym, das besonders zur Elektrizitätserzeugung mit Windmühlen benötigt wird. Der Wettlauf um diese Metalle hat begonnen. China hat hier einen unbestreitbaren Vorteil, da es 95 % der Vorkommen besitzt und diese Position nutzt, um die Metalle gegen Technologie-Know-how einzutauschen. Daher sind die Rezyklierung dieser seltenen Metalle und die Entwicklung neuer Gewinnungsmethoden von größter Wichtigkeit.

Entscheidung für geografische Prioritäten

Deutschland ist mit einer Zahl von Ländern in der Welt eine strategische Partnerschaft eingegangen. Über das politische Interesse einer guten Beziehung hinaus wird aber nicht selten festgestellt, dass diese strategischen Partnerschaften nur begrenzte Resultate erbringen. In den nächsten 20 Jahren wird der Wettbewerb zwischen den großen Räumen auf der Erde dazu führen, dass die Partnerschaften auf ihren Wert oder Unwert hin geprüft werden. Die Steigerung des Lebensstandards in vielen der Schwellenländer, der gestiegene Konsum der dortigen Mittelklasse, die politische Stabilität, die sich eingestellt hat, geben Anlass zu der Erwartung, dass der eingeschlagene Weg fortgesetzt werden wird und dass sich andere als die Sektoren, die in den letzten 20 Jahren von den Partnerschaften profitiert haben, auch ausbauen lassen.

Eine strategische Reflexion sollte aber die Frage beantworten, wie sich die Partnerschaften weiter entwickeln können, um die geografischen Schwerpunkte für die nächsten 20 Jahre zu definieren. Es geht darum, auch in den zukünftigen Wachstumsmärkten eine starke Präsenz zu sichern und dort mit niedrigen Kosten zu produzieren. Und zunehmend wird es darum gehen, den Zugang zu Rohstoffen zu sichern, die für die Herstellung von Produkten mit hohem Technologiegehalt wichtig sind.

Es ist nicht auszuschließen, dass die heutigen Schwellenländer, nachdem sie wegen ihrer hohen Wachstumsraten eine außergewöhnliche Attraktion ausgeübt haben, schließlich nicht mehr die privilegierten Partnerländer sein werden.

Deutschland hatte in den 1980er und 1990er Jahren eine starke geografische Orientierung auf die Schwellenländer Asiens, besonders auf China, eingeschlagen. China, Indien und Brasilien haben seit Mitte der 1980er Jahre von günstigsten Finanzierungsbedingungen und von einem beträchtlichen Technologietransfer der Industrieländer profitiert, werden aber in absehbarer Zukunft diese Hilfe nicht mehr benötigen. Stattdessen könnten Länder wie Russland und die Türkei für Deutschland Partnerländer erster Wahl werden:

- Die Türkei mit 72 Millionen Einwohnern, einer jungen, gut ausgebildeten Bevölkerung und einer engen Vernetzung in ihrer Region kann für Deutschland dank der privilegierten Beziehung zwischen beiden Ländern eine attraktive Basis für den gesamten türkischsprachigen Raum und die angrenzenden Länder, insbesondere den Irak, sein.
- Russland stellt aufgrund seiner Größe, seiner Bodenschätze und seines Einflusses auf mehrere große Nachbarländer einen wichtigen Zielmarkt dar. Durch eine Diversifikation der Wirtschaftsbeziehungen kann Deutschland seine Abhängigkeit von russischen Energielieferungen (Erdöl, Gas) relativieren.

In Afrika und den meisten Ländern Lateinamerikas fehlte bisher der ökonomische Impuls, der zu wachsenden Wirtschaftsbeziehungen mit Deutschland hätte führen können. Deutschland hat dort schon viel Entwicklungshilfe geleistet, aber interne Konflikte und schwache Regierungen in diesen Ländern haben bisher verhindert, dass Infrastrukturprojekte und die Modernisierung besonders des Gesundheitssektors und der Landwirtschaft in größerem Ausmaß in Angriff genommen wurden. Dennoch sollte Deutschland seine Position in diesen Ländern ausbauen, um sich Zugang zu den reichlich vorhandenen Rohstoffen zu sichern.

Die Beziehungen zu den USA, einem der wichtigsten Partnerländer Deutschlands, erfordern eine andere Art der Betrachtung. Die USA waren 2009 mit einem Exportvolumen von 53,8 Milliarden Euro der drittwichtigste Kunde Deutschlands und mit 39,9 Milliarden Euro Importen sein viertwichtigster Lieferant. Die USA sind sowohl ein politischer Partner von größter Bedeutung, als auch ein Wirtschaftspartner, obwohl der Wettbewerb mit diesem Partner oft sehr rau ist, besonders in der Luftfahrt- und Verteidigungsindustrie. Die Gemeinsamkeiten überwiegen aber bei weitem, wenn auch die transatlantische Partnerschaft trotz mehrfacher Anläufe in letzter Zeit nicht neu belebt wurde.

Auch in einer globalen Ökonomie bleibt die geografische Nähe ein wichtiger Faktor für die wirtschaftlichen Beziehungen. So stellen die Länder der Europäischen Union mit einem Anteil von 62,9 % der deutschen Exporte in 2009 den größten Markt dar, und wenn man die Schweiz, Norwegen, Russland und die Türkei dazu zählt, nimmt Europa 71 % der deutschen Exporte ab. Gleichzeitig sind die Länder der Europäischen Union mit 58,3 % der deutschen Importe der größte Lieferant Deutschlands, inklusive der anderen europäischen Länder sind es 70 % der deutschen Importe. Die deutschen Unternehmen haben daher ein großes Interesse daran, dass die europäischen Nachbarn eine starke und wachsende Nachfrage aufweisen. Die europäischen Nachbarn erwarten aber dasselbe von Deutschland.

Einer der immer bestimmenderen Erfolgsfaktoren von Unternehmen besteht in ihrer Fähigkeit, dauerhafte Allianzen mit komplementären Partnerunternehmen einzugehen, um Marktzugang zu gewinnen und neue Produkte oder Dienstleistungen gemeinsam zu entwickeln.

In seiner Untersuchung vom Februar 2010 zur „Sackgasse der japanischen Industrie" stellt das METI einen Vergleich zwischen der japanischen und der koreanischen Industrie an und kommt zu der Feststellung, dass sich wichtige japanische Branchen nicht in demselben Maß restrukturiert haben wie die koreanischen. So gibt es noch heute sechs japanische Automobilhersteller, die sich einen Markt für 4,2 Millionen Fahrzeuge teilen, gegenüber einer einzigen koreanischen Gruppe, die einen Markt von 1 Million Fahrzeugen bedient. In der Stahlindustrie steht eine Produktion von 76 Millionen Tonnen vier japanischer Hersteller einer Produktion von 58 Millionen Tonnen von nur zwei koreanischen Herstellern gegenüber. Ähnlich sieht es bei Mobiltelefonen aus: Sechs japanische Hersteller teilen sich 31 Millionen verkaufte Mobiltelefongeräte, gegenüber zwei koreanischen Herstellern, die insgesamt 22,4 Millionen Geräte verkaufen. Die Japaner erleiden dadurch Nachteile bei der Finanzierung von Innovationsprojekten und beschneiden ihre Ertragskraft.

Die vereinbarte Kooperation von Renault und Daimler und die Zusammenarbeit von PSA und Mitsubishi zeigen, dass Mengendegression und gemeinsames Entwicklungspotenzial auch von den europäischen Automobilherstellern als wichtig angesehen werden.

Am Ende der Betrachtung bleiben aber drei Fragen, die sich auf der Ebene ganzer Länder und der der Unternehmen nicht eindeutig beantworten lassen:

- Nach welchen Spielregeln funktionieren Partnerschaften – ist es ein strategisches Spiel, das „Win-Win"-Ergebnisse zulässt, oder gibt es immer nur Gewinner und Verlierer?
- Ändern sich die Spielregeln in Abhängigkeit von den Interessen der Partner?
- Auf welcher Ebene werden Spiele entschieden – auf der einzelner Unternehmen, einzelner Länder, Europas und anderer Regionen oder auf der Welt insgesamt?

Die Welt-Ebene dürfte beispielsweise spätestens bei der Verknappung von natürlichen Ressourcen die einzig sinnvolle sein.

Schlussfolgerungen

Deutschland profitiert heute von politischer Stabilität in einem befriedeten Raum mit solventen großen Märkten in unmittelbarer Nachbarschaft. Die deutsche Wirtschaft verfügt über wichtige Trümpfe, um ihre Position auch in den nächsten 20 Jahren zu wahren. Aber die Wettbewerbsbedingungen werden in Zukunft rauer werden als heute. Um ihre Position in Europa und in der Welt zu behaupten, müssen die deutschen Unternehmen eine hohe Anpassungsfähigkeit beweisen, und die Anpassung kann nicht nur auf gerade laufende Herausforderungen hin erfolgen, sondern muss visionär sein.

Die vergangenen Krisen haben bewiesen, dass die klassischen Erfolgsfaktoren, wie Unternehmensgröße, Positionierung der Produkte und geografische Gegebenheiten, ebenso ein Vorteil wie ein Handicap sein können. Entscheidender sind die Qualität der Führung, das treffsichere Management von Chancen und Risiken, die Motivation und Mobilisation der Mitarbeiter und die Fähigkeit, dauerhafte und effiziente Partnerschaften einzugehen.

Allein können die einzelnen Unternehmen jedoch nicht die Bedingungen für ihren Erfolg schaffen, sie brauchen den Staat, in dem sie angesiedelt sind, der sie strategisch unterstützen muss. Das gilt besonders für den Bereich der Innovationsfähigkeit, in dem die Ausbildung, Forschung und der Handlungsrahmen des Standortlandes auf Innovationsleistung ausgerichtet sein müssen.

Die Schwellenländer haben in den letzten 20 Jahren ihre Position deutlich verstärkt und verfügen heute über große eigene Unternehmen und leistungsfähige Strukturen. Von ihnen kann man lernen, dass ein Widerstreit zwischen Unternehmertum und Staat schädlich und unnötig ist, dass vielmehr beide an einem Strang ziehen können, unabhängig von der politischen Konstellation.

Eine weitere Lehre, die wir aus der Erfahrung der Jahre von 1990 bis 2010 ziehen können, ist die, dass Größe zwar nicht ausreicht, um im globalen Wettbewerb zu bestehen, dass sie aber zur notwendigen Bedingung wird. Einer der Gründe, warum Japan von einem „verlorenen Jahrzehnt" (1990 bis 2000) spricht, ist, dass es dem Land und seinen Unternehmen nicht gelungen ist, rechtzeitig dauerhafte und fruchtbare Partnerschaften zu schließen.

Die deutschen und französischen Unternehmen sollten in den nächsten 20 Jahren die Hindernisse zu überwinden versuchen, die zukunftsorientierten Kooperationen in Europa im Wege stehen. Schon wegen des wachsenden Mitteleinsatzes für viele Zukunftsprojekte werden diese Kooperationen erforderlich sein.

Auch in Europa liest sich die Geschichte des vergangenen Jahrzehnts wie eine „Geschichte verlorener Gelegenheiten". Die visionäre Herausforderung an die Unternehmen für die nächsten 20 Jahre besteht darin, die Humanressourcen und die finanziellen Mittel in einer Weise zusammenzuführen, dass schlagkräftige Innovationsleistungen entstehen können, ohne dass mühsame und bürokratische Kompromisse den Elan beschneiden.

Lord John Eatwell

Erfolgsdynamik 2010 – das deutsche Paradoxon

In einem kürzlich erschienenen Interview der Financial Times erklärte Regierungssprecher Ulrich Wilhelm die Gründe des wirtschaftlichen Erfolgs Deutschlands wie folgt:

„Der Exporterfolg der deutschen Unternehmen beruht nicht auf wirtschaftspolitischen Taktiken, sondern auf der hohen Wettbewerbsfähigkeit der deutschen Industrie, die insbesondere von den mittelständischen Unternehmen geprägt ist. Sie verkörpern die hohe Innovationsleistung, die starke Einsatzbereitschaft der Mitarbeiter und die Qualität deutscher Produkte. Da die Lohnkosten in Deutschland mit zu den höchsten in der Welt gehören, kann der Erfolg nicht an niedrigen Löhnen liegen.

Allerdings sind die Lohnstückkosten in Deutschland seit Beginn der europäischen Währungsunion 1999 recht stabil geblieben. Das ist zum einem moderaten Tarifabschlüssen zu verdanken, die einer Phase exzessiver

Lohnsteigerungen nach der deutschen Wiedervereinigung und einem Anstieg der Arbeitslosigkeit auf mehr als 5 Millionen Arbeitslose folgte. Zum anderen half die niedrige Inflationsrate, die es der Europäischen Zentralbank erlaubte, die Zinsen niedrig zu halten." (Financial Times, 22.03.2010).

Die exportorientierte Wirtschaftsstrategie hat Deutschland 60 Jahre lang gute Dienste geleistet. Mit Ausnahme der späten 1980er und frühen 1990er Jahre, als die deutsche herstellende Industrie sich zu langsam auf das Vordringen der digitalen Technologie einstellte und dadurch an Wettbewerbsfähigkeit verlor, ist der Exporterfolg deutscher Unternehmen immer bemerkenswert gewesen. Deutschland ist das einzige europäische Land, dessen Anteil der herstellenden Industrie am Bruttoinlandprodukt nicht nennenswert gesunken ist. Während Länder wie Frankreich und England eine starke Verlagerung ihrer Wirtschaft und ihres Außenhandels zum Dienstleistungssektor hin verzeichneten, ist Deutschland der „Maschinenbauer der Welt" geblieben. Das ist nicht ohne Konsequenzen, denn weltweite Konjunkturschwankungen wirken sich besonders stark auf die Nachfrage nach deutschen Investitionsgütern aus – mit schmerzlichen Umsatzverlusten wie in der Finanz- und Wirtschaftskrise 2008/2009, aber auch mit starken Boom-Phasen, wenn es wieder aufwärts geht.

Dennoch hat die exportstarke und wettbewerbsfähige deutsche Industrie die Finanz- und Wirtschaftskrise 2008/2009 besser überstanden als die englische und die amerikanische Wirtschaft.

Aber trotz des Exporterfolgs der deutschen Unternehmen war das deutsche Wirtschaftswachstum in den letzten beiden Jahrzehnten auffallend niedrig. Die Kosten der Wiedervereinigung, verbunden mit ihrer inflationären Wirkung und einem starken Anstieg der Importe, hatten trotz des künstlich erzeugten Baubooms in den 1990er Jahren eine dämpfende Wirkung auf das Wirtschaftswachstum. Auch im ersten Jahrzehnt des neuen Jahrhunderts blieb das durchschnittliche Wirtschaftswachstum um die 1 %, während es in England bei 2,2 % und in den USA bei 2,8 % lag. Die Arbeitslosenrate verharrte in Deutschland um die 10 %, während sie in England und USA um die 5 % lag.

Darin kann man das Paradoxon der deutschen Wirtschaftsleistung sehen: Die Wettbewerbsstärke der deutschen Industrie führte nicht zu einem nachhaltigen Wachstum der Binnenwirtschaft oder zu einem Absinken der Arbeitslosigkeit.

Dieser offensichtliche Widerspruch führt zu grundlegenden Fragen, was die wirtschaftliche Entwicklung Deutschlands in den nächsten 20 Jahren anbetrifft: Kann die Wettbewerbsstärke aufrechterhalten werden, auf der das ökonomische Modell der deutschen Wirtschaft beruht? Und wenn ja, kann das Modell auch zu wachsendem Lebensstandard und zum Abbau der Arbeitslosigkeit führen?

Die Entwicklung der Wettbewerbsposition Deutschlands

Man kann keinen einzelnen Faktor der wirtschaftlichen Leistung oder der Wirtschaftsstruktur Deutschlands benennen, der Deutschlands Wettbewerbserfolg begründet.

Die Innovationsleistung der deutschen mittelständischen Industrie, auf die Regierungssprecher Ulrich Wilhelm hinwies, wurde durch ein Finanzsystem gestützt, das es Unternehmern lange Zeit erlaubte, infolge günstiger Kapitalkosten eine zuverlässige Rendite zu erwirtschaften, sowie durch eine öffentliche F&E-Landschaft, die den Unternehmen einen günstigen Zugang zu neuen technologischen Entwicklungen bietet, und nicht zuletzt durch eine fachlich qualifizierte und anpassungsfähige Beschäftigtenbasis.

Das alles trug über viele Jahre zu einer Erfolgsdynamik bei, die sich in effizienten Strukturen und Arbeitsprozessen niederschlug. Es ist „das System als Ganzes", das funktionierte.

Ebenso kann man keinen einzelnen Faktor benennen, der das „deutsche Modell" in den nächsten zwei Jahrzehnten gefährden könnte.

Aber mehrere langfristige Trends, die sich zusammen genommen negativ auswirken könnten, sind die alternde Bevölkerung, die unbefriedigende Ausbildung an den deutschen Universitäten, die Atmosphäre finanzieller Unsicherheiten im Lande sowie im internationalen Umfeld die schnelle Entwicklung der herstellenden Industrie der Wachstumsmärkte Asiens.

Die gut ausgebildete Arbeiterschaft ist immer ein Pfeiler des deutschen Wettbewerbserfolgs gewesen. Sie wurde durch einen Zufluss junger Menschen mit guter fachlicher Ausbildung immer wieder erneuert. Doch die demografische Entwicklung der nächsten 20 Jahre, die zu einer deutlichen Alterung der Bevölkerung führen wird, stellt die Fähigkeit infrage, die hohe Qualifikationsbasis der deutschen Unternehmen aufrechtzuerhalten. Da diese Entwicklung auch die anderen europäischen Länder betrifft, wird es nicht möglich sein, genügend Fachkräfte aus dem europäischen Ausland nach Deutschland zu „importieren", wenn auch eine gewisse Zuwanderung vorwiegend aus Osteuropa stattfinden dürfte. Umso wichtiger wird die Rolle der türkischen Beschäftigten in der deutschen herstellenden Industrie sein, ohne die auch in den letzten Jahrzehnten schon ein Engpass aufgetreten wäre.

Eine starke Gegenbewegung wird der zunehmende Ausbau von Fertigungskapazitäten der deutschen Unternehmen im Ausland darstellen. Die Verlagerung von Produktion und Wertschöpfung nach Osteuropa läuft schon sukzessive seit 20 Jahren und wird auch in den nächsten 20 Jahren weitergehen. In dieser Hinsicht verhält sich Deutschland wie Japan, das einen bedeutenden Anteil seiner Produktion nach Korea und in andere südostasiatische Staaten verlagert hat. Ein Unterschied ist allerdings, dass in Deutschland die mittelständische Industrie ein besonders wichtiger Faktor ist. Kleinere Unternehmen tun sich schwerer, internationale Strukturen zu entwickeln. Da aber mittelständische Unternehmen häufig Zulieferer großer Konzerne sind und diese ihre Produktion an ausländischen Standorten ausbauen, könnte die traditionelle Stärke der deutschen Wirtschaft an Relevanz verlieren.

In jedem Fall wird die demografische Entwicklung eine große Herausforderung darstellen, wenn es darum geht, den Qualifikationsvorteil der deutschen Industrie zu erhalten.

Wettbewerbsvorsprung resultiert auch aus Innovationsleistung, die hohe Investitionen in wissenschaftliche und technologische Forschung und Entwicklung in den Unternehmen und an den Universitäten erfordert.

Eine der beachtlichsten Erscheinungen der letzten 10 Jahre an der Cambridge University ist die ständige Zunahme deutscher Studenten gewesen, nicht nur Studenten höherer Semester, sondern auch junger Studenten, die direkt nach dem Abitur ihr Studium in Cambridge beginnen. Was ist die Erklärung für diesen Trend? Könnte sie darin zu finden sein, dass in Deutschland die qualifiziertesten Akademiker lieber in die reine Forschung gehen, zum Beispiel in Institute der Max-Planck-Gesellschaft, und nicht mehr der Lehre zur Verfügung stehen? Wenn ja, dann wird damit in Deutschland nicht zu unterschätzender Schaden angerichtet, weil sowohl die Lehre als auch die Forschung davon beeinträchtigt werden. Denn junge hochbegabte Menschen zu lehren, ist eine intellektuelle Bereicherung, die auch der Forschungsleistung zugute kommt und davor bewahrt, einer zu engen Spezialisierung zu verfallen. Führende Universitäten in der Welt betrachten Lehre und Forschung als eine integrierte Aufgabe.

Die Auswirkungen einer Forschung ohne Lehrverpflichtung auf die Innovationsfähigkeit sind schwer zu beurteilen. Aber langfristig dürften sie die Innovationsleistung negativ beeinflussen und eine Schwächung des „deutschen Modells" bewirken.

Eine weitere Herausforderung für die wirtschaftliche Entwicklung in Deutschland kann von Finanzsektor kommen. Die gesicherte Bereitstellung von günstigen mittelfristigen und längerfristigen Finanzmitteln der Sparkassen für die mittelständischen Unternehmen war seit Ende des neunzehnten Jahrhunderts ein Merkmal der deutschen Wirtschaft. Auch die Universalbanken spielten eine wichtige Rolle bei der Industrialisierung in Deutschland, aber in den letzten dreißig Jahren wandelte sich ihre Strategie mehr in Richtung angelsächsischer Banken, die „Trading" stärker betonen als das Eingehen längerfristiger Engagements in Unternehmen. Die ernsten Auswirkungen der Finanzkrise auf das deutsche Bankensystem, insbesondere auf die Landesbanken, haben dazu geführt, dass mittelfristige Kredite für mittelständische Unternehmen jetzt restriktiver gehandhabt werden. Es stellt sich die Frage, ob eine Reform des Bankensystems in Deutschland gelingen wird, die die Rolle der Banken als leistungsfähige Intermediäre zwischen Sparern und industriellen Kreditnehmern wieder herstellt. Angesichts der derzeitigen Turbulenzen wird dazu eine fundamentale Neuausrichtung der deutschen Bankenstruktur erforderlich sein.

Alle diese Aspekte tragen zu der grundlegenden Frage bei, ob Deutschland seine Wettbewerbsvorteile gegenüber den sich schnell industrialisierenden und technisch leistungsfähiger werdenden Ländern wie Indien und China aufrechterhalten kann. Bei allen Entwicklungen, die man als bedenklich für die Zukunft der deutschen Leistungsfähigkeit betrachten kann, also der demografischen Entwicklung, der Entwicklung von Lehre und Forschung und der Strukturproblematik des deutschen Bankensystems, ist in den asiatischen Volkswirtschaften eine entgegengesetzte Bewegung zu verzeichnen. Dort wächst gerade eine junge, strebsame Bevölkerung heran, die an Universitäten mit modernsten Lehr- und Forschungsprogrammen ausgebildet wird, und es entstehen innovative Finanz-Intermediäre, die Kapital in schnell wachsende und neue Unternehmen kanalisieren.

Immer noch sind die Qualität und technische Leistungsfähigkeit der deutschen Unternehmen denen indischer und chinesischer Provenienz so überlegen, dass die Nachfrage nach deutschen Investitionsgütern in diesen und anderen Schwellenländern ungebrochen ist. Aber wird Deutschland diese Überlegenheit in den nächsten 20 Jahren bewahren können? Ohne Zweifel dürfte das immer schwieriger werden. Daher müssen alle Erfolgsfaktoren Deutschlands auf dieses Ziel ausgerichtet werden. Bisher ist diese Ausrichtung noch nicht ausreichend erfolgt; sie sollte verstärkt den Fokus der politischen Diskussion bilden.

Vielleicht stellt das geringe Wachstum der deutschen Volkswirtschaft selbst die größte Gefahr für die internationale Wettbewerbsposition Deutschlands dar. Denn trotz des Erfolgs der deutschen herstellenden Industrie in den Exportmärkten wird das nur geringe Wachstum in Deutschland selbst zwangsläufig dazu führen, dass in die indirekten Erfolgsfaktoren, wie die soziale Infrastruktur, das Ausbildungssystem und wichtige industrielle Dienstleistungen, nur unzureichend investiert werden kann.

Die Volkswirtschaft ist ein integriertes Ganzes, und kein Sektor, so groß und erfolgreich er auch sein mag, kann auf Dauer die Finanzkraft und das Wachstum sichern, wenn der Rest der Volkswirtschaft stagniert.

Das bringt uns zurück zu dem einleitend beschriebenen „deutschen Paradoxon": die nur schleppend wachsende Volkswirtschaft mit industriellen Bereichen höchster internationaler Wettbewerbsfähigkeit. Wie wird das Paradoxon sich in den nächsten 20 Jahren entwickeln?

Das deutsche Paradoxon

Der Schlüssel zum Verständnis der Koexistenz von hoher internationaler Wettbewerbsfähigkeit und geringem Binnenwachstum Deutschlands kann meiner Ansicht nach in den makroökonomischen Strukturen gefunden werden, die sich in den letzten 30 Jahren in der Europäischen Union und insbesondere in der Euro-Zone herausgebildet haben.

Eine einfache Rechnung mag zeigen, was sich abspielt. Wenn wir einmal die Rolle von Regierungen und des Außenhandels außer Betracht lassen, so fließt das Nationalprodukt Y den Haushalten zu, die es entweder ausgeben oder sparen können. Die Summe von Konsum C und Ersparnissen S ist dann gleich dem Nationalprodukt Y:

$$Y = C + S$$

Aus der Sicht der Produktion ist das Nationalprodukt gleich der Summe aus Konsum C und der Herstellung von Konsum- und Investitionsgütern plus Dienstleistungen I:

$$Y = C + I$$

Bisher ist bei dieser Betrachtung noch keine Wirtschaftstheorie involviert. Die Gleichungen können verfeinert werden, indem die Abführung von Steuern T und die Beschaffungen des Staates G einbezogen werden, also:

$$Y = C + S + T \quad \text{und}$$
$$Y = C + I + G$$

Daraus resultiert:

$$S + T = I + G$$

Wenn wir nun die Netto-Außenhandelsbilanz mit einbeziehen, also Exporte X minus Importe M, also X – M, so ergibt sich:

$$(M - X) = (G - T) + (I - S)$$

Ein Defizit der Außenhandelsbilanz ist demnach gleich der Verschuldung des Staates (G – T) plus der Verschuldung der Privatwirtschaft (I – S). Das ist mathematisch richtig und beinhaltet immer noch keine Wirtschaftstheorie. Die wichtige Erkenntnis daraus ist aber, dass der Überschuss oder das Defizit in einem Bereich nicht unabhängig davon sein kann, was in den anderen beiden Bereichen geschieht. Wirtschaftspolitisch wesentlich ist nun zu erkennen, welche Variablen unabhängig sind und welche Ergebnisse abhängig sind.

Diese zunächst nur nationale Betrachtung kann durch eine internationale Betrachtung vervollständigt werden. Angenommen, es gäbe nur zwei Länder in der Welt, dann sind die Importe des einen Landes gleich den Exporten des anderen Landes und umgekehrt:

$$X_1 = M_2 \quad \text{und}$$
$$M_1 = X_2$$

Daher ist der Außenhandelsüberschuss des einen Landes gleich dem Außenhandelsdefizit des anderen Landes:

$$X_1 - M_1 = M_2 - X_2$$

Und die Summe der Überschüsse und Defizite auf der Welt muss gleich null sein:

$$\sum (X_i - M_i) = 0$$

Das ist wiederum keine Wirtschaftstheorie, sondern simple Mathematik. Aber es wirft ein interessantes Licht auf die Exportleistung des „deutschen Modells“.

In den 1980er Jahren wuchs der Außenhandelsüberschuss, bis die Nachfrage im Heimatmarkt im Zuge der Wiedervereinigung in den 1990er Jahren zu einem Außenhandelsdefizit führte. Als der Nachholbedarf infolge der Wiedervereinigung einigermaßen befriedigt worden war, bildete sich wieder ein wachsender Außenhandelsüberschuss heraus. Die zwei Phasen des Außenhandelsüberschusses korrelieren direkt mit der Entwicklung der Geldpolitik in der Europäischen Union. In den 1980er Jahren begrenzte der Exchange Rate Mechanism (ERM) die Wechselkursspanne zwischen den Staaten, die dem ERM beitraten. Als 1999 die Euro-Zone geschaffen wurde, wurden die monetären Beziehungen zwischen den Ländern der Euro-Zone endgültig und unveränderbar festgelegt. Diese Festlegung und die Strukturen der Geld- und Steuerpolitik in der Euro-Zone begründen meiner Ansicht nach das „deutsche Paradoxon“. Die Strukturen der Geld- und Steuerpolitik entwickelten sich in einem kontinuierlichen Prozess während drei Jahrzehnten. Betrachtet man die Entwicklung der deutschen Außenhandelsbilanz mit den anderen 15 Mitgliedsstaaten der Euro-Zone und mit dem Rest der Welt von 1999 bis 2009, so lassen sich daraus zwei Beobachtungen ableiten:

Erstens zeigt sich der Wettbewerbserfolg Deutschlands, der zum Außenhandelsüberschuss führt, sowohl in den Märkten der Euro-Zone als auch in den Märkten der restlichen Welt, und zweitens ist der Außenhandelsüberschuss mit den Ländern der Euro-Zone meistens deutlich höher als mit den Ländern außerhalb der Euro-Zone. Die Länder der Euro-Zone ohne Deutschland haben logischerweise ein Außenhandelsdefizit mit Deutschland, aber nach einer nahezu ausgeglichenen Außenhandelsbilanz mit dem Rest der Welt zu Beginn des letzten Jahrzehnts begann ihr Außenhandelsdefizit zunächst allmählich und dann als Folge der weltweiten Finanzkrise rapide zuzunehmen. Die Länder der Euro-Zone ohne Deutschland weisen nicht nur ein wachsendes Außenhandelsdefizit auf, es ist dominiert von dem Defizit gegenüber Deutschland und entspricht mehr als der Hälfte des Außenhandelsüberschusses Deutschlands.

Dem Außenhandelsdefizit der Länder der Euro-Zone ohne Deutschland, (M – X) muss nun aber ein Defizit ihres privaten (I – S) und/oder ihres öffentlichen Sektors (G – T) gegenüberstehen. Diese steigenden Defizite und die daraus erwachsene Verschuldung, die in der aktuellen Finanzkrise schmerzlich sichtbar wurde, werden für Jahre das Wachstum der Euro-Zone beschränken und damit auch das Deutschlands.

So lässt sich das „deutsche Paradoxon" erklären: Der Wettbewerbserfolg Deutschlands in der Euro-Zone führte zu wachsenden Defiziten und Schulden der anderen Euro-Länder und als Folge davon zu schwachem Wachstum.

Dieses Ungleichgewicht kann nur durch Korrekturmechanismen gemildert werden.

Erstens könnten die bisher weniger wettbewerbsfähigen Euro-Länder die Preise ihrer Güter gegenüber den deutschen Preisen senken. Selbst wenn deutsche Investitionsgüter eine höhere Qualität aufweisen, können Preisdifferenzen in gewissem Maß Kaufentscheidungen beeinflussen. Da in der Euro-Zone keine Wechselkursänderungen mehr möglich sind, können Preissenkungen nur durch eine restriktive Lohnpolitik über längere Zeitspannen ermöglicht werden, insbesondere wenn die Inflationsraten niedrig bleiben.

Zweitens könnte ein Länderfinanzausgleich zwischen Deutschland und finanzschwachen Ländern der Euro-Zone eingerichtet werden, vergleichbar mit dem internen Finanzausgleich verschiedener europäischer Staaten, auch Deutschlands, in denen die Verwaltung der reicheren Regionen der Verwaltung ärmerer Regionen Mittel transferieren. Dieser Transfer kann auch durch ein progressives Steuersystem bewirkt werden, bei dem die Steuern auf höhere Einkommen prozentual höher sind als die auf niedrigere Einkommen. Eine Transfer-Rolle soll auch der europäische Cohesion Fund spielen, der aber weniger als ein Drittelprozent des BIP der Euro-Zone ausmacht und damit wesentlich kleiner ist als das Transfervolumen innerhalb der einzelnen Euro-Länder. Sein Volumen müsste wesentlich vergrößert werden, um eine nennenswerte Ausgleichsfunktion übernehmen zu können.

Drittens könnte der deutsche Außenhandelsüberschuss durch deutsche Finanzanlagen und/oder Direktinvestitionen in den Rest der Euro-Zone „rezykliert" werden. Finanzanlagen hätten aber nur einen geringen Anreiz durch Zinsraten, da letztere zentral bestimmt werden, und würden daher lokale Kapitalbildung nicht nennenswert stimulieren. Direktinvestitionen hätten dagegen eine stärkere Wirkung, da sie dazu beitrügen, die Leistungsfähigkeit des industriellen Sektors der anderen Euro-Länder zu steigern. Es ist aber zweifelhaft, ob deutsche Direktinvestitionen in den anderen Euro-Ländern in verstärktem Ausmaß erreicht werden könnten. In seinem Interview mit der Financial Times nennt Regierungssprecher Ulrich Wilhelm zwar die Summe von über 500 Milliarden Euro an deutschen Direktinvestitionen, die in der gesamten Europäischen Union schon entstanden sind. Aber diese Summe, die ja über mehrere Jahrzehnte aufgelaufen ist, wird schon durch einige wenige Jahre Handelsdefizit gegenüber Deutschland wieder kompensiert.

Viertens könnten die anderen Euro-Länder ihre Wettbewerbsfähigkeit gegenüber der restlichen Welt erhöhen, um das Defizit gegenüber Deutschland durch Überschüsse im Handel mit Ländern der restlichen Welt auszugleichen. Dieser Ansatz ist aber unter den gegebenen Umständen wenig realistisch, denn die Unternehmen der anderen Euro-Länder müssen ja in den Märkten der restlichen Welt mit deutschen Unternehmen konkurrieren, und die Stärke des Euro, die vor allem auf den deutschen Exporterfolgen beruht, würde Preisvorteile verhindern. Die erforderlichen Investitionen in Technologien und Ausbildung würden zudem durch die zunehmende Verschuldung der anderen Euro-Länder erschwert werden.

Eine fünfte Möglichkeit besteht schließlich darin, die Nachfrage im deutschen Heimatmarkt zu stimulieren, entweder durch Steuersenkungen oder durch Umverteilung von wohlhabenden Sparern zu ärmeren Konsumenten. In der deutschen Gesellschaft wäre ein solcher Ansatz aber höchst unwahrscheinlich, insbesondere da die deutsche Gesellschaft altert und durch Sparen Altersvorsorge betreiben muss. Dem deutschen Außenhandelsüberschuss steht so ein substanzielles Sparvolumen gegenüber, während die öffentliche Hand eine vergleichsweise schwache finanzielle Ausstattung aufweist. Darüber hinaus findet innerhalb Deutschlands schon eine Umverteilung zwischen den reicheren und ärmeren Bundesländern (vorwiegend den neuen Bundesländern) statt. Die Akzeptanz einer weiteren Umverteilungsmaßnahme im erforderlichen Maßstab erscheint höchst unwahrscheinlich.

So fällt es schwer, einen Ausweg aus dem „deutschen Paradoxon" und seinen negativen Folgeerscheinungen zu finden, wenn man nicht die Auflösung der Euro-Zone und substanzielle Wechselkurskorrekturen zwischen

Deutschland und den anderen Ländern der heutigen Euro-Zone ins Auge fassen will.

Da diese dramatische und potenziell desaströse Wendung ausgeschlossen scheint, ist die Perspektive der nächsten 20 Jahre eine Fortsetzung des sehr langsamen Wachstums in der gesamten Euro-Zone, das es der deutschen Wirtschaft schwer machen wird, hier das Wachstum zu realisieren, das seiner industriellen Stärke entspricht.

Die deutsche Wirtschaft im Jahr 2030

Eine der Gefahren von Visionen besteht darin, derzeitige Entwicklungstendenzen bis zum Extrem in die Zukunft zu projizieren. So ist es durchaus möglich, dass die starke deutsche Wettbewerbsposition, die seit 30 Jahren aufrechterhalten werden konnte und die Herausforderungen der Wiedervereinigung überstand, schließlich zusammenschmilzt, wenn andere Länder der Euro-Zone technologische Vorteile erringen und günstigere Lohnkosten und Stückpreise verwirklichen. Die Wahrscheinlichkeit dafür ist allerdings gering, solange der deutsche Außenhandelsüberschuss einen Deflationsdruck auf den Euro ausübt, der durch nachhaltige industrielle Exzellenz aufrechterhalten wird. Die industrielle Exzellenz Deutschlands ist allerdings, wie wir gesehen haben, durch das Wirken struktureller Faktoren gefährdet. Besser für Deutschland wäre es, wenn das Konsumwachstum schneller stiege, was durch ein ausgabefreudigeres Kaufverhalten der alternden Bevölkerung eintreten könnte.

Die zunehmende Anfälligkeit des „deutschen Paradoxons" stellt jedenfalls die größte Bedrohung der wirtschaftlichen Zukunft Deutschlands dar. Solange kein Weg gefunden wird, anhaltendes Nachfragewachstum in der Euro-Zone zu erzeugen und den strukturellen Herausforderungen der deutschen Gesellschaft und Wirtschaft wirksam zu begegnen, dürfte der asiatische Wettbewerbsdruck zu einer Erodierung der industriellen Stellung Deutschlands führen.

Bisher konnte man großes Vertrauen in die Innovationskraft des „deutschen Modells" haben. Allerdings hängt die Zukunft der deutschen Wirtschaft heute nicht nur vom gestalterischen Geschick Deutschlands selbst ab, sondern von der Entwicklung der gesamten Euro-Zone. Was in dieser Hinsicht politisch erreicht werden kann, wird entscheidenden Einfluss auf die wirtschaftliche Entwicklung der nächsten 20 Jahre haben.

Nachwort

Tom Sommerlatte

Diagnose: Tendenz positiv

Formt sich ein Gesamtbild aus der Summe der in diesem Buch zusammengestellten Visionen, die ja jede für sich mit großer Sachkenntnis und viel gesundem Menschenverstand einen wichtigen Teilbereich der deutschen Wirtschaft und Gesellschaft beleuchten? Lassen sich die Teilvisionen zu einem mehr oder weniger kohärenten Zukunftsbild Deutschlands aufaddieren? Passen die Visionen zusammen, was haben sie gemeinsam, wo bleiben gewichtige Fragezeichen übrig? Sind große Entwicklungslinien zu erkennen, die allen oder vielen der Teilvisionen zugrunde liegen?

Diese Fragen stellen Sie sich wahrscheinlich, nachdem Sie sich alle Beiträge dieses Buches zu Gemüte geführt haben, einige mehr oder minder kritisch, weil Sie da vielleicht selber auch mitreden können, andere eher amüsiert oder neugierig, weil Sie hier nur „zuhören".

Zwei Dinge sollte man bei der Nachbetrachtung im Auge behalten: Bei den Beiträgen handelt es sich um persönliche Sichten einzelner Autoren, die ihrer jeweils individuellen Erfahrung, Kompetenz und Mentalität entspringen; ein anderer Autor hätte für dasselbe Gebiet unter Umständen eine andere Sicht vertreten. Und: Es bestand nicht die Absicht und wurde daher auch nicht der Versuch unternommen, eine abgestimmte und abgesicherte Gesamtvision abzuleiten – dies wäre in Anbetracht der Vernetzung der Wirtschaftszweige untereinander und der globalen Wechselwirkungen und Veränderungen ein allzu vermessenes Unterfangen gewesen.

Daher ist viel Spielraum für Ihre eigene Interpretation und Nutzung der vielfältigen Gedanken und Besonderheiten der Beiträge geblieben. Doch bei drei Aspekten lohnt es sich, diese abschließend auf einer Meta-Ebene zu behandeln:

- Die Grundhaltung der Autoren, mit der sie die Entwicklungen der nächsten 20 Jahre unterstellen und zu ihrem Bild 2030 kommen, ist mit wenigen Ausnahmen eine positive, fast könnte man sagen eine fortschrittsorientierte. Heutige Probleme werden meistens als lösbar oder als bis 2030 bereits gelöst dargestellt, wenn auch in einigen Beiträgen deutlich die Bedingungen angemahnt werden, die noch geschaffen werden müssen, damit die positive Entwicklung überhaupt eintreten kann.
- Die bis 2030 erwarteten Veränderungen werden als das Ergebnis von Herausforderungen, Potenzialen und Trends beschrieben, die heute schon erkennbar sind, wenn auch manchmal erst im Keim.

- Bei den Visionen werden stillschweigend Verhaltensweisen und eine Werte-Gesellschaft angenommen, die nicht zu ernsten sozialen Verwerfungen und zu ruinösen Problemen von Vertrauen und Gerechtigkeit führen.

Dazu kommt ein vierter Aspekt, auf den hier wegen seiner Unwägbarkeit nicht weiter eingegangen werden soll.

- Nur wenige Autoren haben disruptive Veränderungen durch sogenannte Wildcards in Erwägung gezogen, zum Beispiel Umweltkatastrophen, radikale Innovationen oder grundlegende Brüche von Werthaltungen, die plötzliche Änderungen von Paradigmen oder Rahmenbedingungen verursachen und nicht im Rahmen von trendorientierten Szenarien vorhersehbar sind. Dass die Autoren so schreiben, mag zum einen dem relativ „kurzen" Zeithorizont von 20 Jahren geschuldet sein, zum anderen der immanenten Eigenschaft solcher Wildcards, dass man sie eben noch nicht ahnen kann. Eine typische solche Wildcard könnte etwa eine drastische weltweite Klimaveränderung durch einen gigantischen Vulkanausbruch sein, auf die einzugehen in heutigen Szenarien wenig Sinn hat. Die Explosion der Bohrinsel Deepwater Horizon im Golf von Mexiko könnte etwa als derartige Wildcard interpretiert werden.

Visionen implizieren Trends oder aber Trendbrüche, die auf bestimmte Weise gesehen und antizipiert werden. Diese bestimmte Sehweise kann sehr selektiv, eher optimistisch oder eher skeptisch bis pessimistisch sein.

Um die Dynamik der Trends über die einzelnen in diesem Buch behandelten Bereiche hinweg abzuschätzen, erweist es sich als hilfreich, die Kräfte zu identifizieren und zu bewerten, die die Trendbewegungen in Gang halten oder ihnen entgegen wirken. Denn die in den einzelnen Beiträgen erkennbaren Trendannahmen beruhen bei genauem Hinsehen immer auf ganzen Bündeln von treibenden Kräften, denen retardierende Kräftebündel, Beharrungskräfte des Bestehenden, entgegen stehen, und die in vielen Fällen auf nicht zu unterschätzende Trendblocker in Form von technischen, ökonomischen oder strukturellen Blockaden stoßen.

Nehmen wir das Beispiel des Trends zur Elektromobilität: Die Automobilindustrie und die von ihr abhängigen Volkswirtschaften stehen offensichtlich vor einer Reihe gravierender Herausforderungen, deren Bewältigung ihren Zustand im Jahr 2030 entscheidend verändert haben wird:

- dem Druck, den CO_2-Ausstoß und den Verbrauch fossiler Brennstoffe signifikant zu drosseln, den die weltweit wachsende Zahl an Fahrzeugen ins Ruinöse zu steigern droht, ruinös für das Klima auf der Erde und ökonomisch ruinös angesichts der begrenzten Reserven fossiler Brennstoffe;

- der Verlagerung des Marktwachstums in die BRIC-Länder und die ihnen benachbarten Regionen mit ihren eigenen, anders gearteten Bedarfs- und Nachfrageprofilen,
- der rapide zunehmenden Überlastung der Infrastrukturen, die zu einer immer größeren Abhängigkeit des Verkehrs von Verkehrssteuerungssystemen führt, und
- der wachsenden Rolle von Systemzulieferern, Systembetreibern und Mobilitätsdienstleistern für die Innovationsdynamik in der Automobilindustrie.

Der daraus resultierende Wandel wird aber nicht nur von treibenden Kräften in Richtung Elektromobilität abhängen, sondern ebenso stark von retardierenden Kräften etablierter Gewohnheiten und Strukturen und von der Überwindbarkeit noch bestehender Trendblocker.

Zu den treibenden Kräften gehören neben der politisch-ökonomischen „Bestrafung" der CO_2-Emissionen die ungünstige Preisentwicklung und die durch zunehmende Manipulation beeinträchtigte Zuverlässigkeit der Erdölversorgung, das immer marktbestimmendere Kauf- und Nutzungsverhalten in den BRIC-Ländern, die rapide zunehmenden Verkehrsbehinderungen durch Staus, Unberechenbarkeit der Verkehrssituation und Parkplatzmangel, die forcierte Entwicklung von Elektromotoren, der darauf basierenden Antriebssysteme und dafür geeigneter Fahrzeuge sowie das Vordringen neuartiger Lösungen der Mobilitätssicherung.

So überzeugend diese Kräfte in Richtung Elektromobilität zu wirken scheinen, so gewichtig sind die retardierenden Kräfte, die gering zu schätzen oder zu verteufeln nur zu einem visionären Strohfeuer führen würde.

Denn die Entwicklung immer leistungsfähigerer und ökonomischerer Verbrennungsmotoren mit immer geringerem Brennstoffverbrauch sowie neuer Gewicht sparender Materialien, die hohen Investitionen in laufende, immer ausgereiftere Entwicklungs- und Produktionskapazitäten, das weltumspannende Netz von Exploration, Pipelines, Raffinerien und Tankstellen, die hohe Mengendegression der gesamten bestehenden Produktion, Logistik und Versorgung und ihre weit verästelte wirtschaftlich-soziale Bedeutung geben dem bestehenden System eine Beharrungsfähigkeit, die mindestens ebenso trendbestimmend sein dürfte wie die treibenden Kräfte in Richtung Elektromobilität.

Zudem gibt es einen beträchtlichen Trendblocker in Form der noch immer zu begrenzten Speicherkapazität und Lebensdauer von Batterien, die noch einen kaum abschätzbaren Entwicklungsaufwand erfordern, um Barrieren der Reichweite und der Ökonomie der Elektromobilität zu überwinden. Durchbrüche bei mobilen Speichertechnologien für elektrische Energie werden daher, wann auch immer sie auftreten werden, einen entscheidenden Einfluss auf die Verwirklichbarkeit der Mobilitätsvisionen und die Entwicklung ganzer davon abhängender Industrien haben.

Oder nehmen wir ein zweites Beispiel, das des Trends zu erneuerbaren Energien. Die Energiewirtschaft und die von ihr abhängigen Industrien und privaten Haushalte stehen ebenfalls vor einer Reihe gravierender Herausforderungen, deren Bewältigung ihren Zustand im Jahr 2030 entscheidend verändert haben wird:

- dem zunehmenden Anteil erneuerbarer Energien am Energie-Mix, der wegen der Unbeständigkeit der Energiequellen Wind und Sonne ein Problem sicherer Energieversorgung darstellt, das bisher nur durch Bereithaltung konventioneller Reservekapazitäten gelöst werden kann,
- der wachsenden Zahl der durch Leistungsschwankungen gekennzeichneten Stromeinspeisestellen in das Gesamtnetz, wodurch völlig neue Anforderungen an die Netzsteuerung und Verrechnung gestellt werden,
- der zunehmenden Zahl an dezentral von den Nutzern selber betriebenen Kraft-Wärme-Erzeugungsaggregaten (Blockheizkraftwerken), die aber an das Gesamtnetz angeschlossen bleiben, um Stromverbrauchsspitzen und -täler durch Zukauf oder Abgabe von Strom auszugleichen,
- der Notwendigkeit, bei fossilen Kraftwerken den Wirkungsgrad der Umwandlung thermischer in elektrische Energie zu erhöhen, um den Energieverlust durch Wärmeabgabe an die Atmosphäre und den CO_2-Ausstoß zu reduzieren.

Ebenso wie beim Individualverkehr stehen wir hier vor der Frage, welche treibenden Kräfte es sind, die den Trend zu erneuerbarer Energie voranbringen werden, und welche retardierenden Kräfte und Trendblocker ihm entgegen stehen. Denn nur unter Berücksichtigung aller wirkenden Kräfte und ihrer Entwicklung können wir die Trenddynamik richtig einschätzen und auch zum Vorteil aller Beteiligten optimieren.

Zu den treibenden Kräften gehören zunächst wie beim Trend zur Elektromobilität der Druck, die CO_2-Emissionen im Interesse des Klimaschutzes zu reduzieren, sowie die Unsicherheit der zukünftigen Versorgung mit fossilen Brennstoffen (Kohle, Öl, Gas), beziehungsweise im Fall der Kernkraftwerke die Angst vor radioaktiven Strahlenschäden durch Reaktorunfälle und Lagerungsprobleme der radioaktiven Abfälle.

Treibende Kräfte positiver Art sind in starkem Maß die unbegrenzte Verfügbarkeit erneuerbarer Energiequellen wie Wind, Sonne und Wasserkraft, die schnelle technologische Entwicklung der Photovoltaik, der dezentralen Kraft-Wärme-Aggregate und der intelligenten Steuerung komplexer Netze („Smart Grids“) mit vielen, aber unbeständigen Einspeisestellen.

Dem stehen als retardierende Kräfte die beträchtlichen Verbesserungen des Wirkungsgrads der Verbrennungskraftwerke und die hohen Investitionen in die bestehenden langlebigen Stromerzeugungs- und -distributionskapazitäten entgegen.

Das bestehende landesweite Stromnetz mit seinen verschiedenen Ebenen ist bereits hochkomplex und erfordert weitere massive Investitionen und strukturelle Veränderungen, um die wachsende Zahl an dezentralen erneuerbaren Energiequellen anschließ- und steuerbar zu machen, zumal deren Energieproduktion sehr schwankend ist und daher im Interesse einer zuverlässigen Stromversorgung durch Reservekapazitäten ergänzt werden muss. Die konventionellen Stromerzeugungskapazitäten können daher gar nicht in dem Maß abgebaut werden, in dem erneuerbare Energiequellen ans Netz gehen. Das retardierende Verhalten der Energieversorgungsunternehmen ist also nachvollziehbar, die einerseits am Kapitalmarkt im Wettbewerb um Finanzmittel stehen, andererseits aber durch die treibenden Kräfte in Richtung erneuerbarer Energien und die Versorgungs- und Sicherheitsansprüche der industriellen und privaten Stromkunden zu Entwicklungen gedrängt werden, die ihre Rentabilität gefährden.

Hinzu kommen neben dem schon vorher erwähnten Trendblocker inadäquater Stromspeichermöglichkeiten die immer noch hohen Kosten der Technologien erneuerbarer Energieerzeugung, die bisher durch Subventionen gemildert werden und erst allmählich durch Mengendegressionseffekte zu sinken versprechen.

In der öffentlichen Meinung hat sich aber die populäre Mainstream-Vision entwickelt, dass der Bau neuer Verbrennungskraftwerke und der Weiterbetrieb bestehender Kernkraftwerke durch den Trend zu erneuerbaren Energien gekoppelt mit Energiesparmaßnahmen vermieden werden könne. Gleichzeitig setzt die Bundesnetzagentur die Trennung von Stromerzeugung und Netzbetrieb durch, um konkurrierende Stromdurchleitung entstehen und die Strompreise sinken zu lassen. Ergebnis ist, dass sich die Energieversorger von ihren Netzen trennen, deren Betrieb sie nicht mehr als rentabel genug ansehen, und dass dadurch der Ausbau zu intelligenten Netzen mindestens verzögert und die ökonomisch sinnvolle Einbeziehung der dezentralen Stromquellen in eine Gesamtsteuerung erschwert wird. Eine Gesamtoptimierung ist solange nicht möglich, wie keine Gesamtvision der zukünftigen Energieversorgung unter Nutzung aller dafür vorhandenen Kräfte gebildet wird.

Die beiden Beispiele (Elektromobilität, erneuerbare Energien) zeigen, wie der gedankliche Weg von einer Vision zu den implizierten Trends dazu verhelfen kann, sich Klarheit über die treibenden und die retardierenden

Kräfte sowie über die eventuellen Trendblocker zu verschaffen, deren Zusammenspiel die Veränderungsdynamik bestimmen wird.

Die treibenden und retardierenden Kräfte und die Trendblocker frühzeitig und klar zu erkennen, hilft, die Dynamik zu verstehen, mit der sich Neues entwickelt. Es lohnt sich, hierbei über die Grenzen der einzelnen Branchen oder der einzelnen Tätigkeitsfelder hinaus zu schauen, wobei sich diese Grenzen ja ohnehin verschieben. Was als Trendbrüche erscheint, tritt immer dann auf, wenn irgendwo Trendblocker aus dem Weg geräumt werden und ohnehin schon vorhandene treibende Kräfte freieren Spielraum bekommen. Wer diesen Zusammenhang versteht, wird nicht mehr von Trendbrüchen überrascht und kommt zu einem ganz anderen Entscheidungsverhalten, für den wird Zukunft gestaltbar.

Man muss das Bemühen, das Zusammenwirken aller Kräfte zu verstehen, auch auf die Werte-Gesellschaft ausdehnen, in der sich das wirtschaftliche und soziale Leben abspielt, auf das in dieser Werte-Gesellschaft bestehende Vertrauen und Bewusstsein für Gerechtigkeit.

Wie wird sich die Werte-Gesellschaft in Deutschland bis zum Jahr 2030 entwickeln? Wird die Entwicklung als Aufbau einer besseren Gesellschaft empfunden und getragen werden? Werden die Auswüchse egoistischer Interessen und Spekulationen, wie wir sie in der aktuellen Finanz- und Wirtschaftskrise erleben, überwunden werden? Werden das Gewissen und der Verstand aller Beteiligten den zunehmenden globalen Abhängigkeiten gewachsen sein, um eine solidarische Zivilisation zu entwickeln?

Die Krisen der letzten Jahre haben gezeigt, dass die immer einseitigere Ausrichtung auf Gewinn dazu führt, Werte zu zerstören. Die Finanzspekulationen, die Ausbeutung der natürlichen Ressourcen und die Beeinträchtigung des Klimas sind Folgen fehlender Verantwortung. Diese Probleme können nur durch ein humanistisches Gesamtverständnis überwunden werden, das den wichtigsten Zweck von Gewinn in der Steigerung des Wohls der Menschen sieht.

Nur wenn gegenseitiges Vertrauen herrscht, kann der Markt die wirtschaftliche Institution sein, die zur Befriedigung der Bedürfnisse der Menschen dient. Aber dazu muss soziale Gerechtigkeit Bestandteil der Marktwirtschaft sein, denn der Markt braucht, um gut zu funktionieren, solidarische und von gegenseitigem Vertrauen geprägte Handlungsweisen. Die Wirtschafts- und Finanzordnung kann, wie wir erleben, missbraucht werden, wenn die Verantwortlichen sich primär von ihren materiellen Interessen leiten lassen. Das moralische Gewissen der Menschen und ihre persönliche und soziale Verantwortung müssen aber innerhalb der Wirtschaftstätigkeit zum Tragen kommen, so dass die sozialethischen Prinzipien wie Transparenz, Ehrlichkeit und Gerechtigkeit nicht geschwächt werden.

Diese Bedingungen einer anzustrebenden Werte-Gesellschaft, wie sie in der Enzyklika „Caritas in Veritate" von Papst Benedikt XVI enthalten sind, stellen mehr als idealistische Worte dar. Sie definieren die Grundlage einer menschenwürdigen Vision, wie sie auch das Forum of Young Global Leaders für sich formuliert hat. Dieses Forum wurde von den jungen hervorragenden Führungskräften gebildet, die jedes Jahr vom World Economic Forum in Davos auf der Basis ihres vorbildlichen Führungsverhaltens identifiziert werden – eine neue, hoffnungsvolle, internationale Generation von Führungskräften.

Sie haben ein Gelöbnis formuliert, das Davoser Gelöbnis, das darauf abzielt, das Wertesystem im globalen Wirtschaftsleben so zu verändern, dass das Gemeinwohl als ultimatives Ziel angesehen wird und das Verhalten der Führungskräfte danach ausgerichtet ist.

Führungskräfte, die sich dem Davoser Gelöbnis anschließen, erkennen an, dass

- Unternehmen dem Allgemeinwohl verpflichtet sind,
- ihr Tun weit reichende Folgen – innerhalb und außerhalb ihres Unternehmens, heute und in Zukunft – haben kann,
- es nicht immer leicht sein wird, stets das Richtige zu tun.

Daher geloben sie, dass sie

- mit Sorgfalt handeln und sich in ihren Entscheidungen von den berechtigten Interessen der von ihrem Tun Betroffenen leiten lassen werden,
- die Gesetze und Vereinbarungen, die ihr und ihres Unternehmens Verhalten betreffen, in Buchstaben wie im Geist respektieren werden,
- die Menschenrechte und die Würde jedes Menschen achten und schützen und jede Art von Diskriminierung und Ausbeutung ablehnen werden,
- die Rechte künftiger Generationen auf einen sauberen und ressourcenreichen Planeten respektieren und durchzusetzen helfen werden,
- sich weder an Bestechungen noch sonstigen Formen von Korruption beteiligen oder sie dulden werden,
- die Ergebnisse, Handlungen und Risiken ihres Unternehmens gegenüber allen Betroffenen ehrlich und korrekt darstellen werden,
- sich aktiv bei wichtigen sozialen und umweltorientierten Themen engagieren werden, die ihr Unternehmen betreffen oder von ihm betroffen sind,
- ihre eigene berufliche Fortentwicklung und diejenige der ihnen anvertrauten Mitarbeiter und Führungskräfte fördern werden.

Sie erkennen an, dass ihr Verhalten ein Vorbild an Integrität und Verantwortlichkeit für andere sein muss und wollen ihren beruflichen Pflichten entsprechend dieser Prinzipien nachkommen.

Führende Business Schools in der Welt (Harvard Business School, Thunderbird Business School, Indian School of Business, INCAE Business School und die European Business School) haben dieses Davoser Gelöbnis in ihr Ausbildungsprogramm integriert und wirken mit Spitzenführungskräften, Politikern und Beratern in allen Teilen der Welt zusammen, um der Vision einer von ethischem Verhalten geprägten, besseren und solidarischen Wirtschaftswelt näher zu kommen.

Vitae

Herausgeber

Antonio Schnieder ist Vorsitzender der Geschäftsführung der Capgemini Deutschland Holding GmbH und globales Vorstandsmitglied bei Capgemini S.A, Paris. Seit Januar 2007 ist er Präsident beim Bundesverband Deutscher Unternehmensberater e.V. (BDU). In seiner langjährigen Berufspraxis als Berater hat er zahlreiche Unternehmen in nationalen und internationalen Projekten auf den Gebieten Unternehmensstrategie, Produktionsplanung und -steuerung, Controlling, Business Process Reengineering sowie der Einführung von Softwaresystemen begleitet.

Prof. Dr. Tom Sommerlatte, geb. 1939, war als Managing Director Europe verantwortlich für den Aufbau der europäischen Niederlassungen der internationalen Consultingfirma Arthur D. Little, Inc. Bis 1997 war er dann Chairman der Management-Consulting-Division und als Senior Vice President Mitglied der Executive Group der Firma, 2000 bis 2008 war er Chairman des Advisory Board. Seitdem ist er geschäftsführender Gesellschafter der Osiris MIC GmbH.

Er studierte Chemie und Chemische Verfahrenstechnik an der Freien und an der Technischen Universität Berlin, der University of Rochester, New York, und der Universität Paris, wo er auch promovierte. Bevor er 1970 bei Arthur D. Little eintrat, erwarb er den MBA am Europäischen Institut für Unternehmensführung, INSEAD, in Fontainebleau.

Er hat zahlreiche Bücher zu Management- und Innovationsthemen veröffentlicht, ist Vorsitzender und Mitglied mehrerer Aufsichts- und Beiräte und hält eine Honorarprofessur an der Universität Kassel. Auf dem Gebiet des Innovationsmanagements beriet er zahlreiche große europäische Konzerne und High-Tech-Unternehmen.

Autoren

Dr. Jörg Adolf, geb. 1966, war zunächst 2002 bis 2004 Government Relations Adviser, seit 2004 ist er Chefvolkswirt und Issues Manager für Shell in Deutschland. 1992 bis 1996 war wissenschaftlicher Mitarbeiter am Institut für Außenhandel und Wirtschaftsintegration der Universität Hamburg. 1996 bis 2000 war er wissenschaftlicher Assistent der Geschäftsführung bei Exspect, Gesellschaft für strategische Beratung mbH, 2000/2001 Senior-Referent Volks- und Energiewirtschaft der RWE-DEA AG für Mineraloel und Chemie. Neben Energieszenarien befasst er sich mit allen Themen der Energie-, Klima- und Umweltpolitik. 2008/09 leitete er das Projekt Shell Pkw-Szenarien für Deutschland bis 2030, 2009/10 die erste Shell Lkw-Studie, die sich mit der Zukunft des Güterkraftverkehrs in Deutschland bis 2030 befasst.

Carl-Albrecht Bartmer, geb. 1961 in Thuine/Emsland. Im Anschluss an eine landwirtschaftliche Lehre studierte er von 1984 bis 1989 Agrarwissenschaften an der Universität Göttingen. Nach dem Studium war er zwei Jahre als Verwalter auf einem Saatzuchtbetrieb in Schleswig-Holstein tätig. Seit 1991 bewirtschaftet er einen Ackerbaubetrieb mit rund 1000 Hektar Fläche in Sachsen-Anhalt, der sich seit 1735 im Besitz seiner Familie befindet. Seit Januar 2006 ist er Präsident der Deutschen Landwirtschafts-Gesellschaft DLG e.V.

Volker Bellersheim, geb. 1962, ist Direktor der Strategieberatung Arthur D. Little und Leiter des Geschäftsbereiches Maschinen- und Anlagenbau. Er hat ein abgeschlossenes Doppelstudium als Dipl.-Ing. Maschinenbau und Diplom-Kaufmann (Betriebswirtschaft) an der RWTH Aachen. Nach dem Berufseinstieg in der Metall-/Technologiesparte der ehemaligen Degussa AG war er mehrere Jahre in Deutschland und Indonesien für ABB tätig. Seit 1996 ist er bei Arthur D. Little, Schwerpunkte seiner Tätigkeit sind die Strategie- und Organisationsentwicklung sowie das Innovationsmanagement bei Unternehmen der Investionsgüterindustrie, insbesondere in den Branchen Maschinen- und Anlagenbau, Elektrotechnik und High-Tech.

Rainer Brüderle, geb. 1945, lehrte nach seinem VWL-Examen Wirtschaftspolitik, bevor er Leitungsfunktionen in der Stadtverwaltung Mainz inne hatte. Ab 1981 war er hauptamtlicher Beigeordneter und Wirtschaftsdezernent. Als Landtagsmitglied von Rheinland-Pfalz war er von 1987 bis 1998 Staatsminister für Wirtschaft und Verkehr, später auch für Landwirtschaft und Weinbau sowie von 1988 bis 1998 stellvertretender Ministerpräsident. Seit 1998 ist er Mitglied des Bundestages, seit 2009 Bundesminister für Wirtschaft und Technologie. FDP-Mitglied ist er seit 1973.

Prof. Dr.-Ing. habil. Prof. e.h. Dr. h.c. mult. Hans-Jörg Bullinger, geb. 1944, erwarb nach einer Lehre als Betriebsschlosser bei der Daimler-Benz AG an der Technischen Oberschule die Hochschulreife. 1966 bis 1971 studierte er Maschinenbau an der Universität Stuttgart. Nach Promotion und Habilitation wurde er 1980 Professor für Arbeitswissenschaft/Ergonomie an der Universität Hagen. 1981 gründete er das Fraunhofer-Institut für Arbeitswirtschaft und Organisation IAO in Stuttgart. 1982 wurde er Professor für Arbeitswissenschaft an der Universität Stuttgart, 1991 zusätzlich Leiter des Instituts für Arbeitswissenschaft und Technologiemanagement an der Universität Stuttgart. Seit 2002 ist er Präsident der Fraunhofer-Gesellschaft.

Ralf Christian, geb. 1964, ist seit Januar 2008 als CEO der Division Power Distribution für das weltweite Geschäft der Energieverteilung bei Siemens verantwortlich. Der Wirtschaftsingenieur ist zudem gewählter Präsident des 2008 in Brüssel gegründeten Verbandes T&D Europe und stellvertretender Vorsitzender des ZVEI-Fachverbandes Energietechnik. Bis zu seiner Ernennung zum Division CEO leitete er ab Dezember 2004 das ehemalige Geschäftsgebiet High Voltage, dessen Aktivitäten heute der Division Power Transmission zugeordnet sind. Zuvor hatte er von Anfang 1998 bis Ende 2004 bei General Electric geschäftsführende Verantwortung im Bereich Industrietechnik.

Michael Diekmann, geb. 1954, studierte von 1973 bis 1982 Rechtswissenschaften und Philosophie an der Universität Göttingen. Von 1983 bis 1988 war er Geschäftsführer des Verlagshauses Diekmann/Thieme. 1988 trat er in die Allianz Versicherungs-AG ein. 1998 wurde er Mitglied des Vorstands der Allianz AG in München, im April 2003 Vorstandsvorsitzender der Allianz SE (bis Oktober 2006 Allianz AG).

Prof. Dr. Manfred Dietel, geb. 1948, ist Direktor des Instituts für Pathologie der Charité, Universitätsmedizin Berlin. Von 1998 bis 2004 war er als Dekan und ärztlicher Direktor im Vorstand der Charité. Bevor er nach Berlin wechselte, arbeitete er als Professor an den Universitäten Hamburg und Kiel. Er war und ist Mitglied mehrerer Kommissionen und Gesellschaften, darunter 1990 bis 1998 des Medizinausschusses des Wissenschaftsrats der Bundesregierung, 1991 der Hochschulrektorenkonferenz, 1997 des Wissenschaftlichen Beirats der Bundesärztekammer, 2002 bis 2005 Vorstand des Verbandes der Universitätsklinika Deutschland und ab 2006 Vorsitzender der Deutschen Gesellschaft für Pathologie.

Jean-Pierre Dubois ist Chargé de Mission der Direction Générale du Trésor im französischen Ministerium für Wirtschaft, Industrie und Arbeit. Er war zuvor an den französischen Botschaften in Singapur, Tokio und Bonn sowie in verschiedenen internationalen Organisationen, insbesondere der OECD tätig. Von 2003 bis 2008 leitete er die Mission für die französisch-deutschen Beziehungen im französischen Außenministerium. Mr. Dubois' Beitrag gibt seine persönliche Meinung wieder.

Lord John Eatwell, geb. 1945, ist Präsident des Queen's College, Cambridge, und Professor für Finanzpolitik an der Universität Cambridge. Zuvor lehrte er an der New School for Social Research, New York, und war Visiting Professor an der Columbia University sowie an den Universitäten von Massachusetts, Amsterdam und Amherst. Als Wirtschaftsberater des

Vorsitzenden der Labour Party, Neil Kinnock, war er für die wirtschaftspolitische Neuausrichtung der Labour Party in den 1980er Jahren verantwortlich. 1992 wurde er zum Lord erhoben und diente im House of Lords als Sprecher für Economic Affairs. Er war ferner Mitglied des Board of the Securities and Futures Authority und des Committee for Regulatory Decisions. Er ist er Mitglied und einer der Gründer des Board of Trustees des Institute for Public Policy Research, einem der führenden britischen Policy Think Tanks. Er studierte in Cambridge und Harvard.

Dr. Ralf Emmerich, geb. 1971, Diplom-Biochemiker, ist Managing Consultant im Sektor Life Sciences bei Capgemini Consulting. Er leitet Projekte für Unternehmen und den öffentlichen Bereich, die sich mit strategischen Fragestellungen beschäftigen. Zuvor arbeitete er als Investmentmanager und als Aktienanalyst. Er ist Mitglied der Kommission Life Sciences der DVFA (Deutsche Vereinigung für Finanzanalyse und Asset Management) und war Aufsichtsratsmitglied bei der Combinature Biopharm AG und dem Venture Fund des EMBL (European Molecular Biology Laboratory).

Prof. Dr. Falko Fecht, geb. 1970, studierte und promovierte in Frankfurt. Von 2000 bis 2008 war er in der volkswirtschaftlichen Abteilung der Deutschen Bundesbank im Bereich „Makroökonomie und Banken" tätig, bevor er 2009 den Ruf an die EBS Universität für Wirtschaft und Recht in Wiesbaden annahm. Er hat dort den Stiftungslehrstuhl für die Ökonomik von Finanzinstitutionen inne. Seit 2010 ist er zudem Forschungsprofessor der Deutschen Bundesbank.

Dr. Michael Frenzel, geb. 1947, war nach der Promotion in Rechtswissenschaften in verschiedenen leitenden Funktionen bei der Westdeutschen Landesbank (WestLB) tätig. 1988 erfolgte die Bestellung zum ordentlichen Mitglied des Vorstandes der Preussag AG, die 2002 in TUI AG umbenannt wurde. 1994 übernahm er den Vorsitz des Vorstandes. Unter seiner Führung wurde der Mischkonzern Preussag zum führenden Touristikunternehmen Europas transformiert. Seit 1998 ist er auch Vorsitzender des Aufsichtsrats der Hapag-Lloyd AG und seit 2007 Vorsitzender des Aufsichtsrats der TUI Travel PLC.

Sigmar Gabriel, geb. 1959, ist seit November 2009 Vorsitzender der Sozialdemokratischen Partei Deutschlands (SPD), deren Mitglied er seit 1977 ist. Über die Kommunalpolitik seiner Heimatstadt Goslar gelangte der studierte Gymnasiallehrer im Jahr 1990 in den Niedersächsischen Landtag, wo er 1998 den SPD-Fraktionsvorsitz übernahm. Von 1999 bis 2003 war er Ministerpräsident seines Bundeslandes. Während der Großen Koalition von 2005 bis 2009 übte er das Amt des Bundesumweltministers aus.

Prof. Dr. Gerald Gerlach, geb. 1958, ist seit 1993 Professor an der Technischen Universität Dresden und seit 1996 Direktor des dortigen Instituts für Festkörperelektronik. Er ist Verfasser und Herausgeber mehrerer Monografien und Lehrbücher und Miterfinder bei über 50 Patenten. Seit 1996 gehört er dem Beirat der VDI/VDE-Gesellschaft für Mess- und Automatisierungstechnik (GMA) an, 2007 bis 2010 war er deren Vorsitzender. 2006 erhielt er die Ehrenplakette des Vereins Deutscher Ingenieure (VDI). Von 2003 bis 2010 gehörte er dem Präsidium des VDE Verband für Elektrotechnik, Elektronik, Informationstechnik an, seit 2001 leitet er zudem den VDE-Ausschuss Ingenieurausbildung. 2006 bis 2008 war er stellvertretender Präsident bzw. Präsident von EUREL (Convention of National Societies of Electrical Engineers of Europe).

Dr. Stefan Groß-Selbeck, geb. 1967, ist Vorstandsvorsitzender der XING AG. Bis 2008 war er Vorsitzender der Geschäftsführung von eBay Deutschland. Zuvor war er bei der Kirch Intermedia GmbH als Geschäftsführer für die Bereiche Marken und Finanzen tätig, davor von 1997 bis 2000 als Unternehmensberater bei der Boston Consulting Group in München. Er studierte Rechtswissenschaften und Volkswirtschaft in Freiburg, Lausanne, Montpellier und Köln. Im Jahr 1996 erlangte er den Titel des Master of Business Administration (MBA) am INSEAD in Fontainebleau, Frankreich.

Thomas Gutberlet, geb. 1969, war nach einem dualen Studium (Berufsakademie in Karlsruhe, dm-drogerie markt) drei Jahre im Bereich Marketing und Vertrieb der Firma Nestlé tätig. Darüber hinaus absolvierte er mehrere Praktika bei in- und ausländischen Lebensmittelhändlern, z. B. bei Albert Heijn, Niederlande. 1998 trat er in das Unternehmen tegut... ein. Zuerst betreute er den Geschäftsleitungsbereich Marketing & Merchandising, danach wurde er Vorstand Finanzen & Rechnungswesen; seit 2002 ist er Vorstand Sortiment & Marketing. 2009 hat Thomas Gutberlet außerdem den Vorsitz des Vorstands übernommen.

Matthias K. Hartmann, geb. 1966, ist Global Head of Strategy and Industries bei der Unternehmensberatung IBM Global Business Services (GBS). Der Betriebswirt (BA) war seit seinem Eintritt in die IBM im Jahre 1988 in verschiedenen nationalen und internationalen Aufgaben in Frankfurt, Brüssel, Dublin und den USA tätig. 2005 wurde er zum Geschäftsführer der IBM Deutschland berufen und leitete in dieser Funktion die Beratungssparte der IBM in Deutschland. Seit 2010 ist er, mit Dienstsitz in New York, global verantwortlich für die strategische Ausrichtung der Beratung sowie die Steuerung der globalen Branchen-Practices.

Stefan Heidbreder, geb. 1967, war nach dem Studium der Betriebswirtschaftslehre in leitender Funktion für führende Familienunternehmen tätig. Seit 2005 ist er Geschäftsführer der gemeinnützigen Stiftung Familienunternehmen, die Forschungsaktivitäten und -institutionen auf dem Gebiet des Familienunternehmertums unterstützt und sich für die verbesserte Anerkennung der Familienunternehmen in der Öffentlichkeit und Politik einsetzt. Darüber hinaus vertritt er die Interessen der Familienunternehmen in verschiedenen nationalen und internationalen Gremien.

Markus Hofmann, geb. 1958, Zivilökonom, studierte Wirtschaftswissenschaften und Humanökologie. Er arbeitet seit 2004 in der Deutschen Bahn Holding und verantwortet das strategische Marketing Infrastruktur. Nach Stationen in Industrie und NGOs gründete er NETWORK Management Consulting und lotste führende Unternehmen in der Liberalisierungsphase der Märkte für Verkehr, Telekommunikation und Energie. Er promoviert über Infrastrukturentwicklung und leitet das NETWORK-Institute für Nachhaltigkeit und intergenerative Verantwortung.

Prof. Jürgen Hubbert, geb. 1939, trat nach einem Ingenieurstudium 1965 in die damalige Daimler-Benz AG ein und verantwortete dort zuerst verschiedene technisch-planerische Funktionen. 1987 wurde er Vorstandsmitglied der Daimler Benz AG und seit Ende 1998 war er für die Mercedes Car Group verantwortlich. Seit 2005 befindet er sich im Ruhestand.

Prof. Dr. Claudia Kemfert, geb. 1968, leitet seit April 2004 die Abteilung Energie, Verkehr, Umwelt am Deutschen Institut für Wirtschaftsforschung (DIW Berlin) und ist Professorin für Energieökonomie und Nachhaltigkeit an der Hertie School of Governance in Berlin. Sie ist Wirtschaftsexpertin auf den Gebieten Energieforschung und Klimaschutz. Claudia Kemfert ist Beraterin von EU-Präsident José Manuel Barroso und Gutachterin des Intergovernmental Panel of Climate Change (IPCC). Sie ist eine mehrfach ausgezeichnete Spitzenforscherin und gefragte Expertin für Politik und Medien.

Volker Kirchgeorg, geb. 1966, ist Prinzipal der Strategieberatung Arthur D. Little und Leiter Technologie- und Innovationsmanagement in Zentraleuropa. Er studierte an der TU München Maschinenbau mit Schwerpunkt Produktionsinformatik. Nach mehreren Jahren in einer führenden amerikanischen Strategieberatung war er neun Jahre in verschiedenen Funktionen bei der Siemens AG tätig. Anschließend war er sechs Jahre beim Pumpen- und Armaturenhersteller KSB AG Leiter Unternehmensentwicklung und M&A und gleichzeitig Leiter des weltweiten Wachstum- und Innovationsprogramms. Seit 2008 ist er bei Arthur D. Little beschäftigt.

Prof. Dr. Andreas Knie, geb. 1960, studierte Politikwissenschaft in Marburg und an der TU Berlin, wo er auch habilitierte. Seit 1988 ist er wissenschaftlicher Mitarbeiter in dem heutigen WZB-Schwerpunkt „Gesellschaft und wirtschaftliche Dynamik", seit 1996 Professor an der TU Berlin für Soziologie. Seit 2006 ist er Geschäftsführer des Innovationszentrums für Mobilität und gesellschaftlichen Wandel InnoZ GmbH.

Dr. Gerhard Knies, geb. 1937, Studium der Physik in Stuttgart und Hamburg. Grundlagenforschung auf dem Gebiet der Elementarteilchenphysik an den Forschungszentren DESY (Hamburg), CERN (Genf), SLAC (Stanford, USA) und der University of California (Berkeley). Seit Tschernobylunfall 1986 Alternativen zur Kernenergie als Hobby, seit Beginn des Ruhestandes 2001 „full-time". 2003 Gründung der „Trans-Mediterranean Renewable Energy Cooperation" (TREC). Entwicklung des Konzepts DESERTEC mit Deutschem Zentrum für Luft- und Raumfahrt (DLR) und Club of Rome. 2008 mit Mitgliedern von TREC und des Club of Rome Gründung der DESERTEC Foundation, 2009 Gründung der DESERTEC Industry Initiative mit Unterstützung der Munich Re.

Hartmut Kreikebaum, geb. 1934, studierte von 1954 bis 1962 Volkswirtschaft und Betriebswirtschaft in Köln und Freiburg und Public Administration an der Harvard University. 1960 promovierte er in Köln und habilitierte sich dort auch 1970, nach mehrjähriger Tätigkeit bei Boehringer Ingelheim. 1971 bis 1999 war er Inhaber des Lehrstuhls für Industriebetriebslehre an der Goethe-Universität in Frankfurt am Main, 1992 bis 1996 auch des Lehrstuhls für Internationales Management an der European Business School in Oestrich-Winkel. Seit 2007 leitet er das dortige Institut für Unternehmensethik.

Prof. Dr. Kurt J. Lauk, geb. 1946, war nach dem Studium für die Boston Consulting Group tätig und anschließend unter anderem Finanzvorstand der Audi AG, Finanzvorstand der VEBA AG (heute E.on) und Vorstand Nutzfahrzeuge bei der DaimlerChrysler AG. Von 2004 bis 2009 war er Mitglied des Europäischen Parlaments. Seit 2000 ist er Präsident des Wirtschaftsrates der CDU e.V. und seit 2003 Honorarprofessor für Internationale Unternehmensstrategie an der European Business School in Reichartshausen/Eltville.

Jörg Lennardt, geb. 1953, ist Geschäftsführender Gesellschafter der ExperConsult Gruppe und seit Januar 2007 Vize-Präsident beim Bundesverband Deutscher Unternehmensberater e.V. (BDU). Daneben ist er unter anderem Mitglied der Beratenden Kommission für den industriellen Wandel (CCMI) des Europäischen Wirtschafts- und Sozialauschusses und Mitglied des Hochschulrates der Fachhochschule Dortmund. Seine Schwerpunkte im Consulting liegen in der Entwicklung und Umsetzung von Strategien für Kommunen, der Projektorganisation und Finanzierung von Infrastrukturprojekten sowie der nationalen und internationalen Vermarktung von Regionen.

Dr. Meinrad Lugan, geb. 1964, studierte Chemie in Freiburg und promovierte in Organischer Chemie. Von 1994 bis 1998 war er in den USA und Asien tätig, zuletzt als Technischer Direktor und Geschäftsbereichsleiter der MCG Metall-Chemie Goerrig GmbH & Co. KG. Von 1998 bis 2000 war er MCG-Geschäftsführer, bevor er im Oktober 2000 in den Vorstand der B. Braun Melsungen AG eintrat. Seit November 2004 verantwortet er die Sparten Out Patient Market und Hospital Care, seit März 2006 ist er Mitglied des Berufsverbandes für Medizintechnik (BVMed), dessen Vorstandsvorsitzender er heute ist.

Dr. Bernd Malmström, Jahrgang 1941, Jurist, ist heute in zahlreichen Aufsichts- und Verwaltungsratsgremien der Transport- und Logistikwelt tätig, unter anderem bei Schweizer Bundesbahnen, Lehnkering, Hamburger Hafen, Bremer Hafen, Deutsch-Afrika-Linien, VTG und K+S. Vorher war er Vorstandsvorsitzender von Schenker und Stinnes und Güterverkehrs- und Logistikvorstand der Deutschen Bahn AG. Drei Jahre hatte er einen Logistik-Lehrauftrag an der Universität Essen-Duisburg.

Dr. Wolfgang Plischke, geb. 1951, studierte Biologie an der Universität Hohenheim. 1980 trat er in die Bayer-Tochtergesellschaft Miles Diagnostics ein. 1995 wurde er Geschäftsführer der Bayer Yakuhin Ltd. in Japan, 2000 Leiter des Geschäftsbereichs Pharma in Nordamerika. Ab 2002 leitete er den Geschäftsbereich Pharma der Bayer AG. In dieser Funktion verantwortete er das weltweite Pharmageschäft mit verschreibungspflichtigen Arzneimitteln. Seit 2006 gehört er dem Vorstand der Bayer AG an und ist verantwortlich für Innovation, Technologie und Umwelt und betreut die Region Asien/Pazifik. Seit 2007 ist er Vorstandsvorsitzender des Verbandes der forschenden Pharma-Unternehmen (vfa).

Marc Reinhardt, geb. 1969, Diplom-Ökonom, ist Vice President bei Capgemini Consulting. Im deutschen Country Board ist er zuständig für die nationale und internationale Koordination der strategischen Kunden und Deals sowie für das kundenspezifische Zusammenspiel der Fachbereiche Outsourcing, Technology Services und Consulting. Er war über 10 Jahre international für das Branchensegment Biotechnologie verantwortlich und ist hier weiterhin in Beiräten und als Impulsgeber auf Veranstaltungen und Projekten tätig.

Andreas Renschler, geb. 1958, ist seit dem 1. Oktober 2004 Vorstandsmitglied der Daimler AG und verantwortlich für den Geschäftsbereich Trucks. Nach der Fachhochschulreife studierte er von 1979 bis 1983 Wirtschaftsingenieurwesen an der Fachhochschule für Technik in Esslingen mit dem Abschluss Diplom-Wirtschaftsingenieur, 1984 bis 1987 studierte er in Tübingen Betriebswirtschaftslehre, wo er auch seinen Hochschulabschluss als Diplom-Kaufmann machte. 1988 trat er im Bereich Organisation und Datenverarbeitung in die damalige Daimler-Benz AG ein.

Prof. Dr. Dr. h.c. mult. August-Wilhelm Scheer, geb. 1941, war von 1975 bis 2005 Direktor des Instituts für Wirtschaftsinformatik (IWi) an der Universität des Saarlandes. Er ist außerdem Gründer der IDS Scheer AG sowie Gründer und Aufsichtsratsvorsitzender der IMC AG. Er ist Präsident des Bundesverbandes Informationswirtschaft, Telekommunikation und Neue Medien e.V. (BITKOM) und Vizepräsident des Bundesverbandes der Deutschen Industrie e.V. (BDI).

Dr. Werner Schnappauf, geb. 1953, ist seit Herbst 2007 Hauptgeschäftsführer und Mitglied des Präsidiums des Bundesverbandes der Deutschen Industrie e.V. (BDI). Vor seiner Berufung in die Hauptgeschäftsführung des BDI war er zwischen 1998 und 2003 Bayerischer Staatsminister für Landesentwicklung und Umweltfragen und danach bis 2007 Staatsminister für Umwelt, Gesundheit und Verbraucherschutz. Zudem war er zwischen 1998 und 2007 Mitglied des deutschen Bundesrates.

Dr. Ulrich Schriek, geb. 1956, trat 1997 der Qiagen GmbH bei und ist seit 2000 Vice President; in dieser Rolle hat er wesentlich zur Gestaltung der Wachstumsstrategie des Unternehmens beigetragen. Nach einem Master's Degree promovierte er an der Ruhr-Universität Bochum in Biologie. Danach war er in Vertrieb und Marketing bei Pharmacia Biotech beschäftigt. Er ist Mitglied in verschiedenen Gremien und Organisationen, darunter dem Technology Pioneers Selection Committee des World Economic Forum und der vom BMBF initiierten Nanobiotechnology Initiative.

Dr. Karl-Gerhard Seifert, geb. 1946, studierte Chemie an der Universität Göttingen. Nach einem Jahr bei IBM in Kalifornien trat er 1973 in die Hoechst AG an, wo er 1988 zum Mitglied des Vorstandes ernannt wurde. In dieser Funktion war er unter anderem zuständig für Landwirtschaft, Pharma und Spezialchemikalien. 1997 wurde er CEO der Clariant International Ltd., 1999 Head of Morgan Grenfell Private Equity Ltd. Deutschland. Ab 2001 war er Vorsitzender der Geschäftsführung der AllessaChemie GmbH, seit 2007 ist er Aufsichtsratsvorsitzender.

Dr. Gerhard Seitfudem, geb. 1957, Diplom-Physiker, ist Lektor und Leiter des Buchverlags von Publicis Publishing in Erlangen. Nach seiner Tätigkeit als wissenschaftlicher Mitarbeiter der Universität Würzburg startete er seine heutige berufliche Laufbahn 1986 als Fachredakteur bei Siemens in München. Als Lektor hat er seitdem weit mehr als 200 Buchprojekte zu technischen und Wirtschaftsthemen betreut.

Dr. Thomas Theuringer, geb. 1967, ist Director Public Relations bei der Qiagen GmbH und verantwortet den Bereich Corporate Communications. Er ist seit 2006 bei Qiagen, zuvor übte er diverse Kommunikationsfunktionen im öffentlichen und privaten Sektor aus. Unter anderem arbeitete er als Etatdirektor für ein globales PR-Agenturnetzwerk sowie für die Kommunikation von Gesundheitsprojekten im Auftrag der Europäischen Kommission.

Dr. Christopher Ulrich, geb. 1974, ist Manager bei der Strategieberatung Arthur D. Little und im Geschäftsbereich AMG (Automotive and Manufacturing Group) tätig. Er studierte an der Universität Erlangen-Nürnberg und am Institut für Werkzeugmaschinen und Betriebswissenschaften (iwb) der TU München Fertigungstechnik und Produktionssystematik. Als wissenschaftlicher Mitarbeiter betreute er dort eine Reihe anwendungsnaher Forschungsprojekte. Anschließend war er im Bereich der Transaktionsberatung bei einer international agierenden Unternehmensberatung tätig. Seit 2008 ist er Projektleiter bei Arthur D. Little, Schwerpunkte seiner Tätigkeit sind Marktstrategien, Strategieimplementierung sowie Fertigungs- und Produktionstechnik mit besonderem Fokus auf High-Tech-Maschinenbau.

Jürgen Valentin, geb. 1964, absolvierte nach dem Abitur eine Ausbildung zum Werkstoffprüfer bei der Siemens AG in Mülheim an der Ruhr. Nach dem Physikstudium arbeitete er zwei Jahre als wissenschaftlicher Mitarbeiter an der Universität Duisburg. 1995 übernahm er die Leitung Software und Analytik der NanoFocus Messtechnik GmbH, seit 2005 als NanoFocus AG börsennotiert. Als Vorstand ist er verantwortlich für die Bereiche Technologie und Business Development, seit Januar 2010 hat er zudem die Funktion des Vorstandssprechers inne.

Prof. Dr. Mark Wahrenburg, geb. 1963, Studium der Betriebswirtschaftslehre an den Universitäten Göttingen, Pennsylvania State und Köln. Promotion 1991, Habilitation 1996. 1996 bis 1999 war er Inhaber des Lehrstuhls für Kapitalmarkttheorie an der Universität Witten Herdecke. Seit 1999 ist er Inhaber des Lehrstuhls für Bankbetriebslehre an der Universität Frankfurt. Seine Hauptforschungsgebiete sind Risikomanagement von Banken sowie Venture Capital und Private Equity.

Prof. Dr.-Ing. Henning Wallentowitz, geb. 1943, war nach Studium und Promotion in Braunschweig von 1978 bis 1985 Fachreferent/Abteilungsleiter im Pkw-Versuch der Daimler-Benz AG in Stuttgart. 1985 bis 1992 war er Hauptabteilungsleiter Fahrwerk-Vorentwicklung bei der BMW AG in München, 1992 wurde er Geschäftsführer der BMW Technik GmbH. 1993 erhielt er einen Ruf an die RWTH in Aachen. 1999 bis 2002 war er Prorektor der RWTH, bis 2008 Leiter des Instituts für Kraftfahrwesen (ika).

Prof. Dr. Marion A. Weissenberger-Eibl, geb. 1966, ist Inhaberin des Lehrstuhls Innovations- und Technologie-Management an der Universität Kassel. Seit April 2007 leitet sie das Fraunhofer-Institut für System- und Innovationsforschung ISI in Karlsruhe. Sie ist Autorin zahlreicher Publikationen, Herausgeberin der Reihe „Kooperation von Wissenschaft und Wirtschaft" und als Gutachterin für zahlreiche Institutionen tätig. Schwerpunkte ihrer Forschung sind das Management von Innovationen und Technologien, Roadmapping, die strategische Technologievorausschau und -planung, Unternehmensnetzwerke und Wissensmanagement.

Christoph Wollny, geb. 1963, Diplomkaufmann, ist kaufmännischer Geschäftsführer für das Kraftwerkskomponenten-Geschäft der Siemens AG. Im Bereich Energieerzeugung besitzt er intensive Erfahrungen in den Bereichen Produktion, Logistik, Vertrieb und Service. Vorangegangene Stationen im In- und Ausland waren im Supply Chain Management und Consulting – in den Branchen Elektronik, Automobiltechnik und Maschinenbau.

Dr. Sebastian Ziegaus, Jahrgang 1976, studierte Medien-, Politik- und Erziehungswissenschaft an den Universitäten Jena und Turin. Seit September 2008 ist er wissenschaftlicher Assistent der Institutsleitung des Fraunhofer ISI. Zuvor arbeitete er als wissenschaftlicher Mitarbeiter an der Universität Erfurt und anschließend als assoziierter Stipendiat am Graduiertenkolleg „Mediale Historiographien" an den Universitäten Erfurt, Jena und Weimar. 2008 promovierte er im Fach Kommunikationswissenschaft.

Bernd Ziesemer, geb. 1953, ist seit 2002 Chefredakteur des Handelsblatt. Nach Politik-Studium und Journalistenausbildung an der Henri-Nannen-Schule in Hamburg arbeitete er als Korrespondent in Bonn, Frankfurt, Moskau und Tokio. Als Autor und Herausgeber veröffentlichte er zahlreiche Bücher wie „Die Neidfalle" (1999) oder „Eine kurze Geschichte der ökonomischen Unvernunft" (BDU-Buch des Jahres 2007). 2010 wurde er zum Chefredakteur des Jahres gewählt.

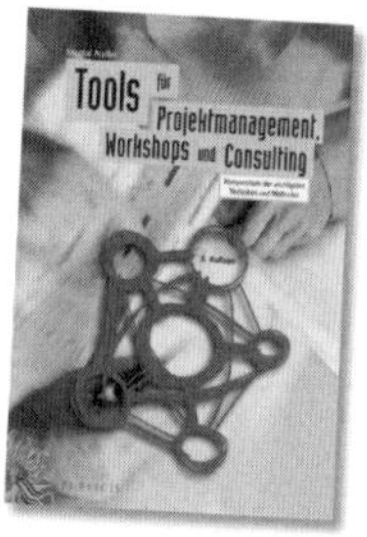

Nicolai Andler

Tools für Projektmanagement, Workshops und Consulting

Kompendium der wichtigsten Techniken und Methoden

3., überarbeitete und erweiterte Auflage, 2010,
400 Seiten, 136 Abbildungen,
55 Tabellen, gebunden
ISBN 978-3-89578-367-8, € 39,90

Eine der ganz wichtigen Eigenschaften, die Projektmanager, Führungskräfte oder Berater besitzen müssen, ist die Kompetenz, alle ihre Aufgaben und Probleme zielgerichtet, schnell und mit einem optimalen Ergebnis zu lösen. Je nach Aufgaben- und Problemtyp gibt es dafür eine oder mehrere optimale Techniken oder Methoden, die mit unterschiedlich großem Aufwand erlernt und angewendet werden können.

Nicolai Andler präsentiert in seinem erfolgreichen, für diese Auflage deutlich erweiterten Standardwerk 120 Tools, gegliedert nach den Aufgabenkomplexen Situationsanalyse und Problemdefinition, Informationssammlung und -bewertung, Kreativität, Zieldefinition, Organisations-, System- und Strategieanalysen, Entscheidungstechniken, Projektmanagement (PM) und -kontrolle, Kompetenzen und Teams.

Das Buch richtet sich an Projektmanager und -mitarbeiter, an Berater, an Trainer und an Führungskräfte aus allen Bereichen sowie an Studenten, die gerne mehr Instrumente beherrschen möchten als die BCG-Matrix, Mind Map oder Brainstorming. Es bietet ihnen eine umfassende Sammlung der wichtigsten Tools und zeigt ihnen, wann man welches Tool einsetzt und wie man es anwendet.

Ulf Pillkahn

Trends und Szenarien als Werkzeuge zur Strategieentwicklung

Wie Sie die unternehmerische und gesellschaftliche Zukunft planen und gestalten

2007, 460 Seiten, 167 farbige
Abbildungen, gebunden
ISBN 978-3-89578-286-2, € 59,90

Wie gut ist mein Unternehmen auf die Zukunft vorbereitet? Wie kann es sich besser vorbereiten und damit wettbewerbsfähiger werden? Wie man diese Fragen beantwortet, zeigt dieses Buch – geschrieben für Manager, Analysten, Berater, Trendscouts, Produktmanager, Entwickler, Planer im öffentlichen Bereich, Wissenschaftler und Forscher.

Dazu stellt es die beiden wesentlichen Werkzeuge zur Zukunftsplanung vor, die Umweltanalyse auf der Basis von Trends und das Entwickeln von Zukunftsbildern mit Szenarien. Der Einsatz von Trends bei der Strategieentwicklung ist ein neuartiges Element im Rahmen der unternehmerischen Planung, das in den nächsten Jahren stark an Bedeutung gewinnen wird.

Das Buch zeigt auf, warum effiziente Umweltbeobachtung eine wesentliche Grundlage für die Strategieentwicklung ist, warum Strategieentwicklung nur als kontinuierlicher Prozess funktioniert und welche Informationen man dazu braucht. Es beschreibt die Klassifikation von Trends und wie man aus der Vielfalt von Trends die wesentlichen Informationen herausfiltert. Außerdem zeigt es, wie man Szenarien als ganzheitliche Methode zur Zukunftsforschung einsetzt, wie die Ergebnisse aus Trendforschung und Szenariotechnik in die unternehmerische Strategieentwicklung einfließen, und es führt einen optimierten Prozess der Strategieentwicklung vor.

Ausführliche Beispiele aus der Praxis, plausible Zukunftsbilder und umfangreiche Hinweise auf Quellenmaterial runden das Buch ab.